언약과 창조

구약 언약의 신학

W. J. 둠브렐 / 최우성 역

COVENANT AND CREATION

A THEOLOGY OF OLD TESTAMENT COVENANTS

도서출판 크리스챤서적

◇ 이 책은 W. J. Dumbrell, *Covenant and Creation* (Thomas Nelson Publishers, 1984)을 완역한 것이다.

역자 서문

언약은 구속사의 거대한 물줄기의 주류를 이루며 장구한 세월에 걸쳐 구약시대의 위대한 신학자들의 고매한 사상이 부가되면서 일관된 흐름을 타고 발전되어 왔다. 선지자들은 이스라엘의 죄악상을 지적하면서 언제나 이 언약을 상기시키며 하나님과 조상들 간에 맺어진 언약을 기억하고 하나님의 법도를 준수할 것을 촉구하였다. 즉, 여호와 하나님은 이스라엘의 하나님이 되고 이스라엘은 그의 백성이 되는 모세와의 언약에 근거하여 이스라엘은 다른 신을 섬길 수 있는 위치에 처해있지 않았다는 것이다.

그리고 모세와의 시내산 언약은 그 이전의 아브라함과의 언약에 그 뿌리가 있고 그 이상으로는 노아와의 언약으로 소급된다. 이 시내산 언약은 다윗 언약으로 발전되며 결국은 예레미야의 새 언약에 이르러 오늘날 기독교에 달한다.

이스라엘 공동체 내에서 언약이 다소 조건적 의미를 부여받고 있는 듯하나, 언약관계는 인간의 준수여하에 의존하지 않고 하나님의 주권적 영역에 속해 있음을 우리는 예레미야의 새 언약에서도 확인할 수 있다. 즉, 새 시대에는 이 언약이 율법조항, 돌판에 새겨진 율법이 아니라 마음에 새겨진 율법이 될 것이며, 이는 이미 모세와의 언약에서 비록 외양화되어 있긴 하지만 내적 새 언약을 강조하고자 하는 취지가 담겨져 있었다는 점에서, 하나님의 영원하신 언약은 시대적 상황에 따라 변화되지 않음을 알 수 있다.

신자의 영혼을 새로운 피조물이라 고백했던 바울의 서술은 본서의 '언약과 창조'의 취지를 잘 나타내 준 것으로 보여진다. 즉, 하나님은 창조 이후 타락으로 인한 죽음의 세계를, 언약을 통해 새로와진 영원한 새 생명과 창조의 세계로 여신 것이다. 언약이 있는 곳에 생명이 있고 창조가 있다.

번역과정 중 역자의 아둔한 번역으로 하여, 이 책의 깊은 사상에 혹시나 손상을 입히지 않을까 하여 몹시 조심스러웠음을 밝혀둔다.

차 례

역자 서문 / 7

1. 노아와 맺은 언약 / 13

A. 홍수사건과 관련된 노아와의 언약 / 13
   1. 창세기 6장 17-18절의 배경 / 13
   2. 홍수에 관한 성경이외의 문헌에서 제기되는 문제들 / 15
   3. 노아와 그의 시대 / 17

B. 창세기 6장 18절의 언약문제 / 19
   1. 베리트의 의미 / 19
   2. 베리트-이 용어는 관계를 수립한다거나 또는 그 관계를 공고히 한다는 의미로 쓰이고 있는가? / 22
   3. 창세기 6장 18절과 9장 9절 이하에는 왜 언약개시에 사용되는 전문용어가 누락되고 있는가? / 28

C. 홍수 이후 / 40
   1. 창세기 9장 1절 이하, 새로운 시작 / 40
   2. 창세기 9장 1-17절에서 본 사상의 연속 / 41
   3. 창세기 9장 9-17절의 언약과 무지개 표시 / 43
   4. 이 문제에 대한 논쟁을 요약함 / 48
   5. 창세기 1-3장의 창조언약에 관한 세부사항 / 51

D. 구속의 의미로서의 노아 언약 / 61
   1. 홍수기사에 대한 구약성경에서의 해석문제 / 61
   2. 베드로전서 3장 19-21절과 연결된 언약 / 63

E. 종합적인 견해 / 65

요약 / 68

추가사항 : 노아와 아담, 그리고 행위언약 / 70

2. 아브라함과의 언약 / 75

A. 논증의 순서 / 75

B. 창세기 15장 18절과 그 문맥 / 76
   1. 창세기 15장 18절의 언약에 대한 의식적인 형식 / 76
   2. 언약의 내용-땅의 백성 / 79
   3. 창세기 15장의 내용 / 83

C. 창세기 12장 1-3절 / 89
   1. 아브람을 부르심과 창세기 11장 1-9절과의 관계 / 89
   2. 선택받은 자로서의 부르심 / 92
   3. 창세기 1:1-11:9에 대한 반응으로서의 부르심 / 94
   4. 창세기 12장 1-3절의 내용 / 104

D. 창세기 17장 / 120
   1. 17장의 분석과 세부사항의 검토 / 120
   2. 아브라함 언약의 요약으로서의 창세기 17장 / 123

E. 아브라함 이후의 족장설화에 나타난 아브라함 약속의 가동문제 / 128

F. 아브라함 약속에 대해 후대의 구약성경이 언급하고 있는 내용 / 129

요약 / 130

3. 시내산 언약 / 133

A. 출애굽기 19장 3 하반절-8절과 하나님의 이름인 여호와에 대한 언약서론 / 133
   1. 출애굽기 19장 3 하반절-8절의 전체적 배경 / 133
   2. 여호와와 모세에 대한 부르심 / 135
   3. 여호와라는 신명의 의미 / 138
   4. 출애굽기 19장 3 하반절-6절 / 140

B. '언약'과 '율법'과의 관계성 / 151
   1. 출애굽기-'토라'의 의미 / 151
   2. 계명과 법령 / 153

C. 시내산 언약에 대한 이스라엘 백성들의 이해 / 155
   1. 언약의 비준 / 155
   2. 힛타이트 조약과의 유사점 / 157
   3. 언약과 가족관계 / 163
   4. 시내산 언약의 지향점 / 165
   5. 하나님의 왕권을 수납하는 뜻으로서의 예배 / 169

D. 언약파기와 언약갱신 / 170
   1. 배교와 언약갱신 / 170
   2. 모세의 수건 / 174
   3. 모세의 중재역할 / 177

E. 언약공동체 내에서의 범죄 - 희생 / 178
   1. 희생제사의 효력 / 178
   2. 제사제도의 의미 / 181

F. 언약적 교훈으로서의 신명기 / 183
   1. 신명기의 구조 및 '베리트'의 용법 / 183
   2. 신명기와 고대 근동의 조약들 / 185

G. 신명기 - 약속의 땅에서의 삶 / 186
   1. 신명기 26장 / 186
   2. 이스라엘의 '유업'으로서의 가나안 / 187
   3. 되찾은 에덴으로서의 가나안 / 190
   4. '주어진' 그리고 '차지해야하는' / 191
   5. 약속의 땅에서의 '안식' / 192
   6. 이스라엘의 응답 - '율법'과 '사랑' / 194

요약 / 198

4. 다윗 언약 - 왕권 언약 / 201

A. 왕권 출현의 역사적 배경 / 201
   1. 정복전쟁 / 201
   2. 사사시대 / 203

B. 사무엘과 왕정의 도래 / 208
   1. 과도기적 위기 / 208
   2. 백성들의 왕권 요구와 사울의 등장 / 209
   3. 선지직의 출현 / 213
   4. 메시야니즘 - 왕권의 신학 / 216

C. 다윗과 하나님의 나라 / 220
   1. 성소와 왕권 / 220
   2. 법궤의 역할 / 221
   3. 사무엘하 7장 1 - 16절; 다윗왕조를 위한 강령 / 224
   4. 사무엘하 7장 18 - 29절; 인간을 위한 강령 / 233
   5. 멜기세덱의 반차를 좇은 제사장 / 234

D. 다윗종말론의 진전 / 236
   1. 제국의 정치적 분열과 예루살렘의 상징적 의의 / 236
   2. '하나님의 백성' 개념의 등장 / 241
   3. 바벨론 포로 이전까지의 언약갱신의 시도들 / 244

4. 열왕기상하에 근거한 왕조기간의 평가 / 247

요약 / 249

5. 새 언약과 성경적 종말론의 형성 / 251

A. 바벨론 포로의 영향 / 251

B. 포로기 전 선지서의 언약해설 / 255
   1. 열왕기상 17-19장과 엘리야 / 255
   2. 아모스 / 256
   3. 호세아 / 258

C. 예레미야 / 260
   1. 당대에 대한 선지자의 반발 / 260
   2. 예레미야 31장 31-34절의 새 언약 / 264

D. 에스겔과 새 언약 / 284
   1. 이스라엘의 귀환에 관한 에스겔의 청사진 / 284
   2. 에스겔 40-48장; 새 창조 / 288
   3. 에스겔과 다윗왕가 - 새 언약과 하나님의 왕권 / 290

E. 이사야 40-66장의 새 언약신학 / 292
   1. 여호와의 말씀을 통한 재창조 - 언약의 갱신 / 292
   2. 종과 언약 / 294
   3. 이사야 54-55장; 언약신학의 재고 / 297
   4. 이사야 40-55장의 언약적 강조에 있어서의 보편주의와 특수주의 / 301
   5. 이사야 56-66장의 개관 / 302

F. 포로기 선지자 예언의 성취문제 / 302

요약 / 305

에필로그 : 포로기 이후의 발전들 / 307

   1. 다니엘 / 307
   2. 학개 및 스가랴 / 308
   3. 말라기 - 에스라 - 느헤미야 / 311
   4. 지혜문학 / 313
   5. 왕국과 언약 / 314

인명(저자) 색인 / 317

1

노아와 맺은 언약 – 근본적인 창조 질서의 복구

A. 홍수사건과 관련된 노아와의 언약

1. 창세기 6장 17-18절의 배경

"내가 홍수를 땅에 일으켜 무릇 생명의 기식있는 육체를 천하에서 멸절하리니 땅에 있는 자가 다 죽으리라 그러나 너와는 내가 내 언약을 세우리니 너는 네 아들들과 네 아내와 네 자부들과 함께 그 방주로 들어가고"(창 6 : 17-18).[1]

우리는 위의 본문에서, 구약성경에 약 290회에 걸쳐 언급되고 있는 히브리어 베리트(בְּרִית)란 낱말을 처음으로 대하게 된다. 이 낱말은 대부분의 영역 성경에서 흔히 'covenant(언약)'라고 번역되고 있는데, 이와 같은 번역이 정확한 번역인지 아닌지 하는 문제는 상당한 주의를 요한다. 따라서 이 문제는 여기에서는 일단 미루어 두고 다음에 가서 상세히 다루기로 하자.

위의 본문 창세기 6:17-18의 화자(話者)는 하나님이고 이 말씀을 듣는 상대방은 노아이다. 이 두 구절의 내용은 어떤 결정이 내려지기까지 뭔가 심상치 않은 일들이 발생되었음을 직접적으로 반영하고 있다. 이 이전의 창세기의 장들에는 우주의 기원에 관한 기록들이 담겨져 있다.

그러나 하나님께서는 이 우주 속에 살고 있는 모든 인간과 생명체들을 사실상 멸하시기로 계획하신 것이다. 하나님께서는 일

---

[1] 여기서의 인용구들은 특별한 언급이 없는 한 한글개역성경에서 인용한다.

련의 간섭을 통하여 보시기에 '매우 좋았던', 다시 말해서 모든 방면에서 자신의 의도와 일치한다고 선언하셨던 세상을 창조하신 바 있다. 그리고 창세기는 그 이후에 일어난 일련의 계속되는 사건들을 기록하고 있으며 결국 창세기 6:17-18에는 인간과 뭇 생물들을 멸하시겠다는 위협의 말씀이 등장한 것이다. 또한 이 사건들을 살펴보면 우리는 인류가 하나님의 계획과 의도를 거스리는 시도들을 점진적으로 또 점차 강도를 높여가며 행하고 있음을 목격할 수 있다. 이 모든 사건의 결과가 바로 이 구절들의 내용으로서, 이 문제 때문에 지상에서부터 모든 살아있는 물체들을 쓸어버리시겠다는 하나님의 결정이 내려졌고 또 지금 막 그렇게 선언된 것이다. 그래서 노아와 그의 직계가족을 제외한 모든 생명체는 종말을 고하게 된다.

주위 문맥을 살펴보면 우리는 하나님이 왜 인간의 상태를 포기하게 되었으며 또 왜 이같은 천재지변을 일으키기로 결정하였는지에 대해 설명할 수 있을 것이다. 하나님은 "사람의 죄악이 세상에 관영함과 그 마음의 생각의 모든 계획이 항상 악할 뿐임을"(창 6:5) 보셨다고 기록하고 있는데, 이 구절은 다소 이상하며 난해한 창세기 6:1-4의 기사에 대한 응답으로서 외형상 이 기사에 이어 등장한다.

여기서 우리는 '하나님의 아들들'과 '사람의 딸들'이라고 지칭되는 두 무리들이 서로 통혼한다는 괴상한 기록을 보게 되는데, 정확한 사실을 설명하는 세부 내용은 언급되어 있지 않고 다만 호기심을 더욱 부채질하는 암시적 내용들만 기록되어 있다. 그리고 이와 같은 결혼이 왜 하나님께 그다지도 범법행위가 되었는가 하는 점은 아직도 알려지지 않고 있다. '하나님의 아들들'이라는 난해한 어구는 천사의 존재를 가리킨 말이란 견해에서부터 아담의 아들인 셋의 '경건한' 가통에 속하는 홍수 이전의 왕들을 가리킨 표현이라는 해석에 이르기까지 다양하게 설명되고 있다. 또한 셋의 후손은 특히 신실한 사람으로 잘 알려져 있었다는 것이다. 아무튼 창세기 6:1-4의 사건은 홍수로 답하겠다는 하나님의 분노를 촉진시켰던 인간의 교만한 최후의 발악이었던 것으로 보인다.
 그런 다음 다가올 홍수에 대비한 준비작업이 진행된다. 노아가 선택되고 그를 통하여 인종이 보존되게 하려는 것이다. 노아와 그의 가족 그리고 생명체들의 표본들이 피신할 수 있는 방주를 지으라는 명령이 하달되고 7장에는 임박한 홍수가 예고된다. 그러나 그 후에도 120년이란 기간동안 홍수에 대한 경고가 주어졌던 것 같다(창 6:3 참조).
 노아와 주위에 있는 것들이 모두 방주 안으로 들어가고 잠시 기다린 후에 40일간의 홍수가 발생하며 물이 150일간 지구를 뒤덮는다. 이 기간이 지나자 하나님께서는 190일간에 걸쳐 물이 빠지게 한다. 그동안 노아는 두 마리의 새를 연속적으로 방주 바깥으로 내보내는데 이 새들 중 하나가 뭔가를 물고 돌아온다. 이 사실은 물이 지면에서 완전히 빠졌다는 점을 암시한 것이다. 그리고 또 잠시동안 기다렸다가 노아와 그의 가족은 방주에서 나온다. 홍수 사건은 8장에서 노아가 하나님께 감사와 보답의 제사를 드리는 것으로 결론을 맺고 있으며 하나님은 이에 대해 다시는 세상을 홍수와 같은 방법으로 심판하지 않으시리라고 선언한다.

2. 홍수에 관한 성경 이외의 문헌에서 제기되는 문제들
 ─성경 기록에만 보이는 뚜렷한 특징

 고대 근동의 문학과 역사를 공부하는 학생이라면 누구나가 홍수에 관한 성경의 기사와 성경이 기록되던 시대의 유적에서 나온 비슷한 홍수이야기들 사이에는 유사점이 많다는 것을 금방 알 수 있을 것이다. 이에 대한 성경 이외의 문헌이란 것은 어떤 것인지 사실상 잘 알려져 있고 또 잘 보관되어 있다.
 이들 여러 홍수이야기들 모두가 갖고 있는 공통점은 한 사람에 의해서, 그 사람 혼자이든 아니면 가족들과 함께 또는 동행자들과 함께이든 간에 단 한 사람에 의해 인류가 보존되었다는 주제이며, 또 이와 같은 방식에 의한 인류 보전으로 말미암아 인류의 미래가 존재하게 되었다는 사실이다. 또한 이들 이야기 속에는 창조에 관한 서술, 인간의 반역과 인간의 기술문명의 발전 그리고 홍수 등에 관한 사건이 공통적인 구조를 이루고 있는 까닭에 성경의 기사가 이들 기록들과 상호 연관을 지녔다는 논쟁이 일고 있는 것이다. 그러나 성경의 자료는 독특한 것임을 찬성하는 성경해석자들에게는 이상과 같은 문제가 특별한 관심의 대상은 되지 못한다. 왜냐하면 성경에 기록된 사건들이란 세상에서 일어나는 사건들과 분리되어 다루어지는 문제가 아님을 어렵지 않게 알 수 있기 때문인 것이다.

물론 고대 근동지역의 여러 문화권 속에서 성경과 평행을 이루는 창조에 관한 기록들이 나타난다는 사실에서도 보는 바와 같이 상세한 사항까지 평행을 이룬다는 사실은 어느 쪽이든 한쪽이 상대방의 문헌에 의존했을 가능성이 있다는 문제를 야기시킬 수 있다. 그러나 성경의 기록과 성경 이외의 문헌 간에 차이점들이 있는 것으로 보아 가능성이 희박하다고만 할 경우, 어느 한쪽이 상대방의 자료에서 직접 따온 것일 수 있을까 하는 문제를 검토해 보기 전에 여기서 이 문제를 세부사항까지 다룰 필요는 없을 것이다. 그리고 또한 성경 이외의 문헌에 창조나 홍수이야기와 평행을 이루는 기록이 있다고 해도 이것은 본질상 중요한 사항은 아니다. 실제로 중요한 것은 성경이 공통된 자료들을 특별한 의미를 부여해서 사용했다는 점이며 신학적으로 활용했다는 점이다.

성경의 기사는 다른 평행 문헌들과 비교했을 때 하나님의 행위였다는 윤리적 근거들을 부각시키고 있는데 특히 성경의 홍수기사에서는 이 점이 더욱 분명해진다. 창세기의 앞 장들에는 창조된 세계가 도덕적 질서를 요구하는 윤리적 원리에 의해 뒷받침되는 개념이 담겨있다고 볼 수 있으며 우리는 어떤 경우에서든지 이 점을 무시하지 말았어야 했다. 그러나 홍수기사는 인간의 품성을 통제하도록 의도된 보편적인 도덕법이 있음을 주장하는 것 같다.

홍수를 일으키신 분이 하나님인 이상, 우리가 이 기사에서 여전히 뭔가 수상쩍다고 느낀다면 우리 세계 뒤편에 계시는 창조주 하나님의 마음이 이들 도덕법들 속에 반영되고 있다는 점을 분명히 상기해야 한다. 도덕적 잘못에 대한 인간의 책임이란 개념은 성경의 홍수설화에다가 고대 사회에서는 가히 혁명적이었던 것이 분명한 사상들과 또 우리가 지적한 바 있듯이 신학적인 구별을 가능케 해주는 사상들을 접촉시켜준다.[2] 그러나 이 개념이 도덕적 영역과 연관지어짐에 따라 아마 이 설화의 언어는 우리에게 보다 더 명확한 것으로 등장될 수도 있을 것이다.

3. 노아와 그의 시대 —'강포한' 시대에 '의인'으로서의 노아

창세기 6:8의 기사에 노아가 소개되면서 그와 그의 세대 사이에는 대조가 이루어지고 있다. 이와 동시에 노아는 신적 은혜의 대상이었다고도 말해지고 있다. 이와 같은 은혜는 독단적으로 적용되었던 것은 아니다. 이 점은 그 다음 절에서 노아가 "의인이요 당세에 완전한 자라 그가 하나님과 동행하였으며"(창 6:9)라고 묘사되어 있는 것으로 보아 분명해진다. 그러나 이상과 같이 노아가 묘사되어 있다고 해서 그와 같은 선행들이 신적 은혜를 받을만한 근거가 되었다고 생각해서는 결코 안된다. 왜냐하면 구약성경에서 '의롭다(차디크, צדיק)'는 말은 주로 상대방과의 관계에 입각한 행실을 가리키는 말이기 때문이다.

이 말은 2차적 의미 내지는 파생적 의미에서만, 정당한 신분을 가리키는 법정 또는 법률적 용어가 된다. 다시 말해서 구약성경에서 '의롭다'는 용어는 일반적으로, 이전에 수립된 관계에서부터 필연적으로 야기되는 행실을 가리키는 말인 것이다. 이러한 행실은 이전에 수립된 관계와 조화를 이룬다. 물론 이 관계가 하나님이 포함되어 있는 관계라고 한다면 이런 특성을 띤 행실이라고 하는 것은 행위가 태도를 따르는 한 반드시 도덕적 의미로 묘사되었을 것이다. 그리고 행실은 윤리적 근거에 그 바탕을 두고 있으며 이 윤리적 근거라고 하는 것은 이전에 수립된 관계를 말한다.

이렇게 해서 8절에서는 노아를 의롭다고 묘사한 이후 계속해서

---

2) Nahum M. Sarna, *Understanding Genesis* (New York : Schocken Books, 3rd ed., 1974), pp.52-53에서 지적되고 있다.

그가 '하나님과 동행했다'는 말을 덧붙이고 있는 것이다. 우리는 이 구절을 노아를 의인으로 묘사할 때 어쩔 수 없이 선택한 말로도 볼 수 있다. 그렇다면 우리는 노아가 그 당대에 그의 행위에 의해서도 독특한 인물이었다고 이해해야 할 것이다. 또한 이 말은 하나님과 인간 사이에 존재하도록 예정된 관계구조를 표현한 말이었다고 인정되어 왔다. 즉, 의라고 하는 것은 의를 형성시켜 주는 구조 뒤에 계신 조물주에 대한 태도이다. 따라서 우리가 이런 행실을 충성이라든지 신실이란 말로 대신한다고 하더라도 우리는 그렇게 잘못되지는 않을 것이다. 그러나 경험상으로 볼 때, 노아와 창조주로서의 하나님 사이의 관계란 것은 입증될 수 있는 성질의 것이 아니다. 그리고 마지막 부분을 분석해보면 우리는 이 말을 믿음이나 신뢰란 말로 명명해야 함을 알 수 있다.

노아는 완전한 자였다는 9절의 말씀을 좀 더 자세히 주석해보면 이것은 단순히 비교적인 의미를 가지고 있음을 알 수 있다. 즉, 이 어구는 그 다음에 이어지는 '당세에'라는 전치사구를 보아서도 더 명확해진다.

11-12절은 노아에 대한 하나님의 태도와 대조된, 세상에 대한 하나님의 태도를 보여주고 있다. 땅은 하나님 보시기에 부패한 것으로 묘사되고 있으며, 또 '강포(하마스, ㅇㅁㄲ)'가 가득찬 것으로 설명되고 있다. 12절, "하나님이 보신즉 땅이 패괴하였으니 이는 땅에서 모든 혈육 있는 자의 행위가 패괴함이었더라"는 구절은 앞 절에 대한 주석으로서 이는 창세기 1:31의 세상 창조에 대한 만족스러운 표현과 반대되는 입장에 있음을 의도적으로 지적하고자 한 것으로 보인다.

히브리어 하마스란 용어는 그 중에서도 특히 하나님이 제정해 주신 질서가 현저히 파괴되었음을 가리키는데 사용된다.[3] 모든 혈육있는 자의 '행위'가 패괴하였다는 12절의 내용을 좀 더 자세히 관찰해보면 우리는 이것이 동일한 실체를 좀 더 광범위하게

---
3) H. J. Stoebe in E. Jenni and C. Westermann ed., *Thelologisches Handwörterbuch zum Alten Testament* (München : Kaiser, 1971), vol. i, p. 583b.

강조한 것임을 알 수 있을 것이다. 인간뿐만 아니라 동물까지도 포함한 생태계 전 체계(12절의 '혈육있는 자'는 인간과 동물을 포함한 광범위한 의미로 사용된 것이 분명하다. 이 점에 대해서는 17절을 참조하라)는 원래의 관계들을 파괴시켜 놓았던 것이다. 그들은 자기들에게 주어진 질서의 한도를 이미 넘어서 있었고 ('그들의 행위'라고 하는 것은 품행이 적절한 것이 되게 하는 기준이었음에 분명하다), 또 경계를 혼란시켜 자연법칙이 작용하는 범주를 벗어나 있었던 것이다.[4]

따라서 전적 부패를 묘사하고 있는 이 장면에서 우리는 단순히 인간이 인간에 대해 서로 반목한 채 '강포'란 보편적인 용어로 포괄할 수도 있는 인간의 노골적 범죄행위만을 보게 되는 것은 아니다. 오히려 여기에는 피조물이 자행한 창조된 관계에 대한 완전한 파괴가 묘사되어 있는 것이다. 홍수는 이에 대한 적절한 처벌이었으며 그 결과였다. 이는 또한 창세기 1장과 정반대되는 사건이다. 창세기 1:6-8에서 발생된 하늘과 땅 사이의 구별이 완전히 소멸되는 것이다(창 7:11 참조). 하늘의 창들이 열려 7:11에 보고되고 있는 다른 재난현상들과 함께 이 구별의 소멸이 야기된다. 이 사건은 홍수를 더욱 엄청나게 만들어 점차 땅을 삼키고, 이어서 새들, 가축, 기는 것들, 마지막으로 모든 인간들을 해친다(19절 이하 참조). 본래의 창조 패턴을 반전시키는 이와 같은 역질서에 의해 세상은 사실상 창세기 1:1의 상태로 되돌아가고 만 것이다.

B. 창세기 6장 18절의 언약문제

1. 베리트의 의미 – 'Covenant (언약)'란 번역은 적합한 번역인가?

창세기 6:18, "그러나 너와는 내가 내 언약을 세우리니"라는

---

4) D. J. Clines의 "The Theology of the Flood Narrative", *Faith and Thought* 100(1972-3), pp. 128-142에 언급된 해설을 검토할 것.

구절은 특별한 신학적 의미를 지닌 서술로서 흔히 우리는 이 문맥에서부터 그 의미를 찾으려고 한다. 이 짧은 서술 안에는 셀 수 없이 많은 의미가 들어 있다. 예를 들어, 이 말 속에 있는 '세우다'란 동사의 정확한 의미는 무엇이며 또 왜 이 동사가 미래형으로 언급되고 있는가? 뒤에 가서 성경 전체에 골고루 스며드는 관념이 될 이 언약의 개념이 여기서 왜 아무런 전제도 없이 소개되고 있으며 또 왜 외형상 어떤 꾸며진 실체가 있는 것으로 이미 알려진 용어로 쓰이고 있는가? 접미사처럼 히브리 단어 **베리트**에 따라다니는 소유대명사 '나의'란 말의 의미는 무엇인가? 더 나아가 언약이 신학적인 적용으로 노아와 수립된 결과, 노아는 특정한 목적도 없이 보편적 인류의 대표로서 해석되어졌던 것인가? 그는 하나님에 의해 다시 시작될 대표적 인물인가? 이 문맥에서의 언약의 개념은 노아만이 누릴 수 있는 개인적인 운명에 국한되는 것인가? 그리고 '언약'이란 낱말의 의미는 무엇인가? 우리는 이 문맥에서 사용된 이 용어를 구약성경에서 일반적으로 사용되는 의미와 일치하는 것으로 받아들일 수 있는가? 역으로 말해서 이 낱말에 대한 일반적인 용법이 없다고 한다면 본문에 사용된 이 용어가 어떤 전문적 또는 기술적 의미로 사용되어 사실상 이 기사에만 국한되도록 하기 위한 저자에 의한 어떤 특별한 의미 부여의 흔적이라도 가지고 있는가?

우리의 논지를 전개시키기 위해서는 극도로 주요한 의미를 가지고 있는 히브리어 **베리트**란 낱말을 두고서 이 시점에서 과연 얼마만큼의 토론이 진척되고 있을지 살펴보는 것은 상당한 도움이 될 것이다. 이미 지적한 바 있듯이 이 낱말에 대한 전통적인 번역은 'covenant(언약)'이었다. 그러나 최근 몇년 사이에 수많은 전문적 연구 결과, 이같은 번역이 정확한 번역인가 하는 문제가 제기되어 오고 있는 실정이다. 근본적으로 이 영어 단어에 실려 전달된 언약개념은 동의(agreement)의 개념으로서 여기에는 양 당사자 간에 권리와 특권, 위탁과 의무의 관계가 수립되는 법적 계약이라는 뉘앙스가 함께 한다. 즉, 계약에는 집중적일 수도 있고 오래 끌 수도 있는 협상이 포함될 수도 있는 것이다.

널리 인정되고 있다시피 covenant 라는 단어는 당사자들 중 어느 한쪽이 제시한 약속이나 서약이란 의미를 띠고 있을 수도 있고 또 이러한 연유로 해서 이 말은 대체적으로 일방적인 맹세나 약속을 뜻할 수도 있다. 그러나 이 영어 단어는 상호 동의를 포함한 합의란 개념을 나타내는 것이 가장 자연스러운 의미이다. 그런데 이 마지막의 의미는 창세기 6：18에는 맞지 않는 것 같다. 왜냐하면 거기서 하나님의 고지(告知)는 일방적 협상을 가리키고 있는 것 같기 때문이다. 이 이전의 준비단계가 전혀 없다고는 할 수 없지만 과연 어떠한 준비단계를 거쳐 이 언약이 구성되었으며 또 공식적으로 등장하게 되었느냐 하는 점에 대해서 우리는 여전히 어둠 속에 있는 것이다. 더군다나 창세기 6：18과 직접 인접해 있는 문맥의 자료조차도 언약의 내용을 결정하는 데에나 또는 거기서 사용된 **베리트**의 절대적 의미를 세우기 위한 근거를 제공하는 데에 별다른 도움이 되지 못하고 있다.

저자는 이미 상당한 신학적 지식을 습득하고 있고 또 창세기 6：18에 등장한 이 용어 역시 엄청난 신학적 의미가 포함되어 있기 때문에 우리는 보다 더 주의를 기울여 이런 문제를 다루어야 하겠지만 그래도 어원학이 이따금 상당한 도움이 되는 경우가 많다. 앞서 말한 바와 같이 이 단어는 거기서 어떤 전문적이고 또 미세한 의미를 가지고 사용된 것이 분명하다. 더군다나 어원학은 단지 한정된 기능만을 가지고 있고 또 의미의 가능성이나 특정 단어가 가진 그 의미의 범위를 제시하는 것 외에는 달리 아무것도 더 이상 나타내지 않으려고 하는 것 같다. 그렇기 때문에 설사 우리가 **베리트**란 단어의 어원을 절대적으로 규정할 수 있다손 치더라도 우리는 이 단어가 쓰인 특정 문맥을 받아들여 그것과 일치시키지 않으면 안된다.

이 경우, 성경의 다른 저자들도 이 단어를 여전히 같은 의미로 사용했을 것이란 보증을 우리는 얻지 못하기 때문에 이 문제는 더욱 복잡해 질 수 있는 것이다.

사실상 성경의 어떤 저자는 다른 문맥에서 이 단어를 다른 의미로 사용하였을 수도 있었을 것이다. covenant 라는 단어가 이중적 의미를 담고 있는데도 이것이 한 가지의 뜻을 가진 히브리어에 대한 번역으로 옮겨진다고 한다면, 어떤 저자들은 **베리트**란 말을 '상호 합의', '일방적 위탁', '장엄한 의무', '맹세', '약속' 등등의 의미로 사용하기 위해 이 말을 선택할 수도 있는 것이다.

베리트의 어원을 규정하는 작업은 이 단어의 기원에 대한 최종적인 합의가 없다는 사실 때문에 더욱 어려워지고 있다. 그렇지만 가장 적절하게 보이고 또 그렇기 때문에 채택하지 않으면 안 될 것 같은 어원이[5] 있긴 한데, 그것은 중기(中期) 앗수르어 명사 **비리투**로서 우리는 여기에까지 거슬러 올라가 그 의미를 가지고 와야 하는 것이다. 그리고 **비리투**란 말의 뜻은 '차꼬'나 '족쇄'란 의미이다. 구약성경에서 **베리트**가 관계의 수립이나 또는 승인을 나타내는 문맥에서 사용될 때, 이 단어는 보통 의무란 뜻을 지니고 있는만큼 동시에 또 다른 의미를 이와 함께 내포하고 있다 해도 어원에 대한 이상의 견해는 대단히 가망성이 있는 주장인 것이다.

2. 베리트─이 용어는 관계를 수립한다거나 또는 그 관계를 공고히 한다는 의미로 쓰이고 있는가?

창세기 6:18에 쓰이고 있는 **베리트**가 신학적인 면에서 전문적인 의미로 사용되고 있다고 한다면 우리는 이보다 더 세속적이고 또 일반적인 의미로 사용되고 있는 창세기의 다른 문맥들을 살펴봄으로써 이를 서로 비교해 볼 수 있을 것이다. 그런데 우리는 이를 비교함에 있어서 최소한 창세기가 편집상의 통일성을 띠고 있음을 어느 정도 인정해야 한다는 생각을 가져야만 한다. 따라서 우리는 창세기에서 **베리트**에 대한 세속적 용법과 신학적 용법 사이에는 어떤 보편적 관계가 있다고 생각할 수도 있을 것이다. 또한 구약성경은 신학적인 의미에서 대단히 주의깊게 편집되어 온 것으로 보이는만큼, 우리는 또한 구약성경의 이 단어에 대한

---

5) **베리트**의 어원에 관한 여러 가능성들을 요약해 놓은 E. Kutsch 의 *Verheissung und Gesetz*, BZAW 131, (Berlin : De Gruyter, 1973), pp. 28-39 참조.

비종교적 내지 세속적 용법과 신학적 용법 사이에는 그 의미상 어떤 유기적 관계가 있음도 최소한 예상할 수 있을 것이다. 더욱 이 **베리트**가 사용되고 있는 창세기의 비종교적 문맥들은 법적 기준에 준한다고 결론지어져 왔던 정치, 경제, 사회적 계약을 포괄적으로 수용하면서 구약성경에서 매우 광범위하게 사용된 전형적 본보기라고 보아도 좋을 것이다. 이 문제는 보다 유리한 위치를 점유한 자가 **베리트**라고 명명된 그 어떤 계약을 이끌어 내었느냐 또는 상대적으로 열세한 당사자가 호소에 의해 그것을 이끌어 내었느냐 하는 점과는 상관이 없는 것이다.

창세기 21 : 22−32에는 브엘세바의 우물과 관련된 수권(水權)을 두고 아브라함과 그랄 왕 아비멜렉 간에 논쟁이 벌어지는 장면이 기록되어 있다. 이 문제는 언약을 발표하는 형식을 빌어 서로 간의 권리를 공개적으로 선언하는 선에서 매듭지어진다(32절). 그리고 선언적 맹세가 이 공적 계약의 타결과 결부지어져 있는데, 이 맹세는 언약 그 자체에 부속되어 있었던 것이 분명하다. 이것은 전체 협상에서 주요 요소였음이 분명하지만 언약 자체는 아니었다. 즉, 이 맹세는 동의에 이르기까지의 과정에만 한정된 것이고 또 그 과정을 규정하는 것이었던 것으로 보이며, 그 동의를 둘러싼 주위의 배경을 설명한 것으로 보인다. 그러나 이 이후부터 '언약'이란 낱말은 동의가 이루어진 결과, 양 당사자 사이에 존재하게 되는 관계를 나타내거나 또는 그것을 지정한다는 의미로 쓰였던 것으로 보인다.

32절에는 언약의 타결을 나타내는 고어체적인 표현인 '언약을 자르다'(**카라트 베리트**, 개역한글성경은 '언약을 세우다'라는 말로 번역하고 있음)는 말이 사용되고 있는데, 이는 구약성경의 주요 문맥 중에서도 대단히 가치가 있는 대표적인 본보기가 되는 구절이다. 우리는 구약성경의 언약체결과 고대 근동의 유사한 상황과 비교한다는 관점에서 다음에 적절한 기회가 주어지면 이 말이 가진 중대한 의미를 상세히 해설하게 될 것이다.

창세기에는 이와 유사한 비종교적 약속이 체결되는 문맥이 이 밖에도 두 개가 더 있다. 26 : 26−33은 21 : 22−32의 경우와 대단히 유사한 상황으로서, 이삭은 여기서 위와 동일 인물인 아비멜렉과 화해를 맺게 된다. 그리고 31:43-54의 내용에는 라반이 언약을 제안하여 야곱과 언약을 체결하는 장면이 나오는데, 이 언약을 통해 토지문제가 분명히 해결됨과 아울러 그 이후부터 그들 사이에 존재하게 될 경계선이 결정된다. 여기서 사용된 술어와 상세한 규정은 창세기 21:22-32의 용어와 거의 동일하다. 다시 말해서 언약에 대해서는 '자르다'라는 말이 사용되었으며 또한 맹세가 으레적으로 뒤따랐던 것이다.

여기에 덧붙여 말하자면 위의 세 사건 모두에는 엄숙한 거래가 등장하고 있는데, 이는 그저 우연히 일어난 사건이나 또는 정상적인 관계에서 발생하는 것이 아니다. 이 점은 위의 세 가지 이야기 모두에서 '언약을 자르다'라는 어구와 함께 '맹세하다'란 동사가 각각 세번씩 평행을 이루며 나타난다는 사실에서도 분명해진다(21:27, 31, 26:28, 31, 31:44, 53). 이와 같은 평행은 계약의 영속성을 강조함과 아울러 우리가 이미 지적한 바 있듯이 위 거래에는 정상적이거나 자연적인 또는 사회적이거나 법적인 관계를 초월하는 동의가 포함되어 있음을 강조한 것이다.

이와 더불어 세 가지 이야기 중에 두 가지 이야기(이삭과 아비멜렉, 26:30; 야곱과 라반, 31:46)에는 언약에 뒤이어 제물인 것으로 보이는 음식물이 따라온다(창 31:54의 경우는 분명히 제물이다). 그러나 이와 같은 특징은 새 관계를 성립시키는 구성요소라기 보다는 그런 관계가 새롭게 수립되었음을 입증하는 방식인 것으로 보인다. 맥캐씨(D. J. McCarthy)가 지적한 바 있듯이 아마도 이 음식물은 새로 다져진 결속을 상징하는 것이며 또 그에 따른 전형적 표시로서의 기능을 한 것 같다. 이러한 특성을 지닌 표시들은 분명히 세 개의 언약 모두와 연관되어 있었던 것이 분명해 보인다. 더 나아가 눈에 보이는 물질적인 대상을 '증거물'로 지정함으로써 계약을 회상시키고자 한 사상은 셋 중 둘에서 나타난다.[6]

---

6) D. J. McCarthy, "Three Covenants in Genesis", *CBQ* 26 (1964), pp. 179-189 참조.

그러나 창세기 6:17-18의 문맥에는 이상의 술어가 전혀 나타나지 않는다. 18절이 가리키고 있는 것으로 보이는 문맥, 즉 창세기 9:9-17의 내용에는 표시의 개념 외에는 아무것도 나타나지 않는 것이다. 그러나 이것은 이와 같은 술어가 비종교적 문맥에만 적합한 것이었다든가 신학적 문맥에서는 부적합한 것이어서 회피되었다든가 하는 의미는 아니다. 왜냐하면 우리는 신학적인 용어가 비종교적 관행에서 발전되어 나왔다는 점을 아주 자연스럽게 추측할 수 있기 때문인 것이다. 그리고 성경의 용어는 세속적 문맥 속에 쓰여 특별한 의미를 부여하기도 했을 것이다. 따라서 우리는 이미 언급한 바 있는 창세기의 비종교적 세 가지 설화에 등장하는 이 모든 술어가 상호 교류를 통하여 의미를 풍부하게 하는 과정을 거치면서 후대의 성경자료에 보도된 바 있는 하나님의 언약과 관계된 대부분의 사건 속에 자주 그리고 빈번히 등장하는 것을 보고도 놀라지 않게 될 것이다.

창세기 6:17-18과 이와 연관된 9:9-17의 문맥 속에는 이상에서 설명한 바 있는 이 술어가 없는데, 이 문제로 야기되는 함축된 의미가 무엇인가 하는 점은 상세히 검토되어야 할 것이다. 그러나 이것을 검토하기에 앞서 우리가 참조한 바 있는 창세기의 세 가지 비종교적 언약문제에서 우리는 훨씬 더 중대한 한 가지 결론을 먼저 끌어내어야 할 것이다. 이 문제는 우리가 언약체결 속에 포함된 것이 무엇인지를 이해하는데 뿐만 아니라 언약관계의 성질이 무엇인가 하는 점을 이해하는 데에도 상당한 가치를 지니게 될 것이다.

우리는 여기서 계약에 참여한 당사자들의 신분에 대해서는 말하지 않고 있다. 이 점은 창세기의 세 설화에서 각별히 부각되지 않고 있기 때문에 이 문제에 대한 해석은 다소 개방된 채로 남아있다. 설사 우리가 이 세 사건들 각자에서 이 문제를 기대했을지도 모르지만 말이다. 어쨌든 족장들 각자는 생각보다 더 높은 위치를 차지하고 있었던 것 같다. 더군다나 고대 사회에서의 언약이란 사람과 사람 그리고 민족과 민족간의 업무에 한정되어 있기 하지만, 우리는 이 계약에 연루되어 있는 당사자들이 가변적 성질을 띤 존재란 점을 어렵지 않게 추측할 수 있을 것이다. 이와 같이 구약에 보도되고 있는 언약협정에는 동등한 지위에 있는 자들, 주인과 종, 그리고 속국과 종주국 등의 당사자들이 포함되어 있다. 그러나 맥캐씨가 지적한 것처럼,[7] 여기에서 우리가 주목해야 할 극히 중요한 사실은 각 사건에 나타나 있는 실제적인 언약체결, 즉 공식적인 동의의 체결이란 것이 무슨 역할을 수행하는가 하는 점이다.

각 사건에서 분명한 점은 동의란 것이 관계설정을 일으키는 역할을 하지 않는다는 사실이다. 즉, 언약의 역할은 존재하고 있는 계약을 공식화하고 또 그것을 구체적으로 표현한 것이다. 창세기 21장의 아브라함과 아비멜렉 간의 계약은 오랫동안 지체되었고 길었던 것이 분명하다. 아비멜렉(23절)은 자기 자손들을 위한 '후대(헤세드)'를 언급하는데, 이는 족장 아브라함이 그랄에서 그와 오랫동안 관계를 가져오는 중에 특히 땅과 관련된 관계란 점에 있어서 그를 선대했다는 특성을 가진 것이었다. 그가 지금 언약에서 언고자 하는 바는 그들의 관계를 유지하자는 것이다. 다시 말해서 이 언약은 이미 수립되어 있는 약속을 법에 준하는 데까지 확고하게 뒷받침하려는 것이다. 이와 마찬가지로 창세기 26：23 이하, 브엘세바 입구의 우물과 관련된 아비멜렉과 이삭 간의 언약 역시 앞에서 이해한 내용을 뒷받침하고 있는 것이 분명하다. 이삭은 일찍이 아브라함과 블레셋 사람들 간에 존재해 있었던 동의를 정상화하고 있는 것이 명백하다(15, 18절 참조). 31：43 이하, 라반과 야곱 간의 논쟁은 언약에 의해 해결된 바 있지만, 이미 야곱의 것이 되어 버린 권리들, 즉 그의 아내와 자녀 그리고 가축 등에 대한 그의 권리를 라반이 묵인하느냐 마느냐에 좌우된다.

이 점은 중요한 문제로서 창세기의 다른 문맥들과는 별도로 맥캐씨가 역사에 관하여 설명한 바 있는 비종교적인 유사 언약체결

---

7) D. J. McCarthy, "Covenant — relationships", in *Questions Disputées d'ancien Testament*, C. Brekelmans ed., (Gembloux ：J. Duclot, 1974), pp. 91—103.

에 대한 조사에 의해 일반적으로 지지를 받고 있다.[8] 여호수아와 기브온 사람들 간에 체결된 언약(수 9장)을 비롯한 길르앗 야베스 사람과 암몬 사람 나하스 간의 언약(삼상 11:1-3), 다윗과 요나단 간의 언약(삼상 18:3), 다윗과 아브넬 간의 언약(삼하 3:12-21), 다윗과 이스라엘 간의 언약(삼하 3:21, 5:1-3), 이스라엘의 아합과 수리아의 벤하닷 간의 언약(왕상 20:31-34), 대제사장 여호야다와 유다 왕 요아스 간의 언약(왕하 11:17) 등 일련의 수많은 언약에서 그 술어가 일정치 않고 구성요소가 다르긴 하지만, 그리고 이와 함께 언약체결 당사자들의 신분이나 성격이 고르지 않긴 하지만, 각 언약에서 동일한 것은 체결된 언약이 이미 존재해 있던 관계를 정상화한다는 내용의 엄숙하고도 최종적인 서약을 의미하고 있음과 동시에 이를 수반한다는 점이다.

우리는 아마 이상과 같은 사실에서 고대 세계의 일상적인 비종교적 관행에 등장한 언약이란 것이 이미 존재해 있는 관계에, 설사 이 관계가 어느 시기에 또 어떤 환경에서 그리고 어떤 요인에 의해 맺어졌든 간에, 이 관계에다 어떤 의식의 형태로 뒷받침되는 법적 외형, 즉 어떤 의식을 거행함으로 엄숙한 서약이, 그 주요 목표가 되는 이 법적 외형을 갖추어주는 고안물이었던 것이었을지도 모른다는 견해를 추론해 낼 수 있을 것이다. 여기에 덧붙여 언약과 연결해서 거행된 의식과 말에는 자기 저주적인 성질을 띠고 있었다는 의미를 첨가할 수 있으며, 더욱이 이런 과정을 통해 이때 선언된 맹세의 결속 요인은 더욱 강화되었던 것이다. 맹세는 언약 그 자체는 아니라 할지라도 언약과 매우 밀접한 관계를 가진 요인으로서 만약 약속을 어겼을 경우 저주가 임해도 좋다는 조건적인 저주의 약속을 언약에 참여한 당사자들에게 공언하는 효과를 지니고 있었다. 또한 맹세는 제유법(부분으로서 전체를 나타내는 수사법-역자 주)에 의해 계약 전체를 가리키는 의미가 되었으며 성경 내외의 문헌에서 언약의 실제적인 동의어

---

8) D. J. McCarthy, "Berit and Covenant in the Deuteronomistic History" : *SVT* 23(1972), pp. 65-85.

로 사용되었다.[9]

이제 여기서 우리가 이 점에 대해 조사한 것을 요약해 보자. 언약이라고 하는 것은 성경 내의 비종교적 사례에서 판단해 보건대(사실 이들 비종교적 사례들은 고대 세계에서의 언약에 대한 보다 일반적인 양상으로서 다른 어떤 것들보다 더 대표적인 의미를 띠고 있다 할 수 있을 것이다), 이미 존재하고 있던 한 쌍의 관계들을 미리 전제하고 있었다는 것을 알 수 있으며 또한 공식적인 의식을 통해 이 관계들을 결속시킨다는 점을 표현하고 있었던 것이다.

언약은 거기에 참여한 당사자들의 신분이 상당히 다양하긴 하지만 이 두 당사자들 사이에 영향을 미쳤다. 언약에 사용된 언어는 관습에 의해 주의깊게 규정되었었다. 더군다나 '언약을 자르다'란 말과 맹세 그리고 증인들이 포함되어 있었으며 흔히 이와 연관된 표시가 있었다. 그러나 우리가 곧 눈길을 돌리려고 하고 있는 창세기 6:18의 문맥에는 이러한 특징들 중에 어느 하나도 쓰이지 않고 있으며 그렇기 때문에 이 구절은 비평의 대상이 되고 있다. 이 문맥은 흔히 그 중요성이 평가절하되곤 하지만 이상과 같이 언약의 요소가 결핍된 까닭에 이에 대한 설명이 요청되고 있는 것이다.

3. 창세기 6장 18절과 9장 9절 이하에는 왜 언약개시에 사용되는 전문용어가 누락되고 있는가?

a) 누락은 '원 자료'의 특성인가?

이에 대해 가장 널리 설명되고 있는 바로는 창세기 6:18이, 관련기사인 창세기 9:9-17과 함께 신학적으로 발전되어 나온 전문용어인 베리트란 낱말을 쓰고 있으며, 이러한 전개과정을 지지하며 창세기에서 이상과 같은 표현들을 찾는 신학에 의해 이 구문이 흔히 5경에서 제사장 문서(D문서)라고 지칭되는 한가닥의

---

9) M. Weinfeld, "Berit", *Theological Dictionary of the Old Testament*, vol. ii, (Grand Rapids : Eerdmans 1974), p. 256 참조.

특징을 띠고 있다는 점이다. 여기서 우리는 우선 문헌비평이라고 하는 5경의 '문서설'에 대해 간략히 언급할 필요가 있을 것이다. 즉, 문서설에 의하면 성경의 첫번째 5권의 책들은 식별이 가능한 최소한 네 개의 가닥으로 편집된 것으로 보인다는 것이다.

흔히 이 가닥들은 J, E(이 두 개의 문서에 있어서는 신의 명칭을 특별히 선호하는 형태가 있기 때문에 이런 부호가 붙여졌는데, J문서의 경우에는 야웨란 이름이, 그리고 E문서의 경우는 엘로힘이란 이름이 사용되었음), D(신명기는 최후에 편집된 부분을 제외하고 주로 5경 내의 다른 책에 반영되고 있다), 그리고 P(이는 제사장학파의 조립물로서 이들의 관심은 주로 신학적이고 제사적인 문제에 있었으며 흔히 이것은 포로기간이나 또는 포로기 직후에 나온 산물로 보인다. 전통적으로는 이 문서를 작성한 학파가 5경의 형태를 최종적으로 편집했다는 견해가 취해지고 있다)라고 명명된다. 이 문서설은 금세기 중에 그 이론이 상당히 다듬어지고 발전되어 나왔지만 우리는 여기에 지나치게 관심을 가질 필요가 없는 것이다. 이 이론은 19세기에는 그 지지자들로부터 상당한 호감을 얻었지만 지금에 와서는 다소 주춤거리고 있다. 그렇지만 이것은 아직도 광범위한 세력을 확보하고 있다.

오경에 대한 이런 접근방식이 지닌 의미는 의심할 나위없이 중요한 것이다. 그렇지만 여기서는 단지 개략적인 윤곽만 다루고자 한다. 만약 우리가 역사적인 면에서 이 자료들을 식별할 수 있는 가능성이 있음을 인정한다고 하면 문헌비평에서 제기한 문제에 대한 결말은 상당히 그럴듯한 성과를 거둔 것으로 여겨볼만 할 것이다. 즉, 이러한 문헌들은 이스라엘의 과거를 사실상 신학적으로 해석한 것이었으며 주요한 사실에 있어서는 역사 내에서 탄생된 것이란 주장이다(J문서는 대개 다윗 이후 초기 때나 또는 다윗왕국이 전혀 손상되지 않았을 때에 기록되었을 것이라는 견해가 제시되고 있다. E문서는 솔로몬의 사망과 함께 왕국이 분열된 이후 북왕국에서 그 이전 전승자료들을 해석하여 만든 것으로 여겨진다. D문서는 보통 신명기에서부터 열왕기하에 이르는 방대한 작품들을 집대성한 편집자들의 작품으로 간주되고 있는데, 이들 학파에 속한 전체의 사람들은 유다가 포로로 잡혀가게 된 상황에 대한 원인을 규명하려는 노력의 일환으로 이스라엘 역사에 대한 논리적 근거를 제공하였다는 견해가 제시되고 있다. P 문서는 포로 이후 다시 탄생된 공동체를 위하여 이스라엘의 전승들을 신학적으로 해석한 것이었다고 여겨진다).

이러한 견해들이 등장한 결과, 성경의 첫번째 5권에 대한 동질의 접근방식은 불가능하게 되고 말았다. 이런 관점에 근거하여 오경에서부터 서로 다른 신학들(실로 서로 경쟁하는 신학들)이 등장하게 되었으며, 이런 현상은 또한 서로 다른 일단의 전승을 채택하거나 또는 상세한 사항들을 선택함에 있어 서로 다른 방침을 세우거나 하는데 그 원인이 있으며 이들 신학은 역사적이고 사회적인 면에서 서로 다른 관심을 제시하고 있다. 오경신학은 이런 관점에서 살펴보면 매우 복잡하고 뒤틀린 구조를 갖게 되며 각 자료의 선정문제에서 유래한 여러 신학상의 방법에 의거해 이 구조의 과정 또한 그렇게 복잡한 것이다. 그렇지만 희망적이게도 이런 와중에 몇가지 최종적이고도 공통된 요인들이 나타날 수도 있는 것이다. 현대 성경비평에서 오경에 대한 접근법이 오경을 제외한 다른 성경책들의 특성에 대한, 이와 유사하지만 독립된 체계를 가진 또 다른 견해에서 보충설명을 찾고있는 이상 구약성경 전체에 대한 성경신학을 제정하려는 전망은 여전히 까마득하다 할 수 있다.

이런 특성을 지닌 문제들은 쉽사리 해결될 수가 없다. 그리고 이 문제들은 구약성경에 대한 현대적인 접근법들과 아주 광범위하게 결합되어 있는 이상, 우리는 결코 이 설명에서 이를 무시할 수가 없는 것이다. 성경의 자료들은 문헌비평의 검토의 대상에 노출되어서는 안된다는 견해는 제시될 수도 없고 또 제시되어서도 안된다. 오경과 같은 복잡한 문서에서, 아브라함에서부터 모세에까지 이르는 600년이란 식별가능한 역사상의 기간 위에 흩어져 있는 자료를 통합할 때 우리는 어떤 원 자료,

즉 어떤 특성을 지닌 최초의 문서가 존재해 있었을 것이라는 가정에 동의하기에까지 이를 수도 있을 것이다. 그러나 출발점에서부터 우리는 가닥을 식별하는 것이나 또는 그것들의 정확한 연대를 규정하는 것에 대한 의문에 부닥치게 된다. 게다가 이런 특성이 무엇을 한정하든 간에 그것은 우선 제쳐두더라도 오경을 근저에서 뒷받침하고 있는 근본자료(source materials) 의 성질이 어떠한 것이든 간에 각 책들은 대단히 주의깊게 편집되어 있기 때문에 어떠한 문서이론도 이를 정확하게 입증할 수 없다는 사실이 요즈음 점차 분명해지고 있는 실정이다.

각 책들의 연대나 저자의 신분문제 등과 같은 분명한 사안들과 이 문제에 대한 총의가 쉽사리 이루어지지 않고 있는 사실 등은 일단 한쪽으로 미루어 두자. 그리고 학문연구에 이바지할 전형적 방법은 39권의 정경이 적어도 어떤 문헌적 연관성을 지니고 있다는 전제하에 구약신학을 단순하게 해석하는 것 같다. 물론 이렇다 하더라도 이 문제에서 유래한 신학은 이스라엘 역사와 관계되어 있으며 또한 거기에 반영되어 있는 것으로 가정되고 있는 바, 신학과 역사와의 관계와 같은 문제들은 여전히 개방된 채 남게 될 것이다. 이 문제는 대단히 골치아픈 문제로서, 이 문제 때문에 불화가 계속되고 있는 것이다. 이스라엘의 종교발전에 대한 역사나 또는 그 모형론을 수립하려는 과정에서 결국 이런 시도는 아무런 열매가 없고 또 불가피하게 주관적인 작업이 되고 말기 때문에 이에 대해서 별로 주의를 기울이지 않는다면 구약연구는 의미심장한 진일보를 내딛게 될 것이며, 이때 보다 많은 강조점은 전통적으로 수납되어 온 구성요소, 이를테면 정경이라고 하는 것의 틀 안에서 수립된 구약신학의 진로에 두어져야 할 것이다.[10]

우리는 문헌비평에서 야기된 난제들을 설명하고 있는 홍수설화에 대해 특별한 언급을 하지 않은 채 이 일반적인 문제를 넘겨버릴 수는 없다. J문서와 P문서, 이 두 개의 표준문서에 속한다

---

10) B. S. Childs 는 *Biblical Theology in Crisis* (Philadelphia : Westerminster, 1970)에서 성경신학의 방향이 이같은 방식을 취해야 할 필요성이 있음을 역설한다.

고 보이는 세부사항은 서로 주의깊게 얽혀져 최종적인 통일성을 갖추고 있으며, 이중어들과 삐어져 나온 부분들은 여기에서 분명하게 나타난다고 하는 주장에 대해 홍수설화는 가장 적절한 예라고 종종 여겨져 왔다.

흔히 창세기 6장은 홍수를 이중적으로 도입하여 설명하고 있다고들 한다(6:1-8은 J문서, 6:9-22은 P문서). 반면에 창세기 7-8장은 두 개의 문서, 즉 J문서와 P문서가 결합된 자료들을 주의깊게 편집하여 조립되었다고 생각되어지고 있다. 전통적인 비평론에 관한 최근의 논평에서 사용된 이 두 개의 보기들은 이런 문서 접근방식들이 취약하다는 점을 시사하기에 충분할 것이다.

전통적으로 J문서(7:7-10, 12, 16b)와 P문서(7:6, 11, 13-16a, 17)로 잘게 절단되어 구성된 단락으로 알려지고 있는 창세기 7:6-17의 부분을 검토한 후, 앤더슨(Francis I. Andersen)은 이 단락 전체가 하나의 문법 통어적 단위(grammatico - syntactical unit) 체계를 가지고 있으며 또 그 문체와 정교한 통어(統語)구조가 전체를 하나로 묶고 있다는 점을 논증한 바 있다.[11] 흔히 이중어(doublet)라고 여겨져왔던 영역에서도 이와 같은 특성에 대해 주의깊게 연구하게 되면 아마도 이와 유사한 결론을 유도해 낼 수 있을 것이다.

벤함(Gordon Wenham)은 전반적으로 홍수설화로 방향을 바꿔 거기에 전념한 후, 이 설화 전체가 경계선처럼 치밀하게 구성되어 있는 단위라는 주장을 찬성하는 의견을 개진하였다. 그는 잦은 논점으로 부각되어 온 이 설화 전체에 대한 연대상의 일치성을 논증한 바 있으며, 더 나아가 그는 메소포타미아 설화들과 평행을 이루고 있는 부분들을 끌어내야 할 필요가 있다는 점을 지적한 바 있다.[12]

---

11) F. I. Andersen, *The Sentence in Biblical Hebrew* (the Hague : Mouton, 1974), pp. 126-128.
12) G. J. Wenham, "The Coherence of the Flood Narrative", *VT* XXⅢ(1978), pp. 336-348. Wenham은 세심한 수정으로 자료들

b) 제사장 신분의 기자가 기록했다는 언어상의 전문적 특성은 무엇인가?

한때, 창세기 6:18이 P 문서였다는 주장보다는 설득력이 좀 약하긴 하지만 위의 질문은 그것이 P 문서라는 주장을 강력히 내세운다. 이런 주장은 주로 창세기 6:18의 **베리트**란 용어가 사용되었다는 점과 이 구절과 관계된 창세기의 다른 참고절들이 P 문서의 특성을 띤 전문용어를 사용하였다는 점에 의해 뒷받침되고 있다. 이 문서의 두드러진 특성은 이 구절에서처럼 **헤킴 베리트** (הקים ברית, '언약을 세우다', 창 9:9, 11, 17, 17:7, 19, 21; 출 6:4 참조)란 히브리식 표현이 사용된 것이라고 주장되고 있는데, 이 표현은 또한 '맹세를 취하다'라는 극히 개인적인 의미로 사용된다는 주장이다. 최근에 이런 접근방식을 조직화한 바 있는 맥에브뉴(S. McEvenue)는[13] **헤킴 베리트**란 어구가 이 외에도 구약성경에 네번 정도 더 기록되어 있으며(레 26:9; 신 8:18; 왕하 23:3; 렘 34:18) 이 모두는 그 이전에 맹세한 바를 완성시킨다는 의미로 일관되게 사용된다는 점을 지적하고 있다.

만약 창세기 6:18이 P 문서에 속하며 또 전문용어로 구성되어 있다는 맥에브뉴의 견해가 정당하다고 한다면, 창세기 15:18만 예외로 한 신과의 언약이 담긴 창세기의 거의 모든 단락에는[14] 규범적인 언약술어가 누락되어 있다는 두드러진 사실에 대해서도 어떤 설명이 있어야 할 것이다. 거기에는 '언약을 자르다'라는 규범적인 술어가 사용되고 있다. 따라서 창세기 6:18에는 어떤 한정된 문서가 배정될 수 있었다거나 또는 반드시 배정되어 있어

이 모두 융합되었을 수도 있었을 것이란 점을 인정하지만 그의 저서는 식별 가능한 자료들을, 보다 더 모호하게 만들었다는 의미를 지닌다.

13) S. E. McEvenue, *The Narrative Style of the Priestly Writer*, Analecta Biblica 50 (Rome : Biblical Institude Press, 1971), p. 74.
14) 여기에 언급되고 있는 **베리트**의 등장은 별도로 하고 나머지의 예는 창 14:13의 세속문맥에 있다.

야 한다거나 하는 단안에 대해서는 확실성이 보장되어 있지 못하다는 점을 우리는 논의해 왔기에 이제 우리는 이 구절에 독특한 언약용어가 사용되었다는 점을 내세우기 위한 문체상의 구실들이 필요하거나 또는 충분한 설명이 되지 못한다는 점을 주장하고자 한다.

맥에브뉴가 부가적으로 내세운 4가지 사례들은 **베리트**가 그 넷 중 어느 곳에서도 '맹세'란 독특한 의미로 사용된 것이 아니었음을 시사한다. 예컨대 신명기 8 : 18은 두 가지 특성을 함께 담고 있다. 앞서 '선서'한 바 있는 언약을 '세울(**헤킴**)' 필요는 있지만 거기에다 **베리트**를 맥에브뉴가 주장한 바 있는 맹세란 의미로 적용시킬 필요는 없는 것이다. 신명기 7 : 8과 8 : 18을 비교해보면 잘 드러나듯이 신명기는 '맹세를 선언하다' (swear an oath)란 말과 '언약을 맹세하다'(swear a covenant)란 말을 분명히 구분하고 있다. 맹세와 언약과의 관계가 아주 밀접하다는 사실은 인정되고 있는 바로서, 이러한 밀접한 관계는 신명기에서 흔히 볼 수 있는 용어의 상호가변성을 설명해주는 것이 분명하다.

그러나 29 : 14에서 분명히 지적되고 있는 바와 같이 이 두 개념은 신명기에서는 뚜렷이 구별되는 용어로서 거기에는 언약체결과정에서 흔히 예상되는 **카라트 베리트**란 용어가 "언약을 맹세하다"란 말로 번역되는 관련용어인 맹세란 말과 덧붙여져서 함께 쓰이고 있다. 레위기 26 : 9에는 **헤킴 베리트**란 어구가 쓰이고 있긴 하지만 맹세란 말이 전혀 수반되지 않기 때문에 이 구절은 이를 전혀 뒷받침하지 않는다. 반면에 열왕기하 23 : 3에서 요시야는 "이 책에 기록된 이 언약의 말씀을 이루기" 위해(**헤킴**) 백성들과 '언약을 자르는데', 이것으로 보아 이 구절은 맥에브뉴의 견해를 또한 지지하지 않는 것이다.

같은 설명을 예레미야 34 : 18에 대해서도 할 수 있을 것이다. 즉, 이 구절에서는 맹세를 가리키는 특정용어가 전혀 언급되어 있지 않을 뿐만 아니라 거기서 '세워진' 언약은 그 이전에 양 당사자들이 '자른 바 있는'(렘 34 : 8) 언약을 가리키고 있는 것이다. 맥에브뉴는 에스겔 16 : 62에 사용되고 있는 **헤킴 베리트**란 또 다른 어구를 언급하지 않고 있는데, 그 부분은 에스겔 16 : 59과 같은 맥락 속에 포함되어 있는 것으로서 거기서는 맹세와 언약이 분명히 구별되는 개념으로 쓰이고 있다. 맥에브뉴가 내세우는 주요 내용은 출애굽기 6 : 4-8이 P 문서에 속한 것으로 보인다는 것으로서 이 부분의 첫절과 마지막절은 언약과 맹세의 개념 간에는 어떤 상호연관성이 있다는 것이다. 이 두 요소 간에는 동등화가 전혀 필요치 않다. 그러나 이 신학은 하나님이 아브라함의 언약에 대해 충실하셨다는 사실을 가리킨 것으로 보는 것이 가장 적절하며 그와 같이 이삭과 야곱의 경우에서도 계속 반복된 그 언약, 그리고 맹세에 의해 더욱 강화된 그 언약에 대해서 그렇게 하셨다는 것으로 받아들이는 것이 가장 좋을 것 같다.

족장시대의 언약과 맹세는 서로 구별되는 다른 개념이란 것을 신약성경은 알고 있었다는 점도 지적되어야 할 것이다. 아브라함의 신앙이 시험받는 장면을 설명하는 문맥에서 히브리서 기자는 맹세란 그 이전에 했던 약속에 덧붙여진 것이며(히 6 : 17) 그렇게 해서 '두 가지 변치 못할 사실'(히 6 : 18)이 구성되게 되었다고 주장한다.

따라서 창세기 6 : 18의 **베리트**가 맹세라는 특별한 의미로 사용되었다고 하는 주장은 그다지 추천할만한 견해가 되지 못한다. 더군다나 이 주장은 노아와의 언약이 체결되어 새로운 사실로 나타난 것으로 설명하고 있는 창세기 9 : 8 이하의 후대의 언약에 관한 문맥을 이 구절에서 미리 예상한 것으로 만들어 버린다. '세워져'야 할 '내 언약'이란 말을 담고 있는 창세기 6 : 18은 수수께끼 같이 모호하기 때문에 이것은 언약의 실체가 무엇을 가리키고 있는지에 대해서는 전혀 시사하는 바가 없다고 맥에브뉴는 지적한 바 있는데[15] 이는 정당한 지적이다. 사실상 이 구절은 현존하고 있는 약속이 지켜져야 한다는 의미를 담고 있는 것으로

---

15) McEvenue, op. cit., p. 46.

해석하는 것이 가장 적절할 것이며 또한 이 구절의 언약이 '내 언약'으로 지칭된 이유는 바로 이상과 같은 특정 의미 이상의 것을 요구하지 않기 때문임을 가리킨 것이다. 물론 이 언약이 어떻게 지켜져야 할 것인가에 대한 방법은 창세기 9:8 이하에 상세하게 지칭된 것으로 이해해야 할 것이며, 이런 이유로 해서 창세기 6:18은 다음에 일어날 사실을 예상하고 있었다고 혼히 말할 수도 있을 것이다. 그러나 이 두 단락은 이 두 사건에 선행하여 있었고 또 이 사건들에 의해 확인되고 있는 어떤 한정된 약속을 가리키고 있는 것으로 보인다.

c) '언약을 자르다'란 전문용어의 결핍에 대해

맥에브뉴는 P문서의 저자가 신학적인 의미를 부여해 언약을 선서된 맹세로 묘사하면서 창세기 6:18에서는 언약체결에 대한 규범적 용어인 **카라트 베리트**란 표현을 주의깊게 회피했던 것이 분명하다는 주장을 덧붙여 내어놓은 적이 있다. 만약 그의 주장이 정당하다면 그의 견해에 비추어 볼 때 미래에 이루어질 노아와의 약속이 창세기 6:18에서 개시된다는 뜻으로 이해될 수 있기 때문에 **헤킴 베리트**란 어구는 성경기자들이 언약개시란 개념을 도입하고자 할 때 흔히 사용하던 많은 표현들 중 하나에 지나지 않는 것으로 볼 수도 있을 것이다.[16]

그러나 이와 관련된 구약성경의 장면들을 면밀하게 조사해 보면 **카라트 베리트**란 어구가 구약성경 전체에 걸쳐 언약개시점을 묘사하기 위해서 성경기자들에 의해 보편적으로 사용되었다는 사실이 분명해진다. 이렇게 해서 이 표현은 아브라함과의 언약(창 15:18), 시내산 언약(출 24:8), 다윗의 언약(시 89:3) 그리고 예레미야의 새 언약(렘 31:31)을 개시하는 데에도 사용되고 있는 것이다. 구약성경 내의 비종교적 언약체결과정에서도 상황은 동일한 것이어서, **카라트 베리트**의 동의어로서 흔히 인용되기도 하며 또 그렇기 때문에 언약개시점을 가리키

---

16) Weinfeld, op. cit., p. 260.

제 1 장 / 노아와 맺은 언약   37

는 이와 비슷한 뜻의 다른 표현들은 이와 같이 이해되어서는 안되는 것이다. 따라서 신명기 29 : 12("너의 하나님 여호와의 언약에 참예하며")에 사용된 히브리어 **하바르**('들어가다, 참예하다')는 거기서, 이미 존재해 있던 모세 언약의 언약공동체에 의해 채택된 것을 가리킨다.

사무엘상 20 : 8에는 히브리어 **헤비**('맹약케 하다')라는 말이 사용되고 있는데 이 말은 사무엘상 18 : 3에서 **카라트 베리트**란 형식으로 체결된 바 있는 다윗과 요나단 사이의 언약을 가리키고 있다. 사무엘하 23 : 5에는 다윗과의 언약이 이미 '세워진 (made)' 것으로('하나님이 나로 더불어 영원한 언약을 세우사'), 다시 말해서 히브리어 **심**이 된 것으로 지칭되고 있는데, 이는 이 이전, 즉 사무엘하 7장에서 이미 세워진 바 있는 언약, 곧 다른 곳에서는 흔히 '잘라진(cut)' 것으로 묘사되고 있는 언약을 가리킨 것으로 보인다. 예레미야 34 : 10에는 '이 언약에 참가한(히브리어 **보**)' 사람들이 언급되고 있다. 그러나 이 언약은 예레미야 34 : 8에서 당사자들 간에 이미 '잘라진(cut)' 바 있는 것을 가리킨다. 역대하 15 : 12은 아사왕의 개혁운동과 북왕국에 대한 제안에 대해서 백성들이 응답하는 장면을 묘사하고 있으며 또한 '열조의 하나님 여호와를 찾기로 언약'하는 (**보, בוא**) 자들에 대해 언급하고 있는데 이는 대단히 난해한 듯이 보인다. 그러나 이 구절에는 언약이란 명사를 한정하는 히브리어 정관사가 붙어있는 것으로 보아, 북쪽과 남쪽 백성들을 함께 모음과 동시에 분열 이전 왕국의 특성을 이루었던 옛 약속들을 갱신한다거나 또는 재입법화한다거나 하는 내용이 담겨져 있었을 것이라는 점을 우리는 상정할 수 있을 것이라고 지적할 수 있다.

d) 노아 언약은 수립된 것인가 아니면 재가된 것인가 ?

간단히 말해서 언약개시를 뜻하는 전문용어는 창세기 이외의 부분에서도 끊임없이 유지되어 온 것이 분명하다.[17] 이 용어가 계

---

17) 겔 16 : 8에는 흔히 사용되는 일관된 이 용어의 용법과는 다른 예외

속 사용되어 왔다는 사실에서 우리는 '세워진(established)' 언약 또는 '주어진(given)' 언약(나탄, נתן - 창 17:2)을 담고 있는 창세기 6:18과 창세기 9:8 이하(또한 창 17장)의 문맥 속에 있는 **베리트**와 **헤킴**이 새 언약협정의 시작을 가리킨 말이라거나 또는 위의 구절들 각자가 그 이전에 맺은 협정의 계속을 나타낸 것이 아닌가 하는 생각을 갖게 하는 것이다. 여기서 결정적인 열쇠는 히브리어 동사 **헤킴**을 이 구절들에서 어떻게 이해해야 하는가 하는 문제에 있다.

이 동사를 구성하고 있는 요소는 사역의 뜻을 가진 동사 어간으로서 이는 또한 '떠오르다', '서다'란 의미를 가진 자동사 **쿰**(קום)이란 기본동사에서 유래된 것이다. 따라서 사역의 뜻이란 점에서 이 동사를 살펴보면 그 의미는 '서게 하다', 즉 '일으키다'가 될 것이며, 또한 그와 같은 뜻이지만 '세우다(무언가를 일으켜 세움으로서)'나 '유지시키다'란 의미로도 빈번히 쓰인다.

구약성경에서 신학적 의미가 부여된 문맥에서는 '유지시키다(maintain)'란 뜻으로 자주 쓰인다. 그런데 이 사역적 의미는 신명기 27:26(그리고 왕하 23:3)에 명시되어 있는 바와 같은 언약의 요구조건이나 또는 지켜져왔던 계명(삼상 15:11; 왕하 23:24)을 가리키는 데에 사용되고 있으며 또한 하나님이 자기 말씀에 충실한 이유도 바로 이와 같은 구조 때문이라는 주장이 옹호받고 있는 것이다(느 9:8). 또한 사역의 뜻을 가진 이 동사는 '수행하다'란 의미로 빈번하게 쓰이며 그렇기 때문에 문맥에 따라서는 '세우다'나 '이루다(fulfil)'라는 의미로 쓰인다. 이상과 같이 하나님은 족장들에게 맹세하신 말씀을 '재가'하신 것이다(신 9:5; 삼상 1:23; 사 44:26; 렘 28:6 참조).

적 용법이 유일하게 언급되고 있다. 문맥은 하나님과 이스라엘 간의 혼인연합에 관한 것으로서 거기서는 판에 박힌 법적 공식이 어울리지 않는다고 여겨질 수도 있을 것이다. 에스겔은 전통적인 관습에 문외한이 아니다(겔 34:25, 37:26 참조).

사무엘하 7 : 25에서 다윗은 하나님께 같은 7장 내에 언급된 그 이전의 약속의 말씀을 '확실케(재가하다)' 해 달라고 기도한다(유사 장면-왕상 2 : 4, 6 : 12, 8 : 20). 열왕기상 12 : 15에는 실로 사람 아비야에게 주어진 하나님의 말씀, 곧 솔로몬 사후 왕국이 분열되리라는 예언의 말씀이 '이루어지는(응하는)' 내용이 담겨 있다. 예레미야 11 : 5, 23 : 20, 29 : 10, 30 : 24, 33 : 14 등에는 이 동사가 하나님의 계획을 수행하다 라는 뜻으로 나 또는 이전에 약속된 바 있는 말씀을 실행하는 것을 가리키는 것으로 표현된다. 창세기 26 : 3에는 하나님이 이삭에게 나타나 그의 부친 아브라함에게 '맹세한 것을 이루기 위해' 그 약속의 말씀을 반복하고 있으며 또한 민수기 30 : 14에는 한 남편이 자기 아내의 맹세를 무효화하는 것을 막기 위해 침묵을 지킴으로써 그 서원을 '지키게(세우게)' 하는 장면이 나오는데 우리는 이것을 주목해 봄이 좋을 것이다.

이상과 같은 특성은 **헤킴 베리트**란 어구가 등장하는 문맥에서 (창 6 : 18, 9 : 9, 11, 17, 17 : 7, 19, 21; 출 6 : 4; 레 26 : 9; 신 8 : 18; 왕하 23 : 3) 언약이란 것이 규범을 가리키는 것이 아니라 오히려 그 약속의 영속성을 가리키고 있다는 사실로 미루어 보건대, 보다 분명해지는 것 같다. 우리는 사실상 이 내용이 창세기 내에서 인용된 것이 아닌 다른 부분과 관련되어 있는 것임을 지나가면서 이미 넌즈시 암시한 바가 있다. 우리는 창세기 6 : 18에 언급되고 있는 언약이 '내 언약'이라고 지칭되고 있는 것으로 보아서 인간의 동의없이 오직 하나님에 의해 설정된, 이미 존재해 있던 어떤 약속을 가리키고 있음을 짐작할 수 있을 것이다. 인간은 죄악의 속성을 띠고 있지만 그럼에도 불구하고 하나님은 그 언약을 유지시키기로 결정하셨던 것이다. 이 협정의 성질과 세부사항은 다소 불확실하긴 하지만 창세기 6 : 18과 관련된 창세기 설화의 흐름에서 다소 추론되어 온 것은 사실이다. 그러나 이러한 내용들은 결국 창세기 6 : 18에서는 분명하게 찾아낼 수 없는 것이다. 그러나 우리가 창세기 9 : 1 이하를 들추어내어 살펴보게 되면 그 세부사항들은 보다 분명해질 수 있을 것이다.

C. 홍수 이후

1. 창세기 9장 1절 이하, 새로운 시작

　홍수의 전 과정이 완전히 끝났을 때 노아는 방주를 떠나라는 하나님의 명령을 받게 되며(창 8 : 15 이하) 이어서 하나님의 구원에 대한 응답으로서의 제사가 뒤따른다. 이 때에 다시는 홍수를 보내지 않겠다는 하나님의 약속이 주어지는데 이 약속은 아마도 로마서 3 : 26에서 사도 바울이 언급하고 있는 인내의 때와 연결되는 것 같다. 창세기 8 : 21에는 홍수를 경험하고도 인간의 마음이 변화되지 않고 여전하다고 하는 말이 언급되고 있는데 이는 원래 홍수에서 구원받은 여덟 사람을 가리켜 한 말이다. 따라서 노아의 의란 것은 자신의 고유한 무엇이 아니라 외부에서 주어진 무엇이란 사실이 분명하게 부각되는 것이다. 실제로 우리는 대홍수가 어느 세대의 죄악에 대한 하나님의 적절한 보응이었다고 이야기해 온 이상, 인류는 오직 은혜에 의해서만 보존되어 온 것이라고 할 수 있다. 창조된 질서는 종말이 있기까지 단지 신의 은혜스러운 성품에 근거해서만 계속 존속할 수 있을· 것이다.

　바로 이러한 상황하에서 창세기 9 : 1 이하의 주제가 되고 있는 새로운 시작이 등장하고 있는 것이다. 창세기 9 : 1-2과 창세기 1 : 28은 놀랍도록 그 유사성이 두드러지게 나타나고 있는데 이런 유사성 때문에 새로운 시작이라는 개념이 분명해지는 것이다. 창세기 1장에서와 마찬가지로 인간은 다시 생육하고 번성하여 땅에 충만하라는 위임명령을 받는데 이는 창조질서 내에서의 인간의 신분과 역할, 즉 하나님의 형상(9 : 6)으로서의 인간의 신분과 역할이 여전히 보존되어 있음을 보증받은 것이며, 또한 6 : 18의 언약형식은 9 : 8 이하에서 거듭 반복되고 또 확대되는 것이다. 이제 이 언약은 노아의 후손을 연루시키고 있음을 분명하게 드러낸다(9 : 9). 다시 말해서 여덟 사람이 구원받은 이 사건 속에 담겨져 있는 함축된 의미들이 이제 분명해진 것이다.

　여기에 분명하게 드러난 것은 6 : 18에서 언급하고 있는 언약이 노아 개인과 맺어진 것이 아니라 인류를 대표하는 노아와 맺어졌다는 사실이다. 즉, 이 언약은 인류의 미래를 대비해서 예정된 것이다. 따라서 이것은 그 목적상 우주적 의미를 지니고 있다. 가장 보편적인 의미에서 이 언약은 인류역사에 한정되어 있으며, 그렇기 때문에 이를 통제하기 위해 이 언약에 부연되어 있는 것으로 보이는 전제요건들은 문제될 수가 없는 것이다. 창세기 8 : 22에 지적되어 있는 바와 같이 하나님의 섭리적 배려는 다시 모든 인간에게로 확장될 것이다. 언약에 대한 이런 개념 속에는 그 언약이 체결될 때에 발생한 듯이 보이는 어떤 특수한 역사적 상황이 고려되어 있지 않기 때문에 이 언약은 인간의 반응에 의존되어 있지 않다는 점이 분명히 나타나며 심지어는 언약에 대한 인간의 지식에도 좌우되지 않는 것이다. 또한 이 언약은 가장 일반적인 용어를 사용하여 창조의 주권과 함께 피조물에 대한 창조주의 배려를 천명하고 있다. 창세기 8 : 21-22은 변함없는 자연법칙을 가리키고 있는데 이 자연법칙에 의해 태양은 의로운 자에게나 불의한 자에게나 꼭같이 비춰게 될 것이며 또한 이 자연법칙의 배후에는 인격적인 창조주가 직접 서 계시다는 사실을 암시하고 있는 것이다.

2. 창세기 9장 1-17절에서 본 사상의 연속

9 : 1-13의 내용을 상세히 다루기 위해 이제 우리는 창세기 9장으로 넘어가자. 9장에는 홍수로 폐지될뻔 하였던 언약관계, 그러나 노아와 그의 가족이 보존됨으로 해서 다시 그 명맥을 유지하였던 언약관계가 다시 설정되는 내용을 담고 있다 이 9장에 대한 토론은 현재 진행중에 있기 때문에 언약 그 자체에 관한 문제를 창세기 6 : 18의 분명한 지적에서 끄집어 내기에 앞서 우선 창세기 9 : 1-7에서부터 역으로 창세기 1장에까지 되돌아가야 할 것이다. 노아는 지금 우리 앞에 두번째 아담으로 자리잡고 있다. 창세기 9 : 1-7은 양쪽 가장자리인 1절과 7절의 포괄적 어구에서도 암시되고 있는 바와 같이 어떤 분명한 의도를 담고 있는 단락으로서, 노아는 아담에게 주어졌던 위임명령으로 무장하여 다시 시작하라는 초대를 받고 있긴 하지만 그가 작전을 수행해야 할

곳은 변화된 세계 내에서란 사실을 이 단락은 우리에게 지적해주고 있는 것이다. 그는 계속 하나님의 형상으로서의 역할을 수행해야 하지만(6절), 이제 그의 활동영역은 무너져버린 세계 내에 있는 것이다.

창세기 9:1-7의 취지는 질서있는 세계의 특징을 띠었던 1-2장의 조화있는 관계설정이 슬프게도 부수어져 버렸다는 사실을 인정케 하려는 것이다. 이제 동물의 세계는 인간이라고 하는 두려운 존재 아래 놓여진다. 이는 이전에 전 피조물 위에 만연해 있었던 낙원의 평화스러운 환경이 파기된 때문인 것이다. 이렇게 해서 전 세계는 고통 속에 신음하기 시작한 것이다. 인간은 이전에는 채소를 먹으면서 살아왔으나(창 1:29), 이제는 분명하게 육식을 먹는 존재가 된다. 그는 또한 자기 동료로부터 위협을 당해야 하는 세계에서 살게 된 것이다.

창세기 4장 이후 현재까지 계속되고 있는 바와 같이 생명에 관한 조항이 이제 분명하게 입법화된다(창 9:6). 그러나 인간은 하나님의 형상으로서 더할나위 없이 신성한 존재이기 때문에 인간을 공격하는 것은 곧 하나님을 공격하는 것과 사실상 동일하다.

그리고 창세기 9:8-17은 6:18을 상세하고도 발전적인 의미로 재언급한 것으로 보인다. 창세기 6:18의 개념은 9:9에서 노아의 후손들을 포함시키고 있기 때문에 더 확대된 것이 분명하며 그렇기에 또한 **대표**자로서의 노아의 위상이 더욱 분명해지는 것이다. 그러나 우리는 여기서 잠시 멈추어, 히브리어 명사 **베리트**에 접미사처럼 부착되어 있는 소유대명사의 성질이 무엇인지, 다시 말해서 '내 언약'이란 말에서 '내'란 소유대명사의 의미가 사실상 무엇을 뜻하는지 자문해 보지 않으면 안된다. 언약이란 용어를 어떻게 이해하든 간에 이 말 속에 의무[18]의 개념을 첨가시킨다면 어떤 의문점들이 발생한다. 즉, 이 언약이란 것은 인간이 지키지 않으면 안될 그 어떤 언약인가 아니면 하나님이 자신을 이 언약에 결부시켜 인류로 하여금 그렇게 떠맡은 의무의 수혜자가 되게

---

18) E. Kutsch 의 학위논문, *BZAW* 131은 **베리트**가 의무를 뜻한다고 이해한다.

하셨는가? 6:18과 9:9, 11, 15 이 두 개의 단락 속에 있는 문맥을 살펴보면 후자의 견해가 보다 더 지지를 받고 있는 것이 분명하다는 점이 강하게 암시되어 있다. 인간이 실패하였음에도 불구하고 또 창세기 9장의 문맥에서 보다 상세히 언급되어 있다시피 인간의 지식과는 별개로 이 견해가 계속 유지되어 왔음을 뒷받침하고 있다. 이 9장을 살펴보면 인간이 언약에 대한 이런 성질을 반드시 이해해야 한다는 점이 요구되지 않는다는 사실이 분명해진다. 즉, 하나님은 역사의 과정이 진행되는 한 이 언약을 유지시키기로 자신에게 스스로 의무를 부과시킨 것이다.

3. 창세기 9장 9-17절의 언약과 무지개 표시

언약에 관한 성경적 개념을 이해하기 위해서라면 이 문제는 주요한 역할을 하고 있으며 또한 창세기 9:9 이하의 주제를 진행시켜 나가는 과정에서 이 문제는 완전히 실체를 드러낸다. 창세기 9:10은 언약에 관한 우리의 개념을 넓혀주고 있는데 이는 원시 언약에서 상호일치를 촉진시켜 온 바 있는 피조물들의 반응이 이제는 이들 피조물들에게서 기대할 수 없는 것이 되어 버렸긴 하지만, 이 언약협정 속에는 모든 산 생물들, 즉 새들과 가축들 그리고 지상의 짐승들이 포함되어 있는 것으로 보이기 때문이다. 그리고 창세기 9:1-7에서 우리가 이미 예상하고 있었던 바와 같이 창조된 세계 질서에서의 인간의 역할이란 점에 의거해 이 언약협정의 강조점은 인간에게 두어지고 있음이 분명하다. 인간이 전체적 계획에 있어서 필요한 요소인 것은 사실이긴 하지만, 전면적인 청사진은 이보다 훨씬 더 광범위하다는 사실이 10절을 통해 우리에게 분명히 나타난다.

우리가 눈여겨 보아야할 구절들 중에 하나인 창세기 9:12에는 자비롭게도 언약의 증거를 통한 보증이 주어지고 있는데 이는 홍수의 위협을 받은 바 있는 계약당사자들 중 한편(즉, 인간과 모든 생명체들)을 위한 것이다. 언약과 관계된 변수들은 다른 곳에서도 찾아볼 수 있긴 하지만 바로 이 단락에서 훨씬 더 광범위하게 이끌어 낼 수 있다는 견해가 있는데 이는 13절에서 이끌어 낸 적절한 추론인 것이다. 13절에서의 협정은 하나님과 온 세상 사이에, 다시 말해서 인간을 중심으로 언약이 구성된 바 있듯이, 하나님과 인간의 활동무대가 될 가장 풍만하고 최종적인 영역 사이에 세워져 있다고 흔히 알고 있다. 우리는 이 언약의 목적이 인간과 세상 사이의 완전한 조화에 있다고 생각할 수 있을 것이다. 또한 여기서 더 나아가면, 하늘과 땅을 연결하고 있는 아치형 무지개(활, bow)의 위치는 이 약속하에 있는 전 세계의 조화가 잠재되어 있음을 말한다고도 추론될 수 있는 것으로 인정될 것이다.

여기에서 보다 더 일반적인 추론을 이끌어내기에 앞서 우리는 창세기 9 : 12-17에서의 언약의 증거가 맡고있는 역할에 대해 우선 주의를 집중시켜야 하겠다. 항구적인 자연이 새로운 질서를 소유할 것이라는 약속의 말씀은 이제부터 언약의 영속성을 뒷받침하는 실체적 증거가 될 수 있는 것에 호소함으로써 더욱 강화된다. 구름 속에 나타난 무지개(활, bow)에 의한 이 증거는 세계의 영속성에 대한 포괄적 보증이 되고 있다. 암시적이긴 하지만 언약갱신의 표시가 되고 있는 이 증거는 원시 창조의 목적과 이에 대한 확실한 성취를 지지하는 역할을 하고 있다. 이 사실에서도 알 수 있다시피 인간의 응답은 창세기 1장의 **첫번째 질서 수립**에서와 마찬가지로 사실상 불필요하다.

12절과 17절은 성경 이외의 흔히 볼 수 있는 자료(common material)에 포함됨으로 해서 이 단락의 경계가 한정지어지고 있으며 반복을 통해서 이 증거의 중요성을 강조하고 있다. 12절은 이 증거의 형태를 구름 속에 설정된 무지개(rainbow)라고 부르고 있다. 우리는 이 무지개가 여기서 처음으로 도입된 것으로 이해해야 할지, 아니면 자연현상들 중 두드러진 것 중에 하나로서 새로운 의미를 가지고 이 장면에 등장한 것인지에 대해서는 알 수가 없다. 그러나 그 목적은 지구가 다시는 멸망치 않을 것임을 적절히 확신시켜 주는데 있고, 또 자연의 표적은 광범위한만큼 알맞은 증거가 될 것이 분명하다.

'활(bow)'이란 용어는 구약성경의 무지개(rainbow)와 관련된 문맥에서 볼 수 있는 말은 아닌 것으로서 언제나 공격용 무기를 가리킬 때 사용되는 용어이다. 이런 이유 때문에 주석가들은 성경 이외의 문헌에 나타난 평행 설화에서 암시를 받아 하늘에 이와 같은 활이 걸려 있었던 것은 하나님에 의한 평화선포를 의미한다는 견해를 내놓기도 한다. 이와 관련된 평행설화 중에는 바벨론의 창조서사시인 에누마 엘리쉬(Enuma Elish)에 나타난 이야기가 보통 제시되는데, 여기에 의하면 신들 중에 투사이며 혼돈의 용 티아맛(tiamat)을 무찌른 자인 마르둑(marduk)은 [승리한 후] 하늘에 성좌(星坐)의 형태로 자신의 활을 걸었다는 것이다. 그러나 성경의 홍수설화에는 신화론적인 평행 설화에서와 같이 하나님이 싸웠다는 것과 관련된 흔적은 전혀 찾아볼 수가 없다. 팔레스티나 지방에는 이런 현상이 거의 나타나지 않고 있는 바와 같이[19] 이 용어는 성경의 다른 곳에서, 그리고 이 말이 언제나 '구름'과 연결되어 있어 얼핏 자연스럽게 연결된 듯이 보이는 곳에서도 사실은 무지개를 가리키는 경우가 거의 없는 것 같다.

이 말은 에스겔 1 : 28의 심판에 대한 환상에서 언급되고 있는데 여기서 이 말은 하나님의 영광의 현현과 긴밀히 연결되어 있어 이 설화에서 볼 수 있었던 심판에 대한 다른 한 면을 제시하고 있다. 이와 같은 의미를 지닌 것으로 보이는 이 외의 유일한 성경에서의 언급은 요한계시록 4 : 3에 나타나고 있는데 이곳을 살펴보면 계시록 4장의 결론은 하나님을 창조주와 우주의 지탱자로서 찬양하는 천상무대의 영가로서, 비록 이 구절이 결론과 결부되어 있긴 하지만 이 환상에 나타난 심판의 성질은 에스겔 1장과 다시 결부되고 있는 듯이 보이는 것이다. 아무튼 창세기 9장의 활(무지개)은 중요한 의미를 지니고 있는데 이는 이것이 이 세계에 있게된 안정된 질서의 기원의 시작을 증거하는 역할을 하며 또한 피조물들에 대한 하나님의 섭리적 배려가 이후로부터는 끊이지 않을 것임을 시사하기 때문이다.

---

19) P. A. H. DeBoer, "Quelques remarques sur l' Arc dans la Nuée", *Questions Disputées d'ancien Testament*, C. Brekelmans ed., p. 110, n. 11 참조.

14-16절은 이 표적의 기능을 상세히 설명하고 있다. **광범위한 의미에서** 말하자면, 하나님과 관계된 성경에서의 어떤 **표적이 지닌 기능**이란 이 표적이 지적하는 바, 그 어떤 약속이 앞으로 계속 존속할 것임을 가리키거나 또는 이제 곧 도래할 것임을 가리키거나 하는 점을 확실하게 전달하는 하나님의 **예언자적 행위를** 암시한다는 것이다. 창세기 9장의 활은 분명히 이와 동일한 종류로서 신앙을 요구하는 표적인 것이다. 다시 말해서 이것은 사람들이 추론에 입각해서 이 표적과 그 안에 담겨 있는 의미를 고려치 않고 한꺼번에 넘겨버릴 수 있는 그러한 자연적 표적은 아닌 것이다.

이것은 계시를 수반하고 있으며, 이 계시에 의존하고 있는 **협약적 표적**인 것이다. 이것은 이 언약의 성격을 규명해주는 것도 아니며 또한 언약을 단독으로 세워주지도 않는다. 오히려 이것은 이미 세워져 있는 것으로 알려진 그 어떤 것에 대한 신앙을 공고히 하는데 쓰이고 있다. 성경에서는 하나님의 표적들이 거의 언제나 이런 방법으로 쓰이고 있는데, 이를테면 목격자의 주의를 환기시키기 위해 표적이 있는 것이 아니라, 이 표적을 통해 표적의 실체에로 인도하기 위해 있는 것이다. 이렇게 해서 신명기 11 : 3은 청중들에게 하나님이 애굽에서 행하신 표적들(그리고 행위들)이란 자신의 정당한 힘을 과시하는 데에만 있는 것이 아니라 이스라엘을 자극시켜 하나님을 사랑하고 또 그의 계명을 지키도록 의도된 것임을 상기시키고 있다. 게다가 이 표적들은 그것들 자체로서는 이러한 의도를 이루기에 충분치 않았다. 신명기 11 : 8에 암시되어 있는 바와 같이 이러한 표적들의 기능을 설명하기 위해서는 말씀이 요구되었던 것이다. 이와 마찬가지로 요단강을 건넌 직후 길갈에 여호수아에 의해 열두 돌이 세워진 것도(수 4 : 3 이하) 이 사건이 지닌 의미에 대한 여호수아의 해석과 여기에 뒤따르는 역사적 배경이 없다면 아무런 가치가 없는 것이다.

우리가 이상에서 살펴본 바 있듯이 표적의 어떤 특성들은 비종교적 언약에도 종종 나타나고 있으며 이와 유사하게도 신앙을 요구하는 표적들은 흔히 구약성경에서 언약에 대한 하나님의 인준이나 또는 갱신과 연결되어 있다는 점을 발견할 수 있다. 창세기 9장의 활(무지개)과는 별개의 문제이긴 하지만, 이와 같은 방식에 의거해 창세기 17:11에는 할례가 첨가되고 있으며 그 이후에는 안식일이 부가된다(출 31:13, 17 참조; 겔 20:12, 20).

그러나 이 세 가지 표적들은 그 의미에 있어서 균등하지는 않다. 창세기 9장의 무지개가 지닌 목적이라고 하는 것은 미래에 대한 하나님의 의도가 무엇인지를 암시하고자 하는 것이 분명하다. 다시 말해서 그것은 재확신시키는 역할을 하는 것이다. 이것의 주요 기능은 하나님이 스스로 약속하셨던 바 있는 책무들을 하나님께 상기시키는 역할이며 또한 이것은 표적을 동반한 말씀에 참여했던 자들보다 더 넓은 범위의 사람들에게 적용된 것이 분명하다고 흔히 생각한다. 따라서 13절은 무지개가 하나님과 세상 사이에 존재하고 있는 언약의 표적임을 지적하고 있으며, 이 표적은 또한 이에 대한 인간의 인지여부와 반드시 결부되어 있어야 하는 것이 아님은 분명하다. 이것은 오히려 하나님을 위해서 존재하고 있으며, 이를 통해 하나님이 '기억'하시게 될 것이다(15절). 따라서 그것을 바라보실 분은 하나님이시며 하나님께 그 성질을 상기시키게 될 것이다.[20]

물론 우리는 하나님이 스스로 약속하신 의무를 촉구하기 위해서 하나님의 성품에 부속되어 있거나 또는 그 외부에 있는 부차적인 무엇인가가 하나님을 자극시키는데 반드시 필요하다고 생각해서는 안된다. 왜냐하면 우리는 우주의 창조주에게도 기억을 더듬어야 할 시간이 필요하다고 감히 주장하기가 쉽지 않기 때문인 것이다.

구약성경에서 '기억하다'란 말은, 설사 부득이하게 이 말이 쓰

---

20) 창세기 9장의 이 표지의 기능에 대해서 Michael V. Fox, "The Sign of the Covenant", *RB* 81(1974), pp.557-596 참조. 여기에는 구약에서 하나님의 '기억'이란 뜻의 히브리어 **조카르**가 **칼**형으로 사용된 문제가 언급된다. 이 당면 문맥과 렘 31:34의 관계란 점에 비추어 이 논점은 중요하다. 하나님의 기억이 행위와 동일시되고 있는 것은 아니지만 그것은 행위와 분리시킬 수 없다는 내용의 관찰에 대해 B. S. Childs, *Memory and Tradition in Israel* (London : S.C.M., 1962), p.33 참조.

일 수 밖에는 없지만, 단순히 과거에 대한 심리학적 회상력을 가리킨다는 의미로는 거의 사용되지 않는다. 성경에서 과거가 '기억되다'란 말을 쓸 때 여기서 실제로 의미하는 것은 종종 현재, 감각적으로 시행되는 일이 논리적으로 과거의 어떤 사건에 의존하고 있다는 것을 뜻하는 것이다. 바로 이같은 내용이 창세기 9장에서 의미하는 바이다. 마찬가지로 창세기 8:1에서 하나님이 노아를 '권념하셨다(기억하셨다)'고 했을 때 거기서 말하고 있는 의미는 물을 감하도록 하기 위해, 그때에 바람을 지구 위에 불게 하사 노아를 구출하려는 자신의 의도를 가동하셨다는 뜻인 것이다. 뿐만 아니라 하나님이 한나를 '기억하셨'을 때(삼상 1:19)도 하나님은 그녀에게 준 바 있는 약속의 말씀을 행동으로 옮기사 아들을 주셨던 것이다. 요컨대, '언약의 증거(언약의 표적—창 9:12)'로서의 무지개는 언약의 성격을 규명하거나 표시하거나 하는 것이 아니며 또한 그것의 존재를 가리키는 것도 아니다. 그것은 항구적 증거로서의 기능을 하고 있으며 이 기능은 또한 언약이 존재하고 있음을 하나님께 상기시켜 주는 자로서의 보조역할을 독립적으로 수행하는 데 있는 것이다. 결과적으로 이 표적의 영속성은 이 언약의 영속성을 보장하는 것이 되는 것이다.

4. 이 문제에 대한 논쟁을 요약함

창세기 6:18과 9:8-17에 나타나고 있는 **베리트**의 개념을 우리는 아주 깊숙히 조사한 바 있는데, 그 결과 거기서 언급되고 있는 언약은 일방적인 특성을 띠고 있다는 사실이 지적되었다. 언약의 주도권은 완전히 하나님께 있었던 것이다. 물론 이에 대한 응답이 요구된 바 있고 또 요구되기도 할 것이지만, 그러나 이 응답은 한편으로는 이 언약과 결부된 축복이거나 그렇지 않으면 다른 한편으로는 언약의 거부와 함께 야기될 저주를 사람들에게 가져다 줄 응답인 것이다. 축복과 저주는 언약 그 자체에 속한 부분은 아닌 것이며 오히려 언약을 대하는 태도의 결과인 것이다. 따라서 이에 대한 연구가 계속되는 한 **베리트**란 말은 신학적인 용법상 '의무'나 '위탁(commitment)'이란 뜻을 가지고 있다는 점에 대해 우리는 동의하였을 것이고 또한 이미 굳어져 버린 말이긴 하지만 언약(covenant)이란 말이 다소 오도된 번역이라고 주장하는 사람들[21]의 말에도 동의하게 되었을 것이다. 이 단어의 배경에 대해서는 달리 논쟁을 벌인 바가 전무하긴 하지만 다음에서 볼 수 있듯이 언약을 굳건한 토대로 하여 구약신학을 전개시키고 있는 아이크로트(W. Eichrodt)의 해설은 참조할만한 것이다.

언약개념을 세속생활에 적용시켜 사용하게 되면 종교적 의미의 베리트란 말은 언제나 쌍방간의 관계로 간주되었다는 주장이 가능하게 된다. 왜냐하면 계약 양 당사자들 간의 책임이 고르지 않게 분배되어 있다 하더라도 이것은 본질상 이 관계가 여전히 양면성을 띠고 있다는 사실과 차이가 나지 않기 때문이다.[22]

여기에는 성경의 전반적인 언약개념이 거의 설명되지 않고 있다. 이는 아이크로트가 하나님의 언약과 관계있는 구약성경의 다른 자료들을 거의 배제시키고 있는 시내산 언약에만 본질적으로 그 촛점을 맞추었기 때문이다. 물론 아이크로트가 주로 내세우고 있는 환경, 다시 말해서 '계약 양 당사자들'이란 개념 속에는 상호 의존관계가 있음이 틀림없다. 그러나 우리는 창세기에서 양 당사자가 포함되었을 가능성이 전혀 없는 어떤 사건과 분명히 마주치게 된다.

다시 말해서 우리는 여태까지 관계설정에 뒤이어 베리트란 단어가 등장하고 이 말이 쓰였으며 또한 이 관계설정으로 말미암아 언약이 나타났다는 사실을 주목해 보았다. 홍수설화를 검토하면서 우리는 또한 창세기 1장으로 거슬러 올라가 거기에 설정되어 있는 관계의 성질이 어떠한 것인가를 검토했었던 것이다. 그러나 여기서 우리는 이 문제를 잠시 보류해 두어야 할 것이다. 성경에서의 비종교적 언약들은 상호관심사를 발견했거나 또는 상호 이

---

21) E. Kutsch, op. cit., p. 206.
22) *Theology of the Old Testament*, vol. i(London : S. C. M., 1961), p. 37. Eichrodt는 여기서 특별히 선발되어 언급되고 있는데 그 이유는 그의 신학이 언약에 큰 비중을 두고 있기 때문이다.

익에 대한 인식이 있었거나 아니면 인간적 신뢰가 신장되었거나 하는 이유 때문에 생겨났던 것 같다. 영주와 봉신 간의 약속에서도 있었던 것과 같이 여기에도 상호성의 여지가 있었던 것이다. 그러나 이 말이 구약성경에서 종교적인 의미로 사용되었을 때는 이러한 관계가 과연 이와 유사한 방법으로 쓰였는가를 안다는 것은 어려운 문제이다.

하나님의 의무서약은 상호 관계의 진전이나 개인적 이익의 발견 등등에서 나온 것이 아니다. 다시 말해서 그것은 서약 그 자체의 성질상 관계개시와 같은 선상에 있는 것이 분명하다. 창세기 1-11장의 문맥에 **카라트 베리트**란 용어가 쓰이지 않는 이유는 이런 방식으로 설명될 수 있다. 이 말이 어떻게 사용될 수가 있었겠는가를 설명한다는 것은 쉽지 않다. '언약을 자르다'란 말은 그 의식에 관계된 신분확인이 가능한 두 당사자를 내포하고 있다. 사실상 구약성경에서 **카라트 베리트**란 어구만은 상대방에 영향을 미치는 협정의 성질이 어떠한 것인지를 지시하는 역할을 하거나 또는 다른 당사자가 포함되었음을 지시하는 역할을 하거나 하는 그런 연결전치사 없이는 거의 쓰이지 않는 어구이다. 그러나 창조를 통하여 하나님에 의해 도입된 어떤 기본협정에 양 당사자가 연루된 것은 의심할 여지가 있을 수 없었다. 그렇다면 만약 이미 우리가 내세운 바 있듯이, 이미 존재하고 있던 어떤 언약에 대한 첫번째 언급이(창 6:18) 창조사실 그 자체에 의해 설정된 신적 관계를 가리키고 있다고 한다면 언약개시를 나타내는 표준적 술어가 초기의 창세기 설화 속에서는 빠져있는 이유가 설명되는 것이다. 마찬가지로 이스라엘 역사에서 벌어지는 다양한 국면에서 새로운 언약 주도권들이 하나님에 의해 창설될 때, 예상되는 이 술어가 등장하게 되는 이유도 설명이 가능한 것이다.

이는 언약체결과정에서 등장한 역사적 실체가 각 사건에서 신분확인이 가능한 존재이기 때문이다(즉 아브라함, 이스라엘, 다윗 등). 그리고 여기서 더 나아가면, 노아에 대한 하나님의 갱신서약의 경우에 있어서 분명히 입증되긴 하지만, 하나님에 의해 개시된 관계설정은 신적 목적들을 달성시키기 위해 계획되었으며 또한 이 목적들은 완성될 것이라는 교리적 전제의 문제가 남게 될 것임이 분명하다. 이 문제는 뒤에 가서 상세히 살펴보기로 하자. 그러나 여기서는 하나님이 창세기 1:31에서 아주 분명하게 격찬한 바 있는 자신이 의도한 목표들이 좌절된 것을 만족스럽게 바라만 보고 있으리라고 예상할 수 없었을 것이며, 또한 창세기 1-11장의 내용에 나타난 점진적 계시를 통해 이 사실이 진실로 그러했음을 입증시켜 주었다는 것을 관찰하는 것으로 **충분할 것**이다.

5. 창세기 1-3장의 창조 언약에 관한 세부사항

a) 하나님의 형상과 왕권

홍수 이후의 기원은 인간에게 주어진 창세기 1:28의 위임명령에 대한 갱신과 함께 창세기 9:1-2에서부터 시작되었던 것이다. 언약갱신을 담고 있는 창세기 9장의 나머지 부분은 인간이 군림하여 자신의 위임명령을 실행하게 될 질서를 보장해 주는데 관심이 모아져 있었다. 그러나 우리가 관심을 가지고 있는 언약의 실체는 창세기 1:1-2:4 상반절의 전체 창조기사에 암시되어 있는 절대적 위탁임이 분명하다. 이와 같은 위탁은 창조의 목적을 달성시키도록 의도되었던 것이다. 갱신설화 내에서 9:1-7이 차지하고 있는 위치를 통해서도 강조되고 있는 바와 같이 하나님의 목적은 인간을 통해서 실현되도록 하려는 것이다. 인간은 창조된 질서 위에 군림하도록 설정되어 있지만 인간의 미래는 그가 군림하고 있는 세상과 분리될 수 없도록 만들어진 것이다. 창조주는 인간뿐만 아니라 인간의 세상에 대한 자신의 목적들이 좌절되도록 내버려 두길 거절하셨는데 이는 **필연적으로** 인간뿐만 아니라 마지막에는 그 세상에 대한 **구속의 결과**를 가져오게 된다. 왜냐하면 피조물에 대한 구속은 마침내 온 세상에 대한 구속을 포함하게 될 것이기 때문이며 우리는 이것이 점진적으로 전개되어 나온 성경 계시의 목표임을 잘 알고 있다.

우리는 여기서 창세기 1-3장을 간략하게 해설하고, 인간에게 부여된 의무의 성질이 무엇인지 또 인간이 어떤 방법으로 자신의 의무를 다하지 못하게 되었는지 그리고 타락이 지닌 중대성이 실제로 무엇이었는지를 살펴보아야 할 요청을 받는다. 가장 적절한 우리의 출발점은 인간에게 주어진 하나님의 형상이란 문제부터 시작되어야 할 것이다. 왜냐하면 이것은 창세기 1:26-28의 문맥에서 인간이 군림하여 행사할 수 있는 세계에 대한 지배권과 아주 밀접하게 연결되어 있기 때문인 것이며, 창세기 9:1-7 또한 이 점을 지적하고 있는 것이다.

하나님의 형상을 생득적인 그 어떤 것, 다시 말해서 타락의 결과 상실해버리고 만 원래의 의로 보았던 옛날의 견해나, 또는 그것을 자연적 이성이 아니면 인간을 인간으로써 구별지어 주었던 다른 어떤 본질적 특성으로 여겼던 주장들은 창세기 1:26에 사용된 성경용어들(즉, '형상'과 '모양')을 정당하게 평가하지 못했던 것으로서, 대부분의 주석가들은 이 점에 동의하고 있다. 이러한 접근방식들은 히브리어 **셀렘**('형상')이란 말의 의미가 거의 확실하게 가리키고 있는 바,[23] 인간이라고 하는 '가시적 형태(visibility)'에 대해서는 제대로 설명하지 못했다는 점에서 만족할만한 것이 못되었던 것이다. 더군다나 시편 8:5(창 1:26을 가리키고 있는 것이 분명하다)에서 인간은 하나님과의 관계를 나타낼 때 쓰이는 용어와 왕권과 관계된 언어로 묘사되고 있다. 따라서 창세기 1장에 언급된 하나님의 형상에 대한 개념은 1차적으로 기능을 나타낸 것으로 이해되어야 할뿐만 아니라 전인(全人, whole man)을 가리키는 것으로도 이해되어야 한다는 견해에 대해서는 보다 많은 설명이 필요할 것이다.[24] 그리고 인간은 창조와 더불어

---

23) Claus Westermann은 *Genesis 1-11*, Biblischer Kommentar altes Testament (Neukirchen-Vluyn : Neukirchener Verlag, 1974), pp. 201-214에서 '형상(image)'문제에 대한 견해를 요약해서 제공해 주고 있다.

24) Phyllis Bird 는 '하나님의 형상'이란 용어 배후에는 고대 근동지역의 군주사상이 놓여있음을 설명했다(악카드어로 '형상'을 뜻하는 히브리어 **셀렘**이 **살무**와 같은 어근으로 쓰인 점을 참조할 것). 창 1 : 26에는 인간의 관계나 본질을 고려하고 있다기 보다는 왕권의 소

창조된 세계 내에서 보이지 아니하는 하나님을 대신한 가시적 대표자인 것이다.

만약 우리가 이 이후에 구약성경에서 전개될 과정을 예상해 볼 수 있다면 우리는 마치 메시야나 이스라엘의 왕이 민족의 대표자로서 신적 통치를 대행했던 것과 같이 인간도 이와 유사한 대표자로서 세계 속에서 그 기능을 발휘하기 위해 하나님 앞에 정면으로 섰을 것이라고도 말할 수 있을 것이다.

만약 이 형상을 지닌 인간이 이와 같은 연유로 해서 대표적인 존재란 말로 이해된다고 한다면 여기서 유래된 창세기 1장의 왕권은 이것이 대표권 배후에 서서 그림자에 지나지 않는 형상에 대한 실체가 된다는 점에서 하나님의 왕권으로서의 역할을 하게 되는 것이다. 창세기 1장의 창조기사가 진행되고 있는 표현방식은 왕의 법령선포와 같은 것('빛이 있으라')으로서 표현되고 있다는 사실은 종종 지적되어온 문제이다. 이것은 성경이 아주 분명하게 하나님의 왕권신학에서부터 출발하고 있다는 점을 한층 더 암시적으로 나타내고 있는 지적인 것이다.

하나님의 왕권은 그 유사한 문제들이 이스라엘의 정치적 발전과 더불어 제거됨에 따라 이스라엘에 의해 꾸준히 전개되어 나온 바 있는 신학적 인식문제는 분명히 아니다. 다시 말해서 그것은 이스라엘 공동체의 신앙의 근거를 제공한 신학적 전제였던 것이다. 이것은 또한 이스라엘이 전개시킨 바 있듯이 그들의 사회적 관계와 정치적 관계를 신학적으로 이해하는데 도움을 주었을 것이다. 더 나아가자면 이것은 그 이후의 구약성경에서 예언적 대망과 묵시적 대망의 주제가 되었던 종말의 세계 질서를 투시하는 것에 대한 방향을 제시해 주었을 것이다.

b) 언약의 목표인 '안식'

그런데 창조설화는 사람과 그에게 주어진 위임명령(mandate)으

유자로서의 인간이 고려되고 있다고 볼 수 있다. P. Bird, "Male and Female He Created Them ; Gen. 1 : 27b in the context of the Priestly Account of Creation", *HTR* 74(1981), p. 142, n. 34 참조.

로 결말지어지고 있지 않다. 이는 사람이 창조의 목적들을 실현시킬 대행자이긴 하지만 이 기사의 절정은 아니기 때문이다. 창세기 2:1-4 상반절은 창조기사의 결론을 형성하고 있다. 8개의 창조행위는 6일간에 걸쳐 고르게 펼쳐지고 있고, 또 1-3일과 4-6일 간의 내적 평행과 더불어 연속적으로 진행되어 가고 있는 것으로 보이는 과정 속에 대칭적으로 배정되어 있는데, 이같은 대칭은 제 칠일이 부가됨으로 해서 실제적인 의미를 부여받고 있다. 창조의 목적은 제 칠일에 하나님이 안식하신 사실에 암시되고 있는데, 이는 이 목적을 부패시키려고 하는 인간의 시도가 계속 유효하게 남아 있음에도 불구하고 반드시 유지되어야 할 그런 목적을 포함한 것이다. 제 칠일의 안식은 창조가 지적하는 바 그 목적이 무엇인지를 나타내고 있을 뿐만 아니라, 그것은 또한 '창조의 목표는 창조에 뒤따르는 만물의 시작과 함께 인간도 역시 소환되어 참예하여온 하나님의 안식일에 의한 자유와 안식일의 안식 그리고 안식일의 기쁨을 수반한 문제이다'라고 하는 견해[25]에서 확고히 지지받고 있는 바와 같이 역사의 창시자가 되는 인간의 소명이기도 한 것이다.

창조 이후부터 인간도 참여하라고 초청한 바 있는 하나님의 안식에 대한 이 개념은 그 이후 구약과 신약성경에서 보이는 지배적인 개념이 되며, 또한 안식일제도(출 31:13-17)는 이 개념을 담은 독특한 언약의 표적이 된다. 이렇게해서 한 주를 끝맺는 안식일은 이스라엘에게 있어서 창조의 축복에 동참하고 또 그것을 즐기라는 초대의 날이 되는 것이다. 안식일이 법적으로 제정되면서부터(출 20:8-11) 이것은 구속의 골격을 이루게 될뿐만 아니라 또한 특별한 의미에서 창조와 결부되기도 한다는 사실은 주목할만한 것이다. 따라서 안식일에 이스라엘은 하나의 민족으로서의 자신이 갖는 궁극적인 목적과 이스라엘이 놓여 있는 세계에 대한 궁극적인 목적이 무엇인가 하는 문제를 심사숙고해 보아야 하는 것이다.

---

25) Karl Barth, Church Dogmatics, iii/1, (Edinburgh : T. & T. Clark, 1958), p. 98.

안식일은 뒤로 거슬러 올라가 창조를 지적하면서, 또한 이와 더불어 이제부터 있게 될 것, 다시 말해서 모든 창조의 나아가야 할 최종적 운명을 가리키기도 하는 것이다. 우리는 이 문제와 관련해서 안식일의 성질에 관한 웨스터만(Claus Westermann)의 설명을 참조할 수 있을 것이다. "매일의 일상사가 벌어지는 가운데 이 거룩한 날은 특별한 의미를 지니는데, 이는 하나님이 자신의 형상대로 지은 바 있는 피조물의 목적이 무엇인지를 지적해 주고 있는 것이다. 하나님의 목적은 제 칠일의 안식에서 제시되어 있는 바와 같이 영원한 안식이다."[26]

창세기 2장의 나머지 부분은 일차적으로 1:26-28을 주해한 것으로 보이는데, 여기서 인간은 하나의 종(種)으로 창조되었다는 논의가 있어 왔으며 이런 이유로 하여 사람에게 주어진 지배권은 온 인류에게도 수여된 것이다. 창세기 2장에는 언약의 구조 내에서 인간의 소유로 주어진 지배권적 위임명령이 어떻게 가동되어야 하느냐 하는 문제가 다루어지고 있는 것을 볼 수 있다. 여기서 우리는 창세기 2:8에 담겨진 저자의 의도란 인간이 에덴 동산 외부에서 창조되어 그 다음에 동산 내부로 배치되었다는 점을 지적하고자 했던 것으로 보인다는 사실을 주목해 보자.

동산은 세계적인 축복의 중심지로 묘사되고 있다. 동산 외부를 네 개의 구역으로 나누었던 세계적인 강이 동산 안에서 발원하였다. 동산은 또한 하나님의 성소 곧 하나님의 임재가 직접적으로 일어났고 또 향유되었던 지점으로서의 역할을 한다. 간단히 말하자면 인간은 세상에 군림하는 지배권을 가지고 세상에 창조된 후 곧바로 세상에서 추출되어 하나님의 면전에 두어진 것이다. 이 점에 대해 논의되고 있는 것은 모두가 지배권적 위임명령이 어떻게 행사되었던 것인가 하는 문제가 분명하다.

여기서 강조되고 있는 것은 창세기 1:28의 명령이 오직 하나

---

26) C. Westermann, *Creation* (London : SPCK, 1974), p. 65. 구약의 발전된 '안식'신학은 창 2:1-4에서 사용된 용어와는 다른 용어를 사용했다. 그렇지만 이 개념을 축약해 놓은 '안식'과 안식일 사이의 긴밀한 연결은 언제나 유지되었다(출 20:11에는 '안식일'과 '안식'의 두 개념이 함께 등장한다).

님과 인간 간의 관계설정 내에서만 작용할 수 있다는 것으로서 2장은 진행되어 나가면서 바로 이 점을 구성하고 있는 것이다. 이런 이유로 해서 우리는 창세기 2장에서 인간이 군림하도록 설정되어 있는 세계를 이후부터 어떻게 통제해 나가게 되는지 살펴볼 수 있는 하나의 모델을 제공받게 되는 것이다. 따라서 인간이 일반 세계에서 추출된 사실은 창세기 1:28의 명령을 망가뜨리는 것이 되지 않으며 오히려 그것은 그 명령을 시행할 수 있게 하는 도구가 되는 것이다.

인간과 주위의 동산과의 완전한 조화(창 2:19)와 함께 창세기 2장 후반부에 설명되고 있는 시적 아름다움을 지닌 남녀관계는 질서가 잡힌 자연에 대한 지배권이 어떠한 방식으로 진행되는지를 조명해 주는 역할을 한다. 화자(話者)의 견해에 따르면(창 2:24), 결혼관계는 이런 조화를 완벽하게 반영하고 있었던 것이 틀림없다. 인간은 자신의 세계를 규제해 나가야만 했는데 이는 일차적으로 명령하는 임무에 전념함으로 해서 시행하는 것이 아니라 어떤 선재해 있는 체계에 의해 모든 생명이 통제되어야 했다는 사실을 인식함으로써 가능한 것이다. 만약 인간이 자신의 창조주와 올바른 관계를 맺고 있었다면 그는 창조세계에 대해서도 올바른 반응을 나타낼 수 있었을 것이다.

우리는 또한 남성과 여성의 관계도 이러한 방법으로 언약 내에서 설정되었다는 점을 주목해야만 한다. 여기에는 선재하는 어떤 질서가 있는데, 신약성경은 이를 머리되는 교리라고 표현하고 있으며 또 이 질서는 여성의 위에 있는 남자에 의해 실행된다(고전 11:3; 엡 5:23은 모두 창세기 2장에 대한 언급이다). 따라서 이같은 머릿권이 의미하고 있는 것은 창세기 2장을 통해 분명히 드러나고 있으며 또한 우리는 이 증거를 평가함으로 해서 더 확대된 관계 내에 속한 지배권처럼 이 관계와 관련된 머릿권(headship)도 그 관계의 성질을 이해하지 않으면 안된다는 의무를 수반하고 있으며 또한 하나님 중심적 삶을 훈련함으로써 그 관계를 유지시켜야 할 책무를 필요로 하고 있다는 점을 말할 수 있을 것이다.

지나가는 길이긴 하지만 우리는 아주 예리하게 제시되고 있는 이 저자의 가치관을 창세기 2장에서 면밀히 검토해 보는 것도 흥미있는 일임을 주목해 보자. 다시 말해서 인간이 현세에서 고도의 가치를 두고 있는 대상들(즉, 창 2:12의 금과 보석들), 또 이것들을 확보하기 위해 안간힘을 쓰며 자신의 전력을 경주하고 있는 이 대상들은 동산 외부의 세계에서 찾아볼 수 있는 것들이며 동산 내에 있는 것이 아니었음을 주목해 볼 필요가 있는 것이다. 지나친 여담은 피해야 하겠지만 아무튼 에덴 동산의 상황에서 축복의 전체적인 촛점은 하나님의 임재에 대한 체험에 모아지고 있으며 또한 어떠한 성질을 띠고 있든 간에 물질적인 유혹들이 하나님의 임재에 손상을 입혀서는 안된다는 점만은 지적해 두어야겠다.

c) 언약의 요구사항과 파기

동산에는 이 언약과 관계되는 극히 중요한 구성요건이 있었으며, 개혁신학은 이 점에 대해 매우 정당하게도 끊임없는 관심을 기울여 왔다. 동산에는 각별한 주의를 끄는 두 개의 나무, 즉 동산 가운데 있는 생명나무(창 2:9) — 그런데 여기에 사용된 어구를 살펴보면 이 나무에 접근하는 것이 가능하다는 사실을 강조하고자 의도되어 있는 듯이 보인다 — 와 선악을 알게 하는 나무가 선발되어 있었다. 이 선악을 알게 하는 나무에 대해서는 그저 동산에 있다고만 묘사되고 있고 반면에 이 나무의 실과는 먹지 못하도록 금지되었다. 생명나무에는 이같은 금지조항이 없을 뿐더러 오히려 선악을 알게 하는 나무만을 제외한 모든 나무의 실과를 먹어도 된다는 보편적 허용이 있었던 것으로 보아 이 나무의 실과는 먹어도 된다는 허용이 수반되어 있었던 것이 사실인 것 같다(창 2:16). 따라서 우리는 동산에서 사람이 생명나무의 실과를 먹었던 것으로 보아도 될 것이다. 그러나 타락 이후에는 이 나무에 대한 접근이 금지되었는데(창 3:24), 이런 결정이 내려지게 된 동기는 사람이 타락에 의해 선과 악에 대한 지식을 획득함과 동시에 그가 그 손을 들어 생명나무 실과도 따먹고 영생할까

(3：22) 염려되어 동산에서 추방되는 것이 합당하였기 때문이다. 다시 말해서 동산 입구에 하나님이 금지조치를 취해두신 것은 인간이 타락한 상태로 영원히 지속하지 않도록 확고히 하려고 의도된 은혜스러운 조치인 것이다.

우리가 잘 알고 있다시피 동산 내에서의 교제는 이와 같은 여건 하에서 규정되어 있었던 것이지만 이런 여건은 결국 충족되지 않았다. 금지된 나무의 열매를 따먹었을 때 우리 모두도 어떻게 하였든 간에 거기에 포함되어 있었다(롬 5：19). 에덴 동산에서 발생한 사건은 불행하게도 인류의 미래에 영향을 미쳤던 것이다. 이 시점에서 우리는 간략하나마 이미 언급한 바 있는 이같은 언약위반을 야기시켰던 것이 무엇인지를 반드시 되돌아 보아야 할 것이다. 왜냐하면 미래에 있을 언약협정에 대한 갱신은 이와 동일한 규정조항들을 수반할 것이기 때문이며 또한 우리는 최초의 이 언약위반의 성질을, 할 수 있는 데까지 완벽하게 인식하지 않으면 안될 필요가 반드시 있기 때문인 것이다.

우리는 우선 아담의 범죄를 자유행위의 하나로 인식해야 할 필요가 있다. 창세기 2：17의 금지조항은 양자 중 어느 하나를 선택할 가능성이 있음을 전제로 하고 있으며 이와 마찬가지로 비참한 선택에서 야기될 결과들에 대한 식별력도 갖추고 있음을 전제한 것이다. 성경의 기사 내에는 타락 이전에 이미 인간의 위치가 그 자체 내의 이유 때문이든지 아니면 동산 내에서 차지하고 있는 그의 상황 때문이든지 간에 결정되어져 있었다고 하는 증거는 전혀 없다. 인간은 자율권을 지닌 도덕적 존재로 창조되어 있었고 또 추측컨대 더 충실하고 더 완벽한 도덕적이고 인격적인 존재로 나아가기 직전에 처해 있었던 것 같다. 이 이야기 속에는 인간이 행동의 진로를 채택하여 결정할 수 있었다는 사실이 암시되고 있으며 또한 우리가 잘 알고 있다시피 타락에 뒤이어 인간은 선택된 행위의 진로에 따르는 결과에 사로잡히게 된다.

그렇다면 선악을 알게 하는 나무의 열매를 따먹는다는 행위에는 어떤 의미가 포함되어 있었는가? 종종 먹지 말라는 금지조항은 그저 임의로 부과된 바 있는 순종에 대한 시험으로 해석된다.

이 정도의 설명이 진리인 것만은 확실하긴 하지만 이런 해석은 이 나무가 지닌 중대한 의미를 그저 가까이하지 말아야 했던 그 무엇에 대한 가시적 상징물로 그 가치를 축소시켜버린 것으로서, 뱀이 주장했던 내용(창 3:5)과 타락 이후 하나님이 공언하셨던 말씀(창 3:22)을 정당하게 평가하지 못하고 있다. 그 열매를 먹으면서 그들은 눈이 밝아져 "선악을 아는 일에 하나님과 같이"(창 3:5) 되었을 것이다. 이 나무를 단순히 순종의 정도를 달아 보는 시금석으로 여긴다면 우리는 그 열매를 먹는다는 것이 어떻게 하여 그 먹는 자로 하여금 '하나님 같이' 될 수 있게 할 수 있었을까 하는 의문이 자연히 남게 된다.

이와 유사한 경우로서 '선악을 알게 하다'란 말은 흔히 적절하지 않게도 상대방을 성적(性的)으로 이해하게 되었다는 점이 반영되었다고 해석된다. 사실이긴 하지만, 타락 이후 이들 한쌍이 최초로 보여준 반응은 이런 견해를 뒷받침해 주고 있는 듯이 보인다. 그러나 이 견해를 채택하게 되면 무엇보다도 이 기사는 '신성한 결혼'에 대한 신화론적 개념을 담고 있는 고대 근동의 비교문헌의 위치에다 잘못 배정시키는 결과가 된다. 원시의 결혼이란 것은 어떤 의식과 함께 제정되어 있었다고 생각되었으며 이러한 의식을 통해 인간의 행복과 농사의 풍요 및 기타 일반적인 다산 등이 보장된다고 생각되었던 것이다.

둘째로 이 견해는 또한 이런 지식을 획득하는 것이 어떻게 하여 그 획득자로 하여금 '하나님과 같이' 되게 할 수 있었으냐 하는 문제를 설명해 주지 못한다. 다시 말해서 '선과 악을 알게 하다'란 어구는, 대립된 양 극단이 언급된 것으로 보아, 모든 지식을 다 포함한 것으로 해석한다는 것은 매력적인 것이긴 하지만 타락 이후 인간의 실제적인 상황들과는 조화를 이루지 못하는 것이다. 우리는 현재의 이 세상에서 이같은 해석이 내세우는 그런 성격의 심오한 지식을 인간이 소유하고 있다고는 보지 않고 있다.

'선악을 알게 하다'란 어구는 크라크(W. M. Clark)[27]의 견해에

---

27) "A Legal Background to the Yahwist's Use of 'Good and Evil'

서 볼 수 있듯이 절대적인 도덕적 자율, 즉 성경에서 오직 하나님께만 적용시키고 있는 특전에 대한 훈련을 가리킨 것으로 보는 것이 더 나을 것이다. 크라크는 구약성경의 문맥들을 광범위하게 인용하면서 이 점을 예증하였다. 예컨대, 솔로몬은 백성을 다스릴 수 있는 지혜로운 마음을 주사 '선악을 분별'할 수 있도록 해달라고 기도하였다(왕상 3:9). 이같은 요구는 그가 맡게 될 직무에 대해 절대적으로 필요한 것이며 이는 같은 문맥에서 계속 언급되고 있다시피 "누가 주의 이 많은 백성을 재판할 수 있사오리이까?"라는 질문에 대한 이유인 것이다. 같은 장의 후반부에는 지혜로운 솔로몬의 판결을 잘 나타내주고 있는 하나의 본보기가 제시되고 있으며, 한 아이를 둘러싼 친어미 분쟁사건이 대단히 교묘하게 해결된 것을 보고 이스라엘은 그의 지혜를 인정하면서 "하나님의 지혜가 저의 속에 있어 판결한다"(왕상 3:28)는 사실을 깨닫는다. 이 구절에서 분명히 드러나는 것은 삶의 전 과정에 영향을 미치는 최종적 권위를 지닌 이런 성질의 판결에는 하나님의 지능이 요구된다는 점이다. 이런 특성의 지혜는 인간에게 있어서는 파생적으로 얻어지는 것이지 생득적인 것이 아니다. 그것은 하나님에게서 찾아져야만 하며 또한 하나님이 그것의 원천임을 인정해야 한다. 인간 지식의 한계가 인정되지 않는다면 삶에 지대한 영향을 끼치는 판결 규정은 만족할만큼 진행되지 않을 것이다.

크라크의 논점은 선했던 것과 악했던 것에 대한 판결은 궁극적으로 하나님의 판결의 일종이었다는 것인데, 이는 상당한 의미를 지니고 있으며 또 창세기 3장의 문맥을 밝혀주는 역할을 한다. 다시 말해서 그것은 타락의 본질적 성격이 무엇이었나 하는 점을 나타내주고 있는 것이다. 인간은 그 열매를 먹음으로써 하나님께만 따로 보존되어 있던 어떤 영역으로 침입해 들어갔던 것이며 또한 명령을 위반한다는 것은 하나님과 동등하다고 주장하는 것,

---

in Gen. 2-3", *JBL* 88(1969), pp. 266-278. 죄가 창조된 질서의 조화에 대한 공격이며 파기였다는 견해와 창 2:4-3:24과의 전반적 관계에 대해서는 Jerome T. Walsh, "Gen. 2:4b-3:24, A Synchronic Approach", *JBL* 96(1977), pp. 161-177 참조.

다시 말해서 신성을 낚아채려는 것과 같은 것이다.[28]

아담은 자신의 법을 스스로 제정하기로 결정하였으며 이로 인해 다양한 결과가 야기되었다. 그 이후 그는 결정력있는 엄청난 권한을 사용함으로 해서 그 권한의 소유자가 되었고 또 그런 연유로 해서 '하나님과 같이' 되었긴 하지만 그는 자기 앞에 놓여진 문제들의 성질을 여전히 알지못하는 불확실한 상태에 있었기 때문에 여전히 '하나님과 같지 않았던' 것이다. 그는 자기가 선택한 결과가 어떻게 될 것인지 전혀 예견할 수 없었을 것이다. 인간은 선택할 권한을 가짐과 동시에 자신의 삶과 역사 전체에 걸쳐 자신이 선택한 것들에 대한 포로로 남게 된 것이다. 그는 스스로 창조주에 대한 도덕적 반항의 자리에 섬으로 해서 긴장의 삶과 도덕적 의미에서의 절대적 불확실성의 삶 속으로 빠져들었다. 따라서 창세기 2:17의 명령은 단순한 시험적 명령이 아니었던 것이다. 그는 하나님의 도덕적 통치에 굴복하기를 거절함과 동시에 하나님 알기를 거절하였다(롬 1:28). 정신적 유기와 함께 타락이 일어난 결과 인간은 고집스러워진 반면 자기 자신이나 또는 자기의 세계를 통제할 수가 없었던 것이다.

D. 구속의 의미로서의 노아 언약

1. 홍수 기사에 대한 구약성경에서의 해석문제

타락의 결과들은 죄의 점진적 확산을 수반하면서 창세기 초반의 연이은 몇장들에서 상세히 언급된다. 창세기 4-11장은 이같은 죄의 확산을 설명하는데 할애되고 있으며 홍수기사가 도입되면서 1-11장의 이야기의 흐름은 크게 바뀐다. 우리는 하나님이 창세기 6:18에서 자신의 약속을 유지시키겠다고 스스로 맹세하신 것을 살펴본 바 있으며 또한 노아가 구출됨으로 해서 인간과 그에 따른 인간의 세계가 창세기 9:1 이하에서 새로운 시작의 발단에 서게 됨을 주목해 보았다. 주석가들은 너무나 자주 노아

---

28) 아담의 행위와 대칭을 이루는 짝을 빌립보서 2:6에서 언급되고 있는 예수의 태도임이 분명하다.

와의 언약이 홍수 이후시대에는 질서가 안정되리라는 맹세에만 관련된 것이며 또 이러한 이유로 해서 이는 하나님의 섭리적인 일반적 배려를 보여주는 하나의 본보기라고 생각하곤 하였다. 그러나 이 이후에 계속되는 성경의 기록에서 노아의 자료를 다룰 때 노아의 언약은 안정성의 지속을 맹세한 것 이상임을 논증하고 있다.

유대인이나 기독교인의 작품 속에서 노아기사의 전승문제가 어떻게 사용되었는지에 대해서는 여기서 철저히 살펴 볼 수는 없다.[29] 그러나 성경에서 사용된 이에 대한 한두 가지의 예를 언급할 필요는 있을 것이다. 이사야 54 : 7-10에는 하나님이, 포로로 잡혀갈 세대에 대해 자신의 신실성을 영원히 보장하겠다는 내용이 선포되어 있다. 하나님은 그들에게 감당할 수 없는 진노를 쏟아 부으실 것이지만(사 54 : 8), 다함 없는 자비심으로 그들을 다시 모을 것이고, 그 결과 옛 언약은 포로 후에 다시 수립될 것인데, 이는 마치 노아의 홍수 때와 같이 영원한 언약의 틀 속에 존재하는 짧은 에피소드에 지나지 않은 것으로 여겨질 것이다. 즉, 포로되어 간 자들에 대한 총괄적인 호출이 다시 시작되는 것이다. 이 단락은 일반적인 의미에서 창세기 9장, 즉 언약갱신에 관한 주제를 가리키고 있는 것이 분명하며, 여기서 하나님의 분노는 그 옛날 하나님이 노아에게 맹세한 바 있는 것과 같이 포로되어 간 자들에게서 돌이켜질 것이다. 하나님의 화평케하는 언약은 변함없는 산들이나 작은 산들보다 더 확고하게 설 것이다(10절).

웨스터만이 지적한 바 있듯이,[30] 이사야 선지자는 인류역사의 어느 전환점을 설명하고자 적절한 비유를 들면서 이스라엘 역사 저 건너편의 세계로 소급해 갔던 것이며, 이스라엘의 귀환을 이 전환점과 비교하고자 하였던 것이다. 선지자는 여기서 더 나아가 창조와 구속과의 관계를 비교시키고 있는데, 이는 더 엄밀히 말

---

29) 이 문제는 Jack P. Lewis, *A Study of the Interpretation of Noah and The Flood in Jewish and Christian Literature* (Leiden : E. J. Brill, 1968)에서 제공된다.

30) C. Westermann, *Isaiah 40-66*, (London : S. C. M., 1966), pp. 275-276.

해서 구속을 새로운 창조로 묘사한 것이다. 이 내용은 또한 이사야 40-55장에 걸쳐 전개되고 있는 논점과 완전히 일치하는 것이기도 하다. 여기에 약속되어 있는 구원은 홍수의 상(象)이 사용된 것이 명백한 점으로 보아서, 그 이전에 경험한 바 있는 그 어떤 구원사건을 가리킨 것이 분명하다. 포로들의 귀환이 임박하리란 전망은 확고부동한 것으로서 여기에 베리트란 말이 사용됨으로 해서 강조되고 있으며, 또한 베리트란 말에 덧붙여 히브리어 샬롬('평화')이란 말이 쓰임으로 해서 이 귀환은 종말론적인 의미를 지니고 있음을 알 수 있다. 여기서 선지자는 공동체의 존속과 번영 그리고 확실히 존재하게 될 종말론적 상황 등을 하나님의 구원 행위의 완성, 즉 웨스터만이 지적한 바와 같이 언약의 토대가 되는 것이 아니라 언약의 승인을 이루는 어떤 행위의 완성으로 보았다.

2. 베드로전서 3장 19-21절과 연결된 언약—구속적인 의미에서의 홍수

후기 유대사상에서 살펴본 바에 의하면 노아의 위치는 갈수록 그 중요성이 부각되어 갔던 것 같다. 신약성경의 주요 구절인 베드로전서 3:19-21은 이사야 54:7-10과 어느 정도 유사성을 띠고 있는데 여기에는 홍수와 새 언약 또는 갱신된 어떤 언약 간에 두드러진 연결이 이루어지고 있다. 베드로전서 3:19--21에는 예수의 부활과 승천으로 말미암아 시작된 인류역사의 신기원이 노아의 구원을 지적하고 있는 것으로 보이는 하나님의 고대 사역과 평행을 이루며 배치되어 있다.[31] 또한 노아가 구원함을 받았을 때 일어났던 홍수의 물은 기독교의 세례와 비교되고 있으며, 홍수는 기독교의 세례를 예시하는 역할을 한 것으로 여겨지고 있다. 즉, 노아와 그와 함께한 일곱 사람이 인간들의 일반적인 죄된 상황에서 구원받았던 것과 마찬가지로 그리스도인들은 세례의 표시인

---

31) W. J. Dalton 은 *Christs Proclamation to the Spirits* Analecta Biblica 23(Rome : Biblical Institute Press, 1965)에서 이 주요한 문맥을 철저히 다루고 있다. 특히 p. 208을 검토할 것.

물을 통하여 세상으로부터 건짐받는다는 것이다. 이 두 경우에서 평행을 이루고 있는 것은 구원받은 자가 소수였다는 사실이 아니라 구원받은 자들의 구원이 물에 의해서란 사실에 있다. 그러나 베드로는 여기에 덧붙이기를 세례의 경우에 있어서 물 그 자체가 구원에 어떤 영향력을 미치고 있지는 않다고 말한다. 굳이 세례의 외적인 영향력을 고려한다면 세례는 오직 '몸에서부터 더러운 것을 제하여 버리는 것'으로만 사용되는 것이다. 베드로는 여기서 계속 설명하고 있는데, 이 말이 뜻하는 것이란 세례가 '깨끗한 양심을 위하여 하나님께 호소하는 것'이라고 하는 것이다.

위의 인용구에서 흥미를 끄는 그리이스어 **에페로테마**란 말이 등장하는데 이것은 '호소'란 말로 번역된다. 그러나 이러한 번역은 세례를 행동으로 표시된 기도에 지나지 않는 것으로 축소시켜버리기 때문에 세례와 관련된 신약신학에서는 정당한 것으로 보기가 매우 어려운 것 같다. 그런데 **에페로테마**란 이 낱말은 그 당시에는 법적인 용어로 쓰이면서 '계약에 들어가다'[32] 라는 전문적인 의미를 담고 있는 것으로 나타난다. 이 말은 '위탁'이나 '맹세'란 뜻으로도 번역될 수 있었는데, 이때 이 말 속에는 신앙고백의 일종에 해당되는 것으로 볼 수 있는, 세례를 지원하는 자가 세례와 동시에 이를 약속한다는 개념이 포함되어 있었던 것 같다.

이 낱말은 계약이란 의미를 전달할 수 있었을 것으로 보이는데, 이는 이상과 마찬가지로 가능성이 있는 견해이며 또한 대단히 매력적인 주장인 것이다. 이 경우에 있어서 세례는 계약의 의무들을 인정한다는 의미로 간주되고 있으며 이런 이유로 해서 여기에는 세상에 대한 도덕적 증거로서의 위탁이란 개념이 동시에 포함된 것이다. 세례란 그 자체로는 구원을 줄 수 없는 물로써 행하는 의식에 지나지 않는데, 이는 의식 그 자체는 아무런 영향력도 끼칠 수가 없기 때문인 것이다. 그러나 세례는 세상을 단념한다는 사실을 공표하는 수단일 수는 있으며 또한 이와 마찬가지로 노아가 물 속에 갇힘으로써 세상을 단죄하였던 것이며 믿음으

---

32) Dalton, op. cit., p. 225.

로 말미암은 의의 상속자가 되었던 것이다(히 11 : 7).

  베드로전서의 문맥에 대한 우리의 견해가 어떤 것이든 간에 이 단락은 노아의 구원이 기독교인의 구속에 대한 예표로서 간주되었다는 점을 분명히 해주고 있다.[33] 이 말을 뒤집어 놓으면 우리가 창세기 9장의 언약갱신을 담은 단락을 구속사적인 적용이 없는 일반 계시의 일종으로서만 여길 경우 우리는 이 부분의 내용을 정당하게 평가하지 못하게 되리란 것을 뜻한다. 우리가 이미 살펴본 바 있듯이 창세기 9장은 노아와의 언약에, 창조된 세계 질서의 보존이란 개념이 들어있다는 사실을 분명하게 나타내 주었긴 하지만 이 사건은 본래 가장 넓은 차원에서의 구원에 대한 훈련인 것이다. 인간의 회복이란 것은 세상에 영향을 끼칠 수 밖에 없는 것이며 신약성경은 이 점을 시종일관 다루면서 피조물에 대한 구속에는 피조된 세계에 대한 구속도 포함되지 않으면 안된다는 사실을 강력히 내세우고 있다.

E. 종합적인 견해

  창세기 1장에서 하나님에 의해 개시된 바 있는 사람과 세상 간의 관계성에 대한 우리의 견해를 요약함으로서 이 단락을 마무리 지어야 겠다. 우리는 창세기 6장과 9장의 문맥에 사용된 **베리트**란 용어가 관계설정에 적용되고 있다는 점을 살펴본 바 있다. 창조의 실제 속에는 하나님이 이 세상과의 관계 안으로 들어오셨다는 개념이 포함되어 있기 때문에 창조를 언약의 기초, 다시 말해서 사람과의 언약을 유지시켜 주는 근거로만 보려는 바르트(Karl Barth)[34] 등과 같은 견해를, 지지하는 것만으로는 충분치가 않은 것이다. 언약에 대한 징표가 제시되었다는 점에 비추어 보았을 때 이에 대한 성경적 교리는 단순히 신인동형론적인 의미로만 언급되었다고 할 수 없다. 즉 세상과 사람은 하나님의 유일한 전

---

33) David Hill은 "On Suffering and Baptism in 1Peter", *Nov. T.* 18(1976), pp.181-189에서 벧전 3 : 19-21의 언약 연결 문제점들과 이 문맥의 에페로테마의 언어적 중요성을 잘 이끌어낸다.

34) *Church Dogmatics* iii/1, p. 218 이하.

(全) 건축물의 부분이며 또한 우리는 인간의 영향을 받아온 바 있는 세상 그리고 이와 분리된 인간 구원을 받아들일 수가 없는 것이다. 에덴에서의 인간의 불순종은 우주의 무질서를 뜻하였으며 이런 이유로 해서 만물의 회복이란 것은 하나님과 사람 그리고 세상을 다시 조화를 이룬 자리로 돌려놓는 것이 되어야 할 것이다.

창세기 1-9장을 분석한 결과 우리는 하나님의 언약은 단 하나인 것이 틀림없으며 또한 언약에 관한 신학이 어떤 것이든지 간에 창세기 1:1에서부터 시작하지 않으면 안된다는 결론을 이끌어 내었다. 구약성경에서 점진적으로 등장하고 있는 언약신학에 속한 다른 모든 언약들은 이와 같은 근본적인 관계에서 유추되어야만 할 것이며, 창조에서 노아로 넘어올 때 사용된 연결고리를 살펴본 바 있듯이 계속하여 노아에서부터 아브라함으로, 아브라함으로부터 시내산 언약과 다윗으로, 그리고 예레미야의 새 언약과 그 이후의 새 언약의 완성자이신 예수에게로 우리를 안내하는 연결고리를 살펴보아야 할 필요가 있을 것이다.

옛날의 개혁신학자들은 언약에 대한 성경신학에는 통일성이 요구된다고 하였는데 이는 전적으로 옳았다. 언약들 사이에는 이와 같은 통일성이 요구된다고 하는 결론에 도달하게 되었던 것은 하나님의 목적에 대한 계시란 측면에서 유래되었다는 것이다. 이런 점에 있어서도 그들은 또한 옳았다. 고대 근동 사회에 대한 지식을 가지고 있기 때문에 우리는 최근에 들어서 구약의 언약 연구에 있어 엄청난 가치를 소유하고 있었던 비교문헌들을 접촉할 수 있었다. 이러한 문헌들 중에 그 어떤 것도 경시될 수 없는 것이며 또한 이 연구에 이들 문헌들이 끊임없이 언급되는 것이다. 그렇다고 하더라도 최종적으로 성경신학은 정경을 내재적인 규범으로 삼고 있다. 그러나 구약의 사회는 그 당시의 주변 세계와 문화적인 유사성을 띠고 있었다는 사실을 끊임없이 보여주고 있다는 점은 인식되어야 할 것이다. 또한 이러한 문헌들은 그 용법상 성경과 뚜렷한 구별을 나타내고 있었다는 점이나 아니면 이것들을 받아들이는 전제들과 언제나 긴밀하게 결합되어 있다는 사실

등이 밝혀져야 할 것이다. 이 모든 것은 구약성경과 이에 대한 배경을 구별지어 줄 것이다.

우리가 찾고자 하는 언약과 관련하여 구약의 자료는 이상과 같이 평행 비교문헌들의 영향을 입게 된 것이다. 그러나 우리는 비교문헌적인 접근방식이 한계점을 지니고 있다는 점도 알고 있어야 한다. 왜냐하면 구약의 사회는 그 본래의 성격상 비교문헌들에서 볼 수 있는 개념들을 단순히 이전시킨 것으로 볼 수는 없기 때문인 것이다.

이 연구가 전개되어 나갈수록 그 중요성이 더 커지게 되리라고 확신되는 면을 하나 더 언급해야 하겠다. 앞에서 우리는 간략하긴 하지만 창세기 1장의 배후에는 하나님의 왕권사상이 확립되어 있으리라는 가정을 언급한 바 있다. 이같은 주장에 의거해, 우리는 성경에서의 언약개념의 전개과정에서 볼 수 있는 바와 같은 그런 하나님의 왕권과 언약 간의 상호연관성을 기대할 수 있을 것이다. 언약의 목적은 세상에 대한 신적 통치에 있기 때문에 우리는 이러한 상호연관성이 시내산 언약에서 아주 두드러지게 인류에 의해 인식된다는 사실을 보게 될 것이다. 언약의 전제조건은 현존하는 하나님의 왕권이다. 바로 이같은 이유 때문에 구약성경에만 의존하여서는 언약에 관한 총체적 신학을 구성하기가 불가능한 것이다. 곧 보게 될 것이지만 변수들은 여기에서 완전히 드러난다. 그러나 언약과 왕적 통치 간의 완전한 평형, 그리고 앞에서 언급한 관계와 연관된 인간의 역할에서 나타난 하나님의 형상 등을 살펴보기 위해서 우리는 반드시 신약성경, 그 중에서도 특히 복음서로 넘어와야 할 것이다. 현재 주어진 상황 내에서는 여기에까지 도달한다는 것은 불가능할 것이다. 즉, 예수께서 그 당대의 사람들을 만나 언약의 기초원리로 돌아서라고 요청했을 때 이 문제는 예수께서 사역하시는 동안 단언한 바 있는, 하나님의 나라가 사람들 앞에 직면해 있다는 선포의 말씀에 의해 뒷받침되었던 것이다.

요 약

우리는 성경에서 맨 처음으로 언급되는 베리트(창 6 : 18)란 단어가 지닌 독특한 특성에 주의를 집중시킴으로써 이 장(章)을 시작하였다. 그리고 우리는 베리트란 말이 어떤 상황에서 쓰이게 되었는지 우선 창세기의 문맥을 통해 살펴보았으며, 그런 다음 구약성경 여기 저기에서 사용된 보다 넓은 문맥에다 주의를 기울였다. 구약성경에서 베리트가 신학적인 의미로 사용되었을 때(사실 이 말은 비종교적인 의미로 사용되었을 때도 그 근본적 개념은 같은 것이었다), 이것은 준(準) 법적 성격을 띠고 있어 이를 규제한다는 개념이 담겨 있었으며 또한 이런 법에 준하는 성격은 베리트의 체결과정에서 이미 존재하고 있던 어떤 관계에 적용되었다는 사실을 우리는 주목해 보았다. 창세기 6 : 18이 전문적 의미를 띠고 있느냐 아니면 '제사장문서'에 속하느냐 하는 논쟁도 검토된 바 있지만 모두 간략하나마 처리되었다. 이 구절은 이미 존재하고 있는 언약에 대한 승인을 다루었던 것이 분명하며, 이 사실에 의해 언약개시(카라트 베리트)를 나타내는 전문용어가 예상됨에도 불구하고 이 말이 나타나지 않는 이유가 설명되었던 것이다.

창세기 9 : 1 이하는 노아와 아담을 의도적으로 대응시키면서 1 : 26-28의 사상으로 귀환하였던 것이 분명하다. 그러나 노아 언약에 담긴 개념은 아담과 하나님 간에 맺어진 '행위언약'의 계속성이 포함되었던 것은 아니다. 이는 창세기 9 : 9-17의 증거에 강력히 암시되어 있다시피 노아가 당면했던 언약이 창조행위 그 자체에 의해 다시 실현되었기 때문인 것이다. 하나님은 창조행위에 어떤 공백이 생기기를 거부하셨는데, 이는 인간의 공백, 즉 타락과 대조되었던 것이며 창세기 1-3장의 내용이 면밀히 검토되었던 것이다. '안식'에 대한 종말론적인 개념은 창세기 2장에 지적된 바 있듯이 사람과 하나님 간의 관계개념에 의해 논증되었던 것으로 여겨졌다. 창세기 9 : 1 이하의 구절들이 인간과 그의 세계에 대한 원래의 목적회복을 가리키고 있는 이상, 노아에게 승인의 의미로 주어진 이 언약은 단순히 섭리적 배려에 대한 하나님의 위임으로만 볼 수는 없었던 것이다. 성경에 노아 언약에 관한 자료들이 사용된 바, 이것은 타락 이후세대에 있어서의 언약이란, 질서의 유지뿐만 아니라 창조의 구속양상 또한 포함하였다는 주장을 정당화시켜 주고 있는 듯이 보였다.

그 다음에 창조사건에 포함된 언약의 함축된 의미들이 추출되었다. 성경적인 언약은 오직 하나만 있을 수 있으며 이 유일한 언약에 속한 후대의 성경적 언약들은 이에 대한 부분집합들임에 틀림없다. 앞으로도 이런 방식을 통해 이 작업에 대한 토론이 진행되어야 할 것이다. 끝으로 언약과 하나님의 왕권에 대한 상관관계가 이루어졌다.

추가사항

노아와 아담, 그리고 행위언약

창세기 9:1 이하에는 노아와 아담 간에 어떤 상관관계점들이 분명히 존재한다는 사실을 암시하고 있다. 이러한 상관점들과, 노아가 연루된 언약에서 그가 차지하였던 대표적 위치 그리고 홍수 이후 노아의 삶에 대한 축복의 갱신 등은 전통적인 개혁신학의 주제가 되어왔던 그 어떤 것, 다시 말해서 아담과 맺은 하나님의 언약의 영향력이 되는 것과 아담이 소유하였던 인류에 대한 연대적 머릿권이란 말로서 해석되었던 것에 대해 어떤 실체를 부여해 왔던 것이다. 이러한 견해에 의하면 이 언약에 담겨 있는 약속에 대한 요소는 아담의 순종에 의존한다는 점에서 조건적이긴 하지만(따라서 의무라는 개념이 유입되었다) 에덴 동산의 생명을 주는 나무에 놓여 있었던 것이다. 개혁신학은 이러한 조건들이 내재하고 있다는 점에 주의를 기울여왔기 때문에 아담에게 수여되었던 것으로 여겨졌던 이 언약에다 거의 언제나 '행위언약'이란 명칭을 달아놓았다.

이같은 맥락에서 찰스 핫지(Charles Hodge)와 같은 프린스톤 신학자는 창세기 2장의 기사(창 2:17 참조)에는 약속과 조건이라는 두 개의 구성요소가 포함되어 있다는 견해를 지지하였다. 아담에게 약속된 보상은 순종이라는 조건이 달린 생명이었으며 이는 핫지가 주장한 바 있는 성경의 전체적 취지와 일치하는 견해로서 성경의 여러 부분과 조화를 이루는 표현인 것이다. 그는 말하기를, "하나님은 지식과 의로움 그리고 거룩함에 있어서 인간을 자신의 형상대로 창조하신 다음, 완전한 순종을 조건으로 하여 인간과 생명의 언약을 맺으셨으며, 인간으로 하여금 사망의 고통을 가진 선과 악을 알게 하는 나무의 식용을 금지시키셨다."[1] 만약 아담이 금지된 기간을 완전히 넘겼더라면 그는 약속된 바 있는 생명으로 들어갔을 것이다.

---

1) Hodge, *Systematic Theology* II, (Grand Rapids : Eerdmans, 1946), p. 117.

이 견해에서 살피건대, 행위언약은 창조 이후 인간과 더불어 하나님에 의해 제정된 그 무엇, 다시 말해서 창조 그 자체의 일부로서 주어진 것이 아니라 창조행위에 부가된 그 무엇이었다. 다시 부연컨대, 언약은 그 자체에 목적이 있던 것이 아니라 어떤 목적에 대한 수단이었던 것이다. 아담은 생명의 형체를 소유하였긴 하지만 생명의 최고의 형체로서의 생명, 즉 영원한 생명을 소유하였던 것은 아니었다. 그는 한정된 자유를 소유하였던 것은 사실이지만 그것은 일시적인 자유에 지나지 않았던 것이다. 이 언약을 구성하는 요소들은 영원한 생명에 대한 약속, 타락시에 부가된 형벌, 사망, 언약에 부가된 규정 그리고 완전한 순종 등이었다. 아담을 짓누르고 있었던 금지기간이 끝나면 그는 그리스도의 재림 때에 신자들이 소유하게될 그런 변화된 불멸성을 누릴 수 있었을 것이다. 더 나아가 노아와의 경우에서도 그렇듯이, 이 언약은 아담 개인에게만 효력을 발생하는 것이 아니라 그와 연대적 관계를 지닌 온 인류에게도 적용되는 것이었다.

19세기에 정립된 핫지의 논리적 체계는 개혁전통주의자들의 대표적 이론이었으며, 지금도 몇몇 소수의 단서가 없는 것은 아니지만 보수주의자들의 지지를 계속 받아오고 있다. 헥스마(Herman Hoeksema)는 최근의 연구작품에서 창세기 2장의 기사에서 독단적으로 유추하여, 인간의 보다 나은 축복에 대한 가능성을 언급하면서 핫지의 추론과 같은 그런 단서들을 몇가지 표명한 바 있다. 그러나 그는 핫지가 했던 것과는 달리 언약의 조건들을 창세기 2:17의 위치에다 정확히 고정시키려고는 하지 않는다.[2] 그가 비록 창조 자체에 부가된 그 무엇으로서의 인간과의 언약에 대한 개념을 정립하는데 문제점들을 가지고 있긴 하지만 그는 아담이 어떤 언약관계에 서 있었다는 점은 의심하지 않는다. 오히려 그는 아담과의 언약이란 창조에 의해 제정된 바 있고, 또 생명체와의 우정이나 교제 등의 관계로 구성된, 즉 아담이 하나님의 형상대로 창조되었을 때 존재하게 되었던 관계, 다시 말해서

---

2) Hoeksema, *Reformed Dogmatics* (Grand Rapids : Reformed Free Publishing Association, 1966), p. 217.

그 안에 무엇이 포함되어 있든 간에 하나님에 대한 지식을 뜻하였던 어떤 관계로 구성된 그 어떤 것이었다고 주장하고자 하는 것이다.[3]

이러한 아담과의 언약 속에 담긴 하나님의 창조에 의한 대표권은 하나님의 선지자, 제사장, 왕 등을 뜻하였다. 즉, 유기적인 면에서 전 인류는 아담 안에 존재해 있었고 또 법적인 면에서 그는 온 인류를 대신하였던 것이다. 이런 연결에 의해서 죽음은 사도 바울이 분명히 관찰한 바 있듯이(롬 5:12-19) 전 인류에게로 전가되어야 하는 사실은 불가피했던 것이다.

헥스마는 호세아 6:7의 "저희는 아담처럼 언약을 어기고"란 어구와 이 뒤에 이어 계속되는 평행어구인 "거기서 내게 패역을 행하였느니라"란 논의구절에 호소하는 것을 제외하고는 어떤 특정 성경구절에 대한 논란에 의해서가 아니라 성경의 일반적인 취지에 의해 자신의 이론을 정당화시키고 있다. 언약에 대한 신학학파의 한 부류는 이 구절을 근거로 하여 형성된 바 있지만 대부분의 주석가들(또는 번역가들)은 본문을 약간 변형시켜(이렇게 변형시킬 근거는 사실상 거의 없긴 하지만) 아담이란 말을 정복기사에 등장하는 지명(수 3:16)으로 읽고 있다.

이렇게 하면 이스라엘은 요단을 건넜으면서도 그 이후 계속하여 불충했다는 함축된 의미가 이끌어져 나오는 것이다. 이 견해는 분명히 언약에 의한 축복과 그 결과 나타나는 보존, 또는 언약에 의한 저주와 그 결과 나타나는 축출과 결부된 것으로서의 땅의 역할에 대한 호세아의 엄청난 강조, 설사 이에 대한 가능성의 언급이 호세아 6장에서는 발견되지 않는다 하더라도 그의 강조 내용과 조화를 이루는 것이었을 것이다. 호세아 6장의 아담이란 말은 총칭적인 의미로 받아야 하는 것이 정당할 수 있다. 다시 말해서 '사람들처럼' 이스라엘도 언약을 마치 일상적인 인간의 협정이기라도 하였던 듯이 그렇게 취급하여 그 언약을 어겼다고 볼 수 있는 것이다. 그러나 헥스마 등과 같은 학자들은 호세아가 이스라엘의 초기 역사를 넌즈시 언급한 것으로 보아 자기

---

3) Hoeksema, op. cit., p. 222.

조국에 대한 애정을 표현한 것이 분명하기 때문에(호 11：8, 12：4 참조), 호세아 6：7을 첫번째 사람들에 대한 언급으로 보았는데, 이는 정당할지도 모른다. 그러나 이 부분의 문맥은 너무나 불명확하여 이러한 개혁파 주석가들이 주장하는 내용을 완전히 전달시켜 줄 수가 없는 것이다.

언약에 대한 전통적인 연대주의자들의 견해에 대한 비판

그러나 핫지나 헥스마 등과 같은 학자들의 접근방식에서 일어나는 문제, 즉 개혁파 운동의 대표적 견해로 볼 수도 있는 이들의 방식에서 야기되는 문제는 성경의 내용을 정확히 이해한 충분한 성경기사를 들이대지 못하고 있다는 점이다. 이러한 교리적 접근방식의 강점은 아담이 연루된 바 있는 관계가 행사되었을 때의 조건들에 대한 주의깊은 설명에 주로 의존하고 있다는 점이다. 그러나 이들의 약점은 언약의 개념 그 자체를 정확히 이해하지 못해 성경의 일반적 취지에 입각한 문제로 받아들인데 있다. 이러한 접근방식에는 성경계시의 전체적 흐름을 창세기 1-3장으로 소급해 가는 경향이 있다. 그러나 이런 특성을 추출한 결과 최종적인 분석이란 면에서 대체적으로 정당하다고 할 수 있긴 하지만 창세기 1-3장에서 말하고자 하는 바를 정확히 이해하는데는 실패한다. 즉, 이러한 장들에서 어떠한 결론들이 유추되어 나오든 간에 결론들은 창세기 1-11장의 전체적 문맥과 분리될 수는 없는 것이다.[4]

만약 어떤 내용을 전체적인 문맥을 따지지 않고 그것만 따서 받아들인다면, 어떤 특정 단락에서 추론해 낸 결과들은 전체 문맥에서 제시하고자 하는 개념들을 정당하게 표현했다고 평가하기 어려운 때가 있을 것이다. 특히 여기서 언약과 결부시켜 말하자

---

4) Walter Vogels 은 *Gods Universal Covenant* (Univ. of Ottawa press. Ottawa, 1979)에서 창세기 전반부의 몇장에서 발견할 수 있는 원시 보편적 언약사상으로 귀환하고 있다. 그는 창 1-11장에 걸쳐 산재해있는 봉신조약적 요소들을 찾는다. 그러나 그의 접근방식은 극도로 선택적인 면에서 진행되기 때문에 우리가 판단하기에는 양식이나 어의적 측면과는 관계없는 듯이 보인다.

면, 우선 우리가 언약이란 용어가 쓰이고 있는 특정기사에서 우리의 결론들을 이끌어 내면서도 창세기 1-11장 전체에 걸쳐 영향력을 미치고 있는 언약의 상호관련성에 대해 주의를 기울이지 않는한, 우리는 '아담과의 언약' 또는 '행위 언약'이 미치는 범위, 또는 '창조'와 결부된 고리들이 미치는 범위 등에 대해서 적절한 한계를 규정지을 수 없게 될 것이 분명하다.

2

아브라함과의 언약

A. 논증의 순서

아브라함과의 언약은 성경의 구속사적인 교리에 두드러지게 나타나는 개념이다. 그렇지만 아브라함의 언약과 결부된 자료는 조직화하기에 쉽지 않다. 이 자료들은 성경의 여러 다른 장들에 분산되어 있을 뿐만 아니라 또한 그것들은 여기저기에 언급되면서 흔히 반복되고 있는 것 같기 때문이다. 이 자료들은 주의깊게 평가되어야 하고 또 이 자료들이 표현하고 있는 순서와 관련된 특정한 문제들은 반드시 토론되고 넘어가야 할 것이다.

아브라함이 관련된 **베리트**란 용어는 창세기 15 : 18에 처음으로 언급되고 있는데, 거기서 이 낱말이 시작되면서 그후 그 장의 세부사항과 함께 계속 쓰이는 것으로 보아 이는 분명히 어떤 논리적 이유가 있는 것 같다. 그러나 아브라함의 언약에 대한 실제적인 내용은 우리가 앞으로 살펴보게 될 단락인 12 : 1-3에 이미 언급되어 있으며 이 내용을 살펴보면 이러한 논리적 이유는 분명해질 것이다. 그러나 이러한 논리를 추적함에 있어서 우리는 창세기 3-11장의 죄의 확산기사에서 드러난 바 있는 인간의 딜레마에 대한 구속사적인 대응의 일종으로서, 아브라함의 부르심이 언급된다는 사실을 간과해 버려서는 결코 안된다. 창세기 12 : 1-3의 내용을 상세히 논하기에 앞서 우리는 우선 그 이전의 설화들, 특히 창세기 11장의 바벨탑설화를 언급해야 할 필요가 있을 것이다.

창세기 12 : 1-3의 내용은 그 주요 용어들과 그에 따른 결과 등에 각별한 주의를 기울여 조심스럽고도 상세한 설명을 요하게 될 것이다. 이러한 기본사항들이 말끔히 정리된 다음에 우리는 아브라함의 언약이 족장들의 경험 속에서 어떠한 영향력을 끼쳤는가 하는 방법문제를 살피기 위해 홀가분하게 그 장의 남은 부분에 몰두하게 될 것이다. 그런 다음 우리는 창세기 17장에서 재언급되고 있는 아브라함 언약의 기본적인 요소를 살펴보게 될 것이다. 따라서 창세기 15:18에서부터 시작해 보자.

B. 창세기 15장 18절과 그 문맥

1. 창세기 15장 18절의 언약에 대한 의식적인 형식

창세기 15:18에서 처음으로 언급되는 아브라함과의 언약의 주위상황은 주목할만한 것이며 또한 구약성경 그 어디에서도 평행구절이 전혀 나타나지 않는 부분이다. 흔히 아브라함이 환상을 받았을 때의 전체적 문맥에는 언약체결과정에 드려지는 기묘한 의식들이 언급되고 있다. 이러한 의식들은 상세한 설명이 덧붙여져야 한다. 이러한 의식들은 아주 오랜 고대에 행하여졌던 것이라는 흔적을 가지고 있긴 하지만 이에 선행하는 평행구절이 전혀 언급되지 않은 채 독자들 앞에 등장하기 때문에 우리는 이러한 내용이 설사 우리에게는 모호해 보인다 하더라도, 사회적 정황이 이에 대한 충분한 설명의 구실을 하였던 것으로 보이는 고대 독자들에게는 아무런 문제점이 되지 않았을 것이라는 점을 추론할 수 있을 것이다.

18절은 이 의식의 내용이 언약의 결정요인이었으며("그 날에 여호와께서 아브람으로 더불어 언약을 세워 가라사대"), 또한 언약 그 자체 속에는 후손들을 포함한 약속의 말씀이 결부되어 있었다는 점을 우리에게 알려주고 있다. 이 구절은 또한 창세기 15:18b-21의 세부사항이 암시하고 있는 바와 같이 이 약속의 말씀들을 어떤 특정 영역에다 위치시켰다. 그리고 후대의 유대인 주석가들은 이것을 희생제사에 뒤따르는 의식[1]과 후대의 제사제도에 나타난 다섯 종류의 정결한 희생동물을 포함한 종합적 의식으

---

1) Jubilees 14:11, 19.

로 보았다는 점은 흥미있는 일이다.[2]
 의식에서 사용된 다섯 종류의 정결한 희생동물들의 기능에 대해서는 의문이 제기되고 있다. 흔히 부수적 사항으로서의 저주적인 특징들이 강조되어 왔으며 마리(Mari)와 알라라크(Alalakh)에서 출토된 비성경문헌의 평행구절들이 제시되곤 하였다. 이해하기 난해한 어구이지만(17절) 하나님이 쪼개진 동물들 사이로 지나가신다. 이것은 창세기 15장과 예레미야 34 : 18 사이의 평행구절에 대한 취지로서 흔히 인용되곤 하는 것이다. 예레미야 34장에는 유다 왕 시드기야와 지도층 시민들 간에 언약이 체결된 바 있는데, 그 목적은 바벨론군에 의한 예루살렘의 포위 공격기 간동안 노예를 해방시킨다는 것으로서, 의식에 참가하였던 자들(유다 방백들로부터 그 이하의 지위에 있던 자들)은 송아지를 쪼개고 그 사이로 지나감으로써 언약을 세웠던 것이다. 이 문맥에 따르면 예레미야 4 : 18-20에 언급된 저주적인 성격이 분명히 드러난다. 그러나 우리는 창세기 15장의 언약에 대해서는 뭔가 다른 특성을 다루어야 할 것이다. 하셀(Gerhard Hasel)[3]은 창세기 15 : 9-11의 내용이 저주를 다루고 있는 것이 아니라 그저 언약의 비준을 다루고 있다는 점을 주장하면서 언약 참여자들에게 멸망을 비는 저주문이 창세기의 저자에 의해서 여호와께는 적용되지

---

2) M. Weinfeld는 "The Covenant of Grant in the Old Testament and in the Ancient Near East", *JAOS* 90(1970), p. 197에서 성경 이외의 몇몇 평행어구에 주의를 환기시킨다. 우리는 이 시점에서 바벨론의 카시트(kassite)연대의 이른 바 **쿠두루(kudurru)** 문헌에서 볼 수 있는 협정서(BC 16 세기 이후)와 고대 아브라함 언약의 풍습이 유사하다는 점에 근거해 아브라함 언약의 고대적 풍습을 뒷받침하려는 Weinfeld의 이론을 주목해 보아야 할 것이다. 바벨론의 이 문서는 어떤 면에서 왕의 양도를 뜻하는 선물 증서였다. 그리고 **쿠두루**의 관행이 오랜 세월동안 통용되었다는 이유로 해서 그 평행어구들이 지나치게 압력을 받아서는 안된다. 아브라함 언약과 '왕의 양도'란 형식상의 평행에 관한 전반적인 문제에 대해서는 M. Weinfeld의 *Deuteronomy and the Deuteronomic School* (Oxford : Clarendon, 1972), pp. 74-76을 부차적으로 참조할 것.

3) 그의 저서 "Meaning of the Animal Rite in Gen. 15", *JSOT* 19(1981), p. 70.

않았을 것이라는 점을 시사하였다.

그의 논지에는 건질만한 내용이 들어 있는 것이 사실이긴 하지만 이 내용을 언약비준에 관한 것으로만 본다면 창세기 15:9-11, 17의 기묘한 의식장면은 여전히 그 세부사항에 있어서는 설명되지 않는 것으로 남게 된다. 이제 벤함(Gordon Wenham)[4]의 보다 더 최근의 견해를 제시하고자 하는데 그의 주장은 극히 가설적인 것이긴 하지만, 이 문맥에 관한 세부사항을 설명해 보고자 시도한 견해이다. 벤함은 이 의식에 바쳐진 다섯 마리의 '정결한' 동물들의 특성을 적절하게 설명하면서, 여기에 사용된 숫자가 이 사건의 엄숙함을 강조하고 있다고 주장한다. 그는 또한 이 사건 전체를 통해서 이스라엘의 미래가 예견되고 있다고 생각한다.

그의 견해에 따르면 희생제물로 사용된 동물들은 이스라엘을 상징하고 있으며 그 반면 아브라함이 내쫓은 불결한 새들은 좌절된 이방인의 침공을 뜻한다고 한다. 창세기 15:6에 근거한 전체적인 장면은 이와 같은 이유로 해서 아브라함 언약의 성격에 규정된 이스라엘에 대한 보호를 묘사하고 있는 것이다. 하나님이 쪼개진 송아지 사이로 지나가신 사실(17절)을 이와 연결해서 살펴보면 이는 저주적인 의미가 아니라 훗날 광야에서 이스라엘을 인도하게 될 '구름 기둥'과 다소 유사한, 여호와의 보호하심을 보증하고 있는 신의 현현적인 의미를 띠고 있는 것이다.

이 견해에 따르면, 이 사건은 이스라엘의 후대 역사를 예고하고 있으며 이 논제를 깊이있게 다루고 있는 다른 장에서 확증을 더하는 방식으로 전개된다. 이에 대한 견해들이 아직 확증되지 않은 채 개방되어 있는 것이 사실이긴 하지만, 적어도 벤함의 견해는 이 장의 취지를 함께 결합시키려는 시도를 한다. 어떠한 사건에서든 간에 그 세부사항들은 신인동형동성론적인 내용을 담고 있는데, 하나님은 그 성격이 행동으로 나타난 자기 위탁의 맹세에 의해 극화되고 있는 어떤 형태의 의무 속에 스스로 연루된다

---

4) "The symbolism of the Animal Rite in Gen. 15", : A Response to G. F. Hasel *JSOT* 19(1981), pp.61-78, *JSOT* 22(1982), pp.134-137.

(히 6 : 13 참조). 어쨌든 계약을 떠맡은 일은 아브람에게 강요되는 바가 전혀 없으며 오직 하나님만이 책임을 지고 있다.

2. 언약의 내용—땅과 백성

언약의 내용을 묻는 질문이 제기되면 우리는 창세기 15 : 18에서 '베어진(cut)'이 어떤 언약에 한정되고, 새로운 언약이 첨가되어 있지 않기 때문에 다소 당황하게 될 것이다. 우리는 언약의 내용에 관한 설명이 이 구절 내에서 언약에 뒤따라 나올 것이라고 기대했을지 모르나 사실은 그 반대로 이에 앞서 이 장에서의 주요 주제가 되었던 것, 다시 말해서 아브람의 '자손'과 직접 연결되어 등장하는 '이 땅'이란 것을 보게 된다. 그러나 창세기 15 : 18에서 지적하고 있는 것은 아브라함의 후손들에게 속하게 될 이 땅이 **'이미'** 주어져 있다는 사실인 것이다.

히브리어 동사 **나타티**('I have given')란 말은 이 문맥에서 완전한 과거시제로 사용되었던 것이 분명하다(영역성경, The Revised Version 은 이를 정당하게 인식하고 있다). 창세기 13 : 15에는 이와 똑같은 말이 사용되고 있으며 여기서 이미 땅을 선물로 준다는 개념이 형성되어 있었다. RSV 역본은 이 구절을 현재형('I give')으로 번역하고 있는데, 우리가 설사 이를 인정한다 하더라도 우리는 내용상 이 언약이 개념에 새로운 것이 전혀 도입되고 있지 않다는 사실을 강력히 주장하도록 요청받지 않을 수 없게 된다. 더 나아가 우리는 이 문맥에서 사용되고 있는 '주다(give)'란 말이 이미 체결되어 있는 협정에 효과를 부여한다는 의미로 쓰이고 있는 창세기 17 : 2의 내용과 같은 의미를 전달하고 있는 것이 분명하다는 의견을 제시할 수 있다. 그러나 이 점에 대해서는 다음에 가서 언급하게 될 것이다.

창세기 15 : 18-20에는 땅의 경계설정에 대한 언급이 주의깊게 수록되어 있는데 이는 후대의 성경자료 문제와 결부시켜 볼 때 반드시 주목해 보아야 할만한 주요한 사항이다. 그 경계선들은 여기서만 나타나는 특수한 어구(네하르 **미즈라임**, '애굽강, River of Egypt'이 쓰이고 있으며, 흔히 **나할 미즈라임** '애굽의 개울, Wadi of Egypt '가 예상되었음)가 있어 고어적 특성을 띤 것으로 보이긴 하지만 흔히 나타나는 일반적인 용어로 우선 묘사되고 있다. 광범위한 이 지리적 영역은 이 이후부터 약속된 땅의 범위를 나타내는 이상적인 경계로 유지되게 되지만, 아무튼 이 영역 내에는 가나안의 열족 명단이 들어있다. 창세기 15장의 대다수 자료에서 보는 바와 같이 이 명단의 목차는 훨씬 후대인 역사시대의 문체적인 영향을 반영하고 있다고 종종 생각되어져 왔기 때문에 그 상세한 내용에 대해 좀 더 고려해 보는 것이 정당할 것이다.

창세기가 이스라엘 이전에 살았던 가나안 거민에 대해서 확고 부동한 명단을 우리에게 제공해 주지 않고 또 이러한 이유로 해서 이 문제와 관련한 실제적인 사항을 나타내주고 있지 않다 하더라도 우리는 대략적으로 판단하여 여기에 부수적으로 등장하는 지리적 세부사항들이 비역사적이라고 결론지을 수는 없는 것이다. 범위를 축소하여, 이곳의 일곱 부족 명단(창 15 : 20—21)에는 르바 족속이 포함되고(앞서 창 14 : 5에 언급된 바 있다), 또 히위 족속이 빠져 있는데, 이것으로 미루어 보아 이 일곱부족 명단은 이스라엘 이전의 주민으로서 흔히 제시되는 명단과는 다름을 알 수 있다. 따라서 이와 같은 상세한 사항들이 조작되었다는 주장들은 이 사실과 일치시키기 곤란하다.[5] 반면에 이 명단이 완벽한 것이라고 주장하는 것 역시 좀 지나친 것 같으며 또한 여기에 지

---

5) R. E. Clements, *Abraham and David : Genesis 15 and its Meaning for Israelite Tradition*, Studies in Biblical Theology, Second Series 5 (London : S. C. M., 1967), p. 21, n. 25의 견해 참조. 그는 지리학상의 세부사항에는 여러 복합적인 요소들이 포함되어 있다고 주장한다. 남방 헤브론에 보존되어 있다가 다윗에 의해 예루살렘으로 옮겨진 아브라함 언약의 전승들은 삼하 7장에 포함되어 있다고 이해하고 있으며 다윗과의 약속 언약에 대한 패턴을 제공했다는 Clements의 기본적인 논의가 이곳에 언급되고 있다. 그의 견해에 따르면 아브라함 언약은 대단히 자유로운 방식으로 그 이전의 자료들을 재정리한 것이며 다윗 언약의 내용을 뒷받침하도록 의도되어 있었다는 것이다. 아브라함 언약이 다윗 언약에 종속되어 있었다고 주장하는 그의 견해가 근본적으로 사실인 것 같지 않다는 점을 살펴 보는 것 이외에 여기서는 이 점에 관해 상세한 토론을 생략한다. 수

리적인 내용이 모두 포함되어 있다고 주장할 수만도 없는 실정이다. 이 내용은 단지 이스라엘이 이 지역에서 지배적인 세력으로 등장하게 되었다는 사실만을 전달하고자 의도되어 있는 것이 분명하다.[6] 그리고 여기에 하나 더 덧붙여 두어야 할 것은 고대 설화에 등장하는 족장들이 빈번하게 접촉을 가져왔던 민족으로 보이는 블레셋 족속이 이 명단에서 빠져 있다는 사실인데,[7] 이 점은 아마 토착민과 후기의 정복민 간에 구별이 있었음을 시사하는 것 같다.

창세기 15:19에는 겐 족속과 그니스 족속 그리고 갓몬 족속이 등장하는데 이는 부인할 바 없이 어떤 지역에 대한 관심을 나타내주고 있는 듯이 보인다. 갓몬이란 말은 '동방인들'을 가리키는 일반적인 용어일 수도 있는데 이 말은 오직 이곳에만 나타난다. 반면에 겐 족속(삼상 15:6)과 갈렙의 혈통인 그니스 족속(민 32:12; 수 14:6, 14)은 둘 다 남쪽 깊은 곳, 즉 다윗이 예루살렘에서 통치하기 전에 거점으로 삼고 있었던 헤브론 지역에서 발견된다. 그러나 우리가 현재 살펴보고 있는 창세기 15:19-21의 내용은 다소 이상한 배열로 연결되어 있는 것처럼 보이기 때문에 여기에는 보다 광범위한 이스라엘 공동체 자료가 반영되어 있다

많은 현대의 접근방식들 중에 대표적인 경우가 되고 있는 이러한 견해는 삼하 7장에서 다윗 언약이 담고 있는 시내산 언약의 취지를 근본적으로 고려하지 못한다. 더군다나 창 15:19의 기사가, 이미 설정되어 있는 다윗제국의 국경을 합법화시키도록 의도되어 있다고 한다면 거기에 언급되어 있는 겐 족속과 그니스 족속은 왜 모호한 종족으로 등장하는가? 마지막으로 아브라함 언약의 원 자료가 족장과 마므레의 지역 신(神) 사이의 계약에 관한 것이었다는 Clements의 이론은 대단히 고상한 유일신 사상을 담을 수 있도록 허용된 족장기사에서는 어떠한 근거도 찾지못할 가설에 지나지 않는다 (cf. B. Gemser, 'God in Genesis', *OTS* XII(1958), p. 11).

6) A. van Selms, "The Canaanites in the Book of Genesis." *OTS* XII(1958), p. 192.

7) 블레셋에 대한 창세기의 언급이 시대착오적인 것이란 주장은 자동적으로 제기되지 않는다. 블레셋 사람들이 BC 1200년경까지 무력으로 침공해 들어온 것은 아니라 할지라도, 에게해의 거주민들은 산발적으로 식민지를 포착했을 수도 있었다.

고 할 수 있을 것이다. 그러나 다윗이 헤브론에서 예루살렘으로 옮기면서 이 자료와 합병된 아브라함 전승을 자신과 결부시켰을 것이라고 주장한다는 것은 이 세 구절에 나타나는 연속적인 열 족속이 지닌, 가능성 있는 중대한 의미를 무시하는 처사가 될 것이다. 첫번째 세 족속에 대한 강조점은 그들이 남쪽에 자리를 차지하고 있다는 점에 두어지고 있는 것 같다. 이 지역은 당시에 아브라함이 특별히 관련된 곳이기 때문이다.

아브람은 이 땅에 들어선 뒤 맨먼저 세겜이란 곳에 등장한다 (창 12:6). 거기서 하나님이 그에게 현시하시며 그 후 그는 제단을 쌓는다. 그 다음에 이 땅을 주리라는 약속의 말씀이 재차 강화되고 이어서 그는 벧엘로 이동하고 거기에서 다시 헤브론에 가게 되는데 그는 거기서도 무사히 단들을 쌓는다. 그런데 이와 같이 단들을 쌓는 행위는 족장들의 생활양식이나 또는 예비로서 응답한다는 의미를 반영했다기 보다는 오히려 하나님의 선물로서 주어진 산물인,⁸⁾ 그 땅의 소유권을 공적으로 천명했다는 의미로 받아들이는 것이 더 좋을 것 같다. 아브람은 이 지역의 도시국가 거민들의 압력을 받은 결과 남쪽으로 이동해 가지 않을 수 없었던 것 같다. 즉, 창세기 13:7에는 그 당시 이 땅을 차지하고 있던 가나안 사람들과 브리스 사람들이 벧엘 지역과 관련되어 특별히 언급되고 있는 것이다. 이렇게 해서 아브람은 남쪽 헤브론으로 옮겨갔던 것 같으며 그는 이 지역을 특히 자신의 소유로 삼았다.⁹⁾ 남쪽에서 그는 창세기 14장의 총체적인 상황과 거기서 그가 결성한 동맹조약(14:13)에서 암시되고 있다시피 급속도로 대단한 평판을 가진 독립적 족장이 되었던 것 같다. 이같은 상황에서 이 땅과 관련한 하나님의 약속이 단언되었는데, 그 영역은 남쪽 아래 지역에서 시작되고 있으며 또한 이 지역 주변에 있던 민족들을 특별히 고려하여 이 약속의 말씀에 포함시키고 있긴 하지만 이 내용은 완전히 이해할 수 있는 성질은 아니다. 그러나 이같은

---

8) 이 견해를 제안한 것은 D. J. Wiseman, "Abraham in History and Tradition"(pt. i. Abraham the Hebrew), *BS* 134(1977) pp.125-126.

9) Van Selms, *OTS* XII, p. 194.

약속의 말씀은 언젠가 하나님이 아브람에게 확증을 주신 것에 대한 주목할만한 표시가 되었음을 입증하고 있는 것이 분명한 것 같다.

3. 창세기 15장의 내용

a) 엘리에셀을 양자로 입양함

14장에는 아브람이 다섯 왕의 동맹을 쳐부수는 상황이 분명히 언급되어 있고 또 엎드려 굴복할만한 하나님의 사자인 기이한 멜기세덱이란 인물이 등장하는 것이 사실이긴 하지만, 15장은 이 사건들과 아무런 연결도 가지지 않고 곧바로 시작하고 있다. 즉, 하나님의 말씀이 환상 중에 아브람에게 임하였던 것이다(창 15 : 1). 이 사건으로 말미암아 학자들은 종종 창세기 15 : 1-7의 자료를 E 문서로 분류한다(그러나 이 단락에는 하나님의 이름이 거의 절대적으로 야웨로 쓰이고 있다). 그 이유는 이 단락이 예언적인 의미를 지니고 있는 것으로 가정될 수 있기 때문이란 것이다. 그러나 환상이라고 하는 것은 하나님의 약속을 담은 표현과 함께 주어지기 때문에 BC 3000년대 이후 고대 근동지역에서는[10] 하나님의 계시에 부수적으로 일어나는 것으로 종종 여겨졌다. 그리고 창세기 15장과 그 이전의 자료들이 일정한 비율로 배분되어 있다고 하는 견해는 요즈음 들어서는 거의 포기되다시피 되었다는 사실을 지나가면서 간단히 언급해 두어도 괜찮을 것 같다.[11]

15장 이전의 사건과 연결된 어구가 전혀 제시되지 않고 있지만 15 : 1의 신적 보호를 담은 어구("나는 너의 방패요")는 아브람이 어떤 위협을 당한 경험이 있다는 점을 암시하고 있다. 14장은 아브람의 세력이 증대되어 가고 있었다는 점을 보여준 바 있다. 그러나 거기에는 아브라함의 땅 소유권이 실제로는 얼마나 미약했

---

10) H. Cazelles, "Connexions et structure de Gen. XV", *RB* 69(1962), p. 326 에 "라가쉬의 구데아의 꿈(the dream of Gudea of Lagash)"이 인용되고 있다.

11) Clements, op. cit. p. 17에서 인정되고 있는 바와 같이 창 15장의 평행어구를 근거로한 주장이 아직도 유지되고 있긴 하지만 그 자료의 출처에 대해서는 여전히 확정되지 않은 채로 있다.

던가 하는 사실을 동시에 드러내 놓았다. 그렇지만 하나님이 '방패'란 말을 언급하셨던 것은 이 땅에 대한 소유를 유지시키려 하는 점을 고려해서 하신 말씀이었던 것으로 우리는 생각해 볼 수 있을 것이다. 이 구절에는 하나님의 상급이 준비되어 있다는 사실도 언급되고 있는데 아브람은 이것과 관련해서 각도를 약간 달리한 대화를 나누게 되며 이는 자손과 관련된 질문이었던 것이다 (15:2). 그도 알고 있다시피 이 땅에 대한 확실한 소유권은 이 땅을 차지하게 될 후손에 대한 하나님의 약속의 실현 여부에 달려있는 것이다. 이런 이유로 해서 그는 창세기 15:2에서 이런 방향으로 그 이전에 주어진 바 있는 약속의 취지를 회상하고 있다.

아브람이 '무자하오니'란 어구를 사용한 것은 아마 자신의 죽음 이후를 전망한 것으로 볼 수도 있을 것이다.[12] 이런 이유 때문에 그는 창세기 15:2에 언급된 것으로 보아 확실하지는 않지만 그다지 달갑게 여기던 사람은 아닌 것으로 보이는 엘리에셀, 즉 그의 종이 분명하지만 그를 후계자로 이 협정에 결부시킨 것이다.

아브람이 하나님의 의도를 알아차리기 어려웠다는 사실은 창세기 15:3에 분명하게 나타난다. 자기 집에서 종으로 태어난 엘리에셀은 아들로 입양되었던 것이 분명하다. 이와 같이 종을 입양하는 관례는 고대 근동에 광범위하게 퍼져있던 관습에 의해 뒷받침되고 있으며 또한 그 당시 가통을 유지하기 위한 수단이었다. 창세기에서 이같은 개념이 사용되었음을 지지하는 증거는 주로 BC 2000년대 중반의 것으로 보이는 누지(Nuzi)의 동부 티그리스 후리안(Tigris Hurrian) 유적지에서 출토되고 있다. 이같은 관례는 어떤 특수한 상황에서 취해졌는데, 이상의 관례에 의해 입양된 아들은 그 보답으로 아침인사를 올리는 등의 예례를 드리면서 노부모를 공양한다는 조건으로 가족의 유산을 물려받았던 것 같다. 우리가 고대 근동의 가족 구조에 대해 알게된 정보에 의하

---

12) 2절의 히브리어 분사 홀레크('계속하다')는 '사망하다'의 뜻으로도 쓰일 수 있는데(수 23:14; 삼하 12:23; 왕상 2:2 등 참조), 이러한 예에서도 이 단어는 변함없이 전치사가 동반된다.

면, 나그네가 어느 한 가족 가까이 접근할 수 있는 유일한 길은 결혼이나 입양을 통해서만 가능하였기에, 창세기 15:3에서 흔히 이끌어 낼 수 있는 결론은 아브람이 그 당시 엘리에셀을 입양한 것으로 언급하고 있다는 점인 것이다.[13]

b) 창세기 15장 5절의 약속과 아브람의 응답

아브람은 자기 혈통의 미래에 관해서 불확실한 상태에 있었지만 이와 같은 불확실한 상태는 하나님의 직접적인 말씀이 담긴 환상 가운데 이제 제거된다. 아들에 대한 약속의 말씀이 분명하였고 또 5절에서 하나님의 보장의 말씀이 계속된다. 아브람의 후손들은 인간이 셀 수 없을만큼 많을 것이란 점이다. 우리는 여기에 민족에 국한된 사실 이상의 것이 포함되어 있다는 점을 주목해 보아야 한다. 왜냐하면 이 약속의 성취는 마지막에 가서 오직 기독교적 견지에서만 이해될 수 있기 때문이다(계 7:9에는 열방에서 모여든 성도들이 능히 아무도 셀 수 없는 무리를 이루며 하나님의 보좌 주위에 서 있다). 이 시점에는 땅과 연결된 특별한 설화가 언급되지 않고 있는데, 이는 아마도 이 약속의 말씀이 이스라엘의 정치적 운명여하에 의존하지 않을 것임을 암시하고 있

---

13) 족장시대의 세부사항을 설명하기 위해 그 당대의 사회적 평행기사를 이용하는 것이 일반적으로 인정되면서 지나치게 강조되어 온 것이긴 하지만 T. L. Thompson 의 *The historicity of the patriarchal Narratives*(Berlin : De Gruyter, 1974), BZAW 133 에서와 다른 사람들이 분명히 지적하였다시피 이러한 추론은 성립될 수 있을 것이다. 그러나 습관적으로 이끌어내고 있는 수많은 평행기사들이 설득력이 없는 것으로 판단하면서도 M. J. Selman 의 "The social Environment of the Patriarchs", *Tyn* B 27(1976). pp.114-136 은 노예채용의 모델 의미를 가지는 것 같다고 제안한다. 노예채용이 후대의 이스라엘에서는 가능하지 않았다는 점은 분명하다. 족장자료의 연대를 보다 후대인 BC 5세기경으로 잡으려고 하는 최근의 추세는 첫째, 포로기시대에 아브라함 약속의 정치적 성취인 것으로 여겨진 바 있는(삼하 7장) 다윗군주권의 역할이 의문시되고 있었다는 사실을 설명하지 못하고 있다는 점을 우리는 주목할 수 있다. 둘째, 포로기에는 민족주의와 그에 따른 약속의 땅이라는 개념에 대한 관심이 결정적으로 소멸되었으며 족장설화가 원래 의도하였던 내용에 대한 의문이 제기된다.

다고 볼 수 있는 것이다. 이와 마찬가지로 이 약속의 말씀은 마침내 구속사가 완성될 때 성취될 것이며 이런 의미에서 신약성경 기자들은 6절에 언급된 약속에 대한 아브람의 반응을 언약관계에 서게 될 그 이후의 모든 사람들의 약속에 대한 반응의 모형으로 보았던 것이다.

창세기 15:6에 대한 신약성경의 해석은 특히 로마서 4장의 바울의 해석에서 두드러지고 있는데, 그의 해석에 의하면 이 구절은 칭의의 영역으로 옮겨지고 있다. 이러한 해석 역시 진실인 것으로서, 미래에 대해 하나님이 계시해 주신 것에 대한 아브람의 반응은 하나님의 약속을 개인적으로 신뢰한다는 증표였으며 또한 인간의 어떠한 예상과 관계없이 하나님의 말씀은 신뢰할만한 가치가 있다는 판단의 일종이었다. 15:6에서 해결하기 어려운 점은 믿는다는 말 다음에 연결되는 어구, 즉 여호와께서 "이를 그의 의로 여기시고"란 구절의 정확한 의미가 무엇인가 하는 것이다. 이 문제는 간단히 해결될 수가 없는 것으로서 다음과 같은 설명이 주어져야 할 것이다. '여기다(하샤브)'란 동사는 어떤 가정이나 견해를 나타낼 때는 쓰이지 않는 동사로서 구약성경에서는 주로 두 가지 의미로 쓰인다.[14]

첫번째 의미는 어떤 사람에게 그와는 관련이 없는 그 어떤 다른 것을 전가하다란 뜻이다(욥 13:24, 19:11, 33:10, 41:27). 여기에 근거해서 살펴보면 아브라함이 실제로는 의롭지 않지만 그의 믿음으로 그가 의롭다 여겨졌다는 것이 창세기 15:6의 뜻일 수 있다는 가능성이 남게 된다. 두번째 경우에 있어서, 어떤 사람의 것으로 '여겨진다'고 할 때에 그것은 거의 그의 탓으로 돌려진다는 의미를 갖게 된다(레 7:18, 17:4; 민 18:27; 삼하 19:19; 시 32:2, 106:31; 잠 27:14). 민수기 25:8에는 비느하스의 열정적인 행위로 이스라엘에 염병이 그치는 사건이 언급되고 있는데, 이 비느하스사건은 창세기 15:6과 의미상 극

---

14) 나는 여기서 J. A. Ziesler의 작품 "*The meaning of Righteousness in Paul*, SNTS 20(Cambridge : Cambridge Univ. Press, 1972), pp.180-185에 빚지고 있다.

히 밀접한 관계를 유지하면서 그것이 그에게 의로 여겨졌던 것이다(시 106 : 31). 널리 인정되고 있다시피 시편 106 : 31과 창세기 15 : 6의 차이점은 전자가 행위를 포함시키고 있는 반면 후자는 태도를 밝히고 있다는 것으로서 이 두 사건의 핵심은 이미 존재해 있는 관계에 걸맞는 태도를 이들이 채택하여 모범을 보였다는 데 있다.

비느하스의 경우에 있어서 언약을 행위로 실천했다는 사실이 시편 106편의 역사적 회고장면에서 분명해진다. 그러나 창세기 15 : 6의 아브람의 경우에는 언약에 대한 행위여부가 다소 덜 분명하다. 아마 여기서 우리가 생각해 볼 수 있는 것은 아브라함이 약속을 깊이 신뢰함과 동시에 그 약속에 대해 즉각적으로 반응을 보였다는 점이 이 시점에서 타당했다는 점을 성경기자가 강조하고자 하였다는 점이다. 우리는 창세기 12 : 1-3에 보이는 약속의 범위 내에 서 있었던 자에게서, 또 연이은 하나님의 계시에 의해 그 약속의 말씀을 받은 자에게서, 보다 일관된 행위를 설명하는 말을 기대했을런지 모른다.

따라서 우리는 창세기 15 : 6에 기록되어 있는 내용이 아브람의 예에서 언약의 신실성을 논증하고 있다는 결론을 내려야 할 것이다. 왜냐하면 우리는 이미 구약에서의 의란 근본적으로 이미 세워진 관계와 일치하는 행위를 가리키고 있다는 점을 살펴보았기 때문이다. 후대의 구약성경에서는 행위로 응답된 언약개념이 전반적으로 전제되어 있으며 언약관계는 이미 존재해 있던 것으로 이해되었다. 여기서 유추해 살펴보건대, 창세기 15 : 6의 난해한 부분을 이와 유사한 방법으로 접근해 보면 이것은 오히려 우리에게 가장 생산적인 것일 수도 있을 것이다.

c) 창세기 15장 7-21절과 아브람 언약의 개시

창세기 15 : 7-21의 구조는 15 : 1-6의 구조와 총체적인 개요라는 점에서 유사하다. 그리고 그 내용은 아브람에게 다시 언약을 확증시켜 주는 것으로 구성되어 있다. 그러나 전자의 단락이 후손에 대한 약속을 강조했던 반면 이 단락은 땅을 선물로 주는 내용을 강조하고 있다. 그리고 이 장 내에 속한 이 두 단락의 지배적인 특색은 상속에 관한 것이다(2, 3, 4, 8절 참조). 이 두 단락은 모두 하나님의 현현으로 시작되고 있으며, 하나님은 여기에서 전에 하셨던 약속의 말씀들을 계속 지키겠다는 의지를 표명하신다. 그렇지만 아브람은 이 두 경우 모두에서 약속의 실현에 대해서 회의를 표명한다. 이 두 단락의 결론은 아브람(창 15:6)과 하나님(창 15:18)에 의한 언약의 확약이라는 특징을 지니고 있다. 15:12-16이 실제로 경험되었느냐 하는 점을 설명하는 세부사항은 전혀 언급되지 않고 있다. 그러나 아브람이 죽음과 같이 깊은 잠 속에 빠져 두려운 일을 경험한 사실과 이스라엘이 훗날 애굽에서 노예생활을 하며 전 민족적으로 암울한 일을 경험한 사실 사이에는 뭔가 공감대가 형성되는 점이 있어서 서로 연결되고 있다는 견해를 이끌어 낼 수 있을 것 같다. 이스라엘은 400년이란 긴 세월을 압제당한 후에야 하나님의 구속행위가 있을 것이고, 이 일을 다 겪은 다음 이 땅에 돌아오게 되는데, 이는 주목하고 넘어가야 할 사항이다(창 15:13). 하나님은 이스라엘이 차지하게 될 땅에 살고 있던 백성들의 죄악을 이스라엘을 위해 개입하실 때까지 참으신다.

그러나 15장은 아브라함 언약의 개시로 보아서는 안된다. 왜냐하면 이 장의 두 단락은 이전에 주신 바 있는 약속과 관련한 하나님의 확약이라는 공통주제에 의해 함께 결합되어 있기 때문이다.[15] 2절의 아브람의 질문에는 문제의 약속이 전제되어 있으며, 약속에 대한 확증은 창세기 13:14-16의 내용과 대단히 유사한 형식을 띠고 있다. 13:14-16에는 엄청나게 많아질 후손과 땅의 약속이 함께 결합되어 있다. 창세기 15:7은 땅의 약속에 대한 확약을 도입하고 있으며 또한 최초의 부르심을 갈대아 우르에서의 부르심으로 소급해 올라가고 있는데, 거기에서 아브람은 자기에게 보여질 땅으로 가라는 명령을 받았던 것이다. 창세기 15:18은

---

15) John J. Mitchell 의 "Abram's Understanding of the Lord's Covenant", *WThJ* 32(1969), pp. 24-48은 창 15장이 창 12:1-3의 내용을 확증시켜주고 있음을 정확하게 이해하고 있다.

언약의 실제적인 체결과 함께 후손과 영토 간의 연결사항을 의도적으로 나타내고 있다. 우리가 9장에서 언약의 세부사항에 관하여 살펴본 바와 같이 15장의 언약에 관한 의식은 이상과 같은 이유로 해서 이전에 수립된 관계에 대한 확인절차의 기능을 하고 있는 것이다. 15장의 이 두 단락은 12:1-3에 주어진 바 있는 하나님의 위탁사항을 반영시키고 있기 때문에 우리는 아브라함 언약의 이해를 위해 이 단락을 출발점으로 삼지않으면 안되는 것이다.

C. 창세기 12장 1-3절

1. 아브람을 부르심과 창세기 11장 1-9절과의 관계

족장설화에는 하나님이 선도적으로 그들을 부르신 심오한 기록들이 수없이 많이 보존되어 있다. 이러한 하나님의 사역에 의해 이스라엘의 선조들, 즉 아브라함, 이삭, 야곱 등이 성공적으로 등장한다. 하나님의 선도적 개입은 아브람과 체결된 바 있는 언약의 형태로 나타나며, 이 계약의 내용은 그의 아들과 손자의 경험에서 확인된다. 일방적으로 주어진 하나님의 약속은 땅과 자손에 관한 약속이긴 하지만 고의적으로 아브라함에게까지 확장시켜 과거 사실과 연결시키려고 한 것은 아니다. 이 약속의 말씀은 역사적인 이스라엘이 마침내 등장하게 될 무대를 제공할 것으로 예상된다. 창세기 끝부분에 가게 되면 우리는 이스라엘이 크고 분리된 민족으로 자라는 사실을 목격할 것이다. 이 이야기는 우르 땅의 아브람을 부르사 윤리적, 사회적, 종교적 과거를 내버리게 하신 사건에서부터 시작된다. 종교적 과거를 내버린다고 하는 것은 영적으로 매우 중요한 계몽의 성격을 띠고 있지만 역사의 과정 내에서는 추론될 수 없는 그 무엇을 가리킨다. 이스라엘은 땅을 차지하라는 요청이 자기들에게 미쳤긴 하지만 이는 자기네의 선조 아브람의 허리 내에서 또한 미래의 약속의 땅 바깥에서 하달되었다는 사실을 알고 있었다. 이스라엘은 또한 자기들의 선조가 메소포타미아에 있을 때 다른 신들을 섬겼다는 점도 알았다

(수 24 : 2). 그리고 창세기의 설화들 중에는 이들 다른 신들에 대한 개념이 담겨있다는 사실도 인정되고 있다는 점도 알고 있었다. 그렇기 때문에 야곱이 생명을 구하기 위한 긴 피난여행에서, 즉 하란에서 돌아왔을 때 그는 이와 같은 '이방 신상'(창 35 : 2)들을 버려야 했던 것이다. 아브라함의 종이 나홀의 친척들을 만나게 된 사실을 아브라함의 신앙에 기인한 것으로 설명하는 이유도 바로 이러한 데 있다고 볼 수 있다(창 24 : 12, 27, 42, 48 참조).

아브라함은 이스라엘의 유일신 사상의 창건자로서 성경의 설화 속에 강조되어 있는데, 이런 설명은 바로 이상과 같은 사실과 일치한다. 이스라엘의 하나님은 언제나 아브라함과 이삭과 야곱의 하나님으로 묘사되고 있지 모세의 하나님이라고는 전혀 언급되지 않는다.[16] 이런 사실은 성경시대가 끝날 때까지 계속된다. 모세는 율법과 직접 접촉하게 된 반면에 아브라함은 이스라엘의 민족적, 영적 미래를 좌우하게 될 약속의 말씀을 전달한다. 우리는 창세기 15장이 아브람의 신앙을 개시시키고 있는 것이 아니라 그것을 뒷받침하고 있다는 점을 살펴본 바 있다. 우리는 이제 아브람이 체험한 종교적 경험의 발단에 관한 문제를 제기해야 겠다. 따라서 우리는 갈대아 우르로 소급해 가서 창세기 12 : 1-3의 부르심을 살피려 한다.

창세기 1-11장의 설화 내용은 11 : 9에서 사실상 끝나고 있는데 이 부분은 바벨탑사건으로 종결짓는다. 이 후에는 보다 상세한 족보가 등장하고 있으며 이를 통해 우리는 새로운 주요 출발점이 막 시작되고 있다는 사실을 주목할 수 있다. 왜냐하면 족보의 위치는 이와 같은 새 시대의 출발을 알리는 작용을 해왔기 때문인 것이다. 바벨탑이야기는 갑작스럽고 뜻하지 않게 끝나는 듯이 보인다. 우리는 이 사실에 보다 더 주의를 기울여 밝혀낼 수 있는 데까지 이 사건에 관한 개연적인 가능성들을 찾아야 할 것이다. 이 족보는 셈의 가통에 속하는 어느 특정 가문을 다루고 있는데,

---

16) M. Segal, *The Pentateuch and Other Biblical Studies* (Jerusalem : Magnes Press, 1967, p. 125)가 밝히 지적하는 바와 같다.

창세기 9 : 26에서 셈은 노아의 다른 두 아들보다 더 나은 축복을 받은 바 있다. 그 축복의 핵심은 여호와란 하나님의 이름이 셈족에게 기증되었다는 데 있었다.

성경의 최우선적 관심사는 하나님의 이름이 어느 특정 민족집단과 연관되어 있다는 이상과 같은 사실이었다. 왜냐하면 그것이 이 축복의 이름인 여호와를 소유했다는 사실에 분명히 부착되어 있는 것 같기 때문이다. 우리가 알고 있듯이 이 이름은 이스라엘의 구속사와 제휴되어 있는 것이다. 저자는 분명히 이러한 논리에 근거해서 이전, 즉 창세기 10 : 21-31에서 셈의 가통을 개요적으로 추적했으면서도 여기에 와서 다시 상세히 제시하고 있는 것이다. 이 족보에는 10대가 실려 있으며 셈의 가지에서 결국 데라의 가족이 나왔다는 것이 그 취지이다. 이 가문 출신의 아브람은 하나님의 이름의 전달자로서 부르심을 받아 역사의 무대에 첫발을 디디게 된다.

그런 다음 아브람의 부친인 데라의 세 가문은 특별한 의미를 지닌 가문으로서 관심의 대상이 된다(창 11 : 27-32). 여기에 등장하는 몇몇 이름들은 "너희 조상들 곧 아브라함의 아비 나홀의 아비 데라가 강 저편에 거하여 다른 신들을 섬겼으나"(수 24 : 2)란 구절에서 나타난 바와 같이 다른 신들을 섬긴 사실에 대한 후대의 일반적 개념이 옳았다는 것을 가리키고 있는 것이다. 데라, 라반, 사래, 밀가 등과 같은 이름들은 월신을 섬기던 가문과 어떤·연관성을 띠고 있던 이름들이었던 것으로 보인다. 만약 데라의 가족이 달을 숭배하였던 지역의 핵심지에서 유래했으리라는 가능성이 여기에 반영되어 있다고 한다면 이 사실은 아브람이 우르와 연관되어 있음을 확증해 주는 것이 될 것이다. 이 도시는 역사에서 사라지기까지 달신인 신(Sin)과 달의 여신인 닝갈(Ningal)을 수호신으로 삼았다(닝갈은 '여왕'이란 의미를 가진 수메르어 사라와 같은 말이다). 이 신들은 또한 하란에서도 숭배되었다는 사실에 있어서 주요한 의미를 가지고 있다.[17]

---
17) R. de Vaux, *The Early History of Israel. From the Beginnings to the Exodus and Covenant of Sinai* (London : Darton, Longman and Todd, 1978), p. 192 참조.

아브람의 형제 하란이 죽고 난 다음 이 가족은 우르에서 떠나 이주하게 되는데 이 사실은 이후에도 아브람이 하란의 아들 롯과 순례여행을 계속한다는 점을 예상시키며 기록되어 있다. 우르는 메소포타미아 남부에 위치했던 도시로서 고고학과 설형문자, 토판들의 발굴에 의해 BC 3000년대 말엽에서부터 BC 1700년경까지 번영한 상업중심지로 잘 알려져 있다. 이제 이 도시는 우리들의 시야에서 사라지며 이 가족이 하란으로 이동하는 사실이 기록되고 있다. 그러나 이와 함께 본문은 간결하지만 의미심장하게 아브람의 개인적 상황에 관한 어떤 문제를 우리에게 제시하고 있는데 이 문제는 이후에 계속될 여러 가지 문제와 혼합되게 된다. 즉, 그것은 그의 아내 사래가 잉태치 못했다는 사실인 것이다. 이 가족은 우르를 떠날 때 도착예정지를 가나안으로 생각하고 있었긴 하지만 우르보다 더 주요하며 또 더 북부에 위치한 무역중심지인 하란에 정착하였다.

데라의 일생을 보다 세밀하게 나타내기 위해 창세기 11:32은 그의 죽음을 언급하고 있다. 이 사실은 그 자체로서 분명하듯이 아브람이 하란에서 더 이동했다는 사실을 나타내기 위해 이용되고 있는 것은 아니다. 즉, 데라의 죽음은 본문에서도 볼 수 있듯이 아브람이 하란을 떠난지 약 60년이 지난 다음에야 발생한 것이다. 아브람이 하란에서 이동한 것은 12:1의 기록에서 분명해지고 있다시피 하나님의 직접적인 부르심에 의해 일어난 사건으로서 그의 부르심은 하란에 있을 때 받은 것이다. 데라가 하란에 정착하고자 하였기 때문에 어쩔 수 없이 그곳에 머물렀던 것이 분명하지만, 사도행전 7:2 이하의 내용과 함께 창세기 15:7을 보면 이 부르심은 두번째 소환이었음을 알 수 있다.

2. 선택받은 자로서의 부르심

창세기 12:1은 아브람을 소환하여 그가 거주하던 고향을 떠나라는 일련의 이탈소명이다. 다시 말해서 우르와 하란을 포함한 메소포타미아를 배경으로 하고 있던 자기 일족에서, 즉 그가 사회적으로 안락하게 지내면서 살아온 동족 구조, 더 좁은 의미로 말하자면 자기 부친의 가문인 데라의 일족에서 떠나라는 것이다. 간단히 말하자면 이 부르심은 모든 혈연관계를 내버리고 또 모든 사회적 관습과 전통들을 포기하고 또 땅과 친척과 가족을 떠나라는 것이었다. 이러한 사항들은 고대 세계에서 개인의 최종적인 안전을 보장해 주는 것으로 여겨져 개인의 삶에서 이를 끊어버릴 수 없는 강한 결합력을 지니고 있던 영역들이었다. 그를 새로운 민족의 아버지가 되게 하겠다는 이러한 부르심이 그에게 임함과 동시에 이제 그는 과거와 결합되어 있었던 것이 무엇이든 간에 그 모든 것을 포기해야 하는 것이다.

우리는 하나님이 아브람을 부르신 사건을 선택적 부르심이라고 명명하는 것이 정당할 것 같다. 이와 함께 우리는 하나님의 이와 같은 주권적 행위가 이 부르심에 대한 보상으로 주어졌다기 보다는 그 자체로서 위대한 사건이었음을 기억해야 할 것이다. 로울리(H. H. Rowley)가 이와 연결하여 밝히 지적한 바 있듯이 아브람의 이동은 개인의 종교적 충동심에 의한 결과라기 보다는 하나님의 인도하심에 대한 반응이었다.[18] 창세기 12:1-3이 선택의 개념을 은연중에 내비치고 있는 것은 분명하지만 여기에는 선택이라는 특정 용어가 나타나지 않고 있다. 물론 구약성경은 이스라엘의 선택을 빈번하게 언급하면서도 선택을 뜻하는 직접적인 말은 달리 나타내지 않고 있다.

선택개념은 흔히 언약에 대한 호소와 함께 등장하는데 이는 언약의 체결이 선택에 근거해 있었기 때문이다. 때때로 선택이란 말은 하나님의 사랑이란 말로 표현되거나 또는 앎에 대한 시행(암 3:2)으로 나타나기도 하며 또 다른 경우에는 창조란 용어가 사용될 때도 있다. 후대의 구약성경 저자들은 아브람과 관련한 부르심이 선택의 성격을 띠고 있다는 점을 인정했다. 이와 같은 이유로 해서 아브라함은 하나님의 벗(사 41:8)이라고 언급되기도 하였으며, 하나님의 아브람에 대한 신실하심은 언약에서 구별되어 사용되는 용어인 히브리어 헤세드('인애, 인자'—믹 7:20)

---

18) H. H. Rowley, *The Biblical Doctrine of Election* (London : Lutterworth, 1950), p. 29.

가 사용되었던 것이다. 이와 같은 맥락에서 시 105 : 5-10을 살펴 보면 이를 명쾌하게 이해할 수 있는 바, 곧 '아브라함의 후손'이 란 어구는 '택하신 자, 야곱의 자손'이란 말과 대구를 이루고 있 는 것이다.

우리는 아브람의 부르심을 논하고 있긴 하지만, 그의 개인으로 서의 독단적 선택을 다루지는 않을 것이다. 사래의 무자에 관한 앞서의 설화를 주의깊게 살펴보면 이 사실은 더 분명하게 드러난 다. 하나님은 이 사람을 선택한 것이 분명하지만 사실은 이와 함 께 앞으로 존재하게 될 후손을 선택하신 것이다. 즉, 하나님은 과거와의 단절을 요구하시면서 미래를 현재의 상태 속으로 불러 들이신 것이다. 하나님은 바벨탑 저주의 일환으로 민족대이동을 명하시면서[19] 하나의 거대한 민족과 이들이 차지하게 될 땅이 서 로 결부된 사상들을 역사의 무대 위로 이끌어내신다. 그리고 하 나님의 선택은 아브람에게서 유래할 민족, 즉 이스라엘과 또한 최종적으로 이 민족에게서 나오게 될 자손, 곧 그리스도(갈 3 : 16)를 그 대상으로 하고 있다.

3. 창세기 1 : 1-11 : 9에 대한 반응으로서의 부르심

바울이 로마서에서 지적한 바 있듯이(롬 4 : 17) 이 아브람의 선 택 사건에는 존재하지 않는 자들을 존재로 불러내시는 부르심이 포함되었다. 따라서 이상의 아브람에 대한 구속적 부르심은 새로 운 창조라는 말과 동일한 뜻을 가진 말로써 표현되어야 했다는 견해는 정당한 것이다. 따라서 창세기 12 : 1과 1 : 3사이에 존재하 는 유사한 사항들(이 두 구절들은 실질적인 창조행위를 연속적으 로 배열하고 있다)은 간과되어서는 안되는 사항이다. 12 : 1은 1 : 3의 형태와 마찬가지로 명령문을 포함하는 하나님의 말씀이며, 창세기 1 : 3의 말씀들이 존재에 대한 부르심이었던 것과 꼭같이 12 : 1 역시 역사의 새로운 국면을 있게 하시는 부르심이었던 것

---

19) 나는 E. P. Nacpil 의 "Between Promise and Fulfilment", *SEAsiaJT* 10(1968), pp .166-181의 고무적인 논문에 빚지고 있음을 인정하는 바이다.

이다. 이렇게 해서 아브람의 선택은 절대적으로 자유롭고 또 조건이 부여되지 않은 성격을 띠고 있다는 점이 강조되고 있으며 이런 이유로 해서 모든 역사를 지시하시고 그 형태를 규정지으시는 권능으로서의 하나님의 의지가 이 시점에서 완벽하게 드러나는 것이다. 또한 신자들은 이를 자신과 비교해 봄으로써 자신의 경험을 감찰해 볼 수도 있을 것이다. 아브람의 사건을 두고 아이크로트가 잘 지적한 바 있듯이 [20] 아브람에게 있어서나 우리에게 있어서나 위탁이 이해에 선행되었던 것이며 또한 종교적 선택이 도덕적 책임에 선행되었던 것이다.

아브람을 부르신 사건은 인류의 필요에 대한 응답이었으며 또한 이상과 같은 필요의 성격 규명은 홍수 이후의 인류역사에 대단히 분명하게 나타나 있었다. 갱신된 위임명령을 노아가 어떻게 처리했는가 하는 점은 창세기 9장 후반부에 언급된 그의 천박한 행위에 잘 나타나고 있다. 그렇지만 일반적인 축복은 계속 분배되고 있으며, 이 사실은 민족에 대한 계보에 나타나고 있다(창 10장). 그리고 민족 계보에는 셈의 가문이 두드러지게 부각된다. 10장이 인류의 번식에 대한 증거이며 또한 9:1 이하의 축복에 대한 증거이긴 하지만 이것은 또한 11:1-9에 언급된 죄의 결과들을 가리키고 있는 것이다.

이 두 장(10장과 11장)의 논리적 순서는 도치되었던 것으로 여겨져 왔다. 이것은 창세기 3-11장의 패턴과 조화를 맞추기 위해 이렇게 도치되었던 것으로 보이며 이 패턴에 의하면 처벌이 있은 다음 은혜가 베풀어졌던 것이다. 이런 패턴을 살펴보면 창세기 9:1은 새로운 시작의 역할을 하고 있으며, 창세기 1:28의 인간에게 주어진 바 있는 하나님의 위임명령으로 소급해 올라가서 이를 분명히 지적하고 있는 것이다. 바벨탑사건의 결과 흩어지긴 하였지만 아브람을 부르신 사건은 흩어진 인간 가족에게 마지막에 가서 축복을 가져다 줄 것이고, 또 창세기 11:1-9의 개입으로 차단되었던 것인지도 모르는 인간의 궁극적인 통일성에 대한 장벽이 어떠한 것이든 간에 이러한 장벽을 제거시킨다는 개념이 이

---

20) Theology of the Old Testament, vol. i, p. 286.

부르심 안에 잠재되어 있는 것이다.

a) 바벨사건에 함의되어 있는 개념들—아브람을 통한 구속

창세기 11 : 1-9은 인류의 미래에 대한 전망들이 대단히 절망적이란 사실을 암시하면서 결론지어진다. 이 설화는 좀 별난 내용을 담고 있지만 얼핏 보기에는 특별히 거슬리는 사항이 없이 시작되고 있다. 인간들이 하나의 공통된 의사전달 체계를 소유하고 있었던 그 당시 이들은 첫눈에 사회적 협동에 관한 유망한 시도인 것으로 보이는 일에 착수한다. 이 사업은 언어적 통일체계가 존재한다는 사실뿐만 아니라 윤리적, 경제적, 사회적 장벽들이 없다는 사실에 편승하고 있다. 그러나 오늘날 우리의 현대 세계에는 이러한 장벽들이 인간들 간의 보다 광범위한 상호 이해를 촉진시켜 보려는 모든 노력들을 무위로 만들기에 충분한 사항들이었던 것 같다.

시날 평지(즉, 고대 바벨론)에서 행해진 협동의 욕망은 공통의 노력으로 전환된 것이 분명하며 또한 인류의 업적을 상징할만한 기념물을 통해 표현하고자 하였던 것이다. 그들은 "자, 성과 대를 쌓아 대 꼭대기를 하늘에 닿게 하여 우리 이름을 내고 온 지면에 흩어짐을 면하자"라고 말하였다. 이 사건에 곧바로 뒤이어지는 것은 하나님의 과잉반응으로 보일지도 모르는 사건이었다. 하나님은 전혀 죄될 것이 없어 보이며 또 철저히 인간들의 자구적 노력의 일환으로 보였던 그 사건에 대응하여 내려오사 인간들에게 언어를 차별시킴으로써 건축에 참가한 자들을 혼돈시켰던 것이다. 이렇게 해서 창세기 10장에서 이미 서술한 바 있는 인류의 확산이 시작되었다.

하나님이 이와 같은 행위를 하시게 된 동기가 무엇인지 이 본문을 통해서는 분명히 찾아낼 수 없지만 이에 대한 암시들이 우리에게 제시되어 있기 때문에 우리는 이제 이것들을 검토하고자 한다. 하나님의 행위가 너무 가혹하였다는 사실을 통해서 우리는 시날 평지에서 인류가 엄청나고 역겨운 반역행위를 저질렀을 것이란 점을 유추해 낼 수 있는 것이다. 어떤 이들은 하나님이 이런 일을 하신 동기가 '이름을 내려고(make a name)'하는 건축자들의 욕망 때문이었다는 견해를 내놓고 있는데 우리는 이와 관련하여 구약성경의 다른 단락에서 군주의 행위를 가리킬 때(삼하 7:9, 8:13 참조)나 또는 애굽에서 기이한 일을 행하신 여호와의 행위를 가리킬 때(렘 32:20; 사 63:12; 느 9:10; 단 9:15)에만 한정되어 사용되는 히브리어 동사 하사('to make')와 히브리어 명사 쉠('name')이 여기에 사용되었다는 사실을 관심을 가지고 살펴온 바가 있는 것이다.

이 견해에 따르면 하나님은 건축자들이 구축하고자 하는 세력을 좌절시키기 위해 개입하신다는 것이다. 인간의 권위란 오직 하나님이 주신 선물에서 생길 수 있기 때문에 이 견해에는 뭔가 주목할만한 사실이 담겨 있다. 더 나아가 하나님은 아브람을 부르시면서 그의 이름을 창대케 하리라는 약속의 말씀(창 12:2)을 주신 바 있는데, 이는 탑을 건설하려던 자들의 행위를 대신해서 아브람을 부르셨다는 것을 분명히 가리키고 있는 것 같다. 그러나 우리는 여기서 좀 더 정확하게 살펴서 탑 건설자들이 실제로 예상했던 것이 무엇인지 그 성격을 규명하는데 노력하지 않으면 안된다. 만약 그들이 희망하고자 한 것에 대한 성격을 여기서 분명하게 헤아릴 수 있다면 우리는 하나님이 그렇게 대응하신 것에 대한 성격과 또 실제로 그렇게 하지 않으면 안되었던 필요성을 보다 더 잘 이해할 수 있을 것이다. 그렇게 되면 이와 관련하여 우리는 아브람을 부르신 목적이 무엇이며 또 아브람이 과연 무엇을 바라보고 여행을 떠났는지에 대한 문제를 더 분명히 인지할 수 있을 것이다.

최근의 창세기 11장에 대한 주해들은 건설자들이 세우려했던 탑의 위치가 어디였는가 하는 점에 특별한 주의를 기울여 왔다. 고대 세계에서는 탑을 건립하는 가장 큰 이유가, 히브리어 믹달 ('성벽 탑- fortress tower')이 사용된 사실에서도 암시되어 있는 바와같이, 그것이 도시국가의 방어도구로서의 역할을 하였기 때문이었을 것이라는 점이 지적되어 왔다. 그런데 그들은 그 꼭대기를 '하늘에' 닿도록 계획을 추진시켰던 것이다. 이 점을 두고 어떤 학자들은 건축자들이 결국 바로 이 영역에 대해 위협을 느끼고 있었던 것인지도 모르며 따라서 인류의 현 체제를 보호하고자 하였던 것 같다는 견해를 내놓은 적이 있다.

요약해서 말하자면 창세기 11 : 1-9은 겉으로 보기에는 이렇다 할 특색이 보이지 않는 것 같지만 실제적으로는 타락한 인간들이 하나님을 대신할 수 있는 무엇을 만들기 위해 막바지의 노력을 경주했다는 사실을 나타내주고 있는 것이다. 그러나 이 견해는 부연적 형태인 '우리 이름을 내고'란 어구, 그리고 이 어구가 비록 지금까지 제시되어 온 주해의 흐름 내에 담겨져 있었던 것인지도 모른다고 하더라도, 또 히브리어 쉠('이름')이란 말이 이 어구에 사용되어 저자의 심중에서 뭔가 유명세를 떨친다는 의미로 쓰이고 있는 것 같다고 볼 수 있다 하더라도, 이 단어가 '기념물'이란 뜻으로 받아들일 수 있다면 이 견해는 이 어구에서 곤란을 당하게 되는 것이다. 이와 같은 '성벽 탑의 견해'는 대단히 정교한 것이어서 창세기 4장에서 시작되고 있는 죄의 확산 설화의 후속결과인 창세기 11장의 위치를 강화시켜 준다. 그러나 '대 꼭대기를 하늘에 닿게 하여'란 어구는 앞으로 우리가 살펴보게 될 것이지만 일반적으로 건축계획의 규모를 설명하기 위해 사용된 전문어에 가까운 말이기 때문에 결국 이 견해는 설득력이 약한 해석이 되고 만다.

한편 이 기사는 인간이 도시건설을 통하여 안전을 추구하려 했다는 것과 관련된 것이며 또 기념비적인 건축물을 세워 명성을 후대에 영원히 남기려는 욕망과 관련된 사항이라는 가설이 있는데, 이 가설이 보다 더 단순하고 또 문맥에 더 부합한다. 이같은 거대한 모험적 기도는 4절에 암시되어 있는 '하늘 높이'란 개념에 의해 그 성격이 강조되고 있다. 이같은 정교한 언어는 고대 세계에서는 장엄한 느낌을 준다고 여겨졌던 건축물을 묘사할 때 거의 공통적으로 사용되던 말인 것이다.[21] 이 시대에 정착하여 살

---

21) Frank S. Frick, *The City in Ancient Israel*, *SBL* Dissertation Series 36, (Missoula : Scholars Press, 1977), p. 208 참조.

제 2 장 / 아브라함과의 언약   97

이란 점을 유추해 낼 수 있는 것이다. 어떤 이들은 하나님이 이런 일을 하신 동기가 '이름을 내려고(make a name)'하는 건축자들의 욕망 때문이었다는 견해를 내놓고 있는데 우리는 이와 관련하여 구약성경의 다른 단락에서 군주의 행위를 가리킬 때(삼하 7 : 9, 8 : 13 참조)나 또는 애굽에서 기이한 일을 행하신 여호와의 행위를 가리킬 때(렘 32 : 20 ; 사 63 : 12 ; 느 9 : 10 ; 단 9 : 15)에만 한정되어 사용되는 히브리어 동사 하사('to make')와 히브리어 명사 쉠('name')이 여기에 사용되었다는 사실을 관심을 가지고 살펴온 바가 있는 것이다.

이 견해에 따르면 하나님은 건축자들이 구축하고자 하는 세력을 좌절시키기 위해 개입하신다는 것이다. 인간의 권위란 오직 하나님이 주신 선물에서 생길 수 있기 때문에 이 견해에는 뭔가 주목할만한 사실이 담겨 있다. 더 나아가 하나님은 아브람을 부르시면서 그의 이름을 창대케 하리라는 약속의 말씀(창 12 : 2)을 주신 바 있는데, 이는 탑을 건설하려던 자들의 행위를 대신해서 아브람을 부르셨다는 것을 분명히 가리키고 있는 것 같다. 그러나 우리는 여기서 좀 더 정확하게 살펴서 탑 건설자들이 실제로 예상했던 것이 무엇인지 그 성격을 규명하는데 노력하지 않으면 안된다. 만약 그들이 희망하고자 한 것에 대한 성격을 여기서 분명하게 헤아릴 수 있다면 우리는 하나님이 그렇게 대응하신 것에 대한 성격과 또 실제로 그렇게 하지 않으면 안되었던 필요성을 보다 더 잘 이해할 수 있을 것이다. 그렇게 되면 이와 관련하여 우리는 아브람을 부르신 목적이 무엇이며 또 아브람이 과연 무엇을 바라보고 여행을 떠났는지에 대한 문제를 더 분명히 인지할 수 있을 것이다.

최근의 창세기 11장에 대한 주해들은 건설자들이 세우려했던 탑의 위치가 어디였는가 하는 점에 특별한 주의를 기울여 왔다. 고대 세계에서는 탑을 건립하는 가장 큰 이유가, 히브리어 믹달('성벽 탑— fortress tower')이 사용된 사실에서도 암시되어 있는 바와같이, 그것이 도시국가의 방어도구로서의 역할을 하였기 때문이었을 것이라는 점이 지적되어 왔다. 그런데 그들은 그 꼭대기를 '하늘에' 닿도록 계획을 추진시켰던 것이다. 이 점을 두고 어떤 학자들은 건축자들이 결국 바로 이 영역에 대해 위협을 느끼고 있었던 것인지도 모르며 따라서 인류의 현 체제를 보호하고자 하였던 것 같다는 견해를 내놓은 적이 있다.

요약해서 말하자면 창세기 11:1-9은 겉으로 보기에는 이렇다 할 특색이 보이지 않는 것 같지만 실제적으로는 타락한 인간들이 하나님을 대신할 수 있는 무엇을 만들기 위해 막바지의 노력을 경주했다는 사실을 나타내주고 있는 것이다. 그러나 이 견해는 부연적 형태인 '우리 이름을 내고'란 어구, 그리고 이 어구가 비록 지금까지 제시되어 온 주해의 흐름 내에 담겨져 있었던 것인지도 모른다고 하더라도, 또 히브리어 쉠('이름')이란 말이 이 어구에 사용되어 저자의 심중에서 뭔가 유명세를 떨친다는 의미로 쓰이고 있는 것 같다고 볼 수 있다 하더라도, 이 단어가 '기념물' 이란 뜻으로 받아들일 수 있다면 이 견해는 이 어구에서 곤란을 당하게 되는 것이다. 이와 같은 '성벽 탑의 견해'는 대단히 정교한 것이어서 창세기 4장에서 시작되고 있는 죄의 확산 설화의 후속결과인 창세기 11장의 위치를 강화시켜 준다. 그러나 '대 꼭대기를 하늘에 닿게 하여'란 어구는 앞으로 우리가 살펴보게 될 것이지만 일반적으로 건축계획의 규모를 설명하기 위해 사용된 전문어에 가까운 말이기 때문에 결국 이 견해는 설득력이 약한 해석이 되고 만다.

한편 이 기사는 인간이 도시건설을 통하여 안전을 추구하려 했다는 것과 관련된 것이며 또 기념비적인 건축물을 세워 명성을 후대에 영원히 남기려는 욕망과 관련된 사항이라는 가설이 있는데, 이 가설이 보다 더 단순하고 또 문맥에 더 부합한다. 이같은 거대한 모험적 기도는 4절에 암시되어 있는 '하늘 높이'란 개념에 의해 그 성격이 강조되고 있다. 이같은 정교한 언어는 고대 세계에서는 장엄한 느낌을 준다고 여겨졌던 건축물을 묘사할 때 거의 공통적으로 사용되던 말인 것이다.[21] 이 시대에 정착하여 살

---

21) Frank S. Frick, *The City in Ancient Israel*, *SBL* Dissertation Series 36, (Missoula : Scholars Press, 1977), p. 208 참조.

던 다소의 사람들은 문화적 통일성의 상실로 위협받은 탓에 이동하기 시작한 것 같다. 그런데 우리는 여기에, 본 설화의 내용이 결코 오도된 도시화를 비난하고자 한 것이 아님을 덧붙여 두지 않으면 안되겠다. 왜냐하면 이와 같은 도시화는 성경적으로 한번도 비난당한 적이 없기 때문인 것이다. 웨스터만이 지적한 바 있듯이[22] 창세기 11장에서 우리가 당면하고 있는 문제는 오히려 사회에 의해 저절로 구현될 수 밖에 없는 집중화에 대한 추구인 것이다.

그러나 하나님이 관리하시는 세계 내에서 이와 같은 현상은 인간의 거만한 행위로서 이 현상이 드러나기 시작하면서부터 하나님은 이에 대해 적절한 조치를 취하지 않을 수 없는 것이다. 지나치면서 한마디 하는 말이긴 하지만 '도시(성)'란 말 다음에 '탑(대)'이란 말이 부가되어 있다고 하더라도 저자의 심중에는 그 유명한 바벨론사원의 탑을 뜻하는, 대단히 인상적인 바벨론의 지구랫(Ziggurat)이 여기에 직접적으로 연상되고 있었다고 보기는 극히 어렵다. 왜냐하면 바벨은 인간의 주도권을 완전히 제시하고 있는 탑으로 보이는 반면 바벨론의 탑들은 신에 의해 '거룩해진' 부지임을 보증하는 것으로 여겨지고 있기 때문이다. 본문에서 단죄하고자 하는 것은 도시국가 제국과 이와 함께 본질적으로 잠재되어 있는 제국의 심장부인 것이다. 다시 말해서 그들을 뒷받침하고 있는 것은 하나님을 바탕에 둔 실체이며 또 이러한 실체에 의해 하나님의 행위가 촉발되고 있음에도 불구하고 이러한 실체를 제외한 힘을 가정하고 있다는 점에 대한 단죄인 것이다. 아브람에게 주어지게 된 새로운 이름은 분명히 바벨사건을 상쇄시키는 의미를 지니고 있다. 창세기 12 : 2의 하나님의 약속에도 기록되어 있듯이 저자는 심중에 메소포타미아 세계의 거대한 상업중심지들이 가진 명성을 결코 망각하지 않고 있었던 것이 분명하다. 어쨌든 히브리서기자는 아브람의 부르심과 관련된 자료에서 바로 이상과 같은 대조적인 장면들을 본 것이다. 그는 심중에 창세기 11장의 건설자들과 아브람의 출발점을 간직하고서 아브람이

---

22) Genesis, p. 730.

"하나님의 경영하시고 지으실 터가 있는 성을 바랐음이니라"(히 11:10)고 하는 점을 우리에게 상기시키고 있는 것이다.

b) 창세기 3-11장의 반사적 결과로서의 창세기 12장 1-3절

우리는 지금까지 아브람이 새 '이름'을 얻게 될 것이며 명예를 차지하게 될 것이고 또 그의 후손들이 훌륭한 평판을 가지게 될 것이란 사실이 바벨탑 건설자들에 의해 추구되어 온 바 있는 그 영향력을 상쇄시키는 일을 하고 있음을 주장하여 왔다. 또한 우리는 창세기 12:1-3에 기록된 아브람을 부르신 사건 속에는 창세기 1장의 사상이 암시적으로 관련되어 있음을 제시하였고 이러한 이유로 하여 아브람을 부르신 사건을 통해 표현되고 있는 구속의 목적이란 사실상 '새 창조'란 말로 표현되어 마땅하다는 사실을 주장하여 왔다.

이에 앞서 우리는 구약성경의 기자들, 특히 이사야 40-55장 내에서는 창조와 구속이 직접적으로 연결되어 있으며 또 이러한 연결은 신약성경 기자들에 의해 지지되고 또 더 나아가 인용되었다는 사실을 설명할 필요가 있었던 것 같다. 또한 우리는 창조 그 자체만으로도 언약신학에 대한 충분한 근거와 이유가 된다는 점을 살펴보았다. 그러나 창조 그 자체가 반드시 구속을 내포하고 있어야 한다는 주장은 근거가 없다고 보아야 할 것이다. 이것은 마치 창조교리가 신학적인 필요성이 있어 성경기자들의 구속에 관한 문맥에 등장하고 있으며 또 구속받은 공동체 내에서 기록되어 등장했다는 견해를 내놓는 것과 꼭같이 부당한 것이다. 하나님의 계시는 창조 사실과 창조의 목적을 밝히시는 데서부터 시작하였다는 주장이 옳은 것이며 또한 우리가 이미 지적한 바 있듯이 구속은 이러한 목적에서 출발하여 타락의 결과, 부상하기 시작했다는 것이 일반적인 견해인 것이다. 우리는 사실상 타락 이후 오래지 않아 창세기 3:15의 '원시복음(protoevangelium)'에서 이와 같은 내용의 구속이 암시되어 있는 점을 보게 되는 것이다.

더구나 구속의 총체적인 목적은 창세기 3-11장에 언급된 죄의 확산에 관한 사건들과 동반해서 주어지는 하나님의 은혜가 계속적으로 작용하고 있다는 사실에 의해서 계속 유지되고 있다고 우리는 예상할 수 있는 것이다. 타락 사건, 가인과 아벨, '하나님의 아들들'의 문제, 홍수와 바벨 등의 사건들은 각자 죄의 행위로 인해 유발될 수 밖에 없는 하나님에 의한 처벌에 앞선 하나님의 죄 용서하심이나 처벌의 완화 등으로 넘어간다.[23] 이러한 이유로 해서 타락 이후 아담에게 하나님의 보호하심이 주어지고(창 3 : 21), 또 가인은 살해당하지 않으리라는 표를 받는다(4 : 15). 그리고 처벌이 임하기 전에(창 6 : 3) 120년이란 짧은 기간이 [아마] '하나님의 아들들'에게 주어지고 있으며 또한 노아를 구원하신 사건은 그 당시 처벌이 불가피한 상황에서 처벌에 대한 완화로 보는 것이 당연할 것이다. 그 이후 단지 바벨설화에만 하나님의 은혜스러운 행위가 적용되지 않았던 것으로 보인다. 그러나 우리가 이 이후에 전개되는 셈의 가통과 족보를 면밀하게 살펴보면 창세기 12 : 1-3에 언급되고 있는 구속의 전망이 드러나고 있음을 볼 수 있다.

여기서 더 나아가 창세기 11 : 1-9은 앞에서 계속되었던 설화들에 대한 논리적 결론을 제시하고 있으며, 이러한 설화들의 의도는 인간의 실패 사건들을 전체적으로 밝혀내면서 인간의 상황에 대한 전형적 현상을 총체적으로 다루고자 하는데 있는 것이다. 12 : 1-3은 이 모든 사실들에 대한 하나님의 응답이 될 것이다. 창세기 3-11장의 죄 확산의 양상은 그 규모가 점차 증대하고 있으며 또한 그 정도 면에서나 그 영향력 면에서나 더욱 강화되어 나가고 있다. 어떤 학자는 바벨사건에서가 아니라 홍수사건에서 어떤 사태의 변천이 야기되었다고 주장하고 있긴 하지만 여하튼 이상과 같은 사실은 창세기 4장에서 홍수사건까지 아주 분명하게 나타나고 있다. 창세기 8 : 21-22에는 사람으로 인하여 땅을 다시는 저주하지 않겠다고 하는 하나님의 약속이 기록되고 있는

---

23) D. J. Clines는 Von Rad와 Westermann의 작품에 근거하여 "Theme in Gen. 1-11", *CBQ* 38(1976), pp. 483-507에서 창 1-11장의 특성을 이루는 신학적 상호관계들을 주의깊게 추적하였다.

바, 이 내용은 타락으로 인해 시작된 저주의 기간이 실제로 끝났음을 가리키는 것으로서 이상의 견해는 바로 이 구절에 근거해 표현되어 왔던 것이다. 이와 같은 이유로 우리는 8:22과 함께 새로운 시작이 개시되고 있다는 견해를 내어 놓을 수 있으며 실제로 8:22에는 자연의 질서들이 다시 보장되고 있는 것이다. 이 견해에 의하면 8:21의 "내가 다시는…… 땅을 저주하지 아니하리니"란 절대적인 어구는 '내가 다시는 땅을 저주받은 것으로 여기지 아니하리라'는 의미를 전달하고 있는 것으로 이해되어야 하는 것이다.

인간의 마음에 계획하는 바가 어려서부터 악하다고 하는 말씀은 홍수가 있었지만 사실 변한 것은 아무것도 없다는 의미로 보아야 한다. 그러나 이제부터는 저주를 중화시킬 수 있는 축복의 법칙이 가동되기 시작할 것이다. 즉, 이제부터 축복이 저주와 병행해서 주어질 것이며 또한 저주로 인한 그 영향력을 제거하게 될 것이다. 새로운 시작에 대한 그 즉각적인 결과는 창세기 9:20-27에 언급되어 있는 노아의 땅에 대한 결실있는 이용에서 우선 보여지고 있다는 주장이 대두되고 있다. 즉, 저주가 계속 존속하고 또 이 세상에서 활동되고 있긴 하지만 9:20-27의 사건은 본질적으로 8:22의 내용이 저주 아래 거하지 않아도 되는 새로운 시대를 열었다는 점을 암시하고 있다는 것이다.[24]

그러나 창세기 8:22은 자연적인 매개변수(the natural parameters)를 세운 것에 지나지 않는다. 즉, 인간의 활동들이란 바로 이 매개변수와 함께 발생할 것이며, 이것이 없이는 인간은 정상적인 활동을 하지 못하게 될 것이란 것이다. 8:21의 끝부분, "내가 전에 행한 것 같이 모든 생물을 멸하지 아니하리니"란 평행구절은 8:21 상반절에 나타나는 히브리어 동사의 의미를 보다 약한 의미인 '저주받은 것으로 여기다'란 말로 받아들이게 할

---

24) 이 점에 대해서는 R. Rendtorff 의 "Gen. 8 : 21 und die Urgeschichte des Jahwisten" in *Gesammelte Studien zum Alten Testament* (München : Kaiser, 1975), pp. 188-197에서 논의된 바 있다.

수 있는 것 같다.[25] 이 동사는 인간의 현 운명이 다시 세워진 세계에서도 계속될 것임을 암시하고 있을 뿐이다. 더 나아가 우리는 여기에서 타락 이후 하나님이 선포하신 바 있는(창 3:14 이후) 특정 저주들(예컨대, 자식을 낳는 고통)이 제거되었다는 사항에 대해서는 전혀 찾아볼 수 없는 것이다.

한편 저주의 영향력이 존속하고 있다는 점에서 바벨사건은 홍수보다 더 광범위한 영향력을 끼쳤다는 점은 거의 의문의 여지가 없는 사실이다. 바벨사건의 결과로 야기된 민족적, 사회적, 경제적, 지리적 분열상은 아직도 우리와 함께 현존하고 있는 것이다. 인간의 문화적 틀과 함께 존속하는 이 광범위한 분열 역시 그러하며 또 바벨 이후 언어장벽이 계속되어온 결과 인간은 상호간에 완벽한 협력이 불가능해진 것이다. 반면에 홍수는 가혹한 처벌이었긴 하지만 단지 한 세대에만 가해졌던 것이고 그리고 그 처벌이 있은 다음에는 새로운 질서가 시작되었으며 특히나 창조 언약이 다시 개막되었던 것이다. 그렇기 때문에 우리는 바벨사건을 창세기 4-11장의 설화들에 대한 논리적 종말점으로 볼 수 있는 것이다. 바벨사건은 인간의 노력으로 얻을 수 있는 업적을 천진난만하고도 전폭적으로 신뢰한다는 사상을 나타내고 있다. 즉, 바벨사건은 인간의 유대관계가 진전될 수 있도록 하기 위해서 하나의 세계, 그리고 하나의 공통적인 언어집단, 하나의 공통된 사회, 경제적 무대를 추구했던 것이다. 간단히 말하자면, 이것은 인류가 언제나 염원해 왔던 인류의 유토피아를 실현시키고자 한 꿈의 시작이었던 것이다. 바벨탑이 추구한 인류의 통일성에는 마침내 타락으로 인한 결과의 완전한 반전, 즉 파기가 요구될 것이란 점을 우리는 충분히 알고 있다. 바벨은 인간의 타락에 대한

---

25) O. H. Steck 의 "Genesis 12:1-3 und die Urgeschichte des Jahwisten", *Probleme Biblischer Theologie. Gerhard von Rad zum 70. Geburstag* (München : Kaiser, 1971), p.530-531은 18-19을 지적하면서 창 8:22에서 '저주'란 뜻으로 쓰인 히브리어 **킬렐**이 창 12:3에 다시 등장하고 또 이 단어가 창 8:21에서도 그러하듯이 창 12:3에서도 "저주받은 것으로 여기다"란 의미로는 적절하지 않음을 밝히고 있다.

논리적 결과였던 것이다.

 앞서 우리는 홍수 이후 하나님이 어떤 방법으로 새로운 시작을 선언하셨는지를, 다시 말해서 언약의 재천명에 의한 새로운 시작의 방법을 살펴보았다. 아브람을 부르신 사건은 다소 이와 평행을 이루는 형식을 갖추어서 또 하나의 새 창조를 존재하게 하는 부르심인 것이며 이는 바벨탑 이후 하나님이 다시 시작하실 것임을 뜻하는 상황으로서 우리는 이제 이 문제를 강조하게 될 것이다. 우리가 앞서 살펴본 바 있듯이 아브람은 이런 이유로 해서 말씀에 의해 소환되어 존재하게 된 또 하나의 새 피조물인 것이다. 훗날 하나님이 출애굽을 통하여 이집트에서 이스라엘과 다시 출발하게 되듯이 이제 하나님은 이와 마찬가지로 인류의 혼돈된 역사를 뒤로 남겨두고 아브람과 다시 시작하시는 것이다. 훗날의 이스라엘과 마찬가지로 아브람은 이방의 환경 한가운데서 벗어나게 될 것이며 또한 그에 대한 부르심은 약속의 땅 외부에서 그에게 임하게 될 것이다. 이스라엘처럼 그도 축복선언으로 무장하게 될 것이며 또한 이 축복선언으로 말미암아 인류의 미래가 보장받게 될 것이다. 이와 함께 아브람은 이스라엘과 마찬가지로 약속의 땅으로 옮겨질 것이다.

 이렇게 해서 창세기 1장과 12장과의 연속성이 수립되는 것으로 보인다. 따라서 하나님이 노아와 확인하신 바 있는 언약의 총체적 구조는 바로 아브람을 부르신 이 사건으로 말미암아 앞으로 전진하게 될 것이다. 창세기 1-11장은 창조를 위해 세우셨던 하나님의 의도들이 계속 유지될 것임을 우리에게 전달해 주었던 것이 분명하다. 그러나 이런 하나님의 계획들이 12:1-3에서 설명되고 있는 방식으로 진행되리라고는 거의 예상하지 못했을 것이다.

4. 창세기 12장 1-3절의 내용

a) 창세기 12장 1-3절의 구조

 이 단락에서 우리가 보게 되는 내용은 하나님과 아브람 사이에 존재하기 시작한 관계에 대한 요약으로서 이러한 관계에 의거해 창세기 15장에서 베리트란 칭호가 부여된다. 본문의 내용은 다음과 같다. "여호와께서 아브람에게 이르시되 너는 너의 본토 친척 아비 집을 떠나 내가 네게 지시할 땅으로 가라"(1절), "내가 너로 큰 민족을 이루고 네게 복을 주어 네 이름을 창대케 하리니 너는 복의 근원이 될지라"(2절), "너를 축복하는 자에게는 내가 복을 내리고 너를 저주하는 자에게는 내가 저주하리니 땅의 모든 족속이 너를 인하여 복을 얻을 것이니라 하신지라"(3절). 이 단락의 문장 구조는 대단히 분명하다. 그렇지만 2절의 끝부분에 나오는 히브리어 명령법의 용법에 대해서는 다소 의견대립이 있는 것은 사실이다. RSV는 3절의 마지막 동사를 재귀적 용법('bless themselves')으로 번역하고 있는데 이것 역시 논쟁거리가 되고 있다.

1절

너는 너의 본토 친척 아비 집을 떠나 내가 네게 지시할 땅으로 가라(**명령법**)

2절

내가 너로 큰 민족을 이루고(**미완료형**)
[내가] 네게 복을 주어(**미완료형**)
[내가] 네 이름을 창대케 하리니(**미완료형**)
너는 복의 근원이 될지라(**명령법**)

3절

너를 축복하는 자에게는 내가 복을 내리고(**미완료형**)
너를 저주하는 자에게는 내가 저주하리니(**미완료형**)

땅의 모든 족속이 너를 인하여 복을 얻을 것이니라(**완료형**)

1절에는 히브리어 명령법의 형태로 된 주요한 호출명령이 담겨 있다. 1절에 이어 2절에는 세 개의 히브리어 종속절이 계속되고 있는데 종속절에 쓰여져 있는 동사들은 히브리어 미완료시제를 가지고 있다. 그리고 이 동사들은 끝에 가서 히브리어 명령법을 담고 있으며 2절은 바로 이 명령법으로 결론지어지고 있다. 그런 다음 두 개의 종속절이 뒤따라 오고 있는데 이것들 역시 히브리어 미완료시제를 가지고 있다. 그리고 마지막으로 히브리어 완료시제로 된 동사를 포함하고 있는 주요 서술이 3절의 결론을 맺고 있다. 이 세 개의 구절들에 대한 주된 서술은 3절의 마지막 구절에 포함되어 있다는 견해가 요즈음 논의되고 있다. 히브리어 구문 그 자체도 이 점을 암시하고 있고 또 이 구절도 앞선 구절들에 선포되어 있는 약속의 완성을 암시하는 결과절로 이해하는 것이 가장 적절한 것 같다. 다시 말해서 아브람에게 주어진 이 개인적인 약속의 말씀은 세상에 대한 최종적인 복을 그 목적으로 하고 있다는 것이다.

창세기 12 : 1-3의 내용은 2절의 끝부분에 히브리어 명령법이 사용됨으로 해서 정확하게 나뉘어지고 있는 것으로 볼 수 있다. 즉, 1절에 언급되고 있는 명령법적인 하나님의 공표의 말씀은 2절의 명령법에서 결말지어지는 것이다. 이 사실은 2절이 1절의 서론적 명령법에 의존하고 있는 것과 꼭같이 3절도 역시 2절의 종결부에 있는 명령법에서 그 출발점을 취하고 있다는 점을 암시하고 있는 것 같다.[26] 간단히 말하자면 12 : 1의 명령법은 2절의 약속에 대한 원인이 되고 있으며 3절에 지적되고 있는 축복과 저주에 대한 상황은 2절에 나타나는 명령, "너는 복의 근원이 될지라"는 말씀의 결과인 셈이다. 그런데 2절은 단 두 개의 절로 유효적절하게 양분되고 있는 것이 또한 분명하다(즉, "내가 너로 큰 민족을 이루고"란 구절과 "네게 복을 주어 네 이름을 창대케 하리니"란 구절).

3절 전반부는 3절 후반부의 마지막 결과절("땅의 모든 족속이 너로 인하여 복을 얻을 것이니라")에 앞서 다시 두 개의 구절, 즉 "너를 축복하는 자에게는 내가 복을 내리고"란 구절과 '너를 저주하는 자에게는 내가 저주하리니' 란 구절로 나뉘어지

---

26) E. Zenger, *Die Sinaitheophanie* Forschung zur Bibel 3 (Würzburg : Echter Verlag, 1971), p. 267, n. 122.

고 있다. 이렇게 해서 2절과 3절은 이에 앞선 명령법에 각각 의존하고 있다는 점에서 **완벽한 균형**을 이루고 있으며 또 3절 후반부에는 사건의 결말을 뜻하는 주된 진술이 등장하는 것이다.

b) '큰 민족'으로서의 이스라엘

창세기 12:1-2의 내용은 단지 아브람에 대해서만 언급되어 있다. 이 부분의 심층에는 그가 부름받아 가게 될 땅과 그로부터 생겨날 민족에 대한 밀접한 관계가 깔려 있다. 다시말해서 여기에는 이미 이스라엘이 고려되고 있는 듯이 보인다는 것이다. 12:2의 후반부, 서론적인 명령문은 3절의 내용과 함께 세상을 상속받게 될 자와 연결되어 있는 사람으로서의 아브람에 대해 언급하고 있다. 우리가 앞서 제시한 바 있는 구문상의 구분은 땅과 후손이 연결되어 있음을 분명히 나타내고 있으며 우리는 15장에서 이같은 연결이 강조되었다는 점을 주목해 온 것이다. 그러나 이 **베리트**는 이미 있어온 관계를 강화시킨다는 점도 언급했었다. 이상과 같은 이유로 해서 창세기 12:2은 정치적, 사회적 상황과 결부된 약속의 구조가 어떠했는지를 함축하고 있는 것으로 볼 수 있는 것이다. 즉, 이 약속은 하나님으로부터 주어진 것으로 여기에 언급되고 있으며 이는 하나님을 의지하지 않는 바벨의 건설자들이 추구해 온 사회적 화합과는 대치되었던 것으로 보이는 것이다.

2절의 '민족'이란 말은 흔히 사용되는 용어가 아닌 것으로서 보통 이스라엘의 장래와 연관시켜 쓰이곤 하는 말이다. 다시 말해서 히브리어 '**고이**(גוי, 민족)'라는 말은 구약성경에서 혼히 이스라엘을 제외한 세계의 공통체를 가리킬 때 쓰이는 말로 따로 보존되는 것이다. 그러나 이 말이 이스라엘을 가리킬 때가 있는데, 이 때는 아브라함과의 약속이 직접적으로 반영되지 않을 때인 것으로 혼히 경멸적인 의미로 사용된다(신 32:28; 삿 2:20; 사 1:4, 10:6; 렘 5:9 등).[27] 이스라엘에 흔히 적용되곤

---

27) 히브리어 **고이**('민족, 백성')의 구약적 의미에 대해서는 R.E. Clements, *Theological Dictionary of the Old Testament*, vol. ii, pp. 426-433을 참조할 것.

하는 낱말은 히브리어 '캄'이란 단어로서 이 말은 '백성'으로 번역된다. 이 낱말은 이스라엘의 선택으로 말미암아 세워진 바 있는 하나님과 이스라엘 간의 밀접한 관계를 유효적절하게 나타내주는 용어인 것이다. 그렇다면 이제 우리는 본문의 '고이'란 말이 무슨 이유로 해서 이곳에서 적절한 용어로 받아들여지게 되는가 하는 점을 반드시 자문해 보아야 할 것이다. 흔히 생각되는 바로는 본문에 암시되고 있는 것이 후대의 무대에 이스라엘이 정치적인 단위로서 등장하게 되리라는 점으로서 이는 12:2의 '큰'이라는 수식어를 보아서도 짐작할 수 있는 것이다. 구약성경에서 '고이'라는 이 낱말은 지리적인 배경을 가지고 있고 또 윤리적, 사회적 또는 문화적 요인들을 소유하고 있어 그 범위를 규정시킬 수 있는 정치집단을 기술할 때 흔히 사용되는 용어이다. 이 문맥에서 이와 같은 통치적인 의미를 지닌 용어가 사용된 이유는 이스라엘이 훗날 정치체제를 갖출 것을 암시했기 때문이라고 흔히 생각되는 것이다.

그러나 이 용어가 사용된 데에는 보다 더 많은 의미가 함축되어 있는 것 같다. 창세기 12:1-3의 내용은 타락의 결과와 창세기 1-2장에서 지적된 바 있는 세상을 창조하신 하나님의 목적의 회복에 대한 응답이었다는 점을 우리는 이미 강조한 바 있는 것이다. 이들 몇구절 속에 제시되고 있는 것은 세계의 구속사를 위한 신학적인 청사진의 일종으로서, 이제 아브람의 부르심으로 그 청사진이 가동되기 시작한 것이다. 이같은 이유로 해서 구속이란 문제가 이들 구절들 속에서 타락에 대한 보상으로 이해되고 있을 뿐만 아니라 또한 암시적인 용어로 기록되어 있긴 하더라도 우리가 이곳에서 구속의 목적이 무엇인지 찾을 수 있으리라고 기대하게 된다는 견해를 내놓는 것이 결코 지나친 주장은 아닐 것이다.

만약 창세기 12:1-3의 심층부에 하나님의 창조동기에 대한 완전한 회복이 놓여 있다고 한다면 그것은 곧 인간과 세상을 위한 하나님의 목적의 성취를 뜻하는 것이 될 것이다. 이 시점에서 창세기 1-2장은 인간과 세상을 규제하고 있었던 것으로 보이는 하나님의 통치체제의 일면을 우리에게 밝혔다는 점을 상기해야 한다. 이들 두 장들에서 깊이 연구되었던 것은 인간과 세상에 대해 하나님이 통치하는 나라였다. 이와 마찬가지로 세상에 대한 구속의 목적이란 하나님이 다스리는 나라, 즉 인간이 완전히 회복된 하나님의 형상으로서의 역할을 다시 한번 수행하게 될 그 세계를 지배하며 수립될 하나님의 통치 영역을 목표로 하였다는 점을 주장하여 온 것이다.

이 사실을 염두에 둔다면 이 구절에서 **고이**란 말이 선정되었다는 것은 상당히 고심한 선택이었을 것으로 추측할 수 있을 것이다. 훗날 이스라엘을 지칭할 때 흔히 사용되던 '하나님의 백성'이라는 칭호는 이스라엘의 부르심과 결부된 보다 광범위한 목적에 대한 언급이 전혀 없이 분리된 용어로 쓰인다. 그러나 성경에 나타난 구속의 진행표는 최종적으로 구원받은 백성에게 촛점이 모아지고 있다기 보다는 통치받는 세상에 두어지고 있다고 할 수 있겠다. 이같은 이유로 해서 계시록 21-22장에 언급되고 있는 지상으로 내려오게 될 하늘의 예루살렘의 형상은 구원받은 사회로 나타날 마지막 정치집단의 형상으로 그 역할을 하게 되는 것이다. 간단히 말해서 이 문맥에서 캄이란 말이 사용되었다면 그것은 적절한 낱말이 되지 못했을 것 같다. 다시말해서 이 낱말은 창세기 12:1-3이 지적하고자 하는 구속의 목적을 충분히 강조하지 못했으리라고 생각할 수 있는 것이다. 왜냐하면 이스라엘이 아브라함과의 약속을 근거로 해서 세워진 민족인 것이 확실하긴 하지만 하나의 민족으로서, 즉 어떤 정치적 틀 내에 현시되어 있는 신적 통치의 상징으로서 이스라엘은 **'마지막'** 세계통치의 형태를 지닌 형상, 즉 아직까지는 존재하지 않고 있는 실체를 가리키는 상징이 되도록 의도되어 있었기 때문이다.

어떤 의미에서 바벨사건은 하나의 세계 정부의 구심점과 체제를 세우려는 '백성들에' 의한 시도였다고 계속 주장할 수 있을런지 모른다. 이같은 일이 실패로 돌아갔고 또 그 결과 사람들이 흩어지면서 결국 창세기 10장의 '민족들'이 등장하게 되었던 것이다. 그런 다음 아브람의 부르심은 이에 대한 현실적인 대안으로서의 자리를 차지하는 것이다. 이같은 부르심에서부터 **최종적**

인 세계 제도가 등장할 것이며 '큰 민족'이 단순한 예상을 넘어서 이스라엘 민족에게서 등장하게 될 것이다.

여기에서 고이란 낱말이 이같은 특성을 고려하여 기록되었다고 하면 그 뒤에 계속되는 3절의 내용은 상당한 의미를 지니게 된다. 왜냐하면 이 구절 속에 등장하고 있는 대조는 세상의 남은 민족에 속하는 다른 민족들과의 대조가 아니라, 즉 자신들의 미래상황을 이스라엘과의 어떤 관계 속에서 찾지 않으면 안되는 그러한 다른 민족들과의 대조가 아니라 단순한 '가문들'과의 대조, 다시말해서 현실적으로 정치적인 구조를 이루고 있지 않으며 또 최종적으로 정부의 체제를 갖지 않고 있는 단위들과의 대조이기 때문이다. 바벨사건은 세계 정부란 하나님으로부터 주어진 제도이어야만 한다는 사실을 우리에게 경고해준 사건이었다. 세계 정부가 유익한 정부로서 도래하려 한다면 그것은 하나님이 세우시지 않으면 안되는 것이다. 아마도 이러한 내용이 창세기 12:1-3에 나타나고 있는 하나님의 바벨에 대한 응답의 의도된 내용인 것 같다. 또한 2절에서 이스라엘의 역사가 즉각적인 존재에의 부르심에 대한 대상이 되지 않고 오히려 세계사적인 과정이 요약되어 있는 것도 아마 이러한 이유 때문인지도 모른다.

이스라엘의 후대 정치제도는 바로 이같은 하나님이 바라시는 바에 대한 결과를 가리키고 있다고 말할 수 있을 것이다. 구약의 종말론은 주로 특정 정치상황하에서 흔히 예언되곤 하였으며 후대의 구약성경시대에는 이스라엘의 정치적 체제가 이미 사라지고 없었음에도 정치에 대한 상징적 표현들이 계속 사용되었던 것이다. 이같은 구조에 입각하여 신약성경은 종말의 시기에 공동체를 구성하게 될 구원받은 백성을 강조하였던 것으로 볼 수 있는 것이다. 그러나 종말의 공동체는 대단히 한정된 정치구조 내에 속한 구원받은 독립적 존재로 여겨지고 있으며 구약성경은 계속해서 바로 이 점을 되풀이해서 설명하고 있다. 성경은 신적 정부라는 개념으로부터 시작하여 한번도 이런 이상적 세계를 놓친 적이 없는 것이다.

c) '축복'이라는 말의 의미

3절의 내용을 평가하기에 앞서 우리는 창세기 12:1-3에 나타나는 '복'이란 용어를 설명하지 않으면 안된다. 이 용어는 이 짧은 문맥 속에 무려 다섯 번이나 언급되고 있지만 이는 분명히 심사숙고하여 기록된 것으로서 조금 후에 우리가 살펴볼 능력이란 개념을 명확하게 나타내고 있다. 12:2의 전반부에서 하나님은 아브람을 축복하고 있는데 여기서 축복의 개념은 민족성과 명성을 결부시키고 있다. 결과적으로 아브람은 축복의 구현으로서 축복에 대한 본보기가 되는 것이다(2 하반절). 하나님은 아브람이 축복의 근원임을 올바로 인식하는 자들을 축복할 것이며(3 상반절),[28] 그런 다음 12:3 하반절에서 보는 바와 같이 아브람은 마침내 인류를 위한 축복의 중재자가 된다.

창세기 1-11장의 설화들이 전개되어 나온 과정을 살펴볼 때 이와 같은 결과는 인상적인 특징을 가지고 있다. 이제 축복은 뒤이어 계속될 아브람의 행적과 그의 후손들을 연결시켜줄 단어가 된다. 축복(그리고 저주)이라는 개념의 기원이 성경 이전시대의 사람의 심정에 호소하던 마술의 영역에 있다고 흔히 주장되곤 하지만 이것이 구약성경과 연결되어 사용되었다고 하는 점은 확실하게 드러나지 않고 있다. 그러나 구약성경과 그 당시의 주변환경과는 분명하게 연결되어 있다. 성경 이전의 세계에 있어서 축복이란 궁극적으로 축복을 그 혜택으로 베풀었던 신으로부터 유래되었다는 주장은 인정되어 왔다. 이와 마찬가지로 구약의 축복은 그 매개자가 이따금 인간 대행자일 때가 있긴 하지만 궁극적으로는 하나님으로부터 유래하는 것이다(창 27:27-29 참조).

---

28) 창 12:3 상반절("너를 축복하는 자")에 쓰이고 있는 히브리어 **바라크**('축복하다')의 푸알형 어간의 의미는 "하나님으로부터 축복받은 것으로 인정된다"라고 받아들여지고 있다. 지나는 길에 우리가 살펴본 바 있듯이 구약성경에서 **바라크**의 원래 행위는 하나님의 주도권을 가리킬 때 쓰인다. 푸알형과 같은 수동태어간에서 하나님의 행위는 사람에 의해 인정받는다. 이같은 푸알형의 용법에 대해서는 G. Wehmeier, *Der Segen im Alten Testament*, (Basel : Friedrich Reinhardt, 1970), pp.171-176을 참조할 것.

이러한 상황에서 우리가 이 문제를 고찰해 보면 개인적, 민족적 또는 자연영역상의 축복이란 상호관계의 결속에 대한 표현이며 또 이러한 결속에 의하여, 하나님의 계획을 완성시킬 수 있는 자연적 또는 개인적 능력이 촉진된다는 점을 구약성경은 입증하고 있다고 주장할 수 있는 것이다. 이러한 이유로 해서 창세기 1:28에서 하나님이 인간을 축복하며 "생육하며 번성하라"고 말씀하셨을 때 하나님의 이 권능있는 말씀은 그 효력을 발휘함과 동시에 유익한 능력을 가져다 줄 수 밖에 없었던 것이며 인간은 이를 통하여 창조와 함께 부여된 잠재력을 충만케 할 수 있었던 것이다. 창세기 12:2에 나타나는 축복의 개념은 거기에 소개되고 있는 역사신학과 결부되어 있는 것이다. 우리가 계속해서 12:1-3의 구문을 분석해 들어가게 되면 하나님이 아브람을 부르심을 통해 그를 축복하시고 그 결과 구속의 목적에 대한 성취, 즉 큰 민족을 이룰 수 있게 하심을 알 수 있다. 다시 말해서 하나님은 아브람을 축복하사 그로 하여금 잠재적인 큰 민족으로 만드신 것이다. 이 단락에는 축복이 가리키고 있는 궁극적인 목적들이 나타나 있는만큼, 이 문맥의 축복이 흔히 그렇긴 하지만 생명력, 즉 생명의 지속과 이로 인한 후손에 대한 약속에만 국한시킨다는 것은 축복에 대한 성경적 개념을 잘못 이해한 것이 되고 만다.[29] 여기서 축복이란 것은 본질적으로 민족 개념을 담고 있으며 이는 자손뿐만 아니라 영토개념을 함께 내포한 것이다.

d) 족장설화에 영향을 미치는 축복

창세기 12:1-3의 축복은 인류 전체뿐만 아니라 인간이 거주하게 될 영역까지도 포함하고 있다. 여기서 고려되고 있는 점은 최종적으로 구속함을 받은 형태를 띤 전 세계인 것이며 이후의 족장설화가 이 단락으로, 즉 축복의 전달자로서의 아브람으로 소급해 올라가서 그 내용을 언급하게 될 경우 아브람의 세상과의 관계가 지적된다는 점은 흥미있는 주제인 것이다. 즉, 소돔과 고

---

29) H. W. Wolff, "The Kerygma of the Yahwist", *Interpr.* 20(1966), pp. 131-158.

모라의 멸망과 관계있는 이야기에서 여호와는 소돔의 멸망이 임박했음을 아브람에게 알리기로 작정하시며, 추측컨대 그에게 소돔과 롯을 위한 중재의 기회를 허락하신 것으로 보이는데, 훗날 이스라엘의 이웃인 모압과 암몬이 롯에게서 시작되어 민족으로 등장하게 될 것이다. 이렇게 하신 이유는 아브람에게 잠재되어 있는 중대한 의미가 담겨있기 때문이다. 이는 "아브라함은 강대한 나라가 되고 천하 만민은 그를 인하여 복을 받게 될 것이 아니냐"(창 18 : 18)라는 말 속에 잘 나타나 있는 것이다. 이런 이유로 해서 소돔을 위해 연속적으로 간청하는 사건은 이스라엘이 어떻게 타락한 세상에 축복을 중재하게 될 것인가 하는 점을 시사하는 것이다. 소돔은 용서받지 못했다. 그러나 하나님이 아브라함을 기억하셨기 때문에 롯이 구원받게 되었으며 그 결과 모압과 암몬이 등장하게 되었다. 그렇기 때문에 훗날, 사람들은 이런 간청의 유효성을 인정할 수 있게 되었다고 흔히 말하는데 이는 정당한 평가일 수 있는 것이다(창 19 : 29, 37-38).

아브라함과 그의 후손들에게 요청되고 있는 생활양식이 창세기 22장보다 더 분명하게 나타나고 있는 곳은 그 어디에도 없는데, 이는 이 문맥에서 12장의 축복 주제가 반복되기 때문인 것으로 볼 수 있다. 그 이전에 전달된 약속의 말씀들이 실현되느냐 하는 문제는 아브라함의 끊임없는 신뢰의 태도, 즉 죽음까지도 감수하는 태도에 달려있는 것이다. 22장에 언급되고 있는 약속에 의해 주어진 아들마저도 명령에 따라 기꺼이 바치려고 한 그의 태도는 하나님으로부터 축복이 여전히 건재하다는 놀라운 확인을 이끌어 낼 수 있었고 또 더 광범위하게는 세상에 그 영향력을 충분히 끼치게 되는 것이다(창 22 : 16-18). 이러한 축복이 주어지게 된 동기는 아브라함의 순종이다(18절). 그러나 우리는 이것을 보다 더 일반적인 전제조건으로 이해하여 언약의 약속들에 충실한 것과 이러한 약속들과 조화를 이루는 생활양식 곧 언약관계를 신실하게 유지시키는 삶을 통해 아브라함뿐만 아니라 그의 부르심으로 인해 복을 받게 될 세상에게도 축복이 주어질 것이라고 생각할 수 있는 것이다. 축복의 영역에는 삶의 근본적인 요소가 전반적으로 풍부해진다는 사실은 26장의 이삭의 생애에서부터 보다 분명하게 이해될 수 있는 것이다.

이즈음, 후대에 있을 이스라엘에게 이러한 축복이 어느 정도나 적용될 것인가 하는 문제는 보다 분명히 그 형태를 띠기 시작한다. 이삭은 땅에 씨를 뿌림과 동시에 풍부한 축복을 받으며(12절), 그 다음 그 이웃 사람들로부터 시기를 받는다(14절). 이같은 사실은 이삭이 그의 부친 아브라함의 모델을 그 이전에 본받은 데에 대한 결과였던 것이다. 이삭은 애굽으로 내려가서는 안된다는 경고를 받고 또 아브라함에게 주어진 축복, 즉 땅과 결부된 약속의 말씀과 이 약속의 말씀을 받은데 대해 아브라함이 순종함으로 얻게 된 이 축복에 대한 내용을 상기했던 결과(창 26:2-5) '그랄'에 거했던 것이다(6절). 이 장 후반부에 가서 땅의 이용 문제가 이삭과 블레셋 사람들과의 논쟁거리가 되자 이삭은 브엘세바로 이동하며 거기서 다시 축복이 반복된다(24절). 이에 대한 즉각적인 효과는 이삭의 이웃인 블레셋 사람들이 그가 받고 있는 축복을 '하나님이 함께' 계신 것으로 이해하고 있다는 점에서 분명히 드러난다(창 26:28-29). 그런 다음 그들은 스스로 이삭과 언약을 맺고자 한다. 볼프(H. W. Wolf)가 날카롭게 지적한 바 있듯이 후대 독자들은 여기서 분명한 사실을 추론해 낼 수 있었을 것이다. 즉, 다른 민족들을 위한 축복이란 하나님으로부터 유일하게 축복받은 이스라엘과의 관계에 의해서 영향을 받고 있다는 것이다.[30] 이와 유사한 장면이 야곱과 라반의 이야기에 또한 등장하고 있는데, 여기서 아람 사람인 라반은 야곱에게 와서 "여호와께서 너로 인하여 내게 복 주신 줄을 내가 깨달았노니"(창 30:27)라고 고백한다.

이렇게 해서 창세기 12장의 축복의 범위는 연속적인 족장들의 설화를 살펴보는 동안 드러나게 되었으며 또 이 축복의 내용은 본질상 '하나님이 너와 함께 계시다'인 것을 살펴보았다(창 26:28, 31:3, 15:7, 17:7-8, 26:3 참조). 이와 같은 의미의 축복은 이삭(창 26:4)과 야곱(창 28:4, 14; 27:27-29 참조), 양

---

30) Interpr. 20, p. 149.

자의 경험에서도 반복된다. 아브라함에게 주어진 축복이 어떻게 다른 민족들에게 전가되게 되었는가 하는 문제는 창세기에서, 특히 우리가 앞서 언급한 바 있는 문맥들에서 그저 암시적으로만 다루어져 있다. 게다가 축복의 영향력은 간접적(창 18 : 18)이었으며 또한 타인의 요구에 의해(창 26 : 28) 발휘되었다는 점도 기억해야 할 것이다.

e) 이스라엘과 그 주변 — 창세기 12장 3 하반절

그런데 창세기 12 : 3의 전달 메시지는 아브라함의 백성인 이스라엘과 다른 민족들이 직접 접촉하게 된다는 내용이다. 또 이 사실이 어떠한 영향을 가지고 올 것인가 하는 문제는 앞에서 지적한 바 있듯이 창세기의 연속적인 설화들 안에서 단지 암시적으로만 예시되어 왔던 것이다. 3 하반절에 사용된 특수한 언어를 살펴보면 다소 더 명확한 내용을 찾을 수 있을지도 모른다. 이것은 세심한 주의를 기울여 볼만한 가치가 있는 것이다.

RSV 성경은 이 구절의 끝부분을 "그리고 너를 통하여 모든 세계의 가족들이 스스로를 축복할 것이다(and by you all the families of the earth shall bless themselves)"라고 번역하고 있는데, 이는 이 민족들이 아브람에게 결탁되어 있는 독특한 축복을 그저 자신들에게 임하도록 빈다는 빈약한 개념을 나타낼 뿐이다. 즉, RSV는 12 : 3 하반절을 결말짓는 동사를 재귀적동사(bless. themselves)로 번역하여 아브람에게 발생한 바 있는 축복과 관련된 것이 자신을 위해서도 임하길 바란다는 의미로 해석한 것이다. 그러나 12 : 1-3의 구조는 정점을 향해 클라이막스로 치닫고 있으며, RSV 번역은 정당하며 현대 학자들의 엄청난 지지를 받아온 게 사실이긴 하나 여기서는 결정적으로 다르게 해석하고 있는 것이다. 2절의 후반부에서 이미 지적된 바 있듯이 아브람은 축복에 대한 본보기로, 특히 자신들의 방법대로 자신들의 세계를 위한 번영을 구가하고자 하였던 바벨탑 건축자들에 대한 상쇄의 본보기로 부르심을 받았던 것이다. 이 문맥의 흐름은 축복의 본이 된 아브람으로부터 축복의 촛점이 된 아브람, 즉 이 설화기 분명하게 제시하고 있는 바와 같이 바벨탑 건설의 결과가 그 사람 안에서 역전되게 된만큼, 중재자로서의 그를 통하여 축복이 세상으로 뻗쳐가게될 그러한 아브람으로 넘어가고 있다는 점을 누구나 쉽게 예상하고 있었을 것이다.

창세기 12 : 3 하반절의 번역문제는 12 : 1-3의 선언이 실제적 내용면에서 반복되고 있다고 할 수 있는 창세기의 여러 다른 문맥에서 이곳의 히브리어 동사가 3 하반절에서 쓰이는 것과 꼭같은 의미로 거의 언제나 쓰이고 있지는 않다는 사실 때문에 다소 복잡해진다. 즉, 창세기 22 : 18과 26 : 4에서 히브리어 동사 바라크(בָּרַךְ, 축복하다)는 그 의미상 거의 절대적으로 재귀적으로 해석되는 힛파엘(Hithpael) 형으로 기록되고 있다. 반면, 12 : 3의 원래의 문맥뿐만 아니라 18 : 18과 28 : 14에서 이 동사는 히브리어에서 근본적으로 준 수동태(medio - passive) 용법으로 사용되는 시상(時相)인 보다 더 모호한 니팔(Niphal) 형으로 기록되고 있는 것이다.

이 둘의 차이점에 대한 설명은 특정 문맥들과 결부된 것으로 여겨질 수 있기 때문에 이 동사의 두 주제는 그 어느 것도 별개의 것으로는 의도된 정확한 뜻을 전달하기가 어려운만큼, 상황에 따라 어느 하나가 선택되어 사용된 것으로 볼 수 있는 것이다. 그렇다면 이 동사를 이전의 주석가들이 옹호하였던 수동태로 번역하여 '복을 받다(be blessed)'로 해석하든 아니면 최근 들어 인기를 누리고 있는 재귀적 용법으로 번역하여 '자신들을 축복하다(bless themselves)'로 해석하든 그 어느 것도 그 자체만을 가지고는 적절한 해석이 되지 못하는 것이다. 그러나 이 둘을 결합시켜 '자신들을 위하여 축복을 쟁취하다(win for themselves a blessing)'나 '자신들을 위하여 축복을 찾다(find for themselves a blessing)' 등과 같은 중간적 의미를 취한다면 이 동사의 용법상 야기되는 차이점들 뿐만 아니라 창세기 12 : 1-3 내에 담겨있는 사상의 전개란 관점과도 보다 더 조화를 이루는 해석이 될 것이다. 이런 의미는 또한 선교를 가리키는 것으로 볼 수 있는 구약의 사상과도 더욱 부합하고 있는데, 여기서는 다른 민족들이 재편성될 이스라엘에게로 와서 이 복을 찾는 자들로 언제나 소개된다.

3 하반절에 대한 RSV 번역에 대해 마지막으로 언급하자면, RSV는 시적 형태를 띠고 있는 어구를 '너에 의하여(by you)'와 같이 전치사구로 해석하고 있는데 이는 분명히 RSV가 재귀적 의미로 이 개념을 받았다고 볼 수 있는 것이다. 그러나 이 전치사구는 본래 국지적인 뜻('in you', 네 안에서)이나 또는 도구적 의미('through you', 너를 통하여)로 번역되는 것이 보다 일반적이다. 갈라디아서 3:28-29은 아브라함의 자손에 대한 내용을 두드러지게 언급하면서 일체의 개념을 암시하고 있는데, 이는 창세기 21:12("이삭에게서 나는 자라야 네 씨라 칭할 것임이니라", RSV는 'for through Isaac shall your descendants be named'라고 번역하고 있다)의 어구와 다소 평행을 이루며 활용하고 있으며 또한 위의 전치사구를 도구의 의미로 받았다는 점을 시사하고 있긴 해도 역시 적절한 해석인 것이다.

f) 축복과 저주 — 아브라함의 '길'

위에서 우리는 창세기 12:1-3의 문맥에 등장한 '축복'이란 낱말의 의미를 살펴보았기 때문에 이제는 이 말이 쓰이는 용법상의 중대한 내용을 평가해 보지 않으면 안된다. 우리는 또한 이 축복이란 말이 눈에 띄는 역할을 하고 있다는 점을 이미 살펴봄과 아울러 이 세 구절 내에 이 단어가 다섯 번이나 등장한다는 것도 설명하였다. 그런데 주목할만한 것은 창세기 1-11장 내에서 '저주(아라르, ארר)'란 말이 역시 다섯 번이나 발견된다는 점이다 (3:14, 17, 4:11, 5:29, 9:25). 볼프(H. W. Wolff)[31]는 이와 같이 대칭을 이루고 있는 이 흥미로운 사실에 우리의 주의를 끌면서 창세기 1-11장 내에 담긴 저주란 말의 중대한 의미를 지적한 바가 있다. 즉, 저주의 효과는 자유의 상실(3:14), 땅과의 분리 (3:17), 사회로부터의 소외(4:11), 그리고 신분상의 치욕스러운 탈락(9:25) 등의 의미를 갖고 있다는 것이다.

---

31) Interpr. 20, p. 145.

이와 같은 저주의 개념을 모두 결합하면 인간을 에덴에서부터 바벨로 인도한 바 있는 일치된 지위박탈의 과정이 총체적으로 등장한다. 따라서 볼프가 강조한 바 있듯이 창세기 12 : 1-3에서 축복이란 말이 변화된 상황마다 다섯 번이나 반복해서 등장하는 것은 아브라함과의 언약 아래 이제 파괴된 관계가 잠재적으로 그리고 점진적으로 다시 회복될 것임을 가리키는 효과를 내는데 사용되고 있다고 볼 수 있는 것이다. 이와 같이 파괴된 관계는 창세기 1-12장에 펼쳐져 있는 바와 같이 사람과 하나님, 그리고 사람과 사람 사이의 거리를 점차 벌려놓고 있었던 것이다. 그러나 12 : 1-3에 담겨 있는, 아브라함 언약의 실체를 구성하는 이 두드러진 새 단어는 1-11장의 저주를 제거하게 되는 것이다. 그리고 이 새 단어는 그 완성을 그리스도이신 말씀(the Word) 안에서 찾게 될 것이다. 왜냐하면 그리스도는 타락과 함께 인간에게 주어진 바 있는 저주를 타파하게 될 것이기 때문이다. 그는 또한 아브라함의 진정한 씨일 것이며 세상은 그 안에서 축복을 얻을 것이다. 갈라디아서 3장의 토론 내용은 바로 이 두 가지 사실을 분명히 나타내는 데 있다.

이와 같은 이유로 해서 창세기 12 : 1에 설정되어 있는 아브람이 채택할 '길'에 관한 사상은 주로 1-11장의 특색을 이루어왔던 목적없는 인간의 방황 사건들을 역전시키는데 있음을 알 수 있는 것이다. 그렇지만 인간은 아직도 11 : 2의 옮겨다니는 과정에 있는 것이다. 그러나 이제 중심점에서 벗어나려는 이들 창세기의 초기 설화의 원심적인 영향력(the centrifugal effect)은 아브람을 통한 에덴의 상황으로 되돌아가려는 구심점을 향한 세상의 잠재적 운동(the centripetal potential movement of the world)에 의해 차단된 것이다. 그러나 오직 아브람에 의해서만 이스라엘의 길이 시작된다. 그러나 이스라엘에 대해서 말하자면 구약성경에 나타난 이스라엘 역사는 결코 달성되지 않는 목표를 향하여 순례의 길을 나서는 실망스러운 사건들로 점철되어 있다.

간단히 말해서 이스라엘 역사라고 하는 것은 축복과 저주의 구성요소들을 배열해 놓은데 지나지 않는 것이다. 이같은 양면적인 의미를 지닌 불안정한 그 어떤 모습은 족장설화에서도 분명하게 나타난다. 예컨대, 여호와는 아브람에게 '보이실' 그 땅으로 그를 인도하시면서 직접 그에게 나타나사 아브람과 함께 동행하셨는데, 그럼에도 불구하고 가나안 땅, 바로 그곳에 도착해 있는 자리에서 아브라함은 취약한 대답을 보이고 있는 것이다. 또 한 번은 아브람이 바로에게 사라와의 관계를 속이고 애굽에 내려갔다가 하마트면 후손에 대한 약속을 위험에 빠뜨릴뻔한 적도 있다. 이상하게도 그는 약속의 땅을 보고난 다음 그곳을 떠났던 것이다.

그러나 아브람의 순례여행은 13장에서 보다 나아지고 있다는 느낌을 받을 수 있는데, 이는 12:1-3의 축복이 그 영향력을 발휘하기 시작했던 때문인 것으로 보인다. 즉, 그후 그가 롯에게 영토를 양보하는 사건이 등장하는데, 여기서 아브람의 신앙은 창세기 22장에도 언급되고 있는 바와 같이 보다 전위적인 것이었던 것으로 시사되고 있다. 결과적으로 아브람은 하나님의 초청을 받고(창 12:14) 그의 눈을 들어 사방으로 땅을 바라본다. 동, 서, 남, 북 모두가 자기와 자기 후손들에게 주어져 있다. 그가 이제 양보했던 땅도 역시 그에게 주어진 곳이다. 그는 이 땅의 가로와 세로로 걸으라는 하나님의 요청을 받아들이며 고대의 습관에서도 시사되는 바와 같이[32] 이렇게 함으로써 그 땅 전체에 대한 합법적인 소유권을 확보해 둔다. 우리는 14장에서 지적되고 있는 아브람의 지위가 상승하는 것에 대해 이미 설명한 바가 있다. 창세기 15:1-18:15의 내용은 아들이란 개념을 주제로 하여 함께 결부되고 있으며 자손에 대한 약속도 바로 이 아들에 근거해 더욱 확장될 것이다. 16장에는 아브람이 하갈을 통한 상속자를 얻음으로써 이 약속을 합리화하려는 내용이 다루어지고 있다. 또한 21장에서 분명히 설명되고 있긴 하지만 거기서는 암시적으로 그의 시도가 거부당한다.

---

32) 이에 대해 W. Zimmerli , *The Old Testament and the World* (London : S. P. C. K., 1976), p.69에서 지적되고 있다.

D. 창세기 17장

1. 17장의 분석과 세부사항의 검토

아브라함의 언약이 체결되는 과정에 있어서 17장은 본질적으로 중요한 의미를 지니고 있다. 16장과 17장 사이는 최소한 14년이 경과한 시점이며(창 16:16), 아브람의 나이 99세 되던 때 다시 후손들의 통로가 될 약속의 아들문제가 제기되었던 것이며 하나님은 이 족장에게 새로운 신성의 양상을 지닌 엘 샤다이(El Shaddai, 전능하신 하나님)로서 현현하신다. 엘 샤다이란 신명(神名)의 어원론에 대해서는 아직도 논란이 계속되고 있다. 최근에 들어서 이는 '하나님, 산에 계신 자(El the mountain one)'란 말에서 유래되었다는 견해가 옹호되고 있다. 그러나 여기서 우리의 길잡이 구실을 하게 될 것은 이에 대한 어원론보다 그 기능이 될 것이 분명하다. 이런 관점에서 족장설화들 속에 사용되고 있는 이 명칭의 용법을 살펴보면 언약과 결부된 약속의 내용과 그 당시 각 족장들이 처해있었던 실제적인 상황 사이의 극단적인 차이점들을 해결하는데 도움이 될 것이다.[33] 헬라어 구약성경 역본은 상습적으로 이를 '전능하신 하나님(God Almighty)'이라고 번역하고 있는데, 이를 통해 살펴보면 이 이름 속에는 강력한 개입이란 개념이 수반되어 있다는 느낌을 받게 된다.

요구와 결부되어 있는 계시란 관점에서 창세기 17장의 내용은 사실상 1절에서 요약되고 있다. 즉, 아브람에게 관계설정과 관련된 무조건적인 순종이 요구되고 있으며, 이는 "너는 내 앞에서 행하여 완전하라"(신 18:13; 수 24:14)는 말로서 표현된다. 그리고 이제는 계시의 내용이 행동화된 약속의 형태로 줄줄이 배정된다(히브리어 베리트와 결부되어 있는 2절의 히브리어 나탄, '주다, 세우다'란 동사는 '언약을 가동시키다'라는 의미로 쓰이고 있다). 특히 자손을 가리키는 약속의 말씀이 3 하반절—8절 사이에 기록되고 있다. 1절에서 아브람에게 요청된 바 있는 규정조

---

33) J. A. Motyer, *The Revelation of the Divine Name* (London : Tyndale Press, 1959), pp. 29—31.

항은 9-14절에서 확대된다. 이 두 단락은 서론적 도입부에서도 각각 시사되고 있다시피 분명한 평행관계를 이루고 있다(17:3b-4a, "하나님이 또 그에게 일러 가라사대 내가 너와 내 언약을 세우니"와 9절 "하나님이 또 아브라함에게 이르시되 그런즉 너는 내 언약을 지키고"를 비교할 것). 나아가 이들 두 단락은 9-14절에 언급된 명령의 이행여부를 보도하고 있는 22-27절과 함께 3하반절-8절의 내용을 부연설명하고 있는 15-21절에서 상세히 설명되고 있다.

4-6절은 아브람의 무수히 많게 될 자손들과 수많은 민족들 그리고 왕들을 보장하고 있다. 그러나 그 내용은 이 약속의 말씀이 사라에게 반복되고 있는 것으로 보아(16절) 총괄적인 아브라함의 자손(즉 에돔 사람들, 미디안 사람들, 이스마엘 사람들 등)을 가리키는 것은 아니다. 아마 이 말씀은 최종적인 민족들의 집단을 염두에 두고 있는 것 같으며 신약성경은 아브라함을 모든 신자들의 아버지란 말로 받아들이고 있다(롬 4:16-17). 이름의 변경(아브람이 아브라함으로 바뀌면서 의미상의 구별이 의도되고 있다)[34]은 당시 언약의 실행여부와 함께 이 족장의 신분이 변화되었음을 시사함과 동시에 이 약속의 말씀과 연결되어 있음을 나타내 준다. 7-8절에는 이미 익숙해진 아브라함 언약의 구성요소들인 자손과 땅에 대한 개념이 등장하고 있지만 여기에는 이 언약이 다가올 세대에도 확대 적용될 것이며, 또 창세기 9장에서 우리에게 익숙해진 언약에 대한 '영원한 언약'으로서의 '묘사'란 것이 새로운 항목으로 추가되고 있다.

후자의 이 용어는 흔히 제사장 문서(P문서)임을 나타내주는 독특한 마크라고 제안되곤 한다. 그러나 이 말은 구약성경 전체에 걸쳐 고르게 분포되어 있기 때문에 이와 같은 주장은 설

---

34) 아브라함이라는 더 완전해진 이름은 그 이전의 짧은 이름의 변형에 지나지 않는 것이라는 견해가 종종 제시되고 있다. 그러나 N. M. Sarna는 "Abraham", *The Encyclopedia Judaica*, vol. ii (Jerusalem : Keter, 1972) p. 112에서 "열국의 아비"란 뜻이 새 이름의 가능성있는 의미 중 하나임이 분명하다고 지적한다.

득력이 거의 없다. 이 용어는 특히나 언약신학과 결부되어 있는데, 그 예를들자면 창세기 9장과 17장에서 사용된 경우를 제외하고 출 31:16; 레 24:8에서는 시내산 언약과 결부되어 쓰이고 있으며, 삼하 23:5; 사 55:3에서는 다윗 언약과 그리고 사 61:8; 렘 32:40, 50:5; 겔 16:60, 37:26에서는 새 언약과 그리고 또 대상 16:17; 시 105:10에서는 아브라함 언약을 가리키면서 쓰이고 있는 것이다. 이사야 24:5에서 이 말은 창조 언약을 분명하게 지칭하고 있다. 이 언약이 영적인 의미에서 함축하고 있는 뜻은 '영원함'인 것이 분명하다. 그렇지만 이 언약에는 구약시대를 넘지않는 현세적인 양상들도 담겨져 있는 것이다. 여기서 주목해 두어야 할 것은 히브리어 울람 (עולם, '영원한')이란 말이 원래는 마음 속의 계속성이란 의미를 가졌다는 것이다. 그러나 여기서 이런 계속성의 지속이란 것은 수식되고 있는 계약의 형태에 의존하고 있다.[35]

그에게 하달된 명령은 이제 창세기 17:9-14에서 다루어지고 있다. 남성의 세계로 들어섰음을 표시하던 고대 의식으로 흔히 생각되었던 할례는 아브라함 언약과 결부되어 육체에 대한 외적인 표시로 사용된다. 할례를 받는다는 조건으로 아브라함의 가정과 대단히 밀접한 관계를 맺게 된다는 점이 강조되고 있긴 하지만 이 국면에서 할례는 우리가 뒤에서 '이방인들'(창 17:12b, 13)이라고 칭하게 될 부류들에게도 통용되었다. 할례는 일종의 표시이긴 하지만 창세기 9장의 활(무지개)과 같은 인식이나 회상용 표시는 아니다. 이것은 언약으로 인한 분리 그리고 이로 인한 성화의 표시로 기능한다(레 19:23-25에는 장성하여 처음 몇년간에 맺힌 열매맺는 나무를 '할례받지 못한' 나무라고 칭하고 있으며 그렇기 때문에 이는 세속적인 나무인 것이다. 렘 4:4 참조). 이렇게 해서 구약에서는 할례를 받음으로 말미암아 아브라함의 관계 안에 포함되었다는 선언의 표시를 받는 것이다. 할례받기를

---

35) James Barr, *Biblical Words for Time*, SBT 33, (London : S. C. M., 1962), p. 70.

거부한다는 것은 언약을 거절하는 것과 동일한 것이기 때문에 공동체 밖으로 출교당해 마땅한 것이다(14절).

우리가 창세기 12:1-3의 총체적인 취지에서 예상했었던 바와 같이 이제 15-21절은 약속의 말씀을 미래의 이스라엘에게로 좁혀가는 것이다. 사래는 사라란 이름으로 개명되며(이 두 이름들 사이에 의미상의 차이는 전혀 없다), 이렇게 이름을 약간 변형시킴으로써 이 약속의 말씀이 어느 정도 그녀의 것이 되었음을 암시한다. '수없이 많으리라'는 언약의 약속은 그녀에게도 반복된 것이다. 이스마엘의 역할은 보다 축소되어 간략히 개요만 언급되고 있으며, 언약으로 인한 축복의 말씀이 이삭에게 독특하게 할애된다. 이 장은 9-14절의 요구사항을 이행하는 것으로 결론지어진다(22-27절).

2. 아브라함 언약의 요약으로서의 창세기 17장―이 장에서의 베리트의 개념은 여전히 동일한가?

창세기 17장은 아브라함 언약을 통합하는 역할을 함과 동시에 그 세부사항을 확대시키는 역할을 하였다. 이와 연결하여 12장과 15장에 포함된 자료가 제시되고 또 결합된다. 15장과 17:1-8 사이의 유사성이 더 두드러지게 나타나긴 하지만 17:1-3 상반절은 12:1-3과 총체적인 면에서 서로 상기되는 바가 있다.[36] 15장과 마찬가지로 17장은 하나님의 현현으로 시작되며 이와 함께 이에 대한 적절한 아브라함의 대답이 따른다(창 17:1-3a와 15:2-3 비교). 그런 다음 자손에 관한 약속의 말씀과 그 의미심장한 뜻에 대한 내용이 반복되며(창 17:4-6과 15:4-5 비교), 이어서 땅에 대한 특별한 언급과 함께 아브라함의 자손이 포함된 양 당사자들 간의 언약이 재가(裁可)된다(창 17:7-8과 15:7-12 비교). 할례에 대한 규정(창 17:9-14)이 새로운 항목이 되며 그 반면에 우리가 이미 지적한 바 있듯이 17:15-21과 22-27절이 이 장의 초기 자료를 뒷받침한다.

---

36) S. E. McEvenue는 *Analecta Biblica* 50, p. 152에서 창 17:1-8과 창 15장 사이에 일정한 관계가 놓여있음을 지적하였다.

그러나 17장 전체에 걸쳐 1차적인 강조점은 언약의 역할에 두어졌다. 이 장에는 베리트란 말이 13번이나 등장하는데 이는 이 개념이 여기서 지배적이라는 사실과 이 말이 창세기 17장의 연결요소로서 작용하고 있다는 증거인 셈이다. 우리는 이 장에서 베리트가 일관되고 논리적으로 사용되어 왔다고 보고 있지만 웨스터만(C. Westermann)은 최근에 이 베리트가 P 문서의 영향 아래 발전되어 나온 과정을 보여주고 있다고 주장했으며[37] 또한 이스라엘의 신학 속에서 이같은 진전을 하여왔다고 주장하고 있다.

웨스터만은 베리트를 2a절에 언급된 단순하고 기본적인 '약속'의 의미를 전달하는 것으로 보고자 하였다. 그의 주장에 의하면 자손의 약속과 관계가 있는 2b절이 2a절에 대한 재언급이라는 것이다(그는 자손에 대한 약속을 아브라함의 기본적인 언약으로 보고 있다). 4a절의 베리트는 4b−6절에서 약속에 영향을 미치는 보다 더 상세한 사항을 덧붙이면서 2절의 사상을 계속 연장시킨다. 웨스터만은 7절에서 베리트가 P 문서로만 사용되고 있음을 볼 수 있을지도 모른다고 덧붙이고 있는데 여기서 베리트는 항구적인 '제도', 즉 언약이 초기의 약속에서부터 세워지면서 여기에서 생성된 제도를 가리키고 있다. 따라서 웨스터만은 7절이 이 장의 최초의 신학적인 서술이라고 보고 있는 것이다.

9−14절에 언급되고 있는 명령(할례)과 처벌(할례를 받지 않을 경우 종교상의 공동체로부터 제외시킴)은 베리트 속에 포함되고 있다. 다시 말해서 베리트는 이제 더 확대되어 복음으로서의 율법의 의미까지 포함한 것이다. 베리트의 의미가 완전히 발전된 개념으로 나타나는 곳은 19−21절에서 분명히 나타난다. 그 완전한 의미란 것은 이스라엘의 역사에서 경험된 이스라엘과의 협정인 것이다. 그것이 이제는 더 이상 초기의 자손에 대한 약속의 말씀과 단순히 연결되는 정도가 아니다. 왜냐

---

[37] "Genesis 17 und die Bedeutung von berit", *ThLZ* 101(1976), pp. 161−170.

하면 이 구절들에서 이 약속의 말씀은 언약이란 점에서는 제외되어 있는 이스마엘뿐만 아니라 곧 태어나게 될 언약에 합당한 이삭에게도 주어지고 있기 때문이다(창 21장). 이 약속은 단 하나의 계통, 즉 이스라엘에게만 국한되었으며 간단히 말하자면 약속의 말씀이 7절에서 언급한 바 있었던 제도로 굳혀졌던 것이다.

그러나 'P문서의 저자(Priestly author)'가 창세기 17장에서 옛 개념을 신학적으로 적용시켰다고 하는 이와 같은 주장은 실제적으로 지지받을 수가 없다. 이 장은 창세기 15장이 제시한 것과 동일한 일련의 상호 연관된 조항들을 보여주고 있으며 이 장 내에 있는 베리트는 12:1-3의 내용을 반복하고 있는 15장이 했던 것과도 같이, 땅과 명성 그리고 자손의 약속을 포함시켰던 아브라함 언약의 기본적인 관계를 일관되게 지적하고 있는 것이다. 2 상반절은 문맥과 분리시켜 다루어서는 안된다. 우리가 이 구절의 히브리어 나탄에 대해 그 의미를 설명한 바 있는 내용은 수납되어야 할 것이다. 그렇다면 2 상반절이 가리키고 있는 문제와 동일한 사항을 포함하였던 15장의 신적인 보장의 말씀은 이제 곧 실행될 것이라고 여겨지는 것이다(2a 절이 가리키고 있는 내용이란 것은 바로 앞 부분, 즉 16장에서 이스마엘의 출생문제가 고려되어 있다 하더라도 상속자가 없다는 점인 것이다). 이스마엘이 아니라(엘리에셀 역시 아닌) 직접적인 상속자가 약속의 말씀을 받는 자가 될 것이다(실제적으로 창 17장은 이를 계속 다루고 있다).

2 상반절을 목적절이나 결과절로 본다면(NEB는 '내가 내 언약을 세우기 위해'-'so that I may set my covenant'라고 번역하고 있음), 또한 이렇게 보는 것이 가장 적절하게 보이는 것이 사실인데, 그렇다면 창세기 17:1-2이 가리키고 있는 주 안점이란(이는 16장의 사건들에 의존되어 있다) 하나님의 말씀에 대한 아브라함의 신실한 믿음이 베리트란 말에 의해 이미 지적된 바와 같이(창 15:18) 언약관계를 더욱 진전시키게 될 것이라는 사실이다. 우리는 창세기 17:1("너는 내 앞에서 행하

여 완전하라")이 언약의 활성화 이전에 아브라함에 의해 준수되지 않으면 안될 그런 전제조건들을 부과하고 있다고 주장할 수는 거의 없을 것이다. 왜냐하면 이 구절의 문법적인 구조는 아브라함을 소환하여 하나님의 선물을 받도록 하는 결과를 가져다 준 바 있는 12 : 1의 그것과 꼭같기 때문이다. 12 : 1에 의거하면 17 : 1의 강조점은 하나님이 무슨 일을 하시게 될 것이냐 하는 점에 두어지고 있으며, 이 사실은 17 : 1이 도입부의 역할을 하며 소개하고 있는 2절에 분명히 명기된다.[38]

4절의 히브리어 구문은(여기에는 2절의 사상이 반복되고 있다) 우리가 이미 지지하면서 토론해 온 바 있는 견해를 뒷받침한다. 언약은 이미 존재해 있고 또 이제 곧 약속의 형태로 실행된다. 따라서 4절은 "내 언약은 너와 함께 있고 너는 열국의 아비가 될지라 (My covenant is with you and you shall become father of a throng of nations)"라고 번역되어야 할 것이다.[39] 다시말해서 약속의 '**실현**'이란 것은 이전의 언약에 의존한다는 것이다. 이러한 이유로 해서 2 상반절은 서론적인 서술이 아니라 다음에 곧 펼쳐지게 될 이 장의 주요 진술의 역할을 하게 되는 것이다.

3 하반절-8절은 2 상반절의 사상을 확대시킨다. 4 상반절은 이 부분을 반복하고 있는 한편, 4 하반절-6절은 아브람이란 이름에서 아브라함이란 이름으로 개명되는 사실을 포함하면서 자손에 관한 보다 더 상세한 사항을 덧붙인다. 7-8절은 그 앞 구절의 내용과 밀접하게 연결되어 있는 것이 분명한데 이는 이 구절들이 4 상반절에 언급된 약점을 공고히 함과 동시에(7절) 땅에 대한 약속을 덧붙이고 있다(8절)는 점을 보아 알 수 있는

---

[38] "The Covenant with Abraham and its Historical Setting", *BS* 127(1970) 참조. 여기서 Cleon L. Rogers Jr.는 이러한 관점들을 설명하고 있다. p. 253 참조.

[39] 창 17 : 4에서 쓰이고 있는 변형된 히브리어 완료시제와 함께 히브리어 히네절의 용법에 관한 설명에 대해 T. O. Lambdin 의 *Introduction to Biblical Hebrew* (London : Darton, Longman and Todd, 1973), p. 169 참조.

것이다. 그런데 여기서는 7절과 8절 사이의 연결을 주의깊게 살펴보아야 할 것이다. 8 상반절은 본질상 7 상반절에 대한 반응인 것으로서, 여기서는 언약의 이행에 관한 사항이(7a절) 언약의 내용에 의거해 묘사되고 있다(8a절의 자손과 땅). 7 하반절과 8 하반절은 각각 하나님과 이스라엘과의 관계를 묘사하면서 명백하게 평행을 이루고 있다.[40] 2-8절 전체에 걸쳐 담겨있는 사상적인 이런 밀접한 상호 연결이 뜻하고 있는 것은 2 상반절의 **베리트**가 아브라함 언약의 두 개의 팔, 즉 7-8절에서 주의깊게 결부되어 있는 자손과 땅의 문제를 내포한다는 것이다.

베리트와 9-14절의 명령 사이에는 웨스터만이 논증한 바 있듯이 밀접한 연결이 있긴 하지만 그것이 동일한 사항은 아닌 것이다. 할례란 것은 10절에 언급된 **베리트**와 동일한 것이 아니며 그것은 **베리트**에서 유래한 의무규정인 것이다. 이와 같이 14절의 언약과 언약위반에 대한 처벌은 단순히 병렬배치된데에 지나지 않는다(웨스터만과는 대립됨). 15-21절은 특수한 약속의 말씀과 언약관계를 분리시키고 있으며 또 이 언약을 아브라함의 총체적 자손들과 불가피하게 연결되어 있는 어떤 관계에서 떼어놓고 있는데(이렇게 함으로 해서 이스마엘 등이 배제되는 것이다), 이는 지금까지 우리가 연구해 온 결과를 단순히 확인시켜 줄 따름인 것이다.

이 언약은 약속의 말씀이나 또는 언약과 결부되어 있는 명령과 동일시되어서는 안된다. 언약은 관계를 가리키는 것이며 약속과 명령은 이런 관계에서부터 흘러나오는 것이다. 이런 까닭에 2 상반절은 관계가 존재해 있다는 사실과 그 관계가 가져다 줄 영향력이 어떠한 것인가 하는 점을 언급한 것이며, 4절은 이를 반복하였고, 7절(**헤킴**의 용법 참조)은 언약의 계속성을 지적하였으며, 9-14절은 이 관계가 초래시킬 의무규정들을 언급하였던 것이다. 그리고 19-21절은 선택의 기원문제와 언약

---

40) McEvenue는 *Analecta Biblica* 50, p. 166에서 창 17:7, 8 사이의 문제석인 면에서 밀접한 연결이 있음을 강조한다.

의 밑바탕에 깔려있는 하나님의 신비로운 선택이 어떠한 것인지 암시하고 있다.

요약컨대 창세기 17장에는 베리트의 개념이 신학적으로 발전되었음을 말하고 있지 않다. 이 장은 12장과 15장의 자료를 단순히 재차 확인한데 지나지 않는다. 이 장에는 이스라엘의 12지파 간의 동맹결성이 예고되고 있다. 이제 그들은 언약의 백성이며 우리는 지금 그들의 역사의 시발점 위에 서있는 것이다.

E. 아브라함 이후의 족장설화에 나타난 아브라함 약속의 가동문제

아브라함 언약은 이삭(창 26:1-5)과 야곱(창 28:13-15)에게서 계속되었다. 이삭은 보다 덜 부각되는 인물로 등장하고 있으며 반면에 야곱이야기에서는 땅과 자손이 주요 항목이 된다(야곱이 창 28:10-17에서 땅을 떠나 자손을 얻으러 가고 있는 동안 하나님이 그에게 현현하셨음을 주목하고, 또 32:22-32에서 그가 이스라엘이라는 언약의 이름을 얻어 자손들과 함께 땅으로 귀환하는 내용을 주목하라). 요셉설화들은 땅이 아브라함의 후손들에게 소속될 경우 선물의 형태로 주어져야 한다는 점을 분명히 하면서 족장들과 출애굽사건을 연결시켜 준다. 하나님의 섭리에 따라 요셉은 노예로 팔려가지만 그것은 곧 하나님의 백성의 보존으로 인도된다. 이스라엘의 운명이 지대한 위기를 맞이했을 때 요셉은 능력과 축복의 핵심점에 위치한다(창 42:2). 이렇게 해서 민족성과 자손의 개념들이 보존되며 창세기 말기에 가서 이스라엘은 대단히 크고 명성있는 백성이 되었던 것이다. 출애굽기의 주요 관점은 구속과 함께 땅에 대한 선물을 설명하고자 하는 것이 될 것이 분명하다. 이렇게 해서 아브라함 관계의 하나의 큰 팔인 땅의 선물은 실현되었던 것이며, 구속으로 말미암아 다른 하나의 팔이 거기에 부가될 것이다.

창세기 12-50장의 설화들이 강조하고 있는 내용은 하나님이 역사를 계획적으로 주관하신다는 것이며 그 계획이 실현됨에 있어서 빈번하게 나타나는 수수께끼 같은 신비로운 방법과 인간이 기대하던 것과는 정반대 방향으로 치닫고 있다는 것을 설명하는 데 있는 것이다. 족장설화들은 이스라엘을 역사의 무대 위로 올려놓으려는 또는 이스라엘을 특별히 고려하려는 시도를 심사숙고 하지 않고 있다는 점에서—설사 이것들이 정확히 이런 기능을 하고 있긴 하지만—기교가 부족하다. 이 설화들은 정치적 목적에 대한 실제적인 개념도 없으며 조직화된 예배체계나 하나님의 약속의 말씀에 대한 표준화된 형태도 고려하지 않고 있다. 이 설화들은 또한 그 당시 세대의 족장들이 인류의 미래를 활짝 열어줄 하나님의 개입을 기꺼이 기다리고 있었음을 입증해주는 분명한 증거들인 것이며 우리가 이들 설화들에서 볼 수 있는 하나님에 대한 고매한 사상은 구약성경 다른 어떤 곳에서도 거의 동등한 것을 찾을 수 없는 내용이기도 한 것이다.

F. 아브라함 약속에 대해 후대의 구약성경이 언급하고 있는 내용

아브라함 언약은 구약성경 전체에 걸쳐 하나님의 백성에 관한 다른 모든 관계개념의 원인되는 뼈대로 계속 여겨지게 된다. 우리는 곧 이 언약과 시내산 언약 사이의 상호 연결을 살펴보게 될 것이며 아울러 이같은 연결이 시내산 언약을 아브라함 언약의 부분적인 성취로서 제시하고자 하는 신명기의 주요 목적이 될 것임을 또한 살펴보게 될 것이다. 물론 시내산 언약은 특히 이스라엘 민족의 신분을 규정지어주는 관계로서의 역할을 하면서 역사시대를 지배하고 있으며 또한 무엇보다도 그 언약은 이와 동시에 다윗 언약이 첨가됨으로 해서 더욱 확장된다. 이와 같은 이유로 해서 역사시대 내에서 직접적으로 찾을 수 있는 아브라함 협정은 다만 그 메아리들만 볼 수 있는 것이다(시 47:9; 사 29:22; 미 7:20 참조). 포로 이후시대에 민족주의가 쇠퇴하면서 이 시대를 가리키고 있거나 또는 이 시대를 의도하고 있는 성경 내의 아브라함 언약의 해석에 대한 흥미가 놀라울만큼 부흥하게 된다(사

41:8, 51:2, 63:16; 렘 33:26). 그러나 한편으로는 포로 이전 시대에 속하는 민족적 대참사를 눈 앞에 두고 있던 때, 곧 민족의 장래나 또는 그 일부가 위태한 지경에 처해 있다고 여겨지고 있던 것으로 보이던 그때, 이 백성은 아브라함 언약이 언제나 제공해왔던 호소의 근거를 보다 광범위하게 활용하였던 것으로 설명하지 않을 수 없는 것이다.

우리는 언약에 관한 용어를 살펴보면서 창세기 12:1-3을 3-11장에 대한 하나님의 응답으로 여겨왔다. 하나님의 나라가 이 세상에 세워진다고 하는 내용이 바로 아브라함 언약의 목표인 것이다. 성경적 의미에서 이같은 목표는 일련의 분리과정, 즉 아브라함이 그의 세계로부터 분리되는 사건, 광범위한 아브라함의 가족에서 이삭이 분리됨, 야곱이 그의 형에게서 분리됨, 요셉이 그의 가족들에게서 분리됨 등과 같은 분리에서 시작되어 나아왔다. 이같은 사실은 우리에게 뭔가 이스라엘의 소명에 대한 개념을 제공해왔던 것으로서 이스라엘 역시 그 자체와 그 역사적 무대와 거리를 유지하라는 부르심을 받았던 것이다. 이스라엘은 이와 같이 분리됨으로 해서 때가 찰 때까지, 그래서 아브라함의 씨로 인해 주어진 구속이 나타난 결과, '이스라엘에게' 속해 있었던 구원이 모두에게 제공될 때 이에 대한 증인이 되어야 하는 것이다. 이때, 응답한 자들은 바로 이 사람 곧 아브라함이 진실로 모든 이의 영적 아버지였다는 사실을 깨닫게 되는 것이다(롬 4:16).

요 약

창세기 15장의 내용을 검토하는 중에 우리는 18절의 **베리트**가 12:1-3의 약속의 말씀이 유효하다는 점을 아브람에게 다시 확신시키고 있는 구조 내에 배정되어 언급되었다는 점을 주목해 보았다. 창세기 15:18의 **베리트**는 창세기 1-11장의 경우에서와 마찬가지로 12:1-3의 부르심과 약속의 말씀으로 인해 이미 수립된 바 있었던 언약관계를 확인하는데 쓰였다(창 12:1-3은 인간의 타락과 11:1-9에 언급된 타락에 이은 사회적 타락에 의해 야기된 인간의 딜렘마에 대한 하나님의 분명한 응답으로 보였던 것이다).

창세기 12:1-3의 구문과 내용은 아브라함의 자손과 관련있는 두 가지 약속의 구조를 계시해 주었으며, 이 두 가지 약속의 말씀은 하나는 이방인과의 관계에 대한 것이고 다른 하나는 아브라함 언약의 백성들에 관한 것이었다. 12:2의 '큰 민족'이란 것은 즉각적으로는 이스라엘을 고려하고 있긴 하지만 최종적으로는 종말의 하나님의 백성을 가리키고 있다. 우리는 12:1-3의 '축복'의 의미를, 아브람의 소환에 포함된 어떤 잠재적인 사건을 실현시키려는 하나님의 약속으로 살펴보았으며, 그런 한편으로 우리는 이 단락의 '축복'을 또한 창세기 3-11장의 '저주'에 대한 상쇄적인 반응으로도 보았던 것이다. 12:3 하반절은 이 시점에서 선교의 문제가 다소 개방된 채 남아 있긴 하지만, 다른 민족들에 대한 '선교'의 개념은 품고 있지 않은 듯이 보인다. 마지막으로 창세기 17장은 할례라고 하는 보다 총체적인 명령을 덧붙이고 있긴 하지만 그 이전에 맺어진 협정들을 재가하는 것으로 이해되었다. 이 장에서의 **베리트**는 어떤이들이 주장하는 것처럼 그렇게 어떤 '발전'의 의미를 나타내 주고 있지는 않다. 그리고 구약성경 이후의 남은 부분에 나타난 아브라함 언약의 과정이 간략하나마 개괄적으로 언급되었다.

3

시내산 언약 – 아브라함 언약의 구조 내에 위치한 민족으로서의 이스라엘

A. 출애굽기 19장 3 하반절—8절과 하나님의 이름인 여호와에 대한 언약 서론

1. 출애굽기 19장 3 하반절—8절의 전체적 배경

　시내산에서 이스라엘이 경험한 사건의 구조 내에 있는, 언약에 관한 문제는 출애굽기 19 : 5, "세계가 다 내게 속하였나니 너희가 내 말을 잘 듣고 내 언약을 지키면 너희는 열국 중에서 내 소유가 되겠고"란 어구에서 처음으로 공식적으로 제기된다. 19 : 1-2의 내용에는 이스라엘 자손이 애굽에서 나와 광야를 행군한 후 시내에 위치해 있다는 사실이 기록되고 있으며, 19 : 3-6에는 그들이 서있는 언약의 성질을 담은 포고문이 등장한다. 그 다음에는 모세가 경험한 바를 백성들에게 설명하는 사항이 이어지고 있으며(이 언약의 내용에 대한 계시는 오직 산 위에서 모세에게만 주어졌기 때문이다. 19 : 3을 참조할 것), 19 : 7-8에는 이 언약관계를 백성들이 받아들인다는 맹세의 내용이 담겨 있다. 그런다음, 이 장은 원래는 모세에게 나타나시려는 의도였긴 하지만 모든 백성에게도 들리게 되는, 임박한 하나님의 현현을 암시하면서 계속된다(9절). 10-15절은 하나님의 출현에 대한 준비문제를 다루고 있다. 16-25절은 3일동안 하나님의 나타나심을 준비한 이후, 하나님의 현현과정을 묘사한다. 하나님의 임재는 전형적으로 천둥과 번개, 빽빽한 구름과 나팔소리에 의해 예고되며, 이런 예고가 있은 다음 모세는 산 위로 올라간다. 모세는 백성들에게 주는 지침들을 가지고 돌아오며 그후 백성들은 출애굽기 20:1-17 에 기록되어 있는 10마디의 말씀(즉 10계명)을 직접 듣는다.

출애굽기 19:3 하반절-8은 그 해석문제를 두고 현재 계속 토론 중에 있는 단락으로서 이상과 같은 문맥에서 시내산 언약의 내용과 그 중대성을 모두 흡수하고 있다. 시내산 회합의 결과로 나타난 이스라엘에 대한 소환을 다루고 있는 이 구절들을 정확하게 이해하는 것은 극히 중대한 문제이다. 이 시점 이후에서 계속되는 이스라엘의 역사는 실제에 있어서 이스라엘이 시내산에서 주어진 하나님의 부르심에 얼마나 충실하게 집착했는가를 나타내 주는 해설에 지나지 않는 것이다. 이런 의미에서 우리는 무엇보다도 출애굽기 19:5, '내 언약을 지키면'이란 어구에 주의를 기울여야 할 것이다. '내 언약'이란 어구는 창세기 6:18과 9:9 이하에서의 언약이란 말이 제시하였던 것과 동일한 일방적인 의미를 담고 있으며, 이러한 이유로 해서 시내산 계시는 어떤 의미에서 이미 존재해 있는 관계를 단지 보다 더 상세히 서술한 것이었다는 점을 암시한다고 할 수 있겠다. 이런 관점에서, 존재해 있는 어떤 관계에 대한 재가로서의 **베리트란** 낱말은 이와 같은 동일성을 보다 분명히 지적하기 위해서 사용되고 있는 것이다(5절).

어떤 각도에서 본다면 우리는 출애굽의 해방을 이 언약관계의 수립이었던 것으로 이해할 수도 있겠으나 초기의 출애굽기 자료에는 출애굽사건 그 자체에 의해서 어떤 언약이 특별한 의미를 갖고 세워졌다는 언급이 전혀 없었다. 구약성경의 여러 다른 곳에서는 상대적으로 빈번하게 등장하는 '언약을 지키다'란 어구가 하나님의 주도권 내에서 해야 할 인간의 책임을 가리키고 있는데 (창 17:9, 10; 왕상 11:11; 겔 17:14; 시 78:10, 103:18, 132:12 등), 이러한 곳에서 다루어지고 있는 내용은 단순히 이전의 어떤 관계에 대한 신실성이 아니라 이전의 어떤 언약에 대한 신실성인 것이다. 출애굽기 6:4은 출애굽사건을 족장들과 맺어진 언약이 성취되고 있는 것으로 언급하고 있는데 그렇다면 19:5 역시 그런 방향을 가리키는 것일 수 있으며 더군다나 19:3의 족장에게 내려졌던 형태의 명령("너는 이같이 야곱 족속에게 이르고 이스라엘 자손에게 고하라")을 염두에 둘 때는 더욱 그러하다.

2. 여호와와 모세에 대한 부르심

시내산 언약에 결부되고 있는 새로운 요소는 여호와라는 하나님의 이름으로서 이 이름은 그 이전에는 알려져 있지 않았거나 아니면 족장시대와 결부되어 있지 않았던 것으로 말해지고 있다 (출 6:3). 이 하나님의 이름은 명확하고도 긴밀하게 출애굽기 3장의 모세의 경험내용과 결부되어 있으며, 더 나아가 3장(1절 참조)은 19장에서 있게 될 이스라엘 전 민족의 모임을 모세가 경험하게 될 것임을 예상해 주고 있었던 것 같다. 따라서 여호와란 이름이 결부됨과 동시에 출애굽기 19장에 등장하는 이스라엘에 대한 부르심은 3:13-15의 모세에게 계시된 하나님의 이름이 주어지고 있는 사건을 둘러싼 세부사항과 분리시켜서 고려해서는 안될 것이다. 여기서 모세의 장인은 이전에 시내산과 어떤 관련사항들을 가지고 있지 않았는지 또는 모세시대에 이 시내산이 이미 거룩한 장소로 여겨져 있었던 것은 아닌지 하는 점을 살펴본다는 것은 흥미있는 일이긴 하지만 사변적인 문제가 된다. 흥미롭게도 우리는 하나님의 이름인 여호와가 팔레스틴 남부 깊숙히 결부되면서(이러므로 해서 가데스/시내 지역과 결부된다), BC 1400년경[1] 출애굽사건이 일어날 때의 어느 지명으로서 이집트인의 기록에 등장하고 있다는 점을 알게 되었다. 이 문제는 논의되고 있긴 하지만 이와 같은 사실이 등장함으로 해서 우리는 여호와란 이름이 팔레스틴 남부지역에서는 오래 전부터 잘 알려져 있었다는 추론이 가능할 수 있으리라 보이며 또 이집트의 자료에서 기록되어 묘사되고 있는 그 지역에 바로 이 신명(神名)이 주어졌

---

[1] R. de Vaux 의 "The Revelation of the Divine Name YHWH", in *Proclamation and Presence — Old Testament Essays in honour of G. H. Davies* ed. J. I. Durham and J. R. Porter(London : S. C. M., 1970), pp.55-56에서 이집트의 증거자료에 대한 평가를 볼 수 있다.

던 것으로 추측할 수 있을 것 같다.

다시 본론으로 돌아가 살펴보건대 3장에 나타난 모세의 부르심은 단순히 지나쳐가면서 한마디 할 정도 이상의 관심을 끌고 있다. 우리는 모세가 호렙에서 경험했던 사건의 배경이나 또는 그가 애굽에서 도망하게 된 사건의 배경 등을 꼼꼼하게 검토해야 할 필요는 없긴 하지만 출애굽기 설화들의 세부사항들이 신뢰할 만할 뿐만 아니라 또한 완벽하게 믿을만하다는 점은 주목해야 한다. 모세란 이름은 독창적인 히브리식 이름일뿐 아니라(출 2:10 참조) 또한 애굽식 이름으로도 꼭같이 수납될 수 있는 이름이다. 다시 말해서 앞서 설명된 바 있듯이 이 이름은 그가 교육받으면서 자라온 애굽의 배경에 동화되었던 것으로 보이는 것이다.[2]

그는 레위의 혈통에서 태어났으며(출 6:20), 초기 레위 가문의 명단을 보면 애굽식 이름들이 더러 보이고 있기 때문에 이같은 사실은 그가 관련된 애굽의 총체적 배경을 보다 더 신빙성있게 보여준다(애굽식 이름들의 예를들면 므라리, 비느하스, 홉니이며 아론도 아마 여기에 속할 것이다). 그는 애굽의 순회법관의 일원으로 채용되는데 이 사실은 주지하다시피 애굽의 새 왕조 기간에 외국인들도 애굽의 법정에 참여했다는 사실과 일치하고 있는 것이다.[3] 그리고 모세의 일화들 속에는 부인할 바 없는 분명한 애굽적 색깔이 들어있는 한편, 출애굽기 3장은 모세의 부르심 역시 족장에게 주어진 약속의 말씀들과 계속 연결되고 있다는 점을 지적하고자 애쓰고 있다. 6절은 모세를 만나시고 또 이 만남을 통하여 옛날 족장들에 대한 약속에 포함되었던 이스라엘에 대한 대망의 기대들을 계속 유지시키실 분이 바로 아브라함과 이삭과 야곱의 하나님이심을 특히 분명하게 서술하고 있다. 그러나 3장의 기사에서 흥미를 끌고 있는 주요 논점은 이스라엘을 애굽 바깥으로 인도해내라는 명령을 받은 후 모세가 자기를 부르신 하나님의

---

2) 이같은 견해를 뒷받침하는 내용이 "Moses", in *The New bible Dictionary* (London : I. V. F., 1962), p. 843 의 항목에 담겨있다.

3) 외국인들이 델타지역에 비교적 쉽게 접근했던 문제에 대해 *The World History of the Jewish People*, vol. iii (London : W. H. Allen, 1971), p. 71 을 참조할 것.

이름이 무엇인지 묻는다는 사실인 것이다(이 지역에서는 그가 묻는 하나님의 이름이 이미 잘 알려져 있었고 또 이드로에게도 아마 알려져 있었을 것이란 점을 고려해야 할 것이다. 출 18:12 참조).

이미 지적한 바와 같이 하나님의 이 이름은 새로운 것이 아니었음이 거의 분명하다. 여호와란 이 이름은 창세기의 설화들 속에서 광범위하게 밝혀지고 있을 뿐만 아니라(이 명칭은 깊이 깔려 있으며 단순히 편집상의 결합에서 등장하는 것은 아니다. 창 4:26 참조), 또한 이 이름은 요게벳(모세의 모친)과 여호수아 등과 같은 초기의 이름들 속에 복합명칭으로 거의 분명하게 나타나고 있다. 따라서 우리는 모세가 본문에서와 같이 되물었던 것은 앞으로 세워질 이 새로운 관계에서 이 이름이 뜻하는 의미란 무엇인가 하는 점이었던 것으로 생각해 볼 수 있을 것이다. 여기서 우리는 고대 세계에서 신의 이름에 대한 정확한 이해가 무가치한 문제가 아니었다는 점을 주목해야 한다. 신은 자기의 이름을 줌과 동시에 자신을 직접 주는 것으로 여겨졌는데, 이는 이 신(神)이 가지고 있었던 이름과 이 이름의 배후에 있는 신의 성품 사이에는 인과적인 연결관계가 존재하는 것으로 인식되었기 때문이다. 고대 사회에서 인간은 신비로운 세력들의 자비로 살아가고 있다고 느꼈는데, 이같은 상황 속에서 인간은 주어진 환경 안으로 어떤 도움을 전달시켜 주었던 특정 신들에게 정확하게 접근할 수 있는 방법들을 대단히 필요로 하고 있었던 것이다. 신에 관한 적절한 인식이 없다면 따라서 신의 이름에 관한 폭로된 비밀이야기가 없다면 이 신과는 아무런 관계도 수립될 수가 없었다. 그러나 이름이 주어진 곳에 이 신은 위탁과 신뢰관계에 있는 경배자들에게 자신을 주었던 것으로 인식되었던 것이다.

사실이 이와 같다면 성경적인 의미에서 여호와는 이스라엘의 특수한 소유인 것으로 비친다. 이교도는 이 명칭을 알지 못하며 (시 79:6 참조), 출애굽기 3장의 문맥상 이 이름에 대한 요청은 모세에게 전달된 새 계시의 정확한 뜻에 관한 질문인 것이다. 이따금 출애굽기 6:3은 족장시대에 여호와란 이름이 알려져 있지 않았으며 그 당시에는 하나님의 이름이 전능하신 하나님(엘 샤다이)으로 주로 사용되었다는 사실을 암시하고 있는 것으로 보이는 이상 이는 3:13-15의 내용과는 상충된다는 견해가 제시되고 있다. 창세기 12:1과 출애굽기 3:12 사이에는 여호와란 이름이 160회에 걸쳐 발견되고 있다는 점에서 이 견해는 외형상 난점이 따르고 있다.[4] 이와 관련된 구절들 중에 대부분이 편집상 또는 비역사적 문제였을 수 있다는 점을 인정한다손 치더라도 이 이름은 40회 이상이나 족장들의 입에서 또는 그들의 대화 중에서 발견되고 또 사용되고 있으며 더 나아가 우리는 창세기가 이 이름을 아브라함이 유래한 셈족의 직접적인 조상인 셋시대에까지 소급하여 사용했던 것으로 다루고 있음을 이미 살펴본 바 있는 것이다(창 4:26). 이와 같은 이유로 해서 마티어(J. A. Motyer)가 주장한 바와 같이[5] 출애굽기 6:3은 이제 출애굽시대에 이르러 마침내 여호와란 신명(神名)의 의미가 전달되었음을 뜻하는 것으로 이해되어야만 하는 것이다.

3. 여호와라는 신명의 의미

그렇다면 이제 강조되고 있는 이 신명의 새로운 의미는 무엇인가? 이 질문에서 우리가 어떤 정보를 얻으려면 그것은 출애굽기 3:14-16에 언급된 모세에 대한 하나님의 응답과 식별되어야 할 것이다. 우선 3:14의 하나님의 응답은 수수께끼 같고 또 모호하게 보인다. 많은 학자들은 이 응답을 그 당시 이스라엘이 당하고 있었던 고통에 대해 더 이상의 직접적인 반응을 보이지 않겠다는 하나님의 거부의사를 암시하고 있는 것으로 여겨왔다. 그러나 14 하반절을 살펴보면 "나는 스스로 있는 자"라는 신명의 의미가 이미 알려져 있었으며 또한 이 이름이 애굽에 있는 이스라엘 족속

---

4) J. A. Motyer, *The Revelation of the Divine Name* (London : Tyndale, 1949), p. 25 참조.
5) Motyer, op. cit., p. 16. 여기서 다루어지고 있는 논점에 대해 또 다른 해결책을 제시하고 있는 포괄적인 견해를 살펴보려면 G. J. Wenham, "the Religion of the Patriarchs" in *Essays on the patriarchal Narratives* ed. A. R. Millard and D. J. Wiseman (Leicester : Inter Varsity Press 1980), pp.157-188을 참조할 것.

에게 전달되었을 때, 이 이름은 어떤 확신감을 심어주는 역할을 했을 것이라는 인상을 주고 있는 듯이 보인다.

신명에 대한 전통적 번역은 "나는 스스로 있는 자(I am who I am)"로서 폭넓은 지지를 받아온 것이 사실이긴 하지만 이것 역시 어떤 개연성을 지닌, 그 이상의 확고불변한 번역은 아닌 것이다. 왜냐하면 신명인 여호와가 히브리어 '있다(to be)'란 동사의 한 구성요소란 점에 대해서는 모두 동의하고 있긴 하지만 이 형태가 히브리어 동사의 단순형(칼형)인지 아니면 사역형(히필형)의 형태를 띠고 있는지에 대해, 더 나아가 이 동사의 형태가 3인칭 단수 현재로 번역되어야 할지 아니면 미래로 번역되어야 할지에 대해서 일치된 견해가 없기 때문인 것이다. 그리고 이 두 가지 형태를 설명하자면 이 신명은 칼 형태로서는 "나는 스스로 있는 자(또는 '나는 스스로 있을 자')"인 것이며 히필 형태로서는 "나는 스스로 창조하는 것을 창조하는 자(즉, 그것을 있게 하는 자, 또는 나는 스스로 있게 할 것을 있게 할 자)"로 번역될 수 있는데 이 둘 사이에 선택해야 하는 것이다. 출애굽이 이스라엘의 '창조'를 묘사한 것이라고 가정할 때는 흔히 히필형이 선호되기도 하지만 이 견해는 출애굽기 3장이 지적하고 있는 과거와의 연속성 문제에 부닥치게 되면 거부당하게 되는 것 같다. 이 문제는 현재 계속 논의되고 있지만 그 상세한 전문적 문제에 있어서는 더 이상 진척되지 않을 것 같다(그러나 관심을 가져야 할 것은 헬라어의 구약성경이 이것을 '나는 있는 그[I am he who is]'라고 번역하고 있는데 이것 역시 히브리어 구문론적인 근거를 가지고 있어 충분히 가능한 번역이란 점이다).

3 : 4 하반절에 설명되고 있는 내용을 보면 ' be '동사의 단순형으로 이 명칭이 사용된 것으로 보인다. 이러한 이유로 해서 신명인 여호와를 동사의 단순형 현재 또는 미래로 번역하는 전통적인 견해가 주류를 이루어왔던 것이 분명한 것 같다. 아마도 우리는 이 시점에서 차일드스(Brevard Childs)의 견해를 채택하는 것보다 더 나은 방법이 있을 수 없으리라 보는데[6] 이 견해에 따르면 3

---

6) B. S. Childs, *Exodus* (London : S. C. M., 1974), p. 76.

: 14-15에서 이야기되고 있는 내용이란 것은 여호와의 미래의 행위를 통하여 특히나 지금 절박한 이스라엘의 해방을 통하여 그의 성품이 곧 알려지게 되리라는 점인 것이다. 이렇게 해서 모세는 여호와의 의도를 가리키고 있는 것으로 지금 이해되고 있는 이 이름을 가지고 애굽으로 돌아가라는 임무를 부여받는다. 이 이름이 가진 특성은 족장에게 주어진 약속의 말씀을 염두에 둘 때 분명해질 것이다. 즉, 이스라엘은 이제 여호와에게서 유일하고 참되신 실존하는 하나님, 자기네들의 미래를 지적해 주실 하나님을 인식하게 되는 것이다.

자신의 비밀에 대한 폭로는 여호와가 유일한 분이며 또 이스라엘 위에 군림하는 독단적인 권리를 가졌고 그리고 이스라엘과의 관계를 가지고 있다는 주장의 성격을 띠고 있다. 따라서 10계명이 전달되었을 때 하나님은 자신의 신분을 "나는 너를 애굽 땅에서 인도하여 낸 여호와로라"고 규정하신 후 "너는 나 외에는 다른 신들을 네게 있게 말지니라"라는 명령을 내리셨는데, 앞의 어구는 이 명령을 통해 언약이 강조되고 있으며 또한 이 언약에 의해 뒷받침되고 있는 완벽한 권리주장이 결코 우연히 발생된 것일 수 없음을 보여준다. 출애굽기 3 : 15에서 볼 수 있는 바와 같이 여호와라는 이 새 명칭은 이후부터 하나님이 이스라엘에게 '기억될' 그 이름인 것이다. 다시말해서 언약관계는 언약에 대한 이스라엘의 반응이 어떠한 것이든 또는 믿음으로 순종이나 신뢰의 반응을 보이든지 아니면 이스라엘이 예배 때에 이 이름을 보다 더 공식적으로 부르며 기도하든지 간에 이 이름에 의해 실현되게 되리라는 것이다.

4. 출애굽기 19장 3 하반절-6절

a) 이 단락의 구조

출애굽기 3장에 예고되어 있는 구속이 이제 진행되고 있으며 그런 다음 우리가 언급한 바 있듯이 출애굽기 19장에서 이스라엘은 시내에 도착하게 된 것이다. 이 장에서 주요 구절들은 3 하반절—6절이다. 이 단락은 다소 독립된 완전한 문맥을 형성하고 있는데 이같은 사실은 이 단락의 한계를 규정하고 있는 부분들, 즉 전달자에 의한 메시지임을 나타내는 처음과 마지막 부분의 공식들(3절 "너는 이같이 야곱 족속에게 이르고", 6절 "너는 이 말을 이스라엘 자손에게 고할지니라")에 의해 분명해지고 있는 듯이 보인다. 이 단락의 메시지는 현재 시내산 만남이 이루어지고 있는 역사적 배경에 대한 삼중적 서술로 시작된다(4절). 즉, 하나님은 이스라엘을 애굽에서부터 구원해냈으며, 광야의 험한 환경 중에서 그들을 독수리의 날개에서 보호하듯이 그렇게 보호하였으며 그리고 그는 이스라엘의 노정을 이렇게 배정하사 그들로 하여금 자신에게로, 다시말해서 시내로 인도하게 하셨다는 것이다. 그런 다음, 4절의 이같은 삼중적 서술은 5—6절에서 이스라엘과 여호와의 관계를 뜻하고 있는 삼중적인 묘사를 통하여 평행을 이룬다. 즉, 이스라엘은 열국 중에서 하나님의 소유가 되며(5절), 제사장 나라가 되며 또 거룩한 백성이 되리라는(6절) 선언을 받는 것이다.

이렇게 해서 4절은 어떤 특별한 선택과정을 묘사하고 있는 것이며, 더 나아가 이 단락은 5—6절에서 설명되고 있는 언약관계로 결론맺는다. 따라서 5 상반절의 '이제 ~ 하면 (now therefore)'이란 말 속에 담겨있는 미래의 의미는 하나님이 3절에서 설명된 족장과의 관계를 보존해 오시면서 보이신 행위 또 그것을 진척시켜 오신 활동의 의미에 의존하게 되는 것이다. 또한 이 단락에는 이스라엘이 자신들의 구속함 받은 것을 축하하는 장면이 서술되고 있는데, 이 사건은 하나님이 족장과 세우신 언약을 성취하심으로 이루어졌다. 그러므로 5절은 이제 지켜지지 않을 수 없는 이 언약관계의 존속을 상기시키는 것으로 시작된다는 것은 적절한 것이다.

b) 5—6절의 세 가지 주요 용어

5—6절에는 이스라엘에 대한 부르심을 묘사하고 있는 세 가지 용어들, 즉 '내 소유', '제사장 나라', '거룩한 백성' 등의 말들

이 계속 언급되고 있는데 이것들은 좀 상세하게 다루어져야 할 사항들로서 우리의 흥미를 끌기에 충분한 문제들이다. 이 세 가지 용어에 공통적으로 담겨있는 요소는 이스라엘이 현재 뿌리를 내리고 있는 이 세상에서 분리되어야 한다는 개념이다. 즉, 이것은 우리가 앞으로 보게 되겠지만, 이들 용어들 자체에 의해서 뿐만 아니라 5절에서 언급되고 있는 바와 같이 그들이 '열국 중에서' 선택받고 그 결과 부차적으로 열국으로부터 분리되리라는 의미에서도 분명히 드러나게 되는 사실이다.

선택의 의미를 담고 있는 '내 소유(세굴라)'란 용어는 상당한 중요성을 띠고 있는 말로서 이 히브리 단어는 악카드어 (시킬투)에서 유래하였으며, 이 악카드 단어는 본질적으로 개인이 소유하고 있던 것이나 또는 개인적으로 사용하기 위해 주의깊게 따로 보관해 두었던 것을 가리킬 때 사용되던 낱말이다. 이 악카드 단어는 힛타이트(헷)족 왕과 도시국가인 우가릿(Ugarit)의 가나안 봉신왕 사이에 주고받았던 서신에서 발견된 적이 있는데 이 서신에서 힛타이트의 왕은 이 봉신왕을 자신의 **시킬투**라고 묘사하였던 것으로 우리는 이를 주목해 보아야 할 것이다.[7] 이로써 우리는 이 단어가 주종관계를 나타내는 주요한 영역, 즉 국제조약과 같은 그런 분야에서도 사용되었다는 것을 알 수 있는 것이다. 우리는 이러한 조약 양식들이 출애굽기 19-24장의 원 자료의 **출현**에 지대한 영향력을 끼쳐왔다는 사실을 조만간에 살펴보는 기회를 가지게 될 것이다.

이곳 이외에 이 단어는 구약성경에서 여러 곳에 나타나는데, 그 중에서 신명기 7:6, 14:2, 26:18 등 언약과 관련된 문맥에서 발견된다. 이들 문맥에서 이 단어는 이스라엘의 진가란 하나님의 선택을 받은 대상이 되었다는데 있음을 묘사하는데 사용되고 있으며, 이것은 또한 말라기 3:17 뿐만 아니라 출애굽기 19:5을 직접적으로 가리키고 있는 시 135:4에서도 등장하고 있는데

---

7) E. Fiorenza, *Priester für Gott* (Münster : Verlag Aschendorff, 1972), p. 140에서 우가릿에서 출토된 아카디안 자료에 근거해 유추된 증거들을 다루고 있다.

여기서 이 용어는 마지막 심판 때에 보여지게 될 참된 이스라엘을 묘사하는데 사용되고 있다.

히브리어 세굴라는 비종교적 의미로 쓰이고 있는 것으로 보이는 역대상 29:3과 전도서 2:8에 두번 등장하고 있는데 이것들 역시 흥미를 가지고 살펴볼만하다. 전자의 구절에서 다윗은 성전건축 계획에 당연히 제공되리라고 보이는 제국의 국가자산의 전체적인 할당과는 별도로 자기 개인의 보물 중의 일부, 즉 자기 개인의 재물을 성전건축에 바칠 것임을 발표한다. 국가재산과 왕의 개인적인 자산 사이의 이와 같은 구분은 전도서 2:8에 의해서도 지지받고 있는데 여기에서 이 단어는 개인적으로 왕에게 소속되어 있는 재물, 즉 일반적인 왕의 통치영역과 동일하지 않은 것으로 보이는 왕의 자기 재산을 가리키는데 쓰이고 있다. 이런 점들로 미루어 볼 때 출애굽기 19:5의 선택과 관련된 이 용어는 하나님의 처분권 내에 있으며 완전히 독단적으로 활용할 수 있는 권한 내에 있다. 그래서 '사적인' 용도로 쓸 수 있다는 특별한 개념이 배제될 수가 없는 것이다. 또한 우리가 여기서 반드시 관찰하고 넘어가야할 것은 5절의 세굴라가 선택의 개념을 그 내부에 함축하고 있음과 동시에 그 다음에 이어지는 전치사구인 '열국 중에서'란 말과 밀접히 결부되어 있다는 것이다.

RSV는 히브리어 전치사인 민(from, among)을 분리전치사로 해석해서 '~중에서(among)'라고 번역하고 있다. 만약 이런 번역이 정당하다고 한다면 이스라엘이 선택함을 받은 것은 절대적 의미에서의 선택이 아니라 어떤 목적에 대한 수단으로 여겨질 수도 있다(문맥의 흐름은 이렇게 비칠 수 있다). 왜냐하면 이스라엘이 세상과 근본적으로 제휴하고 있다는 사실은 전 인류의 혈족관계를 나타내는 용어인 '백성들(peoples, 하암밈)'이란 말이 5절에서 사용되고 있다는 점에서도 인식되고 있기 때문인 것이다. 5절의 '백성'이란 용어는 집합적인 의미로 사용되고 있는데 이 사실을 통해서도 인류는 하나의 단위, 즉 이스라엘이 어떤 특별한 역할을 하여야 하는 전체적인 왕의 통치영역으로 간주되고 있는 것이다.

출애굽기 19：6의 초반부에 등장하는 어구인 '제사장 나라(맘레케트 코하님)'를 둘러싼 문제는 더욱 복잡하고 난해하다. 우리는 먼저 이 두 개의 히브리 단어를 나누어서 살펴볼 것이고 그런 다음 이 두 낱말의 관계를 종합적으로 토론해 볼 것이다.

히브리어 **맘라카**(맘레켙, '나라'는 이 용어의 보편적 형태로서 소유관계를 나타내고 있다)는 통치받고 있는 영역을 가리킨다기 보다는 왕권 그 자체가 가진 직무나 그 직무의 기능 또는 가치를 가리킬 때 사용되는 용어이다. 이 낱말은 이 직무를 점유하고 있는 사람을 가리킬 때도 사용될 수 있긴 하지만 그러한 경우는 예외적인 상황이다.[8] 또한 히브리어 **코헨**(제사장)은 가장 설득력있는 어원론을 고려하고 또 그 용례를 살펴보면 제사에 사용되는 장비들을 가리키는데 사용되었던 것이 분명하다.[9] 그리고 **코하님**(제사장)은 출애굽기 19：6에서 제도화된 의식적인 제사장직을 가리키고 있는 것이 아니다. 왜냐하면 이 제사장직이라고 하는 것은 시내산 계약이 맺어지면서 거기서 유출되어 나온 입법과정을 통해 등장하게 될 것이기 때문이다. 여기서 이 낱말은 단순한 의식적인 개념보다 더 넓은 개념으로 쓰이고 있는 것으로 보이며, 또한 5절의 '언약'이란 말이 가리키고 있는 것으로 보이는 아브라함과 이스라엘과의 연결, 이 연결에 의해 이스라엘에게 수여된 축복과 결부되어 쓰이고 있는 것으로도 보이는 것이다.

이 구절에서 언급된 바와 같이 이 두 용어는 소유관계에 놓여 있다. 이러한 관계에 놓여 있을 때 히브리어에서는 흔히 두번째 단어가 첫번째 단어를 수식하는 기능을 한다. 즉, '제사

---

8) 왕을 가리키는 히브리어의 일반적인 단어는 **멜렉**이다. W.L. Moran 은 "A Kingdom of Priests", in *The Bible in Current Catholic Thought*, ed. J.L. McKenzie (New York, 1962), pp.11-12 에서 **마므라카**가 구약성경에서는 왕의 자리를 차지한 사람을 가리킬 때 사용될 수 있는 말이라고 강력하게 주장한다. 그러나 이 문제는 좀더 논의되어져야 할 사항이며 이 단어는 왕권의 기능에 한정시키는 것이 보다 더 적절할 것이다. Fiorenza, op. cit., p.114 참조.

9) Fiorenza, op. cit., pp.114-116.

장'이란 말이 형용사적인 의미를 띠고 '나라'라는 말을 수식하는, 예상되어 온 바와 같은 한정사가 되는 것이다. 따라서 우리는 이 어구를 '제사장적인 나라' 또는 '제사장의 왕권' 등과 같은 말로 번역해 볼 수 있을 것 같다. 그러나 이러한 관계에서 두번째 낱말은 첫번째 낱말과 동격 관계에 있는 것으로 보는 것이 더 정당할 수도 있다. 만약 이 어구를 동격 관계로 본다면 이 어구의 의미는 '나라, 즉 제사장'이 될 것이며 이것은 다시 말해서 실제적으로 제사장직에 있는 자들에 의해 왕적인 직무가 시행된다는 의미가 되는 것이다. 이 두 견해는 사실상 서로 무관하지 않으며, 또 하나는 다른 하나를 실제적으로 배제시키고 있지 않다. 그러나 이 어구와 그 다음에 이어지는 '거룩한 백성'이란 어구 사이에는 분명한 평행을 이루고 있는 것으로 보아 순수한 의미에서 전자의 견해('제사장의 왕권')가 사실 더 선호되고 있는 것으로 보아야 할 것 같다. 우리는 '제사장적'이란 말과 '거룩한'이란 말이 형용사로서 공통된 특징을 띠고 있는 것과 마찬가지로 정치적인 용어인 '나라'란 말과 '백성'이란 말 사이에는 분명한 대응관계가 있다고 생각해 볼 수 있을 것이다.

본문에는 흔히 예상할 수 있는 'holy people(거룩한 백성)'이란 말이 쓰이지 않고 'holy nation(거룩한 민족, 한글개역성경은 이를 거룩한 백성이라고 번역하고 있음―역자 주)'이란 말이 이스라엘에 적용되고 있는데, 이 말을 이해하기 위해서는 창세기 12 : 2에서 이미 설명한 바 있는 **고이**(백성)란 낱말의 용법에 대해 비록 여기서는 이 낱말이 좁은 의미로 쓰이고 있는 것이 사실이긴 하지만, 이를 좀 더 자세히 살펴보아야 할 것이다. 흔히 토론되어 온 관점에 따르면 이 **고이**는 여기서 어떤 의미에서 앞에서 언급된 '나라'란 말과 상호 연관성을 예상하고 쓰였다고 볼 수 있는 것이다.[10] 그러나 우리는 **고이**가 사용됨으로 해서 짐작할 수

---

10) 앞에서 지적한 바와 같이, 히브리어 고이는 구약성경에서 이스라엘을 가리킬 때는 거의 사용되지 않는다. 여기서 다루어지고 있는 논

있는 12:2에 대한 분명한 지적을 놓쳐서는 안될 것이다. 즉, 시내산 언약은 아브라함 약속들에 대한 진일보한 표적을 남기고 있는 것이 아니라 오히려 그것들을 특수화하여 이스라엘을 통하여 가동시키는 것이다.

이스라엘 민족의 선명성과 그에 따르는 이스라엘의 역할이 또한 고려된다. 이제 이스라엘은 다른 민족과 대단히 힘겹게 구별지어졌던 그들 여러 민족공동체들에게 더 이상 소속해 있지 않는 것이다. 이제 이스라엘은 분명한 존재로 상승했으며 어떤 특권들을 부여받았다. 그런 다음 우리는 이미 창세기 12:2과 연결하여 살펴본 바 있듯이 여기서 이스라엘을 제물로서, 즉 이스라엘의 국가체제상 세상에 사회적 모델이 되는 제물로서 고려해 볼 수 있을 것이다. 언약이 의도하고 있는 하나님의 직접적인 통치하에서 전 세계를 향한 성경의 목적이 될 예정인 신정통치의 전형적인 예를 이 이스라엘이 제공할 것이다.

이스라엘은 하나의 민족으로서 앞으로 '거룩한' 나라가 될 것이다. 구약성경에서 거룩함이라고 하는 것은 아주 독특한 특성을 띠면서 오직 여호와께만 적용된다. 그러나 하나님은 '이스라엘의 거룩한 자'라고 명명되면서 종종 그가 이스라엘과 분리되어 있는 점도 강조된다. 이와 마찬가지로 이스라엘은 또한 보편적인 국제적 접촉의 영역에서 분리되어 나오며 하나의 민족으로서 이스라엘은 여호와와의 관계에서 그 접촉점을 발견한다. 출애굽기 19:6의 '네게 대하여'란 전치사구의 기능이 이를 강조하고 있다. 구약에서 거룩함이란 언제나 일상적 용도에서 떨어져 나와 신적 용도로 특별하게 사용되는 것을 가리키고 있기 때문에 이 문맥에서 이 용어의 핵심은 시내산에서 수립된 민족적 차원의 교제관계의 성질과 이스라엘이 이런 관점에서 하나님께 바쳐야 할 충성에 대한 언급에 의존할 수 있는 것이다. 이 이상의 설명이 더 있어야 할 것인지 아니면 필요가 없는 것인지 하는 문제는 19:3 하반절-6절의 전체 문맥이 떠맡고 있는 것으로 보이는 방향에 관하여

점에 대한 토론을 살펴보자면 A. Cody, "When is the Chosen People Called a GOY?", *VT* 14(1964), pp.1-6을 참조할 것.

우리가 어떠한 결정을 내리느냐 하는 점에 의존하게 될 것이다.

c) "제사장 나라"요 "거룩한 백성"으로서의 이스라엘

우리는 이제 "제사장 나라" 및 "거룩한 백성"이라는 두 문구의 관계에 관해 좀 더 논의해 보기로 하자. 이 두 문구가 상이한 두 대상을 지칭한다고 보았던 오래된 견해가 최근에 이르러 다시 대두되었다.[11] 그 견해에 따르면, 당시 나라는 일반적으로 제사장직 엘리트계층에 의해 주도되었거나 혹은 주도되어야 마땅했다. 따라서 "제사장 나라"란 통치계층에 관련된 언급이며 "거룩한 백성"은 통치받은 일반 백성들을 지칭한다는 것이다. 또한 이 견해는 이스라엘이 애초부터 성직자 제사장 정치의 정부조직을 갖추고자 했음을 시사한다. 그리고 제사장 중심의 통치체제하에서야 비로소 이스라엘은 출애굽기 19:6의 "거룩한 백성"의 면모를 여지없이 드러낼 수 있게 된다는 것이다. 이는 6 상반절이 주변세계에 대한 이스라엘의 위치 내지는 영향력 보다는 국내적 행정조직에 관련된 말씀임을 의미한다. 하지만 그러한 견해의 약점은, 실제 사실이 그 이론과 일치하지 않는다는 데에 있다. 왜냐하면 이스라엘의 초기 역사를 살펴보건대 제사장 중심의 통치사례를 발견할 수 없기 때문이다.

초기시대에 제사장은 모세라는 최고 지도자에게 종속된 상태에 있었다. 그리고 모세의 역할 자체만 보더라도, 그 강조점이 제사장직 성격에 있었다기 보다는 후기 사사들(혹은 선지자들)의 역할과 유사했다고 하겠다. 앞에서 지적한 바 대로, 고대 세계에 있어서 왕들은 제사장의 역할을 수행하기도 했다. 그러나 역으로 제사장이 왕의 역할까지 함께 감당할 수는 없었다. 더구나 엘리오트(J. H. Elliott)가 지적한 바 대로,[12] 본문의 언약적 배경하에서 출애굽기 19-24장에 수록된 언약체결 내용과 관련하여 우리가 초점을 맞추어야 할 사항은 고대 봉건제 후의 왕권 정도가 아

---

11) W. L. Moran. op. cit. pp.10-13.
12) J. H. Elliott, *The Elect and the Holy* (Leiden : E. J. Brill, 1966), p. 54, note i.

닌 여호와의 왕권에 대한 선포이다. 그러므로 "제사장 나라"와 "거룩한 백성"은 전혀 다른 대상에 대한 명칭이 아니라 거의 유사한 개념으로 사용된 말이다. 그리고 후자는 전자를 조금 다른 각도에서 반복 언급한 문구일 따름이며 양자의 경우 모두 전체 이스라엘을 포함한다. 과연 이 두 문구는 이스라엘의 신분적 위치에 관한 언급인가 아니면 기능상의 역할에 관한 언급인가? 전후 문맥을 고려하건대 후자가 더 타당한 듯하다. 4절은 여호와의 구속사역을 언급하였고 5절은 여호와와 이스라엘과의 관계에 대한 규정이며, 나아가 6절은 이스라엘에게 맡겨진 사명과 역할을 언급하고 있다. 4절은 히브리어상으로 '그리고 너희는'이란 말로 시작하며 5절은 4절에 이어 '그리고 이제는'이란 말로 이어진다. 부연하자면 4절은 하나님의 구속사역을 묘사하며, 5절은 4절 내용의 결과로 인해 이루어진 상태를 묘사한다. 또한 '그리고 이제는'으로 시작하는 6절은 4절에 곧바로 이어지는 구절로 봄이 타당하다. 이때 이스라엘의 신분에 관한 언급인 5절 내용은 6절을 전제로 함은 물론이다.

여기서 중요한 사항은 5절의 "세계가 다 내게 속하였나니"라는 문구이다. 대개, 인용한 본문 속의 히브리어 키(왜냐하면)는 여호와의 단독적 선택을 지지하는 구절의 도입어로 간주되고 있다. 온 세상이 여호와의 것이므로 그분은 그 원하는 바대로 당연히 하실 수 있을 것이다. 그러나 그와 같은 견해에 따르면, 5절 인용구는 여호와의 선택에 대한 정당화(justification)라기 보다는 변호(apology)의 성격을 띠는 셈이 된다. 대부분의 영역본들 또한 이 견해에 따라 5절 인용구를 변호적 성격을 띤 삽입구로 번역하였다. 반면 구약성경에서 여호와의 선택행위를 정당화하고자 할 때는 항상 그의 사랑이 언급되고 있다. 이러한 맥락에서 5절 인용구를 여호와의 선택행위에 대한 정당화라고도 볼 수 있다는 사실은 5절에 사용된 히브리어 세굴라(보석, '특별한 소유'라는 뜻—역자 주)란 말에서 잘 드러난다. 이와 같은 선택개념은 선택행위와 관련하여 사용된 히브리어 민('~중에서')의 두 용법을 비교해 봄으로써 보다 명백해진다. 구약성경에서 히브리어 민은 대개 매우 신중한 선택의 과정을 묘사하는 문맥에서 사용되었다. 또한 이는 이스라엘의 주변 세계로부터의 분리를 묘사하는 문맥에서도 자주 사용되었다. 이와 같은 민의 용례들을 염두에 두면 본문의 전후 문맥을 이해하는데 큰 도움이 될 것이다. 특히 '분리'라는 측면의 강조는 6절의 이해를 위한 중요한 열쇠를 제공하고 있다 하겠다.

d) 이스라엘의 역할과 아브라함 언약

바로 앞에서 언급한 논의사항으로 되돌아가 볼 때 "세계가 다 내게 속하였나니"라는 구절을 여호와의 선택행위에 대한 이유로 보기에는 다소 무리가 따른다 하겠다. 이 구절은 5절과 더불어 끝나는, 논점에 대한 결론 혹은 5절과 6절을 연결해 주는 다리 역할을 한다고 보는 것이 더 낫다. 그 중에서도 전자의 견해가 더 타당한 것 같다. 왜냐하면 6절 첫마디의 히브리어 웨아템('그리고 이제는')은 4절과 바로 연결되어 논점상 새로운 국면을 시작하는 역할을 하기 때문이다. 그러므로 히브리어 키(왜냐하면)는 이 문맥에서 5절까지의 논점을 결론적으로 요약한다는 의미를 시사한다.[13] 이와 같은 견해가 정당하다면, "세계가 다 내게 속하였나니"라는 구절은 이스라엘이 택하심 받은 목적이 무엇인지를 가리키는 말이라고 간주될 수도 있다. 이러한 관점은 아브라함 언약의 내용에로 우리를 곧장 인도한다. 즉, 이스라엘은 아브라함 언약 속에 내포된 보다 넓은 목적을 성취하기 위해 사용된 하나님의 대리인이었다는 의미이다. 여기서 보다 넓은 목적이란 곧 온 세상의 구속을 가리킨다. 이러한 견지에서 볼 때, 4-5절은 사실상 창세기 12:1-3의 재언급이나 다름없다. 더구나 아브라함과 이스라엘은 택하심 받은 경로나 의의에 있어서도 명백한 유사성을 보인다. 양자는 모두 약속의 땅 밖에서 선택되었으며, 하나님의 영원하신 뜻과 목적을 구현시키기 위해 선택된 도구들이었다.

---

13) 히브리어 키의 용법에 대해서는 R. Mosis, "Exod. 19, 5b, 6a : Syntaktischer Aufbau und lexikalische Semantik", *BZ* 22(1978), p. 16 참조.

이러한 논의를 더욱 확대시켜 나가 볼 때 아마도 6절은 **세굴라** (특별한 소유)로서의 이스라엘이 수행해야 할 사명과 역할에 대한 설명인 듯하다. 하나님의 택하심을 주제로 삼은 문맥에서 6절이 다만 현재 혹은 장래의 이스라엘의 신분적 가치에 관한 언급일 뿐이라고 보기에는 무리가 따른다. 요약컨대, '제사장 나라'와 '거룩한 백성'이라는 용어들은 이스라엘이 아브라함에게 맡겨졌던 역할을 계속 수행해 나가는 방법을 보다 선명하게 하기 위해 그리고 창세기 12:1-3의 약속이 어떻게 성취될 것인지를 보여주기 위해 사용되었다.

'제사장'[의]이라는 말은 의심의 여지없이 직분 혹은 사역을 가리키는 명칭이다. 그렇다면 이 직분은 어떤 의미로 어떻게 수행될 것인가? 그 명칭의 용례로 미루어 '제사장 나라'란 이스라엘이 세상에서 감당해야 했던 중재적 역할에 대한 일컬음인가? 중재적이라는 말의 의미를 이스라엘이 언약관계에 따른 축복을 주변 세계에 적극적으로 소개했다는 식으로 파악한다면, 구약성경에 기록된 이스라엘의 역할은 분명 중재적이지 못한 셈이 된다. 반면 그 말을 하나님과 세상 사이에서 담당했던 이스라엘의 수동적 매개역할이란 뜻에서 파악한다면, 과연 구약성경이 그러한 의미를 뒷받침하는지를 검토해 보아야 한다. 실제로 구약성경의 기록을 통해 보건대 제사장은 수동적 역할을 수행했다. 하나님의 나라로서의 이스라엘은 주변 세계로부터 성별되고 내적 순수성을 유지하도록 요청받았던 민족으로서 특히 제사장직은 성별되어 헌신된 봉사의 전형으로서 이스라엘 내부에 굳건히 존립해 있어야 했던 것이다.

구약의 제사장직에 있어서는 주로 언약에 대한 충성의 표시로서의 성별에 더욱 큰 강조점이 주어졌다. 물론 이러한 사실이 하나님의 크신 사죄의 은혜를 백성들에게 가르치며 또한 속죄제를 드리는 등 제사장의 분주한 역할을 부인하는 것은 아니며, 다만 그러한 역할의 성공여부는 세속의 번잡한 생활로부터 어느 정도 성별의 간격을 잘 유지하고 있느냐에 달려 있다는 의미이다. 따라서 6절에서 이스라엘의 역할을 '제사장 나라'라고 규정했을 때, 하나님의 성별된 소유로서의 이스라엘의 특성이 강조되고 있다. 그리고 '거룩한 백성'이라는 규정에서 또한 마찬가지이다. 왜냐하면 이 두 병행문구는 그 의미하는 바에 있어 항상 유사성을 나타내기 때문이다. 제사장이 당시의 사회로부터 성별되어 사회를 위해 봉사했듯이, 이스라엘 또한 주변 세계로부터 성별됨으로써 세상에 대한 사명을 감당해야 했다. 물론 하나님의 택하심으로 말미암아 이스라엘에게는 독특한 신분적 가치가 부여되었으며 거룩한 백성으로서의 이스라엘은 존엄성을 누리게 되었다. 그리고 훗날 선지자들이 끊임없이 백성들의 주의를 환기시켰던 사항 또한 바로 이 점이었다. 그러나 6절의 중요 논점은 5절 내용의 연장선상에 있는 것으로서, 이스라엘이 하나님의 뜻을 구현해나가는 도구로서 세상에 대해 감당해야 할 사명을 시사한다. 요컨대, 6절에서는 이스라엘의 신분상의 존재론적 중요성이 고려되지 않은 바는 아니지만 이스라엘이 대외적으로 감당해야 할 사명, 특히 다분히 수동적 측면에서의 사명에 더 큰 강조점이 주어져 있다 하겠다.

출애굽기 19 : 3 하반절-6에서 좀 더 고찰해 볼 사항은 '제사장 나라'라는 호칭의 이면에는 이스라엘이 하나님의 통치영역이라는 뜻이 내포되어 있다는 점이다. 즉, 그 호칭 속에는 하나님 나라의 신학이 뚜렷이 나타난다는 것이다. 한편, 이미 앞에서 살펴보았듯이 왕권과 언약은 불가분적인 긴밀한 관계가 있다. 왜냐하면 하나님의 통치를 전제로 하여, 이스라엘과 맺으신 언약은 하나님의 왕권이 이스라엘을 통해 어떻게 시행되어졌는가를 보여주는 것이기 때문이다.

B. '언약'과 '율법'과의 관계성

1. 출애굽기-'토라'의 의미

출애굽기 19장 나머지 부분은 언약법전(십계명과 기타 율법)이 주어지는 과정에서 나타난 하나님의 현현 및 이를 준비하는 내용이다. 율법 속에 구현되어 있어야 할 하나님의 거룩성이 그의 현현을 통해 충분히 드러내어진 연후에야 비로소 20-23장에서 율법이 주어지고 있다. 십계명은 19:4에서 언급된 하나님과 이스라엘의 관계를 지속시켜 나가기 위해 요구되었던 사항들의 결정(結晶)이라 할 수 있었다. 특히 여기서 주목할 사항은 율법의 수여가 하나님의 은혜에 대한 믿음을 전제로 하고 있다는 점이다. 이는 율법이 나열되기 이전에 먼저 하나님의 구속의 은혜를 상기시키고 있는 20:2에서 더욱 선명하게 드러난다. 그러므로 이스라엘 백성이 그들이 누리고 있는 은혜상태를 자각하지 않는 한은 율법이 주어질 수 없었다. 언약에 대한 충성의 판별여부는 이제 삶의 지침으로서의 성격을 띠는 십계명을 통해 명시되었으므로 언약관계가 존속되기 위해서 십계명은 반드시 엄수되어야 했다. 물론 하나님이 이스라엘에게 위임하신 특권이나 사명은 불변의 것이었지만, 이스라엘이 하나님의 축복을 누릴 수 있는지의 여부는 율법을 통해 표현된 하나님의 뜻이 얼마나 그들의 삶 속에 구현되었는가에 달려 있었다. 요컨대, 십계명은 믿음을 행위로써 나타내 보이기를 요청하였으며, 만일 이스라엘 백성이 그들의 존립근거가 되는 하나님의 구속의 은혜를 늘 돌아보지 않으면 십계명은 아무런 의의를 가질 수 없다 하겠다.

출애굽기 20장에 직접 나타나지는 않지만 구약성경에서 **율법**을 지칭하는 말로서 일반적으로 사용되는 히브리어 **토라**에 대해 살펴보고자 한다. 이는 구약성경에서 언약상의 의무를 지칭하는 말로도 자주 사용되었다(신 4:44). 언약상의 요구사항을 뜻하는 가장 일반적 개념인 이 용어를 단순히 '율법'이라 번역하는 것은 석연치 않은 감이 든다. 왜냐하면 그러한 번역을 취할 경우, 이 용어는 특정 구약시대에 통용되었던 율법이라는 정도의 뉘앙스로, 점진적으로 나타난 계시의 실체와는 거리감을 주기 때문이다. 이 히브리 용어가 주로 지칭하는 바는, 이미 설정된 관계의 틀 안에서 주어진 '삶의 지침'이다. 헬라어 **노모스**와 마찬가지로 영어의 로(law)가 함축하는 의미는 정확하지 못하다. 그것은 합법적인 권위에 의해 부여된 일종의 법규, 곧 이러저러한 제재규정을 첨부한 법규라는 뜻을 함축한다. 따라서 그러한 법조문을 위배하는 자에게는 형벌이 따를 것이라 생각되어짐은 물론이다. 그러나 히브리어 토라는 다분히 궁극적이며 원칙론적인 뜻을 지니며 삶의 지침 내지는 교훈이라는 개념도 내포한다.

구약성경에서 율법준수란 어떠한 법적 요구를 충족시키는 것이라기 보다는 개인이나 국가가 하나님께로부터 받은 축복과 은혜를 그 삶을 통해 드러내어 보이는 것을 가리킨다. 성경상의 율법, 특히 십계명은 비록 규범적이기는 하지만 단지 행위의 기본적 지침만을 규정하고 있을 뿐이다. 따라서 율법은 일반적 원칙들을 제시할 뿐인데, 그 원칙들을 통해 언약관계라고 하는 매개변수 내에서 삶의 구체적 방향이 규정될 수 있는 것이다. 즉, 그와 같은 일반적 원칙들을 토대로 하여 이스라엘 백성 개개인들은 자기가 당면해 있는 특정한 정황 속에서 구체적인 도덕적 판단을 내릴 수 있었다. 이를 달리 표현하자면, 구약성경에서 '율법'은 적용면에 있어서 절대적이지 않았으며 율법의 요구가 제시되는 상황에 따라 상대적으로 적용되었다. 그리고 마지막으로 살펴건대, 성경상의 율법은 상관적이다. 무엇이 선하고 수용되어야 하는 것인지는 하나님의 칭찬여부에 달려있으며, 하나님이 금하시는 것은 악하고 배격되어야 마땅하다. 이와 같은 상관적인 의미는 신명기에 나타난 율법적 요구들을 이해하는 데에 있어 매우 중요하다. 지금까지 살펴본 부제(副題)의 내용을 결론지으며, 그리고 신명기에 나타난 언약 내용들을 살펴볼 때 논의될 사항에 대한 기초를 둔다는 의미에서 다음 사항이 주지되어야 하겠다. 율법의 상대성은 그 절대성을 배제하지 않는다. 왜냐하면 율법적 요구들이 설정되도록 하는 것은 궁극적으로 창조로부터 비롯되는 영원한 언약관계이기 때문이다. 그러한 언약관계 내에서 볼 때 시내산 언약이란 하나의 부분집합일 뿐이다.

2. 계명(출 20장)과 법령(출 21-23장)

출애굽기 20-23장의 내용을 고찰함에 있어 이 본문 속에 등장하는 율법의 유형상의 차이점을 살펴볼 필요가 있다. 십계명은 온 이스라엘 백성들에게 모세의 중재를 통해서가 아니라 하나님의 직접적 명령의 방식으로 주어졌다.[14] 하나님은 모든 이스라엘 백성들에게 직접 말씀하셨고 2인칭 단수형의 친밀한 호칭을 사용하셔서 십계명을 백성들 개개인의 심령 속에 심어넣고자 하신 것이다. 반면 출애굽기 20장의 십계명과 21-23장에 수록된 제 법령들 간에는 명백한 차이점이 있다. 그 차이점은 먼저 명칭상으로도 판별 가능하다. 십계명은 이스라엘 백성 개개인에게 향하신 관심의 친밀성을 고조하기 위하여 히브리어로 '열 가지 말씀'의 의미를 갖는다. 반면 21-23장에 수록된 사회적, 경제적, 혹은 농경상의 율법들은 '판결'이라 번역된다. 이에 해당하는 히브리어 **미쉬파트**의 가장 일반적 의미는 기존의 상위 율법에 의존하는 일종의 판례에 가깝다. 이와 같은 용어 간에 발견되는 차이점은 그 내용상 유형의 차이점에서 더욱 명백해진다. 십계명의 경우에는 그것이 적용되어질 사회적 정황이 고정되어 있지 않다. 다시 말해서 십계명은 일종의 원칙이라 할 수 있기 때문에 특정한 사회적 상황에 국한되지 않는다.

대개 십계명에는 형벌이나 벌금에 관한 규정이 없다 하겠다. 그러나 출애굽기 21-23장의 율법은 특정한 사회 규범을 어긴 자에게 벌금이나 형벌을 부과하고 있다. 십계명은 규정적인데 반해, 소위 '언약법전'(21-23장)은 신생 사회의 특정한 요구사항들을 충족시키도록 고안된 율법들을 설명하는 투이다. 십계명이 특정 상황에 적용되어야 할 원칙들을 구체적인 사회적 상황에 적용한 것이다. 이스라엘의 십계명의 독특성은 충분히 인정된다. 그러나 언약법전의 율법들은 고대 근동세계에 잘 알려진 **관습법**과의 유사한 내용들을 많이 포함하고 있다. 출애굽기 21-23장은 십계명의 일반적 요구사항을 구체적 상황 가운데 풀어 설명한 것으

---

14) 어떤이는 신 5:5에서 십계명이 모세에 의해 중재되었다는 결론을 이끌어 낼 수 있을 것이다. 난점이 없는 것은 아니지만 M. Kline 은 *Treaty of the Great King* (Grand Rapids : Eerdmans, 1963), p. 63에서 신 5:5이 여태까지 전개되어 나온 언약에 대한 모세의 역할을 가리키고 있다고 제안한다.

로 보인다. 달리 표현하자면, 십계명이 기초적이며 영원한데 비해 언약법전은 유추적이며 그 시대에만 명료하게 적용되는 성질을 갖는다. 십계명과 언약법전 간의 차이점은 출애굽기 20장과 21-23장에서 각각 나타나는 용어상의 차이는 물론이고, 전자가 모든 백성들에게 직접적이며 개인적으로 주어진 반면, 후자는 모세의 중보를 통해 주어졌다는 점에서도 분명히 드러난다.

C. 시내산 언약에 대한 이스라엘 백성들의 이해

1. 언약의 비준(출 24장)

출애굽기 24장에 묘사된 바와 같이 하나님과 모든 이스라엘 백성 간에 공식적으로 언약이 체결되었다. 모세는 20-23장에 수록된 두 유형의 율법인 모든 말씀과 모든 율례(3절)를 백성들에게 다시 들려주었다. 그리고 그 '말씀들'은 기록으로 남겨지게 되었으며, 모세는 산 아래에 단을 쌓고 이스라엘 열두 지파에 맞추어 열두 기둥을 세웠다. 다음으로 번제와 화목제가 드려졌으며 희생 제물의 피가 단에 뿌려졌다. 그리고는 '언약서'(기록으로 남겨진 언약문서를 지칭하는 듯함)가 모든 백성들에게 낭독되었고, 백성들은 그 내용을 준수할 것을 다짐했다. 그리고 남은 피는 백성들에게 뿌려졌는데, 이는 여호와께서 그 '말씀'을 근거로 하여 백성들과 더불어 맺으신 언약의 피였다.

본문에 사용된 피의 용례는 구약성경의 다른 부분에서는 발견되지 않으며 그래서 그 정확한 의미를 규정짓기 힘들다. 그 용례가 훗날 희생의 피를 드리는 방식과는 다르기 때문에, 본문 기사의 진정성은 도리어 더 뚜렷해진다 하겠다. 다소 거리감이 있긴 하지만, 본문에서와 같은 피의 용례는 AD 1000년 초엽의 아랍문화권에서 그 유사한 모습을 발견하게 된다. 그곳에서 나타나는 피는 아랍 부족들 간의 언약에 대한 보증의 목적으로 사용된 것으로 보인다. [15] 증거는 빈약하지만 아랍문화권의 그와 같은 유사

---

15) W. Eichrodt는 *Theology of the Old Testament*, vol. i (London : S. C. M., 1961), p. 157에서 이상과 같은 관행에 대해 언급하고 있다.

한 용례는 하나님과 이스라엘 간의 가족적 연대를 공고히 하는 의미를 지녔던 출애굽기의 피의 용례를 뒷받침하는 듯하다. 또한 언약관계를 친족관계 내지는 결혼관계를 나타내는 용어로 묘사하고 있는 후기 선지서의 증거 또한 전술한 견해를 뒷받침한다.

더구나 이와 같은 피의 용례 속에 내포된 상징적 의미는 아론과 그 아들들의 제사장 위임식(레 8장)과 결부되는 바가 많다. 제사장 위임식에서도 제사장의 몸에 피가 뿌려졌다. 여호와와 아론의 가계 사이에 대제사장 직분에 관한 언약(민 25 : 12, 13)이 실제로 존재하였던 사실로 미루어(말 2 : 4 참조) 아마도 출애굽기 24 : 8-11과 레위기 8장은 언약적 목적하에서의 피의 용례와 관련하여 상호 연관성을 지니는 듯하다. 즉, 피의 두 경우에 있어서 피는 공히 하나님의 특별한 위임을 목적으로 사용되었던 것이다. 한편 신약성경에서도 예수께서 마지막 만찬 중에 자신의 희생과 직결되는 뜻으로 피의 의미를 규정하신 바 있는데, 이 경우에서도 위임의 의미가 배제되지 않으며 오히려 가장 강력히 내포되어 있다.

출애굽기 24 : 9-11은 언약체결의 완료를 의미하는 공동식사 장면을 보여준다. 70인의 장로가 백성들을 대표하여 소집되었으며, 그들은 산 위에 올라가 하나님의 존전에서 언약체결의 종결을 의미하는 식사를 함께 하였다. 이것은 이스라엘 백성 간에 친교가 회복되었음을 시사하는 것이었다. 이 식사를 언약비준의 의미로 보는 것은 무리이다. 왜냐하면 언약비준은 이미 종결된 상태였기 때문이다. 고대 세계에 있어서는 일반적으로 식사가 곧 언약체결의 종결을 의미했으며, 그 식사는 언약체결 결과로서 새로이 주어진 친밀한 관계를 시사했다고 봄이 무난하다. 한편 이 식사 모임의 특별한 성격에 내포된 보다 주요한 의미가 간과되어서는 안된다. 칠십 장로들이 하나님을 보면서 먹고 마셨다는 사실은 구약성경에서 매우 독특한 광경이며, 이는 후기 구약성경(사 25 : 6-8)에 기록된 종말론적 잔치광경을 예시하는 의미를 지닌다. 또한 이는 그리스도의 재림 때 이루어질 어린 양의 혼인잔치에 대한 대망과도 연결된다 하겠다(계 19 : 7-9).

2. 힛타이트 조약과의 유사점

a) 조약의 형식

우리는 앞에서 시내산 언약의 형식과 유사한 자료가 당대에 성경 밖에 존재했음을 지적한 바 있다. 이 유사자료들은 주로 국제조약 형식을 갖추고 있으며, 특히 힛타이트제국의 여러 자료들에서 가장 분명히 드러난다. 중부 소아시아에 위치한 힛타이트는 그 전성기 때(B C 1400년경)에 광대한 아시아 제국을 지배하였으며, 조약협정을 통해 그 속국들과의 관계를 유지하였다. 이 조약은 여섯 항목의 고정된 요소들을 포함하고 있으며, 종주국 힛타이트로부터 개개의 속국들에게 의무를 부과하는 역할을 하였다. 1950년대 초엽 이래로 여러 학자들은 구약성경의 언약을 연구할 목적으로 이러한 조약의 함축된 의미를 밝히기 위해 부단한 노력을 기울여왔다. 고대 세계에 있어 경쟁국들 간에 발생하는 문제를 조약이나 맹약으로써 해결하는 일은 일반적 관례였으며 이는 오늘날에도 마찬가지다. 주로 힛타이트제국이 한창 번성했던 무렵(BC 1400-1200년)의 것으로 간주되는 여러 조약 내용들은 당시 국제적 관례의 전형을 보여준다. 주목할만한 사실은 그 당시의 조약 형식은 향후 700여년이 지난 후에도 별로 변화되지 않았다는 점이다.

여기서는 종주국과 속국 간의 조약 형식의 내용들을 간략히 소개하기로 한다(물론 다른 유형의 조약, 예컨대 힛타이트와 이집트 간에 체결된 동등한 형식 또한 존재했다). 이 내용들과 시내산 언약과의 유사성은 비록 엄밀한 정도는 아니라 할지라도 우리가 판단하기로는 확실하다. 이와 같은 유사성은 시내산 언약에 관한 성경기록의 연대를 뒷받침해 줄뿐만 아니라(후기 앗시리아 시대의 조약 형식에도 기본적 골격에 있어서는 동일한 구조를 보이며 다만 특정 구성요소에 대한 강조의 차이를 보일 뿐이다), 시내산 언약에 내포된 관계의 특성을 이스라엘 백성이 이해하고 있었음을 시사한다.

조약은 일반적으로 여섯 가지 요소들로 구성되었는데, 다음은

최근의 분석에 따른 것이다.[16]

첫째로, 조약의 서문이 등장하며, 여기서 종주국의 왕이 자신의 신분을 밝힌다. 즉, 힛타이트 왕의 이름이 그 직함 내지는 그 선조의 이름과 더불어 수록되어 있는데, 이는 그의 권위를 드러내기 위한 의도에서였다.

둘째 부분은, 힛타이트 왕과 속국 왕과의 관계를 보여주는 이전의 역사를 회고하는 내용이다. 이는 그 속국 왕으로 하여금 충성스러운 자세를 계속 유지하도록 고무시키기 위한 것이다. 왜냐하면 여기서는 힛타이트 왕의 은혜가 강조되었으며 우호관계 증진을 위해 노력한 속국 왕의 노고에 각별한 주의를 환기시키고 있기 때문이다.

셋째로, 이미 진전된 관계를 어떻게 유지시킬 것인가에 관한 진술이 나온다. 여기서는 군주국과 속국 간에 형성된 친분이 주요한 문제로 등장하여, 서로 동의한 조건들에 충실할 것을 요청하는 내용이 뒤따른다.

넷째로, 구체적인 약정사항으로 이어진다. 특히 여기서는 속국이 독자적 외교정책을 보유해서는 안된다는 요구사항이 주로 강조된다. 국내에서 군주국과의 관계를 흐리게 할만한 심각한 문제가 발생하면 속국의 왕은 이를 신속히 군주국 왕에게 보고하도록 했다. 그러나 십계명과는 달리 대부분의 약정사항들은 조건적이며 구체적 상황에 관련된 내용이다.

다섯째 항목으로서, 모든 조약에는 당사자 쌍방의 신들이 증인으로 등장한다. 이는 고대 세계의 계약상의 협정에 있어 일반적으로 포함되는 과정에 해당한다. 그리고 이와 같은 사실은 구약성경에 기록된 언약관계의 역사를 이해하는 데에 있어서 중요한 단서를 제공한다. 앞으로 살펴보겠지만, 후기 선지자들이 언약을

---

16) D. J. McCarthy, *Treaty and Covenant* 2nd ed. (Rome : Pontifical Biblical Institute, 1978), pp.51-81 참조. McCarthy 자신은 시내산 설화들을 전시협정의 평행어구로는 보지 않는다. 그러나 우리가 여태까지 논의해온 바와 같이 대부분은 일반협정의 양식이 어떻게 이 성경 저자에 의해 쓰이게 되었는가 하는 문제에 종속하고 있는 것 같다.

위반한 이스라엘을 책망하는 부분에서 이스라엘과 이방[신들]과의 협약사실이 지적되고 있는 것이다. 또한 흥미로운 것은 산, 바다, 강, 샘, 하늘, 그리고 땅 등의 자연현상이 증인으로 채택되기도 했다는 사실이다.

마지막 여섯째 항목으로서, 축복과 저주가 뒤따름은 매우 자연스럽다. 이는 증인으로 세워진 신들의 이름이 경박스럽게 여겨질 수 없음을 시사한다. 축복은 개개 신들의 보호를 보장하는 형식을 띠며 결과적으로 속국의 정치적 안정과 그 땅의 풍요로움이 약속되었다. 반대로 저주는 온갖 종류의 재앙이 미치리라는 내용이다.

위에서 언급한 고정된 항목들 외에도, 속국 왕이 군주국 왕 앞에 일년 일차씩 배알해야 한다는 규정이 종종 발견되며 조공의 양과 품질이 지정되기도 했다. 조약은 외부적, 내부적 위협세력에 직면하였을 때 힛타이트 왕으로부터 보호를 요청할 수 있는 권리를 속국 왕에게 부여했다. 조약내용은 기록으로 남겨질 필요가 있었으며 기록과 동시에 비로소 효력을 발하였던 것으로 생각된다. 그리고 조약의 요구조건들이 군주국 왕에 의해 속국 왕에게 낭송되었고 속국 왕은 그 내용을 맹세로써 확고히 했다. 기록으로 남겨진 조약 내용은 결코 변개될 수 없었다. 왜냐하면 소위 '위대한 왕'의 말은 거역될 수도 어겨질 수도 없었기 때문이다. 때때로 조약 내용을 공적으로 낭송하는 경우도 있었으나 필수적 절차였던 것 같지는 않다. 또한 조약의 당사자는 한 국가일 수도 있었고 백성들 혹은 군주들 개인일 수도 있었다. 마지막으로 조약의 기록물은 해당 지역의 성소에 보관되었다.

b) 조약 모형의 적용(출 19-24장)

상술한 조약 모형이 출애굽기 19:3 하반절-8이나 출애굽기 20장 혹은 출애굽기 19-24장 같은 성경 본문의 문맥에 반영되어 있음을 여러 주석가 들이 분석해 왔다. [17] 그러나 그 중에서도 본문

---

17) K. Baltzer, *The Covenant Formulary* (Oxford : Blackwells, 1971), pp. 28-31 참조.

에 나타나는 연속되는 내용의 흐름에 비추어 볼 때 출애굽기 19-24장이 조약 모형에 가장 근접해 있다 하겠다. 19장은 20장에서 시작되는 주된 언약내용을 위한 준비 역할을 한다. 그리고 출애굽기 20：2(영역성경의 20：1)은 대개 '서문'으로 간주되는데 여기서 군주국의 왕이 자신의 신분을 밝히고 있다. "나는 너희 하나님 여호와로라", 2절의 "너를 애굽 땅, 종되었던 집에서 인도하여 낸"이라는 구절은 과거 역사를 회고하는 부분이다. 출애굽기 20：3-17에 수록된 십계명은 구체적 약정사항에 해당하며 21-23장은 그 약정사항을 더욱 상세히 설명하고 적용시키는 내용이라 할 수 있다. 출애굽기에는 이방 조약의 경우에서와 같이 신들을 증인으로 세우는 내용이 보이지 않는데, 이는 성경기록의 특정상 너무도 당연한 사실이다. 아마도 우리는 출애굽기 24：4의 열두 기둥 건립 내용을 증인에 해당하는 대체사항으로 간주할 수도 있을 것이다. 한편으로 많은 주석가들은 24：4-8에 나오는 피의 의식을 언약파기자에 대한 저주와 관련하여 이해하고자 한다. 축복과 저주의 요소가 형식상의 한 항목으로 기록되어 있지는 않다. 다만 순종에 따르는 축복의 약속이 전반적으로 나타날 뿐이다. 이와 관련하여 혹자는 십계명 중 여호와의 질투를 강조한 내용에 주목하면서 그것을 불순종에 대한 저주의 의미로 파악하기도 한다. 한편 시내산 언약을 부연설명하는 부분인 신명기 28장은 축복과 저주의 요소로 일관되어 있다.

또한 출애굽기 24：4-8은 맹세의 성격을 띠기도 한다. 그리고 24：1-11을 살펴보면 시내산 언약의 요구조건들이 기록으로 남겨지게 되었으며 백성들의 화답으로써 확증되었음을 알 수 있다. 언약궤 속에 십계명을 기록한 두 돌판을 보관한 것은(출 25：16) 고대 근동의 세속조약에서 볼 수 있는 과정과 유사하다. 또한 신명기 31：9-13 등에 의하면 기록된 율법의 내용을 온 백성 앞에서 정기적으로 낭독하였던 것이 확실하다. 우리는 앞에서 출애굽기 19장을 실제적인 언약예식을 위한 준비에 해당하는 내용이라고 지적한 바 있다. 이는 과연 옳은 말이다. 그러나 19장에는 실제적 언약협정이 압축된 형태로 포함되어 있음도 사실이다. 이 경우 20-23장은 그 압축된 내용을 소상하게 풀어 설명한 것이며, 24장은 백성들 앞에서 언약이 확증되는 결론적 내용에 해당한다.

많은 신학자들이 지적해온 바와 같이, 힛타이트의 조약 모델과 시내산 언약 간에는 여러 차이점이 실재함은 사실이다. 그러나 동시에 그 유사성 또한 간과될 수 없다. 아마도 이스라엘 내부의 사회적, 정치적 그리고 종교적 제 요인들로 말미암아 당시의 일반적 조약 유형이 이스라엘에 소개되면서 변화를 거쳤던 것 같다. 내용과 형식면에서 한결같이 구약성경의 기록은 주위 세계의 영향을 자유로이 받아들인 흔적을 보인다. 하지만 무분별한 도입은 결코 이루어지지 않았으며 신학적 재조명을 통해 내용과 형식면에서 모두 변형이 가해졌다. 또한 힛타이트의 조약들이 쌍무적임은 명백하며, 조약 당사자들은 상호간에 용인된 이권을 근간으로 하여 서로 결합되었다. 반면 출애굽기 19장의 문맥으로 비추어 볼 때 시내산 언약은 편무적(片務的)이다. 이로 미루어, 시내산 언약이 고대 근동의 언약 모델에서 두드러지게 채택한 내용은 언약의 유형에 관한 것이 아니라 봉신(封臣)관계에 관한 사항이라 하겠다. 그리고 힛타이트 조약의 약정사항들이 조건적임에 반해, 십계명은 하나님과의 관계 안에서 살아가야 하는 삶의 도리를 규정하고 있다는 점에서 무조건적이며 단언적이라는 사실 또한 지적된 바 있다. 그러한 견지에서 서술적이며 규범적이라고도 할 수 있다. 요컨대, 힛타이트 조약과의 유사점을 살펴봄으로써 우리는 언약관계가 작용하는 범위를 잘 파악하게 되었다. 동시에 군주국과 속국, 혹은 왕과 제후와의 관계를 통해 일종의 왕정체제에 대한 시사점을 엿볼 수 있었다. 뿐만 아니라 조약 형식으로 미루어 볼 때 언약과 율법이 서로 연결되어 있음이 드러난다. 반면 구약학자들 중에는 이 양자를 철저히 분리하려고 하는 시도를 종종 보여왔다.

c) 여호와의 봉신(封臣)으로서의 이스라엘

이 모든 사실을 통해, 우리는 이스라엘이 언약을 봉신(혹은 종)의 위치에서 여호와의 왕권에 복종하는 것으로 이해했음을 추론해 볼 수 있다. 바로 그러한 언약관계 속에서 이스라엘은 하나님께 묶여 있었으며 또한 특권을 누리게 되었다. 시내산 언약에 의해 신생국 이스라엘의 체제가 신정국(神政國)의 모습으로 귀착되어 갔다. 이스라엘은 하나님의 통치가 직접적으로 미치는 나라였으며, 향후의 정치체제가 어떤 형태를 띠든지 간에 이스라엘은 그 사실을 잊어서는 안되었다. 이미 지적한 바와 같이 힛타이트 조약에 있어 이전에 형성된 관계와 요구사항은 서로 연결되어 있었거니와 이와 마찬가지로 언약과 율법 또한 불가분적 연관을 맺고 있다. 그러므로 이스라엘의 율법준수는 그 요구조건 이전에 이미 존재했던 하나님과 이스라엘 간의 관계에 대한 외적 표현일 따름이었다. 다시말해서 이는 율법이 그러한 관계를 수립하기 위해 필요한 사항이었던 것은 아니라는 의미이다. 율법준수에 대한 자각은 반드시 완수해야 할 어떤 의무에 관한 추상적 개념이나 자유와 책임 사이의 균형을 추구하는 어떤 사회계약 이론으로부터 생겼던 것이 아니다. 특별히 이 점에 관해 신명기에서 지적하고 있는 바와 같이, 그 자각은 구속의 축복에 대한 감격을 생생히 간직한 자의 깊은 심령으로부터 돋아나는 것이다.

이스라엘의 율법을 고대 근동의 법전들과 특징있게 구별지어 주는 차이점은 단지 이스라엘 율법에 표현된 높은 윤리성에만 있는 것이 아니며 또한 율법의 근간인 십계명의 명령법적 특성에만 있는 것도 아니다. 이스라엘에 있어서 율법은 그 백성들의 윤리적 삶의 기초가 된다. 그리고 이러한 기초는 언약관계의 배후에 계시는 하나님의 성품에 뿌리를 내리고 있다. 아이크로트(W. Eichrodt)가 밝힌 바 있듯이 [18] 십계명은 하나님이 자유케 하신 사건을 상기시키며 자유케 하신이와 당신의 택하신 백성들 간의 상호관계를 기억하도록 이끈다. 자유함을 받은 자들은 이제 오직 여호와만 경배함으로써 언약을 증거해야 했다. 그리고 여호와께서는 그 백성들이 처해 있는 축복의 상태가 지속될 것을 보증하

---

18) W. Eichrodt, "Covenant and Law", *Interpr.* 20(1966), pp. 302-321.

셨다. 그 축복에는 약속의 땅을 차지하는 것도 포함되어 있었으므로 하나님의 보증이란 이스라엘을 그 대적들로부터 지키는 것을 의미하기도 했다. 언약관계의 지속에 관한 한 불확실한 것이 전혀 없었다.

언약은 아브라함의 후손들과 맺어진 것으로서 **영원한** 사항이었다. 하지만 시내산 언약 당시에는 주변 세계의 **정치형태**를 이스라엘의 독특한 신학적 기반하에 도입하였기 때문에 새로운 문제가 야기될 소지가 내포되어 있었다. 하나님의 백성인 이스라엘의 장래는 확고하게 보장되었지만, 시내산에서 주어진 영토에 관한 약속이 과연 영원히 지속될 것인지는 별개의 문제였다. 신명기에 명확히 밝혀져 있듯이, 시내산에서 마련된 정치체제의 안정은 신정 국민의 신분과 약속의 땅을 수여받은 은혜에 대해 백성들의 반응이 어떠할 것이냐에 전적으로 달려 있었다. 만일 이스라엘이 축복의 근원을 항상 기억하며 국가적으로 그 은혜를 송축하는 삶을 산다면 그 축복들은 계속 보전될 것이었다. 반면 정치적 혹은 국가적 목표 자체가 하나의 목적이 되어버리고 이스라엘이 충성을 다 바쳐야 할 궁극적 권위를 망각한다면, 그 축복은 상실되고 말 것이었다. 우리는 이러한 사실이 실제로 이스라엘의 역사 속에 나타났음을 잘 알고 있다. 구약성경이 이스라엘 국가의 실패의 역사가 되고 만 이유도 바로 거기에 있다.

3. 언약과 가족관계

고대 근동의 조약과 시내산 언약 간에는 정치적 측면에서의 유사성이 여러모로 발견되었다. 하지만 시내산 언약관계를 주의깊게 살펴볼 때, 우리는 가족 내지 친족관계를 시사하는 용어가 중요한 비중을 가지고 등장한다는 사실을 간과할 수 없다. 그 용어들은 출애굽기사를 통해서도 충분히 발견된다. 더욱이 후기 선지자들은 이스라엘 백성들에게 언약관계의 중요성을 주지시키기 위한 방편으로 그러한 용어를 더욱 사용하였다. 언약과 관련하여 선지자들이 주로 사용한 비유적 표현은 혼인관계였는데 이에 관해서는 뒤에서 자세히 살펴보게 될 것이다. 선지자들은 이스라엘과 여호와 간의 관계의 친밀도에 대해서는 주로 부정적인 평가를 내리면서 이스라엘의 언약파기를 간음행위에 비유하곤 했다. 요컨대, 고대 근동의 조약 모델은 언약 당사자 간에 거리감과 괴리감을 남기는데 반해, 출애굽기의 언약은 주로 가족관계로 묘사되어 있어 하나님의 가까우신 임재를 느끼게끔 한다.

출애굽기에 등장하는 가족관계의 은유들 중 중요한 것은 부자(父子)관계이다(출 4:22). 이러한 은유는 훗날 이스라엘은 물론이고 그 대표격인 이스라엘의 왕과 관련하여서도 사용되었다. 특히 출애굽이라고 하는 여호와의 구속행위를 묘사함에 있어, 마치 종으로 팔려간 친척을 그의 아주 가까운 근친(近親)이 구속하는 행위에 비유하였다는 점이 의미심장하다. 출애굽시대 때 '구원'에 해당하는 어휘로서 주로 사용된 히브리어는 **고엘**인데, 이는 '기업 무를 자' 혹은 '친족 구속자'란 뜻이다. 이 어휘는 이스라엘을 향하신 하나님의 계획을 펼쳐보이시는 내용인 출애굽기 6:6에서 나타나며, 하나님의 위대하신 구속사역을 회고하는 내용인 출애굽기 15:13에서도 나온다. 또한 이는 이사야 40-55장에서도 두드러지게 나타나는 용어인데, 거기서는 바벨론 포로 상태로부터의 구속이 '제2의 출애굽'으로 간주되고 있다.

'구속하다'에 해당하는 히브리어 동사는, 한때 원래의 소유주 내지는 가족에 속하였다가 어떤 이유로 말미암아 양도되거나 매각되었던 것(사람)을 회복한다고 하는 기본 뜻을 내포하고 있다. 따라서 이는 어떤 대상을 원래의 정상적 상태로 되돌려놓는 것을 의미한다. 구약성경의 시민법(혹은 사회적 관계법)에서 **고엘**(가까운 친척)은 노예로 팔려간 친족을 구속하거나, 다른 사람의 손에 넘어간 가족의 토지를 되물리거나 혹은 무자(無子)한 미망인으로 그 혈통을 잇도록 해주는 역할을 담당하였다. 따라서 세속적 범위에서 그 말은 훼손된 가족적 연대를 공고히 하려는 의도에서 사용되었던 셈이다. 구약성경에서는 모든 훼손상태가 간과되어질 수 없으며 바로잡아져야만 하는 것으로 여겨졌다. 그리고 여호와께서는 스스로 이스라엘의 **고엘**이 되셔서 출애굽을 통해 그 위대한 구속의 능력을 드러내어 보이신 것이다(출 15:1-18).

그러므로 이스라엘의 **고엘**이신 하나님은 아버지로서 그의 아들 이스라엘을 압제자로부터 구해내셨다. 그런 점에서 하나님은 구속자이시다. 구약성경에 나타난 사회제도하에서, 노예에서 풀려난 친족(혹은 아들)은 그 구속자에게 전적으로 순종할 의무가 있었다. 마찬가지로 **고엘**에 의해 되물리게 된 토지 또한 원래의 주인에게로 넘겨졌던 것이 아니라 **고엘**에게 속하게 되었다. 이스라엘의 출애굽사건으로 말미암은 언약상태의 특성은 구속자 개념을 적용할 때 보다 선명하게 이해된다 하겠다. 한때 이스라엘은 애굽 땅에서 노예의 속박에 매여 있었다. 이제 구속을 통해 이스라엘은 하나님의 종이 되었으며 그 안에서 온전한 자유, 진정한 의미에서의 자유를 누릴 수 있게 되었다. 우리는 여기서 가족관계의 은유가 주인과 종, 그리고 왕과 신하의 관계와 밀접하게 결부되어 있음을 깨달을 수 있다.

4. 시내산 언약의 지향점(출 15장)

이스라엘 백성에게 있어서 시내산 언약의 지향점은 과연 무엇으로 여겨졌을까? 우리는 이 물음에 대한 해답을 고대 시가(詩歌)의 형식을 보여주는 출애굽기 15장에서 가장 잘 찾을 수 있다. 다분히 신조의 성격을 띠고 있는 이 찬송은 출애굽의 승리를 기념하는 내용이며, 바로를 물리치신 여호와의 승리의 의의(15:1-12) 및 사막을 지나 약속의 땅으로 향한 행군을 인도하시는 여호와의 손길(15:13-18) 등 크게 두 부분으로 나뉘어진다. 첫 부분은 출애굽기 14장에 수록된 산문투의 서술적 설명에다 보다 심원한 신학적 조명을 가한 내용이다. 여기에는 여호와를 묘사하는 한 이미지가 등장하는데, 이는 성경기록상 중요한 의미를 갖는다. 즉, 여호와께서 이스라엘을 위해 싸우심으로 그 대적들을 정복하시는 용사로 묘사되고 있는 것이다(출 15:3). 후기 청동기시대의 전쟁용어에 걸맞게 여호와는 오른 손을 치켜든 용사로 묘사되었는 바, 이 오른 손은 전통적으로 대적들을 파하는 권표(權標)였던 것 같다. 바로의 군대를 무찌르는 데에 사용된 여호와의 도구는 바다였다. 이 바다는 역설적이게도 창조된 질서와 상반되는 혼돈을 상징하는 대상이었다. 모든 이방의 반대세력을 출몰케 하는 근원지를 상징했던 그 바다가 이제는 여호와의 도구로서 사용되고 있음을 본다. 큰 물이 바다 가운데 엉겨 언덕 같이 일어섰을 때 이스라엘은 안전하게 건너갔다. 그러나 흔히 이교사상 내지는 우상숭배의 인격화된 자로 여겨지는 바로의 군대는 홍해를 통과하지 못하고 익사하고 말았다.

바다를 지배하셔서 도구로 사용하신 여호와의 이와 같은 승리는 바벨론이나 가나안 등지에 널리 알려졌던 고대 근동의 창조신화들과 그 유사성을 많이 보여준다. 그 신화들에 의하면 창조란 바다에 의해 상징된 혼돈에 질서가 부여된 것이라 여겨졌다. 그리고 질서는 용사로서 등장하는 신에 의해 획득된 승리로 말미암는 것이라 간주되었다. 신들로서는 바벨론 서사시에서는 마르둑이, 가나안 창조 서사시에는 바알이 등장한다.[19]

출애굽기 15장과 고대 신화들 간에는 다소 내용상의 차이를 보이지만 그럼에도 불구하고 출애굽기 15장에 내포된 주요한 암시 사항은 명백하다. 말하자면 출애굽의 승리로 말미암아 획득된 구속은 가히 '새 창조'라는 말로 표현될 수 있다 하겠다. 즉, 출애굽을 통해 하나님의 창조의지가 더욱 확고히 드러났던 것이다. 출애굽기 15장 시가의 두번째 부분에서는 새로이 체제정비를 갖춘 이스라엘이 약속의 땅에서 안식을 구현하도록 초대받고 있다. 이 안식은 창조의 결과로서 인류를 위해 마련되었던 것이었다. 약속의 땅에서는 하나님께서 에덴에서처럼 직접 임재하실 것이었다. 앞에서 언급된 신화들의 주제는 주로 우주를 지배하는 신의 통치에 관한 것이다. 그리고 그 신화들과의 유사점을 통해, 우리

---

19) 바알 / 야암(Baal / Yaam) 신화와 에누마 엘리쉬(Enuma Elish)신화는 양자가 다 고대 근동의 보편적인 우주론이었던 것으로 보인다. 바알신화가 우가릿에서 이같은 기능을 수행하고 있다는 사실은 야암에 대한 바알의 승리가 혼돈에서 질서를 올려놓는다는 것이 비합리적인 것으로 보이긴 하지만 분명하기 때문에 이따금 논쟁이 되고 있다. 이 문제에 대한 전반적 고찰을 위해 J. J. Collins, *The Apocalyptic Vision of the book of Daniel* (Missoula : Scholars Press, 1977), p. 99 참조.

는 바로와 그 군대를 물리치신 하나님의 승리가 창조를 위협하는 세력에 대한 승리였음을 유추해 볼 수 있다. 뿐만 아니라 여기서 우리는 부름받은 이스라엘이 처하게 된 언약관계의 특성에 대해서도 유추해 볼 수 있다. 신화들에는 창조와 왕권과의 긴밀한 관계가 엿보이거니와, 그 두 요소와 언약과의 관계 또한 간과되어질 수 없다. 요컨대 고대 근동의 신화적 우주론에 따르면 용사로 등장하는 신이 승리를 거둔 후 그의 왕권을 선포함과 아울러 그 신이 거할 적당한 장소나 왕궁을 짓도록 하였다.

그러므로 출애굽기 15장 찬송의 후반부는 여호와의 승리의 의의는 물론이고 그 왕권과 성소에 관한 약속마저 내포하고 있다 하겠다. 약속의 땅으로 향하는 이스라엘의 승리의 행군은 망연자실해 하는 이방 백성들 가운데로 통과하는 것으로 묘사되어 있다. 하나님께서 홍해를 가르시고 그 백성들을 통과시키셨던 것처럼, 이제 그 소문을 들은 열방으로 두려움 가운데 떨게함으로써 이스라엘의 행군을 순탄하게 하셨다(14-16절). 출애굽기 15:13 이하에서는 여호와의 인도하심을 목자의 인도와 대비시키고 있는데, 고대 근동에서는 흔히 왕과 목자 간에 연상개념이 두드러진다. 그토록 빽빽하게 밀집해 있던 이방민족들 사이로 쉽게 통과하기 위해서는 무엇보다 여호와에 대한 믿음이 요구되었다. 멀고도 먼 사막길을 통과하기 위해서는 얼마나 많은 곤경에 직면해야 하는지 모른다. 그러나 본문의 시가 속에는, 약속의 땅에 관한 하나님의 약속이 반드시 성취될 것이며 직면하는 모든 장애들이 능히 극복되어지리라는 확신이 가득하다.

여호와의 의향과 뜻은 17절에서 뚜렷이 나타난다. 당신은 이스라엘을 약속의 땅에 심고자 하셨다. 그 땅은 여호와께서 당신의 거소로 택하신 곳이기도 했으므로 거기에 당신의 성소가 설립될 것이었다. 그리고 17절의 '주의 기업의 산'은 예루살렘 성전의 건립을 예고한 말로 흔히 간주된다. 반면, 본 시가가 성전 기초를 놓은 이후에 작시된 것으로 보는 견해에 의하면 이는 바로 성전 건립에 관한 직접적 언급으로 간주되기도 한다. 한편 본문에 묘사된 행군의 목적지를 시내산으로 보는 견해도 있지만 이는 그다지 신빙성있는 근거를 갖지 못한다. 산 위의 성소와 관련하여 곡해된 견해를 바로잡기 위해서 우리는 고대 근동의 관련사항을 살펴볼 필요가 있다. 고대 세계에서 신의 거소는 함부로 근접하지 못하는 산 위에 자리잡은 것으로 되어 있다(예컨대, 그리스신화의 올림푸스 산). 그리고 산 위의 성소는 하늘과 땅을 연결시켜 주는 접촉점으로서의 역할을 하였다. 그러한 근접기피성은 우가릿 문학에 등장하는 엘과 바알의 거소에 있어서도 마찬가지이며, 지구랫(the Ziggurats)이라고 하는 바벨론의 성전 탑들 또한 하늘과 땅의 두 영역을 잇는 집합점으로 간주되었다. 심지어 애굽에서도, 비록 정확한 지리적 위치는 알 길 없지만, 애굽의 신 '아툼(Atum)'과 만나는 장소인 '우주 언덕(Cosmic hillock)'에 관한 언급이 발견된다.[20]

이와 같은 개념이 구약성경에서는 성전 건립지로서의 예루살렘의 선택에서 구현되고 있다. 앞으로 살펴보겠지만, 후기 선지서에서 예루살렘은 온 세상 각처로부터의 순례자들이 모이게 될 하나님의 거룩하신 성소로 나타난다. 하지만 출애굽기 15:17에서 언급된 성산(聖山)은 팔레스틴의 가나안 땅을 지칭한 것이다. 이는 17절 자체를 통해서도 명백히 드러나는 바, 이 산은 곧 이스라엘이 섬길 거룩한 '장소(마콘)'로 묘사되고 있다. 또한 출애굽기의 다른 곳(23:20, '마콤')이나 일반적으로 구약성경에서도 나타나는 이와 유사한 용어들이 한결같이 가나안을 지칭한다. 더욱이 출애굽기 15:17을 반복 해설하는 내용인 시편 78:54에서 이 시편기자는 출애굽시대를 다음과 같이 회고하고 있다.

"저희를 그 성소의 지경(holy land) 곧 그의 오른 손이 취하신 산으로 인도하시고". 이러한 상징적 의미에 따라 팔레스틴은 하

---

20) 고대 근동에서 신이 좌정하고 있다는 '우주의 산'에 대한 일반적 고찰을 위해 R. J. Clifford, *The Cosmic Mountain in Canaan and the Old Testament* (Cambridge Mass : Harvard Univ. Press, 1971)을 참조할 것. 그는 pp.137-139에서 출 15장을 다룬다. 또한 N. Lohfink의 "The Song of Victory at the Red Sea", in his *The Christian Meaning of the Old Testament* (London : Burns and Oates, 1969) pp.67-68에 언급된 출 15:1-18의 도움이 될만한 토론내용을 참조하는 것이 유익하리라 본다.

나님의 계시가 나타날 특별한 장소로 간주되었다. 그래서 약속의 땅 전체는 하나님의 성소 곧 여호와의 임재와 통치의 보좌로 여겨졌다 하겠다. 더욱이 신명기에서는 약속의 땅이 다시 회복된 에덴에 비유되고 있다. 에덴을 하나님의 동산 혹은 하나님이 거하시는 성산(聖山)과 결부시키는 예는 구약에서 종종 나타나며, 특히 포로기 이후에 에스겔 선지자에 의해 명확히 표현된 바이다 (겔 28:13, 14).

출애굽기 15장에서는 가나안 땅의 성소 개념이 더욱 선명해져 이스라엘을 다스리시는 하나님의 임재와 통치의 장소로서 묘사되기에 이른다(18절). 즉, 이제는 대적들을 권능으로 물리쳐 주신 하나님의 왕권을 드러낼 처소가 요청되었던 것이다. 이와 관련하여 앞에서 언급된 바와 같은 신학상의 내용에서도 유사성이 발견된다. 고대 근동지역에서는 신의 왕권과 '성전'이 자연스럽게 결부되어졌다. 그러므로 출애굽기 15:18에 시사된 여호와의 왕권은 온 우주를 통치하시며 구속하시고자 하신 하나님의 뜻이 역사 속에서 구현되는 과정상 나타난 것이라는 점에서 더욱 중요하다. 이러한 사실은 출애굽기 3:6에서 잘 보여진다. 요컨대, 출애굽기 15장의 찬송은 구속받은 백성, 새 창조, 약속의 땅 그리고 하나님의 왕권 등의 기본적인 언약적 주제들을 고백투의 싯구로 노래하고 있다. 그리고 이 신조 형식의 찬송은 출애굽의 구속사적 의의를 탁월한 시적 문체와 풍부한 상상력을 통해 탐구하고 있다.

5. 하나님의 왕권을 수납하는 뜻으로서의 예배(출 25—31장)

출애굽기사로 되돌아가서 이제 출애굽기 25—31장은 성전건립을 위한 청사진을 펼쳐 보인다. 얼핏 보기에 25—31장은 일종의 여담으로서 19—34장에 수록된 일련의 언약기사(記事)에 삽입된 것처럼 생각된다. 하지만 이 부분은 이스라엘이 시내산을 출발하기 전 하나님의 왕권을 간단명료하게 확증해 보이기 위한 기사이다. 약속의 땅으로의 행군노정에서 성막은 줄곧 이스라엘 진영의 중앙에 위치하도록 했는데, 이는 여호와의 통치와 보호를 나타낸 것이었다. 포로기 이후에 에스겔의 새 성전에 관한 환상에서도 성소의 위치가 이와 같이 중심에 오도록 되어 있다(겔 47-48장). 성막의 실제적 건축은 언약갱신(32-34장) 이후인 35-40장에 언급된다. 한편 성막건축과 관련하여 모세에게 하달된 지시사항들이 안식일을 지키라는 명령(출 31:12 이하)과 더불어 끝나고 있음은 중요한 사실이다. 또한 실제적 성막건축이 시작되는 35:1 이하에서도 안식일 준수 명령이 반복된다.

여기서 우리는 성막과 안식일 간에 밀접한 연관성이 있으며, 어떤 의미에서 성막건축과 안식일 준수는 동일한 실체의 양면일 뿐이라는 점을 유추해 볼 수 있다. 사실상 성막은 이스라엘을 다스리시는 하나님의 통치가 가시적으로 표현된 것에 다름아니며, 하나님의 성막 임재는 소위 약속의 땅에서의 '안식'이라고 하는 위대한 언약적 축복을 보증하는 표현이기도 했다. 그리고 하나님의 창조사역과 관련하여 제 3계명으로 주어진 안식일 준수의 명령(출 20:11)은 그의 창조목적이 무엇이었는지를 알려주는 역할을 한다. 따라서 성막과 안식일은 공히 모든 피조물에 대한 하나님의 통치를 증거하는 것이기도 하다. 출애굽기는 성막 봉헌의 기사와 더불어 끝나는 바, 이는 출애굽기 기자와 출애굽 구속기사를 기록한 의도가 어디로 향하고 있었는지를 암시한다 하겠다. 출애굽기에 기록된 구속은 '~로부터의 구속' 곧 본서의 초두에 나오듯 애굽 종살이로부터의 구속을 의미한다. 뿐만 아니라 이 구속은 '~을 위한' 구속, 곧 예배를 위한 구속을 뜻하기도 한다. 이 예배는 언약의 실제, 나아가 성전을 통해 상징적으로 표현된 하나님의 왕권을 인정하고 수납한다는 의미를 갖는다.

D. 언약파기와 언약갱신(출 32-34장)

1. 배교와 언약갱신(출 32-34장)

성막의 기획과 건립의 어간에 금송아지를 숭배하는 국가적 배교사건이 발생하였으며(출 32장) 이어서 언약갱신 장면이 나온다

(33-34장). 24장 끝부분에서 모세는 시내산 정상에 오르도록 부름받았는데, 그는 거기서 사십일동안 머무른 후 십계명을 기록한 두 돌판을 받았다. 그가 진으로 돌아왔을 때 엄청난 배교행위가 저질러진 것을 발견하였다. 이스라엘 백성은 고대 세계에서 신(神)에 대한 일반적 상징물이었던 금송아지를 만들어 그것을 숭배하고 있었다. 하나님께서는 그와 같은 배교자들을 쓸어 없애버리고자 하셨으나, 모세가 하나님의 은혜와 족장들에게 행하신 약속에 호소함에 따라 징벌을 철회하셨다(출 32:33). 모세는 돌판을 깨뜨리고 레위인들을 소집하여 우상숭배자들을 처단하도록 명령한 후에 중재를 위해 다시 산으로 올라갔다.

결과적으로 하나님의 약속들이 갱신되었으며 백성들은 약속의 땅으로 인도될 것이었다(33:1-3). 이는 족장들에게 하신 약속을 끝내 지키시는 하나님의 신실성으로 말미암은 은혜였다. 이제 우리의 관심은 하나님이 행군중의 이스라엘 진영에 어떻게 임재하실 것인지와 모세의 중보적 사역에로 돌려진다. 33:7-11에 회막(會幕)에 관한 언급이 나오는데, 이 회막은 진영 바깥에 위치해 있었고 구름 기둥으로써 그 임재를 나타내셨던 하나님과 만나는 장소로 여겨졌다. 회막과 장막의 연관성에 대해 종종 논의되곤 했다. 하지만 회막은 예배의 처소가 아니었고 법궤와 연관을 맺고 있는 곳도 아니었다. 이 회막은 신탁적인 혹은 계시적인 기능을 담당했던 것으로 보이며 시내산에서 겪은 모세 자신의 직접적 체험을 보존하기 위한 의도에서 만들어졌던 것 같다.[21]

계속되는 출애굽기 33:12-17의 기사에서는 모세를 통해 이스라엘에게 주어졌던 계시(3:14)가 이제 모세 개인에게 직접적으로 주어지고 있다. 하나님의 임재와 안식의 약속은 모세에게만 보장되었다(14장의 단수대명사 '너'에 유의하라). 이에 모세는 즉시로 자신을 그 백성들과 동일시하고서 그들을 위해 중보기도를

---

21) M. Haran, *Temples and Temple Service in Ancient Israel* (Oxford: Clarendon, 1978), pp.260-271은 성막과 회막 그리고 이것들의 차이 등에 대한 관계를 하나씩 주의깊게 고찰하고 있다. 부가적으로 성막과 안식일 간의 관계에 대해서는 B.S. Childs, Exodus, p.542를 참조할 것.

드렸으며 하나님은 이를 기꺼이 수납하였다. 하나님은 이스라엘과 함께 하실 것을 약속하셨으며(16-17절), 33:18-23에는 이 약속에 대한 확증으로서 하나님의 현현이 나타난다. 출애굽기 19장의 현현은 언약이 구체화된 후 이스라엘 백성에게 나타난 것인 반면에, 33:18-23의 현현은 모세 개인에게 나타난 것이다.

34장에는 이스라엘과의 언약이 갱신되는 장면이 기록되었다. 신명기 10:1-5에서 명백히 밝혀져 있듯이, 이는 이전에 시행된 바 있는 언약갱신의 단순한 반복이 아니었다. 왜냐하면 출애굽기 34장에 기록된 방법 간에는 중요한 차이점이 발견되기 때문이다. 출애굽기 34:1-9에는 언약갱신을 위한 예비단계의 성격을 띤 하나님의 현현이 나타나며(이는 19장 후반부와 유사함), 실제적인 언약갱신은 출애굽기 34:10-27에서 이루어진다. 34장에서 중요한 것은 하나님의 성품에 관한 선포인데, 이는 1-7절에서 하나님의 현현과 함께 선포되었다. 여기서 6절의 히브리어 헤세드는 일반적으로 '일관된 사랑', '언약적 신실성' 등을 뜻한다. 이는 언약관계에서 나타나는 하나님의 성품을 요약한 말이라 하겠다.

시내산 언약과 관련하여 이 말이 지니는 의의에 대해서는 설명을 요한다. 헤세드가 사람의 성품을 가리키는데 사용될 때에는,[22] 친밀한 개인적 관계의 토대 위에 어느 한쪽이 상대방을 위해 취한 특별한 행위를 일컫는다. 헤세드에 의해 유발되는 행동은 무심결에 취하는 것과는 구별되며 이전의 약속에 대한 신실성을 전세로 한다. 구약성경에 따르면 그와 같은 친절을 받는 당사자는 항상 열등한 쪽이었으며 친절을 베푸는 자는 자유롭게 자신의 의사를 결정할 수 있었다. 따라서 그가 만일 행동하기로 선택한다면 그는 법적으로 속박된 의무감에서 행사하는 것이 아니라 쌍방간의 기존관계에 충실하려는 자발적 의사에 의해 행동하게 된다. 헤세드는 관계의 설정에 관계되는 말이라기 보다는 기존의 관계에 대한 성실성에 관계되는 말이다. 다시말해서 헤세드를 베푸는

---

22) K.D. Sakenfeld 의 논문 "The Problem of Divine Forgiveness in Numbers 14", *CBQ* 37(1975), pp.317-330은 헤세드의 언약적 용법에 대하여 약술하고 있으므로 도움이 될 것이다.

목적은 이미 존재하는 아름다운 관계를 보존하기 위함이다. 그러므로 헤세드의 이러한 용례는 출애굽기 15:13에서 잘 적용되고 있다. 15:13에는 하나님이 당신의 은혜(헤세드)로써 이스라엘 백성을 약속의 땅으로 인도하신다고 기록되어 있다. 이러한 행위는 하나님이 스스로 자유롭게 설정하신 책임을 성취하고 또한 유지하신다는 사실에 대한 보증인 셈이다.

출애굽기 34:1-7의 문맥에서 하나님은 '인자가 많은' 분(6절)으로 묘사되고 있다. 이러한 표현은 하나님의 **헤세드**가 언약을 맺은 사람들에게 일반적으로 부여된 책무의 이행과는 질적으로 다름을 암시한다. 32장 이후에 나타나는 하나님의 신실성은 이스라엘이 기대할 수 있는 정도를 훨씬 능가하는 것이었다. 왜냐하면 이스라엘은 우상숭배로 말미암아 하나님의 백성으로서의 자질을 훼손시켰을 뿐만 아니라 하나님의 자비를 구할 아무런 권리도 없는 지경에 이르렀기 때문이다. 따라서 헤세드라는 단어 속에는 원래의 약속을 계속 유지시키는 하나님의 **특별하신 배려**가 함의되어 있다. 그런 점에서 헤세드는 신약성경의 '은혜'와 유사한 의미로 사용되었다. 헤세드라는 말 자체가 용서와 동의어이지는 않지만, 언약 관계 내에서 그 말은 용서의 진리를 내포하고 있다고 보아도 무방하다. 이스라엘의 반복되는 패역의 역사를 고려하건대 오직 하나님의 계속적인 용서만이 그 언약관계를 지탱시킬 수 있었던 것이다. 그러므로 34:7에서 '인자'와 '용서'가 결부된 것은 자연스러운 모습이다. 만일 언약관계가 지속되려면 하나님의 인자가 절대적으로 요청되었다. 다시 말하자면 언약 관계는 그것을 보존코자 하시는 하나님의 특별하신 배려로 말미암아 존속되었다.

결국 언약의 지속은 하나님의 불변하시는 성품에 의존하는 것이지 인간의 무책임한 행위에 의존하지 않는다. 오직 그러한 용서의 기초 위에서만 출애굽기 34:10-27에 나타난 바처럼 언약이 갱신될 수 있었다. 10절의 시제는 히브리 원어상 과거시제이지만 미래 시제로 옮기는 편이 더 낫다. 왜냐하면 언약의 말씀이 기록되었을 때(27절) 비로소 언약에 대한 실제적인 재보증이 이루어졌기 때문이다. 그 어간의 구절들은 약속의 땅에서 이행해야 할 이스라엘의 행위에 강조점을 두고 있다. 우상숭배에 대한 강한 경고가 주어졌고(14절) 성별의 필요성이 강조되었다(15-16절). 그리고 18-26절에는 새로운 농경적인 배경에서의 삶과 관련되는 상세한 약정사항들이 기록되어 있으며 유월절 준수와 안식일 및 토지소산을 감사할 것 등에 특별한 강조점이 주어졌다.

2. 모세의 수건(출 34:29-35)

언약적 삽화(揷話)라 할 출애굽기 19-34장 전체에 대한 결론의 성격을 띠는 출애굽기 34:29-35에 각별한 주의를 기울여야 하겠다. 이 구절들은 그 위치상으로 볼 때 매우 중요하다. 나름대로의 갖가지 상상에 의한 해석들이 즐비하지만 기본적인 사실은 명백하다. 본문의 수건(혹은 마스크-33절의 히브리어는 정확히 번역되어지기 어렵다)은 모세가 중보자 내지는 하나님의 대변인으로서 행동하지 않을 때에는 언제나 모세의 얼굴에 씌워져 있었다(33-35절). 여호와 앞에서, 회막 안에서, 혹은 언약의 메시지를 실제로 전달하는 중에 모세는 수건을 벗었다.

여호와의 면전에서 얻은 영광의 광채는 모세가 진으로 나와서 중보적 사역을 감당할 때 뚜렷이 인식되었다. 하나님의 임재를 상징하는 장막 안에 들어가게 되었을 때 모세의 얼굴은 빛났으며 이 영광의 광채는 모세로부터 하나님의 계시를 전해 받는 백성들의 눈에 선명하게 보였다. 아마도 이 광채는 그 메시지의 권위를 강화하기 위한 의도에서 생겨났을 것이다. 이 부분이 암시하는 바가 무엇인지를 명확히 이해하기란 매우 힘들다. 하지만 이는 그 위치상으로 미루어 출애굽기 19장에서 시작된 언약기사 전체를 해석하는 중요한 실마리를 제공하는 것으로 보인다. 이 언약기사는 그 진전과정 중 출애굽기 32장의 실패사건으로 말미암아 혼란을 맞았으며, 심지어 언약의 지속여부에 의심을 품게 하는 정도까지 이르게 되었다. 이 출애굽기 본문은 사도 바울의 해석에 의존할 때 그 은밀한 내용이 잘 밝혀진다.

사도 바울은 고린도후서 3장에서 자신이 받은 신약의 직분을 수호하는 문맥에서 이 출애굽기 본문을 등장시키고 있다. 고린도 후서 3장에서 바울은 자신의 직분과 모세의 직분을 비교하였다. 고린도후서 초두에서 그는 고린도 교인들에게 그들이 구하였던 추천서가 모세의 두 돌판처럼 가시적으로 만들어질 수 없음을 상기시켰다. 바울에 대한 천거서를 굳이 보일진대 그것은 고린도 교인들의 변화된 삶 가운데서 발견된다고 계속되는 논의에서 밝히고 있다. 이와 관련하여 고린도후서 3:7 이하의 논의는 '의문(儀文)'과 '영'의 차이점을 밝히며, 바울은 출애굽기 34장에서 갱신된 바 있는 시내산 언약의 충분한 효력이 이스라엘 백성에게는 보여지지 않았고 다만 모세의 얼굴의 광채에서만 보여졌음을 강조하였다. 그러나 바울은 모세의 영광이 일시적이었다고 생각하지는 않았다.[23]

모세 얼굴의 수건이 시사하는 바는 이스라엘 백성이 구약 계시 속에 내포된 고차원적 의미를 계속 주목할 수 없었다는 점이다. 그 이유는 당시 이스라엘 백성의 마음이 완고하였기 때문이다(고후 3:14). 그리고 그러한 상태에서 하나님의 영광과 접하는 것은 위험스러운 일이었기 때문이다. 간략히 말하면 출애굽기 34장의 상황에서는 모세의 경험이 온 백성들과 함께 공유되어질 수 없었다. 하지만 계속해서 바울은 주장하기를 모든 그리스도인들이 이제 모세와 같은 위치에 있다고 한다. 왜냐하면 그리스도께로부터 받은 의는 모세율법이 요구하는 바를 모두 충족시킬만큼 유효하기 때문이다. 이러한 점이 바로 바울이 밝히고자 했던 바였으며 구약의 목적이기도 하다. 이스라엘 백성이 모세율법을 통해 원래 의도되었던 바를 회복하려면 두 가지 작업이 요청되었다. 먼저 그 백성의 마음으로부터 수건이 제거되어야 하며(14절), 그리고 모세의 글을 읽을 때의 편견과 무지의 수건 또한 제거되어야 한

---

23) 고후 3장에서 모세의 영광이 퇴색하고 있는 것으로 묘사된다는 개념은 헬라어 중간태로 기록된 7, 11, 13, 14절의 헬라어 동사 카테르게오(취소하다)를 아무런 근거도 없이 함부로 번역한데 그 원인이 있다. 그러나 D. W. Oostendorp, *Another Jesus* (Kampen : J. H. Kok, 1967)은 그것이 수동태라고 설득력있게 논의한다. p. 37, note 24 참조.

다(15절). 출애굽기 19-34장의 문맥에서 모세를 통해 주어진 계시를 받아들일 수 없게 만든 완고한 마음은 기록된 말씀을 대함에 있어서도 마찬가지로 작용하여 그 말씀의 진의를 깨닫지 못하게 하였던 것이다(고후 3:15). 아마도 이러한 점에서 바울은 출애굽기 32장에 수록된 배교사건을 구약시대 전체에 걸쳐 나타난 이스라엘의 계속적인 배신행위(곧 하나님의 말씀에 대한 배반)에 대한 전형으로 여겼던 것 같다. 고린도후서 3:16에서 사도 바울은 하나님의 상징적 임재장소였던 장막에 들어간 모세의 위치를 염두에 두고 있다. 모세가 여호와께로 돌아갔을 때 그 얼굴의 수건은 벗겨졌다. 즉, 그는 하나님의 직접적 계시를 받는 위치로 되돌아갔던 것이다.

고린도후서 3:16에서 바울은 모든 그리스도인들이 모세의 그와 같은 위치에 설 수 있음을 주장하고 있는 듯하다. '여호와께 돌아간' 사람은 자연인의 마음을 덮고 있는 수건을 벗어버릴 수 있다는 의미이다. 바울이 이러한 구약의 삽화적 사건들로부터 유추한 내용은 17절에서 보다 구체화된다("주는 영이시니 주의 영이 계신 곳에는 자유함이 있느니라"). 17절에서 바울이 의도했던 바는 여호와께로부터 모세에게 주어진 계시를 성령으로 말미암아 그리스도인들에게 계시된 것과 비교하는 것이었던 듯하다. 모세가 여호와께로부터 구약의 계시를 직접 받았던 것과 마찬가지로 그리스도인들은 구약의 완성인 신약의 축복을 그 마음 속에 역사하시는 성령의 도우심으로 말미암아 직접적으로 받을 수 있다는 것이다. 여기서 바울이 주장하고 있는 바와 같이, 새 시대를 특징짓는 것은 바로 계시의 이러한 직접성과 하나님의 뜻을 파악할 수 있는 능력이다. 구약시대에는 계시가 간접적으로 전달되었지만 새 시대에는 직접적으로 전달된다. 이 때문에 사도 바울은 고린도후서 3:18에서 우리 모두가 이제는 모세의 위치에서 직접적으로 계시를 받으며 수건을 벗은 얼굴로 여호와의 영광을 보며 주와 같은 형상으로 화하여 영광으로 영광에 이른다는 점을 상기시키고 있는 것이다.

3. 모세의 중재역할

앞에서 논의된 사항을 염두에 두고 이제 우리는 출애굽기 19-34장 중에서 34:29-35이 담당하는 역할이 무엇인지를 살펴보기로 한다. 19장에서는 계명들이 전체 백성에게 전달되었고 모든 백성들 개개인이 그것을 들었다. 출애굽기 20:18과 신명기 5:4, 22-24 등도 이스라엘 백성이 하나님과 개인적으로 접한 사실을 특별히 강조한다. 다시 말해서 그 때에는 계명들이 특정한 중보적인 도움 없이 백성들에게 전달되었으며 모든 백성은 그 계명들을 개인적으로 잘 이해하고 수납할 필요가 있었다. 주지하다시피 출애굽기 20:19 이하의 율법조항들은 모세를 통해 전해졌다. 백성들이 하나님의 임재 앞에 두려움에 떤 나머지 모세에게 계시 수납을 일임시킨 것인지, 아니면 그 율법조항들이 십계명을 보충 설명하는 성격이었기 때문에 모세 개인만 하나님 앞에 나아간 것인지는 다소 불분명하지만 아마도 후자의 견해가 문맥상 더 합당한 듯하다.

출애굽기 20:19 이하와 출애굽기 24:1-2에서 모세의 중재적 역할이 두드러지는 것은 분명하다. 그러나 24:1-11의 언약체결 시에는 아론과 나답과 아비후 및 칠십 장로들이 모세와 함께 산으로 올라가 하나님과 대면하여 먹고 마셨다. 이는 이스라엘 백성 혹은 그 대표자들과 하나님과의 직접적 만남이 아직 금지되지는 않았음을 시사한다. 출애굽기 24장 끝 부분에는 십계명을 기록한 돌판을 받기 위해 모세 혼자서만 산에 올라 하나님의 존전에 나아가는 내용이 나오는데, 이때 모세는 다분히 제한된 모습으로 중재의 역할을 수행하였다. 이스라엘 백성들 개개인 모두가 언약의 요구사항들을 들었으며 그들 모두가 그 요구사항들을 비준하였기 때문이다.

그러나 금송아지 우상사건 이후에 모세가 이스라엘을 위해 언약을 갱신하였을 때는 그의 중보적 역할이 두드러졌다. 19장과 33장 사이에 이스라엘 백성의 매우 가증스러운 범죄가 발생함으로 말미암아 이제 여호와께서는 이스라엘과 더불어 직접적으로 동행하실 수 없었다. 만일 그러한 적악된 상황에서 이스라엘의 하나님 앞에 나아가면 그들은 진멸을 면치 못할 것이었다(33 : 3). 이러한 사실은 회막의 설립을 보여주는 33장의 기록에서 더 뚜렷이 나타나는 바, 향후로 하나님은 회막에서 모세와만 말씀을 하실 것이었다. 하나님의 말씀을 개방적으로 들을 수 있었던 이스라엘의 위치(출 19장)는 이제 상실되었고, 이스라엘 백성의 마음 속에는 완고함이 뿌리깊이 자리잡아 갔으며 이 완고함은 향후 끊임없는 경고의 대상이 되었다. 백성들에게 여호와의 말씀을 전할 때 모세가 얼굴의 수건을 벗은 상태였다는 사실(출 34 : 29-35)은 하나님의 계시가 본질상으로는 온 백성에게 개방되어 있었음을 의미한다. 그러나 모세가 중보적 역할을 감당하거나 하나님의 존전에 있지 않을 때에는 대개 수건으로 얼굴을 가리웠다는 점은 모세의 신령한 체험이 나머지 이스라엘 백성들과는 공유될 수 없었음을 시사한다.

추측컨대 출애굽기 32장의 국가적 배교사건으로 말미암아 시내산 언약의 온전한 의의가 이스라엘 백성들에게 가리워져 버리고 말았다고 볼 수 있다. 이러한 류의 배교사건은 이스라엘 역사를 통해 줄곧 걸림돌로 작용하였다. 이스라엘이 처한 이러한 상황은 그리스도 안에서 그 수건이 제거되기까지는 줄곧 지속될 것이었으며 성령의 역사로 말미암아 비로소 이스라엘은 출애굽기 19장에서처럼 모세의 위치에 설 수 있게 될 것이었다. 구약의 기록을 보건대 이스라엘이 시내산 언약 당시의 원래 위치로 회복되거나 시내산 언약에 내포된 중차대한 의의를 다시 온전하게 깨닫는 일은 나타나지 않는다. 상실해버린 기회를 요약하는 내용이며 그리고 시내산 언약에서 멀어져간 불운한 처지에 대한 서술 내용인 출애굽기 34 : 29-35은 시내산 언약의 기사를 결론짓는 구절들이다.

E. 언약공동체 내에서의 범죄-희생

1. 희생제사의 효력

출애굽기 35-40장은 모세가 하나님께로부터 받은 성막건축에 관한 청사진을 백성들에게 펼쳐보이며 성막건축을 추진해간 내용이며, 따라서 출애굽기는 이스라엘의 예배터전을 확립하는 모습으로 끝을 맺는다. 그러므로 우리는 시내산 언약을 결론지음에 있어 언약관계의 유지를 위해 마련된 희생제사에 관하여 살펴보지 않을 수 없다. 따라서 우리는 레위기에 상세히 기록된 희생제사의 의의를 간략히나마 살펴볼 필요가 있으며 언약구조 내에서 희생제사의 효력은 어떠했는지를 논의할 필요성을 느낀다. 일반적 견해에 따르면 희생제사는 상징적 의미를 지니고 있다고 여겨진다. 즉, 희생제사는 훗날 하나님의 특별하신 간섭에 의해 이루어질 죄사함을 예표하는 상징적 성격을 지닌다는 것이다. 그와 같은 견해는 신약성경에 의해 뒷받침된다. 특히 히브리서에서는 구약의 희생제사가 다만 그리스도의 희생을 상징하는 겉치레일 뿐으로 생각되어지고 있다. 다시 말해서 황소와 염소의 피가 능히 죄를 없이하지는 못한다는 것이다(히 10:4). 또한 구약의 선지자들도 제사제도에 대해서 매우 비판적이었고 심지어는 그것을 무용하다고까지 여겼다고 하는 견해도 있다. 그러나 경건한 이스라엘 백성들에게 있어서 희생제사는 언약관계 내에서 저질러진 죄악들을 사하는 실제적 효력이 있는 것으로 믿어졌다고 보는 견해도 간과될 수 없다.

레위기에 따르면 희생제사가 죄사함의 효력을 발하는 것으로 되어 있다(레 4:35). 즉, 희생제사로 말미암아 예배자는 죄로부터 깨끗해지고 성결케 된다는 것이다.[24] 물론, 히브리서에서 지적되듯 구약성경에는 죄사함에 관한 영원한 해결책이 제시되어 있지는 않다. 오직 그리스도의 희생의 피만이 영원한 해결책이 될 수 있다. 사실상 구약의 성도들도 황소나 염소의 피 자체가 죄를 없애준다고는 믿지 않았을 것이다. 짐승의 희생은 다만 죄의 실체를 깨우치게 하는 일반적 제도장치 가운데 일부였을 뿐이다.

---

24) '속죄하다'란 보편적인 레위기의 어구는 죄를 덮는다는 개념보다는 정화시킨다는 개념을 그 배경으로 하고 있는 것으로 이해하는 것이 좋을 것 같다. Levine, *In the presence of the Lord* (Leiden : E. J. Brill, 1974), pp.56-137 참조.

희생제사는 언약관계 내에서 드려진 것이지 언약관계를 세우기 위한 수단으로서 드려진 것은 아니다. 다시말해서 언약적 희생의 목적은 기존의 관계를 보존하고 유지하는 것이었지 새로운 관계를 만드는 것이 아니었다. 예배자가 희생예물을 가지고 와서 자신의 죄를 전가시키기 위해 그 위에 손을 얹은 후에 그 짐승을 성소에서 잡는 것은 수직적으로 하나님과 예배자 간에든 수평적으로 예배자 상호간에든 언약관계가 깨뜨려졌음을 시인하는 행위였다. 깨뜨려진 언약관계는 회복되어야 했는데 이것이 바로 희생제사가 정해진 방법이었던 것이다. 이러한 점에서 죄의 용서가 이루어진다고 믿어졌거니와 그러한 죄의 용서를 상징적이며 예표적인 것으로만 간주하게 되면 희생제사는 허탄하고 무의미한 의식에 불과한 것이 된다.[25]

여기서 우리는, 구약의 희생제사가 비고의적인 범죄에만 유효했다는 일반적 견해를 재고해 볼 필요가 있다. 레위기에 의하면 '부지불식간에' 지은 죄와 '고의적으로' 지은 죄 모두가 사함을 얻었다(레 4장은 부지불식간에 지은 죄에 관한 내용이고, 6:1-7은 고의적 범죄에 관한 내용이다). 물론 민수기 15:30 이하에서 시사되듯 회개하지 않는 자에게는 희생제사가 아무런 효력을 발휘하지 못했다. 신약시대에서와 마찬가지로 구약시대에도 고백되지 않은 죄악은 사함받지 못했다.[26] 구약의 희생제사가 그리스도의 희생으로 말미암아 마침내 유효하게 됨은 명백하다. 이는 히브리서기자가 일반적으로 지적하고 있는 바이며 사도 바울이 로마서 3:25에서 명백히 밝힌 사항이다. 그렇다고 하여 우리는 구약의 성도들이 희생제사를 부적합하며 일시적인 것으로 여겼다고 생각해서는 안된다. 당시에 희생제사를 통해 죄사함을 얻는 방법

---

25) 구약의 제사제도에 대한 효율성에 대해서는 H. E. Freeman 의 논문, " The Problem of the Efficacy of the Old Testament Sacrifices ", *Bulletin of the Evangelical Theological Society* 5 (1962), pp. 73 -79를 검토할 것.

26) J. Milgrom, " The Priestly Doctrine of Repentance ", *RB* 82(1975), pp. 195-196에서 논증하는 바와 같다. '고의가 아닌' 범죄행위에 대해서는 자백이 요구되지 않았던 것이 분명한 것 같다.

은 하나님이 정하신 적절한 수단으로 받아들여졌다. 그러나 희생제사가 기계적으로 작용하지는 않았으며, 죄의 고백이 전제되었던 점에서 드러나듯 오직 죄를 사하고자 하시는 하나님의 뜻에 의해서만 그 효력을 발휘할 수 있었다. 구약성경에는 희생제사를 드리지 않고서도 죄사함이 주어진 예외적 사례들이 발견되는 바 (삼하 12:13), 희생 제사는 가장 일반적으로 받아들여진 관례적 수단이었으며 죄사함은 하나님께로부터 주어질 뿐 기계적으로 얻어질 성질이 아니었음이 드러난다.

2. 제사제도의 의미

구약성경에는 제사제도의 기능이 대체로 무엇이었는지 명확히 밝혀져 있지 않으며 다만 희생제물의 피가 죄사함과 연관된다는 정도가 밝혀져 있다. 그러나 번제, 화목제, 속죄제 그리고 속건제 등 모든 제사제도를 함께 검토해 보면 언약관계의 영역 내에서 제사 제도의 기능이 무엇이었는지를 대략적으로 간파할 수 있다. 여기서 우리는 앤슨 레이니(Anson Rainey)[27]의 연구 내용을 살펴보고자 한다. 그는 레위기에서 제사드리는 순서가 다양하다는 사실에 우리의 주의를 환기시킨다.

레위기에는 세 가지의 제사순서가 나타난다. 레위기 1:3-6:7에서는 번제(1:3-17), 소제(2:1-16), 화목제(3:1-17) 그리고 속죄제(4:1-5:13)와 속건제(5:14-6:7)의 순서로 되어 있다. 레위기의 첫 부분에 나오는 이러한 여러 제사들의 순서는 드리는 제물과의 연관하에 나열된 것이다. 뒤이은 두번째 부분(6:8-7:38)에서는 제사들의 순서가 약간 바뀌어 있는데 번제, 소제, 속죄제, 속건제 그리고 끝으로 화목제의 순이다. 이러한 순서는 제사를 드리는 절차와 방법과 관련된 것이다. 예컨대 제물을 처리하는 방법이나 제단의 불을 유지하는 규정 혹은 제사장의 복장에 관한 규정 등과 관련된 순서라 하겠다. 특히 희생제물의 고기를 처리하는 방법 또한 특별한 주

---

27) A. F. Rainey, "The Order of Sacrifices in the Old Testament Ritual Texts", *Bib* 51(1970), pp. 485-498.

의를 환기시키는 내용이다.

아론과 그 아들들을 제사장으로 성별하는 위임식을 마친 후, 실제로 제사드리는 장면이 레위기 9장에 수록되어 있다. 여기서 또 다른 제사순서가 나타난다. 여기 나타나는 순서는 매우 의미심장하다 하겠는데, 처음에 아론과 그 아들들을 위한 속죄제와 번제가 드려졌고(9:7-14), 다음에 백성을 위한 속죄제와 번제가 드려졌으며(9:15-17), 이어서 백성을 위한 화목제가 드려졌다(9:18-21). 실제적으로 제사드릴 때에 속죄제, 번제 그리고 화목제로 이어지는 순서는 구약성경 여러 곳에서 나타난다.[28]

이러한 순서에 근거하여 레이니가 이끌어낸 결론은 주목할만하다. 실제로 제사가 드려질 때에 강조점이 주어진 것은 죄사함과 관계의 회복이었다. 번제의 상징하는 바가 헌신이라 할 수 있으므로 죄사함 다음에 개인적 성결 및 헌신이 뒤따름은 자연스런 순서이다. 그리고 이렇듯 새로와진 관계를 감사하는 의미에서 화목제를 드렸는데 이는 예배자와 하나님의 관계가 새롭게 회복된 것을 상징했다. 요컨대 제사의 순서를 통해 우리는 속죄, 성결 그리고 교제에 이르는 과정을 살펴보게 되는 것이다. 제사제도의 궁극적 근거가 되는 것은 하나님의 용서하시는 사랑인데 이 사랑은 하나님의 주권적이고도 자유로운 뜻에 따라 베풀어진다.

그렇다고하여 제사제도 자체가 구약시대의 이스라엘 백성에 의해 과소평가되었다는 말은 아니다. 하나님의 은혜를 제도화한 것이라 할지라도 어떤 제도에든 불완전한 인간적 요소가 나타나기 마련이다. 그러므로 이스라엘의 제사제도를 종종 비난했던 선지자들의 음성을 그 제도 자체를 폐지하라는 소리로 간주해서는 안 된다. 그보다는 그것은 잘못 시행된 제도의 개혁을 부르짖는 소리였으며 제사제도가 이스라엘 예배질서 가운데 바른 역할을 감당할 수 있도록 호소하는 음성이었다. 제사제도가 단순한 제도에 그치지 않고 죄로 말미암아 쌓이게 된 장벽을 허무는 의미를 강

---

28) 레 14:12, 20; 민 6:16-17; 겔 43:18-27, 45:17; 대하 29:20-36 참조.

조하였다는 점에서 구약의 제사제도는 예배자로 하여금 피뿌림과 죄사함의 관계를 상고시키는 교육적 기능도 담당했음을 알 수 있다. 물론 구약의 희생제물은 세상의 죄를 대신지고 가시는 하나님의 어린 양을 상징한다. 그 어린 양의 죽음으로 말미암아 모든 죄를 사함받을 수 있는 근거가 마련되었다. 그러므로 구약의 신실한 이스라엘 백성들에게 있어 제사제도는 하나님께서 스스로 마련하신 언약을 보존하시기 위해 은혜로서 주셨던 죄사함의 수단이라 할 수 있겠다.

F. 언약적 교훈으로서의 신명기

1. 신명기의 구조 및 '베리트'의 용법

모세오경의 나머지 부분은 이스라엘의 광야여정(민수기)과 모압 광야에서의 언약갱신(신명기)을 다루고 있다. 신명기에 기록된 바처럼, 모압 광야에서는 언약이 갱신되었을 뿐만 아니라 곧 당도할 약속의 땅에서 이스라엘 온 백성이 명심하여 지켜야 할 사항들을 주지시킬 목적에서 언약이 상세하게 설명되었다. 신명기는 모세의 3회에 걸친 고별설교를 골격으로 구성되어 있다(1:6-4:43, 5-28장, 29장). 이 설교들은 한결같이 언약에 기초를 두고 있으며, 족장들에게 약속된 바의 성취인 시내산 언약을 해설하고 주지시키는데 역점을 두었다. 뿐만 아니라 이 설교들은 이스라엘 백성들로 선택된 백성다운 삶의 모습을 유지하도록 권고하는 내용이다.

첫번째 설교에서 모세는 언약이 주어지게 된 역사적 상황을 회상하며, 특히 호렙산으로부터 모압 광야에 이르는 이스라엘의 행군을 상기시킨다. 뿐만 아니라 여기서는 언약의 본질적 특성이 무엇인지도 밝혀져 있다. 두번째 설교 부분인 신명기 5-28장은 언약에 수반되는 여러 가지 규례와 법도를 설명하는 내용이다. 5-11장은 십계명과 거기에 내포된 의미를 밝히고 있으며, 12-26장은 부수적인 여러 사회적 법규들로서 출애굽기 21-23장의 내용과 매우 유사하다. 그리고 신명기 27, 28장은 언약 준수의 여부에 따른 축복과 저주를 설명하였다. 끝으로 29장(30장을 포함시킬 수도 있음)은 모세가 이스라엘 백성들에게 약속의 땅에서 성공적인 삶을 영위하게 하는 기초라 할 시내산 언약을 수납하도록 호소하는 내용이다.

신명기에서 히브리어 **베리트**(주로 '언약'으로 번역됨-역자 주)는 다양한 용례를 보여준다. 4:13에서 처음 언급될 때 이는 십계명과 동일시됨으로써 언약과 율법 간의 긴밀한 관계를 시사한다. 이러한 관계 안에서 설립된 하나님의 백성의 성격이 어떠해야 하는가를 요약한 것이기 때문에 언약과 율법 간의 그렇듯 긴밀한 관계는 자연스럽다 하겠다. 신명기 4:23에서 **베리트**는 '잊어버려서는' 안될 언약으로 묘사되었다. 다시 말해서 이스라엘 백성은 그 언약의 요구사항들을 계속적으로 이행함으로써 구체적 삶 가운데 언약을 실천해 보여야 했다. 특별히 4:23은 언약의 본질을 망각케 하는 배교에 대해 각별한 경계를 환기시키고 있다. 이 배교의 위험은 이스라엘이 가나안 땅에서 늘 직면케될 사항이었던 것이다. 신명기 4:31에서 **베리트**는 '족장들'과 맺으신 언약에 대한 하나님의 신실성을 강조한다. 앞으로 더 살펴보겠지만, 여기서 또다시 언약에 관련되는 큰 주제가 대두한다. 즉, 아브라함 언약과 시내산 언약은 밀접한 관련 속에 결부되어 있으며 시내산 언약은 이전에 주어진 약속에 대한 신학적 성취였다는 것이다.

신명기 5:2-3에서는 이스라엘에게 십계명을 반복 설명하기에 앞서 '언약'을 상기시키고 있다. 여기서 언약은 단순한 역사적 배경으로서 언급된 것이 아니라 모든 세대에 명심되어야 할 기본적 지침으로서 언급되었다. 이 외에도 신명기에서 나타나는 **베리트**의 용례는 다양하다. 7:2은 가나안 족속들과는 어떤 언약도 맺어서는 안된다는 금지사항을 언급하고 있다. 그리고 7:12, 8:18, 29:14 등에서 **베리트**는 하나님이 이스라엘의 열조에게 맹세하신 바로서 언급된다. 또한 신명기 8:18, 9:9, 11, 15, 10:8, 29:1, 9, 12, 14, 21, 25 등에서는 호렙산이나 시내산과 관련된 언급들이 '언약'과의 관련하에 서술되고 있다. 신명기 17:2은 언약적 규례들을 어기지 말라는 경고에 관한 전형이라 하겠다.

2. 신명기와 고대 근동의 조약들

신명기의 구성 형식과 관련하여 신명기와 고대 근동의 조약 간에 밀접한 유사성이 있다는 주장이 폭넓게 제기되어 왔다. 이러한 류의 유사성이 50년대 초기에 지적되기 이전에 신명기의 형식이 구약성경에 나타난 고별설교의 전형적 형태라는 주장이 먼저 대두하였다. 여호수아 23장, 사무엘상 12장, 역대상 22, 29장 등에서와 유사하게 신명기는 뚜렷이 네 부분으로 구분되는 바, 시내산 언약에 근거한 직접적 권고(1-11장), 관련 규례들(12:1-26:15), 실제적 언약갱신 의식(26:16-19) 그리고 언약에 대한 순종과 불순종에 수반하는 축복과 저주(27-28장) 등으로 나뉜다. 그러나 신명기와 고대 근동의 조약들과의 유사성은 더욱 밀접하다. 특히 클라인(M. Kline)[29]의 주장이 주목의 대상이다.

그의 견해에 의하면, 신명기 1:1-5은 모세를 중보자로 소개하는 서문에 해당한다. 그리고 1:6-4:49은 여호와와 이스라엘 간의 관계의 역사를 주제로 삼는 역사적 서언이며, 5:1-26:19은 언약 안에서의 합당한 삶의 방법을 제시하는 약정사항에 해당한다. 27:1-30:20에는 언약상의 제재규정이 폭넓게 제시되어 있고, 31:1-34:12은 언약중보자가 모세로부터 여호수아에게로 교체되는 상황을 서술한다.

하지만 클라인의 견해는 다소 인위적으로 고안된 것 같다. 신명기는 언약갱신을 기록한 책인데 고대 근동에는 동일한 조약을 갱신한 사례가 발견되지 않기 때문이다. 물론 모세 당시 근동에 존재했던 일반적 형식을 신명기가 채택했을 가능성은 충분히 있다. 이와 관련하여 벤함(G. J. Wenham)은 구약의 자료와 그 배경과의 일치점을 지적하면서 신명기가 당시 근동의 법규 형식을 응용한 것이 사실이라해도 신명기의 기록연대에 관

---

29) Kline, *Treaty* p. 28.

한 난점들의 해결에 별 도움을 주지는 않는다.[30] 왜냐하면 근동의 조약 형식은 앗시리아 말기에까지 이르는 근 1000년동안 별로 변화를 보이지 않았기 때문이다. 다만 고대 근동 조약들과의 유사성은 신학적 연구에 도움을 줄 뿐이다.

G. 신명기-약속의 땅에서의 삶

1. 신명기 26장

신명기에 기록된 언약갱신이 시사하는 주된 논점은 무엇인가? 신명기 전체를 특징짓는 언약사의 주제는 신명기 26장에 개괄적으로 나타나있다. 신명기 26장에는 순례자들이 약속의 땅에서 얻은 수확에 대한 감사의 예물을 가지고서 오순절날 여호와 앞에 나아갈 때에 지녀야 하는 합당한 자세가 기록되어 있다. 신명기는 약속의 땅에서 어떻게 살아야 하는가를 밝힌 책이기 때문에, 26장에 기록된 예배자의 참된 자세야말로 신명기의 주된 관심사인 순종의 신학을 잘 드러내는 내용이라 하겠다. 신명기 26 : 1-11[31]은 가나안 땅이 곧 하나님의 은혜로 말미암아 주어진 기업임을 밝힌다. 신명기 26장은 언약에서 비롯되는 여러 요구사항들을 소상히 설명한 부분의 끝에 위치하고 있는 바, 그러한 설명이 26장에서처럼 일련의 찬양으로 끝맺어지는 것은 매우 바람직하다.

신명기 26장은 유월절의 상황을 그 배경으로 하고 있다. 이날에 순례자들은 수확물을 허락해 주신 하나님께 나아와 감사를 드렸다. 예배자들이 드린 기본적인 고백은 3절에 나와 있는데, 이는 열조에게 맹세하신 하나님의 신실하신 약속의 결과로 말미암

---

30) J. A. Thompson, *Deuteronomy* (London : tyndale, 1974), p. 18 에서 Wenham 의 견해가 인용되고 있다.
31) 신 26 : 1-11의 통일성에 관해서는(이 구조 내에 속해 있는 26 : 5-11은 고대 '신조[credal statement]'를 이루고 있다는 널리 인정되는 견해와 대립되고 있긴 하다) J. P. Hyatt 의 *Translating and Understanding the Old Testament Essays in Honor of Herbert G. May*, ed. H. T. Frank and W. L. Reed, (Nashville : Abingdon, 1970) p. 160 에서 인용되고 있는 C. H. Brekelmans 의 논증들을 검토할 것.

아 백성들이 가나안 복지에 당도하게 되었다는 고백이다. 이어서 5절에서 예배자는 이스라엘의 조상 야곱이 팔레스틴 출신이 아니라는 사실과 애굽에서 강성한 민족이 되었다는 사실을 고백하게 된다. 애굽 땅에서 부르짖는 이스라엘의 호소를 하나님이 들으시고 그들로 약속의 땅으로 인도하셨기 때문에 이제 하나님께 예배드리는 것은 너무도 당연한 도리라는 것이다.

2. 이스라엘의 '유업'으로서의 가나안

신명기 26장은 팔레스틴이 이스라엘에게 주어진 하나님의 선물(한글개역성경은 '기업'-역자 주)이라는 단언으로 시작되고 있는 바, 여기서 우리는 신명기에 내포된 언약상의 주요 주제를 발견하게 된다. 이 주제는 시내산 언약과 아브라함 언약을 서로 이어주며 국가와 영토의 굳게 결속된 관계를 보여준다. 우리는 신명기에 수록된 모세의 첫번째 설교(1:6-4:40)의 직접적 목적이 약속의 땅의 지리적 경계를 지정하는 데에 있었음을 상기할 필요가 있다. 신명기 1:7에서 모세가 언급한 경계는 아브라함에게 약속된 바(창 15:18-20)와 사실상 동일하다. 또한 8절은 이스라엘에게 할당될 땅은 그 열조들에게 약속된 바로 그 땅임을 밝힌다. 계속해서 9-10절은 이스라엘이 약속의 땅에 들어갈 무렵에 큰 민족을 이루게 되리라는 족장들에게 주어진 약속이 성취되고 있음을 보여준다.

이제 이스라엘은 하늘의 별처럼 중다하게 되었고 강성한 나라가 되었던 것이다. 26장이 하나님의 선물로서의 약속의 땅에 강조점을 두고 있거니와 그 땅은 이제 이스라엘의 소유가 되었다. 왜냐하면 이스라엘은 그 땅을 소유할 법적 권리를 하나님께로부터 받았기 때문이다. 그 땅은 하나님이 그들에게 유업으로 주신 것이며, 그들은 당시의 현 원주민을 몰아내고 거기에 들어가야 했다. 이러한 맥락에서 그 땅은 유업으로 주어졌으되 또한 정복되어야 하는 과제로 남겨졌다. 그러므로 신명기 26:1에는 두 개의 밀접한 주제가 함께 결합되어 있다. 즉, 이스라엘은 정복해야 할 땅을 하나님의 선물로 받았으며, 그 선물을 실제화시키기 위해서는 정복과업이 완수되어야만 했던 것이다. '선물' 혹은 '유업'이라는 개념은 약속의 땅의 주인이 하나님이심을 강조한다.

이스라엘은 하나님과의 언약관계에 충실할 때에만 하나님이 함께하심으로 말미암는 각양의 축복을 누릴 수 있을 것이다. 요컨대, 이후에도 살펴보겠거니와 신명기는 안식의 신학을 강조하고 있다고 믿어지는데, 이 안식이란 약속의 땅에서 믿음 가운데 신실하게 살아가는 삶과 직결된다. 땅에 관한 개념이 매우 중요하며 그 개념은 신명기에서 처음으로 상세하게 거론되고 있기 때문에, 땅 분배 내역이 신명기에서 주의깊게 소개된 것은 오히려 자연스러운 일이다. 우리는 족장시대에 약속된 땅의 경계를 언급한 바 있거니와 약속의 땅은 항상 요단 서편 지역을 지칭하였다. 이러한 이유 때문에 신명기에서는 요단강 도하(渡河) 사실에 큰 비중을 둔다. 그래서 '건너다'라는 뜻의 히브리어 동사 **아바르**가 가나안 정복을 지칭하는 말로도 쓰이고 있다(6:1 참조). 약속의 땅을 어떻게 점유해 나갈 것인지에 관한 신명기의 설명은 족장들에게 주신 하나님의 약속과 매우 흡사한 내용이다. 이스라엘은 그들이 밟는 곳 모두가 그들의 소유로 되리라는 약속을 받았는데(11:24), 이는 창세기 13:17의 약속과 비슷한 내용이다. 아마 이와 같은 이유 때문에 땅을 소유한다는 의미를 히브리어 동사 **야라쉬**(ירש)로 표현한듯 싶다. '유업으로 받다'라고 주로 번역되는 **야라쉬**의 기본 의미는 걷거나 밟는다는 뜻이다.[32]

고대 근동에서는 신(神)이 땅의 주인이라는 믿음이 보편화되어 있었다. 애굽에서 땅의 주인은 바로와 제사장들로 간주되었다. 바로는 신성시되었으며 제사장들은 바로에게 봉사하는 자들로 믿어졌기 때문이다. 도시국가 형태를 띠고 있었던 메소포타미아에서는 해당 도시의 신이 그 도시와 주변 지역의 소유주였다.

엘(El)과 바알(Baal)이 다산(多產)과 비옥함 등 토지의 생산력을 주관하는 신으로 등장하는 가나안 서사시들(우가릿어로 기록됨)로 미루어 보건대, 팔레스틴에서도 신(神)이 땅의 주인이라는

---

32) J. Wijngaards, *The Dramatization of Salvific History in the Deuteronomic Schools* (Leiden : Brill, 1969), p. 84.

신념이 두루 퍼져있었다 하겠다. 가나안 종교에서는 땅의 생산력을 주관하는 자가 바로 신(神)이었기 때문에 그 신자들은 신의 기분에 전적으로 의존한 것으로 되어 있다. 다시말해서 생산성의 차이를 가져오는 계절 조건의 변동은 주관하는 신의 독단적 권능 행사로 말미암는다는 것이다. 하지만 이스라엘에서는 땅과 결부된 축복과 저주가 이스라엘 백성의 언약상의 반응에 좌우되었다. "토지를 영영히 팔지 말 것은 토지는 다 내 것임이라 너희는 나그네요 우거하는 자로서 나와 함께 있느니라"라는 레위기 25 : 23의 말씀과 같이 이스라엘 토지의 소유권은 확실히 하나님께 있었다. 이는 고대 근동의 사상적 조류를 강력하게 반영하는 바, 그러한 사상적 조류가 이스라엘의 믿음 속에서 적절히 변형되어졌다 하겠다. 이스라엘 백성은 아브라함과 같은 처지에 있었다. 즉, 아브라함은 본토에서의 기득권을 깡그리 포기한 채 하나님의 명에 따라 다른 거주지를 찾았던 것이다. 이스라엘 사회에서 토지는 양도될 수 없었으며, 안식과 희년은 토지의 주인이 하나님이시라는 사실에 대한 자각을 진작시키기 위해 마련된 제도였다. 이스라엘에서 땅의 경계표를 변경시키는 일은 엄금사항이었다(왕상 21장).

일부 학자들의 주장에 의하면, 가나안에 들어갈 당시 이스라엘은 가나안식 봉건제도를 약간 변형시켜 답습하였다고 한다. 영주들, 곧 가나안 도시국가의 왕들에게 예속된 가나안의 소작농들처럼 이스라엘은 '위대한 왕'이신 하나님의 속국인 셈이었고, 그들은 하나님의 소유인 땅에 거주하며 그 은혜로 말미암아 살아갔다. 따라서 이스라엘의 농부는 스스로를 여호와의 영지를 경작하는 소작농으로 여겼으며, 모든 백성은 이스라엘 내부의 권력구조보다는 하나님과의 관계에 더 의존하였다. 일반적으로 이스라엘 백성은 토지가 하나님께 속했다고 믿었는데, 이러한 입장으로부터 팔레스틴이 '거룩한' 땅이며 그 땅에서 거둬들인 자연적 축복들이 '거룩한' 소산이라는 개념이 생겨난 것이다.

신명기에는 토지의 소유주가 신이라고 믿었던 고대 근동의 신앙으로 말미암은 폐단이 기록되어 있다. 즉, 우리는 신명기이 기록을 통해 가나안의 다산 풍요를 위한 제의(祭儀)와 결부된 이스라엘의 배교사실을 접할 수 있는 것이다. 이스라엘에 있어 하나님이 팔레스틴 땅의 주인이시라는 사실은 하나님의 권한이 어떤 특정 지역에 국한된다는 것을 의미하지 않는다. 이스라엘은 하나님이 온 피조물의 주인이심을 믿었다. 따라서 가나안은 온 땅의 주인이신 하나님께로부터 선물로 받은 이스라엘의 유업이었다(신 32:8). '유업(나할라, נַחֲלָה)'이라는 용어는 전체 중 일부를 특정인에게 떼어준다는 의미가 강하다.[33] 그러므로 가나안 종교의 바알에게 주어진 바와 같은 한정된 토지소유권은 이스라엘의 신학과 거리가 먼 의미를 가진 것이었다.

3. 되찾은 에덴으로서의 가나안

땅의 비옥함은 신명기 26장(9절)에서 거론되는 주제 중 하나이다. 또한 신명기 26장에서는 땅의 첫 소산물을 하나님께 바칠 때, 땅의 주인으로서의 하나님께 감사할 뿐만 아니라 그들을 구속해 주신 과거의 역사를 회고하며 감사하고 있다. 토지의 소산에 관한 신명기 26장의 언급은 장차 고국이 될 땅을 평가해보기 위해 보냄받았던 정탐꾼들의 보고와 형식면에서 유사하다(민 13:27). 신명기에서는 약속의 땅이 지나치게 이상화되어 있다. 약속의 땅은 비옥함과 다산(多産)의 진수로 묘사되었다. 거기에는 모자라는 것이 하나도 없다. 그 땅은 하늘의 음식을 내었을 뿐만 아니라(사 7:15, 버터나 꿀은 전통적으로 하나님께 바치는 음식으로 여겨졌음) 하늘로부터 내리는 비를 받는 것으로 묘사되었다(신 11:11). 그 땅에는 골짜기와 언덕을 흐르는 시냇물과 샘물이 있다(신 8:7). 더구나 그 땅 자체가 비옥함은 물론이고, 거기에는

---

33) 이에 대해 H. E. von Waldow 는 "Israel and her Land. Some Theological Considerations"의 *A Light unto My Path: Old Testament Studies in Honor of J. M. Myers* ed. H. N. Bream et. al., (Philadelphia : Temple Univ. Press, 1974), p. 494에서 지적하고 있다. 우리는 그의 명쾌한 논문과 P. D. Miller 의 논문, "The Gift of God : The Deuteronomic Theology of the Lord" *Interpr* 23(1969), pp. 451-65에 도움받고 있다.

이스라엘이 직접 파지 않은 저수지와 직접 건축하지 않은 성읍과 직접 심지 않은 감람나무들이 갖추어져 있다(6 : 10 이하). 그러한 땅에서 충만한 축복의 삶이 구가될 것이었다. 왜냐하면 이스라엘의 안전을 위협하는 모든 세력은 물론이고(7 : 14), 모든 질병이 제거될 것이었기 때문이다(7 : 15). 하나님의 특별하신 배려가 그 땅에 베풀어진다. 당신의 눈이 항상 그 위에 있으며 그 땅을 향하신 당신의 관심은 늘 지속될 것이었다(신 11 : 11-12).

언약적 관점으로 볼 때 상술한 이 모든 사실 속에는 중요한 의미가 함축되어 있다. 이러한 언급들에서 나타나는 인상은 되찾은 에덴 동산이나 회복된 낙원에 가깝다. 약속의 땅은 여호와의 성소로서 기대되어 왔었기 때문에 회복된 낙원의 모습으로 묘사된 것은 어쩌면 당연한 일이었다. 성소다운 면모를 유지하기 위해서, 혹은 그토록 큰 기대와 모순을 나타내지 않기 위해서, 모든 부정한 것이나 이스라엘을 오염시킬 위험을 내포한 모든 것은 제거될 필요가 있었다. 에덴 동산의 상황에서처럼 이 거룩한 땅을 차지한 자들은 하나님의 특별하신 임재와 함께 하는 축복을 누릴 것이었고, 이 땅에서 준수해야 할 요구사항들을 지키는 한 이스라엘은 자자손손 이 땅에서 살아갈 것이었다. 따라서 아담의 입장과 이스라엘의 입장은 서로 병행되는 요소를 보여준다. 아담처럼 이스라엘도 약속의 땅 밖에서 형성되었다(창 2 : 8). 아담처럼 이스라엘도 하나님이 만드신 성소에로 인도되었다. 아담의 경우에서와 마찬가지로 약속의 땅에서의 삶은 언약에 의해 규정되고 통제되었다. 그리고 끝으로 아담처럼 이스라엘은 그 땅으로부터 추방당해야만 했다. 왜냐하면 이스라엘과 여호와를 서로 이어주었던 언약관계가 회복 불가능한 상태로까지 파괴되었기 때문이다.

4. '주어진' 그리고 '차지해야 하는'

약속의 땅과 관련하여 숙고해야 할 사항이 하나 더 있다. 신명기 26 : 1에서는 그 땅이 하나님의 선물이며 원주민을 몰아낸 대신 주어지는 것이라 명시되어 있다. 26 : 5-11의 고백에서 강조된 사실은 여호와께서 이스라엘을 애굽으로부터 이끌어 내셨듯이 이스라엘을 가나안 땅으로 책임지고 인도해 들이셨다는 것이다. 우리는 여기서 이스라엘이 하나님의 도우심 없이 그 땅을 정복하려 했을 때 곧장 패퇴당하고 말았다는 사실을 상기하게 된다(민 14:39 이하; 신 1:41 이하). 신명기 26:9의 고백적 진술에서 밝혀지듯, 여호와께서 약속의 땅을 이스라엘의 처분에 맡기셨을 때 비로소 그 땅은 이스라엘의 소유로 될 수 있었다.

하나님은 그 땅을 당신이 번성하게 만드신 이스라엘 백성에게 주시겠다고 약속하셨다. 따라서 하나님은 가나안 정복을 완수케 하는 승리에 대한 책임을 지실 것이었다. 이는 만들어낸 신학적 허구가 아니라, 가나안 정복 과정에서 생생하게 입증된 역사적 사실로서 체험되었다. 그러므로 여기서 정복의 신학이 대두한다. 즉, 이스라엘 군대의 배후에는 여호와의 군대가 있었다고 하는 '성전(聖戰)'개념이 그것이다. 종종 지적되듯, 신명기는 곧 수행될 정복전쟁에 대한 준비의 성격을 띠고 있기도 하다. 참고로 20장은 하나님의 영도하에 수행될 이스라엘의 정복전쟁에 관한 규례라 하겠다. 이는 다시말해서 이스라엘 혼자의 힘으로 전쟁에서 승리를 거두기란 실제적으로 불가능하다는 뜻을 내포한다. 이겨낼 수 없는 여러 장애들을 극복하고 이스라엘이 가나안 땅에 들어갈 수 있었던 것은 여호수아서에 밝히 기록되어 있듯이 오직 하나님의 주권적 간섭 덕택이었다.

5. 약속의 땅에서의 '안식'

또한 신명기 26장을 통해(3절) 우리는 가나안 땅 정복과 더불어 족장들에게 주어졌던 약속이 대략적으로나마 성취되었음을 알 수 있다. 약속의 땅과 관련하여 아브라함을 통해 드러났던 신학이 이제 약속과 성취라는 골격을 보여주게 된 것이다. 이러한 점에서 신명기는 시내산 언약이 아브라함 언약과 더불어 어떻게 조화를 이루는지를 잘 보여준다. 그뿐만 아니라, 가나안 정복에 관한 신명기적 개념상의 가장 중요한 의미는 '안식'에 관한 신명기 신학에 요약되어 있다. 물론 신명기 26장에서 '안식'의 개념이 직접 나타나지는 않는다. 하지만 26장 초두에 나오는 추수감사 의식(儀式)은 약속의 땅에서 대적들을 파함과 더불어 주시리라고 하신 안식의 약속(25:17-19)에 곧바로 이어지는 내용임을 주목해야 한다. 안식을 주신데 대한 감사의 표로서 추수감사 예물을 드렸던 것이다(신 26:1 이하).

신명기에서 종종 언급되는 '안식'의 개념(3:20, 12:9, 25:19, 28:65)은 그 땅에서 누리게 되는 안전하고 축복된 삶의 개념과 결부되어 있다(15:4, 23:20, 28:8, 30:16). 이러한 축복된 삶은 원래 인생에게 허락된 것에 다름 아니다. 이 안식의 신학과 관련하여 우리는 창세기 1:1-2:4의 에덴기사에서 드러난 창조의 목적을 상기해 볼 필요를 느낀다. 즉, 사람은 하나님의 존전에서 창조의 축복들을 누리며 즐거워하도록 지음받았던 것이다. 창세기 2:2과 신명기에 드러난 안식의 개념은 공히 상술(上述)한 창조의 목적을 시사하고 있다. 나아가 신명기 12장에 논의되는 바에 따르면, 하나님의 임재의 개념은 당신이 선택하신 특정한 장소와 결부되어 있다. 이 장소가 바로 "여호와께서 자기 이름을 두시려고" 택하신 곳이 될 것이었다(1절).

신명기 12장에서 순례의 목표지인 하나의 언약 성소에 관해 언급하고 있는지 그렇지 않은지에 대해서는 아직 논란의 여지가 많다. 우리 판단으로는 신명기 12:5의 '택하신 곳'이 유일한 중앙성소에 관한 언급이라기 보다는 가능한 여러 성소들을 지칭한 것이라 생각된다. 그 여러 성소들 중 어느 것이나 당분간은 중앙성소로서의 역할을 담당할 수 있었던 것 같다. 그러한 견해가 주석상으로 가능할 뿐만 아니라 사무엘하 7:6의 내용과도 일치한다. 사무엘하 7:6에서 여호와는 예루살렘을 중앙성소로 지정하기 전까지는 당신의 상징적 거소를 따라 여기저기 이동한 사실을 언급하셨다.

신명기 12장에서 일련의 여러 성소에 관해 언급된 것이 사실이라고 한다면, 하나님의 상징적 임재장소가 그처럼 이동했다는 사실은 가나안 땅 전체를 성소로 보는 의미를 내포한다. 한편 '여호와께서' 자기 이름을 두시려고라는 구절을 놓고 어떤 주석가는 여호와께서 친히 성소에 거하신 것이 아니라 다만 성소가 그의 임재를 상징하는 역할을 했을 뿐이었다는 견해를 제시하고서, 여호와께서 친히 내재하사 이스라엘과 동행하셨다는 사실에 대해 이의를 제기하고자 했다. 하지만 그와 같은 궤변과는 무관하게 그 구절은 어떤 대상에 대한 소유권을 나타내기 위한 일반적 표현이었을 뿐이다.[34] 따라서 약속의 땅이 하나님의 소유라는 신학적 개념 및 신명기 12장에 언급된 안식의 교리 등과 더불어, 신명기 12:11의 말씀은 약속의 땅의 성소로서의 의의를 거듭 강조한 것에 다름 아니라 하겠다.

안식의 교리를 위해서 뿐만 아니라 보다 넓은 의미로서의 창조언약적 개념을 위해서도 중요한 사항이 바로 신명기에 내포된 안식일 개념이다. 안식일 조항에 해당되는 대상은 이스라엘 사회 내의 모든 계층의 사람들 뿐만 아니라 잠시 머무는 나그네나 심지어는 가축들까지 포함한다(5:12-15). 그리고 안식일 규례는 출애굽의 구속(救贖)과도 긴밀한 연관을 맺고 있다. 십계명 중, 출애굽기 20:8-11의 안식일 규례는 하나님이 천지창조를 완성하시고 쉬신 사항과 결부시켜 언급된다. 그리고 약속의 땅에서의 새로운 삶을 가능케 하고 에덴 동산에서의 안식의 의미를 새로이 회복시키는 출발점이 되었다는 점에서 출애굽의 구속은 중요한 의미를 지니는 것이다. 물론 익히 알듯이 '안식'의 기대는 이스라엘의 경험 속에서 구현되지 못했으며 이스라엘은 그 땅으로부터 추방당하는 결과에 이르고 말았다. 이와 관련하여 히브리서 기자는 이스라엘의 실패를 상기시키면서, 창조목적의 완성으로서의 안식이 성도들에게 아직 남아 있음을 주지시킨다(히 4:8-10).

6. 이스라엘의 응답-'율법'과 '사랑'

신명기 26장은 여호와께 속한 가나안 땅에서 나는 소출에 대해 감사하는 내용 뿐만 아니라 그와 같은 은혜를 입은 이스라엘의

---

34) Dean McBride 가 구약의 이 재미있는 어구에 대해 수집한 증거들은 G. J. Wenham 의 "Deuteronomy and the Central Sanctuary", *Tyn. B* 22(1971), p. 114 에서 언급되고 있다.

반응이 어떠해야 했는지를 보여주는 내용도 포함하고 있다. 신명기 26:11에는 레위인은 물론이고 당시 사회적으로 혜택을 받지 못했던 객(客)마저 감사하는 의식에 참여하도록 명령이 내려져 있는데, 이 명령은 바로 뒤에 이어지는 이웃 구제용 십일조 규례 (26:12-15)에 대한 준비로서의 성격을 띤다. 언약관계에 충실할 것을 다시금 이스라엘에게 상기시키는 16절 이하의 내용에서는, 이스라엘의 자세가 어떠해야 하는가가 중요한 문제로 대두하고 있다. 신명기 전체에서도 마찬가지이지만 26장의 문맥에서 밝혀지는 바에 의하면 이스라엘의 합당한 반응은 이전에 받은 은총을 즐거워하며 감사하는 것이다(26:1-11).

여기서 신명기에서 율법의 역할이 무엇이었는지에 대한 물음이 제기될 수 있다. 왜냐하면 신명기의 주요 기록목적 가운데 하나는 율법의 의의를, 혹은 교육의 매개체로서의 모세오경의 역할을 설명하는 것이기 때문이다. 물론 전형적인 훈계의 패턴은 신명기 6:20-25에 기록되어 있다. 그 내용인즉, 아들이 아비에게 계명들의 의미와 의의에 대해 물을 때 아비는 애굽의 노예상태로부터 약속의 땅에서의 자유로운 삶에로 인도해 주신 하나님의 은혜를 계속 누리기 위해 계명들이 주어졌노라고 대답해야 한다는 것이다. 말하자면, 요구조건으로서의 계명이 존재한다는 사실은 그 요구조건을 매개로 한 관계가 성립되어 있음을 의미하며, 진정한 자유는 온전한 봉사를 통해 획득된다는 전제를 시사한다. 6:20-25에 내포된 의미는 신명기 전체에 걸쳐 발견되는 바, 율법이란 이미 설립된 언약관계의 구조 안에서만 의의를 지닌다는 것이다. 바로 이전 구절(6:4 이하)에 명시되었듯, 율법은 이스라엘 백성의 마음 깊숙이 새겨져야 할 구체적 삶의 지침이었으며 단순히 성문화된 문자 자체로서 어떤 절대적 의미를 지니지는 않는다. 이러한 이유 때문에 신명기에서 율법과 사랑은 긴밀히 연관되어 있다. 신명기는 사랑을 단순한 감정이나 지적 활동으로 취급하지 않으며 하나님의 택하시는 은총에서 기인하는 역동적 현상으로 다루었다. 실제로 하나님의 사랑은 하나님의 택하심과 동의어로 나타난다(신 4:37, 10:15).

이스라엘에게 주어진 하나님의 사랑은 그렇듯 은혜로운 것이었기 때문에 그 사랑에 대한 응답은 기꺼이 하나님의 계명을 준수하는 것으로 나타나야 했다. 신명기에서 사랑은 늘 특정한 행위를 수반하는 것으로 묘사되었다. 예컨대 '계명을 지키는 것', '당신이 허락하신 길을 걷는 것' 혹은 '당신의 음성을 순종하는 것' 등이[35] 그것이다. 이와 관련하여 이스라엘의 의무를 간략히 잘 요약한 신명기 10:12-22의 내용을 주목해 볼 필요가 있다. 이스라엘에게 제일 먼저 요구되었던 사항은 하나님을 '경외하는 것'이다. 신명기 10장에서는 언약관계를 소원하게 만들었던 시내산에서의 우상숭배사건을 상기시킨다. 이 '경외'라는 말 속에는 하나님의 거룩하신 성품 앞에서의 외경스러운 느낌과 모든 요구사항들의 이면에 있는 하나님의 은총에 대한 인식이 함께 내포되어 있다. 따라서 '경외'는 하나님의 거룩한 질투심에 대해 취해야 할 적절한 반응이며 언약의 하나님께 대해 취하는 내면적인 반응이라 하겠다. 반면에 '사랑'은 하나님이 요구하시는 바에 부응하려는 외적인 표현이다. 시내산에서 하나님은 이스라엘이 당신을 청종하고 경외하며(신 4:10) 그리고 그 자녀들에게도 동일하게 가르치라 명하셨다. 말하자면, 경외에는 응당 순종이 뒤따라야 했던 것이다. 신명기는 살아계신 하나님의 손에 맡겨진 삶이 한편으로는 매우 두려운 것이기도 함을 우리에게 주지시킨다. 왜냐하면 만일 이스라엘이 여호와를 잊어버리면 하나님께서는 이스라엘을 지면에서 멸절시키실 것이기 때문이다(신 6:12 이하). 따라서 출애굽 세대와 그들의 후손들은 하나님을 경외하며 당신의 계명들을 지켜야 했으며, 그러할 때 비로소 그들은 축복된 삶을 유지할 수 있었다.

---

35) V. H. Kooy 는 *Grace upon Grace Essays in Honer of L. J. Kuyper*, ed. J. I. Cook, (Grand Rapids : Eerdmans, 1975)에 실린 "Fear and Love in Deuteronomy", p. 114에서 이같은 연결점을 다루고 있다. 신명기의 토라문제에 대해서는 주로 이 단락에서 Kooy의 도움이 되는 논술이 뒤따라 등장하여 왔으며 또한 L. E. Toombs 의 "Love and Justice in Deuteronomy", *Interpr* 19(1965), pp. 399-411의 내용이 전반적으로 언급되어 있는 것이 분명하다.

이미 신명기를 통해 살펴보았듯이 성경에서 사랑은 단순한 감정적 반응만 의미하지는 않는다. 사랑과 관련하여 신명기에서는 친족관계를 지칭하는 용어가 자유롭게 사용된다(신 8:5, 14:1). 그리고 이러한 친족관계는 감정적 반응의 요소를 분명 내포한다. 그러나 우리는 구약의 가족구조가 얼마나 권위적 체계를 갖추고 있는지를 또한 기억해야 한다. 가족생활은 가장(家長)에 의해 통제되었으며, 가장은 그 자녀들을 철저하게 훈육할 책임이 있었다(신 8:5). 뿐만 아니라 사랑은 교육에 의해 전수되어야 할 사항이기도 했다. 교육을 통해 백성들은 맡은 바 책무를 잘 감당해 나갈 역량을 키웠다(6:4-8, 11:18-21, 31:12). 하나님을 사랑한다는 것은 그의 계명을 지키는 것이며, 계명 준수는 높은 분께 대해 가지는 의무감에서 뿐만 아니라 시내산에서 하나님이 이스라엘을 위해 마련하신 정치체제에 대한 능동적 참여의식에 의해 분출되어 나온 표현이어야 했던 것이다. 신명기는 온 백성의 심령 속에 새겨진 언약의 내면성을 강조한다(신 6:5, 10:12, 26:16, 30:14). 그리고 형식적인 행위규범에 대한 강요된 복종이 아니라 마음 깊은 곳에서부터 자발적으로 우러난 복종을 강조한다.

신명기 26장의 결론부에서는 이스라엘 백성이 율법에 순종하도록 권면하고 있다. 이스라엘을 택하신 하나님께서는 율법에 잘 순종할 수 있는 힘 또한 주겠노라고 하셨다(18절). 이스라엘이 만국 가운데서 택하심 받아 하나님의 특별한 소유요, 거룩한 백성으로 구별되어진 것은 크나큰 영광이었다. 그러나 이스라엘은 그와 같은 고귀한 특권을 유지하지 못했다. 언약갱신이라고 하는 큰 주제를 담고 있는 신명기는 이제 모압 광야에서 이스라엘 백성들에게 축복과 저주 중 어느 것을 선택해야 할 것인지를 생생하게 교육하는 장면을 소개한다(27-28장). 모세는 이스라엘에게 생명을 택하라고 권고하였다(30:15 이하). 생명이란 곧 하나님께서 허락하신 약속의 땅에서의 삶을 가리킨다. 구약의 언약사(言約史)를 통해 보건대, 역설적이게도 이스라엘은 생명보다는 죽음을 택하였으며, 신명기의 복된 메시지는 그들의 귓전에 공허하게

울리는 채, 그들은 포로신세로 약속의 땅을 떠나고 말았다.

요 약

본장의 목적은 시내산 언약을 되새겨 보는데 있었다. 따라서 본장은 시내산 언약의 처음 시작으로부터 약속의 땅에서 준수할 법규의 재확인에 이르기까지의 내용을 다루고 있다. 출애굽기 19 : 3 하반절-8에서는 시내산 언약이 최초로 언급되었다. 여기서 시내산 언약과 관련하여 소개된 여호와의 이름은 모세를 부르실 당시 드러낸 여호와의 이름을 상기케 했다. 그리고 우리는 하나님의 이름이 기존 언약들의 지속을 확증하는 역할을 한다는 사실을 고찰하였다. 그리고 출애굽기 18 : 3 하반절-6의 구조를 재고해 보았다. 또한 세굴라, 맘레케트 코하님, 고이 카도쉬 등의 세 가지 중요한 히브리어를 살펴보았다. 끝의 두 용어는 처음 용어 속에도 내재한 기능에 대한 설명으로 간주되었으며, 19 : 5의 "세계가 다 내게 속하였나니"가 바로 결론 구절이자 요절로 지적되었다. 출애굽기 19 : 6은 5절을 더 상세히 설명한 것으로 이스라엘의 위치와 역할에 관한 언급이다.

시내산 언약당시 율법이 주어졌기 때문에 그 해당 본문을 통해 율법의 역할이 고찰되었다. 토라를 통해 언약관계 안에서의 삶을 위한 일반적이며 구체적인 방향이 설정되었다. 이스라엘 백성에게 있어 언약은 여호와의 왕권과 여호와의 택하시는 은혜를 드러내는 것으로 이해되었다. 출애굽기 25-31장에서 예배는 여호와의 왕권을 인정하는 데서 비롯되는 백성들의 반응으로 간주된다. 출애굽기 15장에는 언약에 대한 신학적 이해가 나타나 있는데, 이로 미루어 보건대 구속의 목적은 에덴 동산에서의 상태를 회복하는 것이었다. 물론, 약속의 땅에서의 삶을 다루는 신명기에서 그와 같은 신학적 이해가 더 상세히 밝혀질 것임은 당연하다.

언약적 반응으로서 드려진 예배(레위기)를 일반적 의미에서 고찰하였다. 희생제사가 실제로 죄를 사하게 하는 효력을 지닌 것인지에 대한 다양한 논의가 있었으며, 속죄를 통해 하나님과의 새로와진 관계에로 인도하는 것으로서의 희생제도의 의의가 설명되었다. 끝으로, 신명기는 가나안 땅에서의 삶의 신학을 보여주었다. 가나안 땅이 이스라엘의 유업으로 주어졌다는 사실은 이스라엘과 그 땅의 궁극적 소유권이 하나님께 있음을 시사한다. 가나안의 이스라엘 백성은 에덴의 아담과 유사한 입장에 놓였다. 이스라엘 백성이나 아담은 공통적으로 지정된 땅 밖에서 지으심 받았고, 그 땅에 인도되었으며, 특정한 의무사항을 주지 받았으며 그리고 마침내는 불순종으로 말미암아 그 땅을 상실하고 말았다. 신명기에서 매우 강조된 '안식'이라는 개념은 인간과 세상을 향하신 하나님의 뜻이 무엇인지를 숙고케 하며, 가나안에서의 이스라엘은 그 모델이 되었던 셈이다. 마지막으로 하나님의 은혜에 대한 이스라엘의 반응을 '율법'과 '사랑'이라는 측면에서 살펴보았거니와 그와 같은 반응이 없을시에 이스라엘은 가나안 땅에서 쫓겨나야 할 것이었다. 앞으로 살펴볼 사항은 이스라엘의 연속되는 반역의 자취들이다. 그러나 하나님은 언약에 끝까지 충실하사 마침내 새 언약에로 이끌어 가신다.

4

다윗 언약 - 왕권 언약

A. 왕권 출현의 역사적 배경

1. 정복전쟁

사무엘하 7장에 상술되어 있는 다윗 언약의 목적은 다시 고대 근동 곳곳에 발흥하였던 왕정체제를 이스라엘 언약공동체에 접목시키는데 있었다. 이런 맥락에서 다윗 언약은 시내산 율법 언약을 다소 수정한 것이며 아울러 이는 아브라함 언약을 성취해 가는 한 단계에 해당한다. 한편 우리는 이스라엘 왕정의 출현을 가나안 정복전쟁으로부터 시작하여 역사적 진전 과정을 통해 조명해 보기로 하자.

정복전쟁 당시(BC 1400년경) 팔레스틴에는 애굽의 영향력이 여전히 행사되지만 쇠퇴해 가는 과정에 있었다. 텔 엘 아마르나 서신(애굽과 가나안 도시국가들과의 정치적 교류를 목적으로 작성된 서신들로서 19세기 후반에 발굴됨)에 의하면, 당시 팔레스틴에는 사회적 혼란과 무질서가 팽배하였다고 하며 특히 하비루(혹은 하피루)라 불리는 무리들이 골치거리로 등장했다고 한다. 이 일단의 무리들은 BC 2000년경 이후로 고대 근동 전지역을 통해 이방인 내지는 외부인들로서 두루 알려져 왔었다.

현재 밝혀진 바에 의하면 그들은 하나의 사회조직을 형성하고는 있었지만 민족단위의 수준에는 이르지 못한 것으로 이해된다. 한편 이들을 정복전쟁 시기의 히브리인들과 동일시하는 견해는 '하비루'라는 용어가 '히브리'라는 용어와 철학적으로 매우 긴밀하게 연관된다는 점에서도 흥미진진한 것이지만 정확한 단정을 내리기는 어렵다. 이렇듯 판단을 어렵게 만드는 한 예로서, 하비루족들은 히브리인이 탈취하지 않은 지역에서 이미 **활동하고 있었다**는 사실을 들 수 있다. 예컨대, 예루살렘 지역과 세겜 지역은 여호수아에 의해 정복되었다고 기록된 바 없지만 이미 하비루족들의 활동무대였다고 알려져 있는 것이다. 반면, 텔 엘 아마르나 서신에서 하비루족이 정치적 변절자요, 현상(現狀)의 파괴자로 규정된 것처럼 이스라엘 정복민 또한 팔레스틴에서는 침략자로 간주되었던 사실은 이들을 동일 민족으로 지칭한다는 점을 뒷받침한다. 뿐만 아니라 구약성경에서 '히브리'라는 용어는 이방인을 지칭하는 말로 사용되기도 했다는 점에 유의할 필요가 있다.

팔레스틴에 만연된 혼란과 약화된 이집트의 영향력으로 인해 확실히 이스라엘의 정복과업은 한결 수월해졌다. 가나안 중부지역을 먼저 침투한 후에 남부 및 북부의 순으로 점령해 간 정복군의 전략이 종종 역사적으로 신빙성을 입증받기는 하지만, 여기서는 정복과정에 대한 상세한 설명을 피하고자 한다. 여호수아서의 정복기사는 팔레스틴 침공이 신명기에 기록된 바 모세 당시에 세워진 계획의 이행이었다는 점에서 관심을 집중시킨다. 특히 여호수아 24장에 수록된 언약갱신 의식에서 정복과업은 그 절정에 이르게 된다. 이스라엘 역사를 통해 중요한 순간들마다 언약갱신 의식이 있었는데, 여호수아가 자신의 사역을 마감하면서 이스라엘에게 남긴 23-24장의 여러 조언들은 매우 설득력이 넘친다. 결국 지파별 영토분할을 가능케 했던 정복전쟁의 성공은 한편으로 신명기에서 예시된 바의 성취였고, 또 한편으로는 이스라엘로 하여금 앞으로의 사명 수행으로 나아가게 하는 한 단계였다.

여호수아서 23장에는 그 당시의 위대한 업적 곧 정복전쟁과 영토분배 내용이 요약되어 있는데, 이 두 과업은 모두 여호수아가 모세로부터 위임받은 사명이었다(신 31:7). 여호수아서 1-12장은 정복전쟁에 관한 기사이며, 13-22장은 토지분배에 관한 기사이다. 23장에서 여호수아는 가나안 진입을 하나님의 역사로 말미암은 사건이라 규정하고 있다. 즉, 이스라엘의 사방 대적을 멸하시고 이스라엘에게 안식을 주신 분은 바로 하나님이셨던 것이다.

하지만 이스라엘 백성에 의해 완수되어야 할 일들은 아직 많이 남아 있었으며(1, 5절), 이 일들은 다윗시대에 이르기까지 중요한 과업으로 이어져 갔다. 이스라엘의 계속된 성공여부의 관건을 나타내는 판에 박은 문구(6절)는 1:7-8에서 하나님이 여호수아에게 부탁한 말씀의 재현일 따름이다. 이스라엘의 장래에 대한 보증은 언약규정의 준수여부에 달려 있었다.

여호수아서 23장은 24장에 수록된 언약갱신 의식을 위한 준비역할을 한다. 24장에서는 먼저 아브라함으로부터 정복당시에 이르는 이스라엘의 역사를 개괄한 후(1-13절) 언약갱신 내용을 수록하고 있다(14-28절). 이전에 언급한 바 있는 언약의 형식에 따라 2 상반절은 서문에 해당하며, 2 하반절에서 13절까지는 역사적 서문이다. 그리고 14-25절에는 언약적 요구사항에 대한 이스라엘 백성의 응답이 기재되어 있는데, 그들은 스스로 증인이 되어 준수사항을 엄수할 것을 다짐했으며(19-22절), 이방신들을 제해 버리도록 명령받았다(23절). 또한 26절은 여호수아가 언약사실을 보다 공고히 하기 위해 언약의 증거물을 세우는 내용이다. 언약갱신 의식은 여호수아의 과업을 총결산하는 것으로서의 의의를 지녔으며, 끝으로 그의 죽음에 관한 이야기가 수록되어 있다(29-33절).

2. 사사시대

사사기를 읽어보면 우리는 내부적 알력과 외부로부터의 압박에 시달린 시대와 대면하게 된다. 본서의 저자가 21:25에서 결론적으로 평가를 내렸듯이 '불법의 시대'라는 말로 요약된다. 과연 그러한 언급이 당시의 무질서상태에 대한 대안으로서 군주제를 승인한 내용인지는 논란의 대상이다. 그러나 그 당시의 지나친 이기주의로 말미암아 지파간의 분열 및 심지어는 동족상쟁의 내전으로 치닫기까지 하였음은 명백하다.

사사기 기자는 끊임없이 언약을 위반하는 이스라엘의 불순종을 적나라하게 드러내는 데에 역점을 두었음에 틀림없다. 처음 1-16장에는 이스라엘의 범죄, 뒤이은 이방 족속의 침입, 회개에의 요청, 구원자의 시명, 그리고 구원으로 이어지는 순환이 뚜렷이 나타난다. 그러한 도식적인 서술패턴 때문에 수많은 주석가들은 사사기의 세부내용들을 거의 신뢰하지 않으려 하며 특히 이스라엘이 그처럼 사악한 행동을 반복했다고는 믿지 않으려고 한다. 또한 사사기의 기사들이 엄격한 연대기적 순서에 따라 기록되지는 않았다는 판단도 가능하다. 왜냐하면, 지리적 위치에 따라 사건들을 배치해 보면 최남단(3장의 옷니엘에 관한 기사)에서부터 시작하여 삼손의 이야기(13-16장)로 끝을 맺음이 합당하다고 보기 때문이다. 삼손사건 그 자체는 남부지방에서 발생했지만,[1] 그것은 북단에 위치한 단 지파와 관련된 사건이었다.

더욱이 3-16장에 기록된 사사들의 통치유형이 애매모호하며 예외적이기까지 하다는 사실 또한 지적될 수 있다. 왜냐하면 사사기에 기록된 사사의 권한은 고대 근동의 다른 나라들의 경우와는 달리 족장시대로부터 왕정시대로 넘어가는 자연스런 진전 과정을 거스르는 모습을 보여주고 있기 때문이다. 그래서 사사시대의 정확한 시기 및 사사권의 특징에 관해 보다 상세하고 치밀한 주석이 요구된다 하겠다. 결국 이러한 관점에서, 국지적인 사실을 전(全) 이스라엘의 사실로 확대시킨 사사기 저자의 신학적 배려로 말미암아 역사가 다소 왜곡되었다는 주장이 나타났다. 여기서 두 가지 논점이 고려대상으로 떠오른다. 그 첫째는 사사의 권한에 관한 것이며, 둘째는 당시 이스라엘 사회구조의 특징에 관한 것이다. 사사기를 살펴보건대 어떤 특정한 사사의 권한이 제한받거나 국지적이지 않았음을 알 수 있다. 어떤 한 지역에 공격이 가해지면 항상 이스라엘 전체에 반향을 일으켰으며, 침략군을 내쫓는 일에는 지파간의 끊임없는 협력이 요청되었다. 팔레스틴과 같이 자그마한 나라에서는 국지적인 사건도 쉽게 국가적 위협의 의미로 받아들여지기 마련이었던 것이다. 사실 사사기 1-16

---

1) A. Malamat, "Charismatic Leadership in the Book of Judges", in *Magnalia Dei : the Mighty Acts of God : Essays on the Bible and Archaeology in memory of G. Ernest Wright* ed. F. M. Cross, W. E. Lemke and P. D. Miller(New York : Doubleday, 1976), p. 154. 참조.

장에 기록된 바로는 열두 지파가 함께 단합된 행동을 보인 사례가 전무하다. 하지만 4장에 기록된 사건의 경우를 제외하고는 그러한 단합된 행동이 반드시 요청되었던 경우 또한 없었다는 사실이 고려되어야 하겠다.

사사들 중 맨 마지막에 등장한 사무엘에게 가장 상세한 설명이 주어지고 있는데 우리는 사무엘의 사역을 살펴봄으로써 사사직의 특성의 일부를 알아보고자 한다. 그의 활약상은 사무엘상 17장에 잘 묘사되어 있으며, 여기서 그는 전형적인 구원자의 모습으로 나타나 이스라엘 백성이 이방인을 버리고 블레셋의 압제로부터 구원해 주실 여호와께 돌아오도록 호소하였다(3절). 사무엘상 7:5-14에는 이스라엘을 위한 하나님의 간섭하심이 어떻게 이루어졌는가를 보여주는 일련의 사건이 기록되어 있다. 이스라엘은 직접 전투를 치르지 않고서 블레셋을 무찌를 수 있었다. 하지만 이 승리의 공로자는 바로 사무엘로 그는 사사로서 이스라엘과 하나님과의 언약관계를 회복시키는 도구 역할을 감당하였다. 그리고 블레셋으로부터 승리를 거둔 후에 그는 남은 생애동안 이스라엘의 사사로 활동하였으며(15-17절), 당시 중요한 성읍들을 두루 순회하며 분쟁을 중재하는 등 이스라엘을 다스렸다. 여기서 실로가 언급되지 않은 것으로 미루어 그 성읍은 블레셋의 침공으로 인해 파괴되었던 것으로 보인다.

사무엘의 경우를 통해 살펴볼 때 사사란 이스라엘의 내부 개혁을 촉구하고 외부 침입으로부터 보호함으로써 이스라엘의 언약관계를 보존하는 사명과 직분을 하나님께로부터 수여받은 자라 하겠다. 사실상 이는 사사기 3-16장의 사사들이 행사한 직분의 성격과 일치된다. 그들은 모두 여호와로 말미암아 세우심을 받았고, 성령의 사람들이었으며(삿 6:34, 11:29, 15:14), 이스라엘 전역에 걸쳐 영향력을 미치는 권한을 위임받았다. 하지만 그들은 단지 이스라엘의 진정한 사사(士師)가 되시는 여호와(삿 11:27 참조)의 대리자였을 뿐이다. 사사의 활동이 이처럼 다양하므로 우리는 사사라는 용어를 단지 사법적 의미로만 이해해서는 곤란함을 느낀다. 사사에 해당하는 동사 **샤파트(שפט)**는 초기 셈어에서 '다스리다' 혹은 '통치하다'를 뜻한다는 사실에 유의하자. 결국 사사 직분은 매우 광범위한 역할을 수행하였고 세습되지 않으며 미리 예측되어질 수도 없다는 점에서 왕직과 대조적이다. 당시 이스라엘에게는 주변 여러 나라들로부터 왕정체제를 본떠 올 수 있는 기회가 열려 있었다. 하지만 이스라엘 역사에 있어 왕정의 채택은 상대적으로 뒤늦게 이루어졌으며, 탁월한 지도자였던 기드온에 의해서조차 단호히 거부되었다(삿 8 : 23).

두번째로 살펴볼 사항은 당시 이스라엘의 사회구조의 특성에 대해서이다. 사사기 21 : 25의 결어로 짐작해 볼 때, 그때의 이스라엘은 모세시대의 시내산 언약에 의해 정치적으로 결합된 열두 지파의 동맹체로 존재했던 것으로 보인다. 그러나 지배적인 견해에 따르면, 사사기 기록의 역사성은 믿을 바 못되며, 당시 이스라엘은 여러 지파들이 느슨하게 결합된 하나의 종교적 동맹체로 존재했지만 다윗시대에 가서야 비로소 왕정체제로 확실한 모습을 띠게 되었다고 한다. 이러한 견해를 뒷받침할 사항에 대해서는 이미 논의한 바 있으므로 여기서는 다른 사항에 대해 간단하게 생각해 보기로 하자. 사사기 기록은 그 시대에 만연했던 무질서와 혼란상태를 대신하여 정치적 통합을 가져다 줄 왕정체제가 절실히 고려되었음을 뚜렷이 보여준다. 또한 주목할만한 사실은 종교적으로는 물론이고 정치적으로 중요한 역할을 감당하였던 곳이자 훗날 이스라엘 백성이 예배를 위해 순례를 다녔던 곳인 중앙성소에 관한 언급이 사사기에는 없다는 점이다.

이스라엘 민족의 구심점이었던 중앙성소의 문제에 관한한 우리는 앞에서 신명기에서 드러난 바를 언급한 바 있다. 중앙성소의 개념이 시내산에서의 예배시에 이미 백성들의 기대 속에 싹트기 시작하였다는 견해는 여러모로 지지할만하다. 또한 초기에는 정해진 중앙성소가 없었지만 법궤를 안치한 장소(길갈, 세겜, 벧엘 등)가 일시적 중앙성소로서의 기능을 담당하였음이 분명하다.

사사시대동안 이스라엘의 사회구조가 어떠하였는가 하는 문제는 정확한 단정을 내리기 힘든 가설 내지는 개연성의 문제라 하겠다. 그러나 사사기에는 온 이스라엘이 연합한 사실을 추측케

하는 내용들이 여러군데 있다. 예컨대 가나안 땅에 점진적으로 정착하는 과정을 보여주는 1장이 그러하고, 동족상잔의 내전(內戰)을 묘사한 20-21장이 그러하다. 그리고 베냐민 지파의 사울이 하나님의 섭리로 말미암아 왕으로 세우심을 받는 장면에서(삼상 9-10장) 우리는 공고하게 연합된 이스라엘의 모습을 보게 된다 (베냐민 지파는 사사시대 말기에 거의 멸절되다시피 하였다). 더욱이 실로의 성소에 관한 사사기와 사무엘서 간에 연속되는 사항을 파악할 수 있다. 즉, 사사기 말미에서 실로(Shiloh) 성소에 각별한 관심을 부여하고 있으며(21:19), 사무엘상의 앞 부분에는 비록 품위가 손상된 모습이긴 하지만 실로에 관해 좀 더 상세하게 설명되어 있다. 사사기가 당시 이스라엘의 분열상이나 뻔뻔스러운 개인주의 혹은 배교 등을 비난하고 경고하는 내용으로 끝난다는 사실에 대해서는 이의의 여지가 없다. 하지만 그렇다고 하더라도 그러한 내용이 왕정체제가 가져다 줄 변화에 대한 갈망을 의미한다고 단정할 수는 없다. 비록 훗날 이스라엘 왕정시대를 특징지웠던 철저한 행정적 통제는 결여되어 있었지만, 그나마 사사시대는 처음 시작된 상태와 마찬가지로 열두 지파가 협력하는 광경으로 끝났던 것이다.

사사기 21:25의 결론적 논평에서 저자는 이스라엘의 특성이 무엇이었으며 그 이상이 어떻게 항상 유지될 것인지를 시사한다. 다시 말해서, 종교적 혹은 정치적 이상을 지탱해 나갈 인간적 구비요건이 결여되었을지라도, 그리고 이스라엘에 왕이 없으므로 사람이 각각 그 소견에 옳은대로 행하였음에도 불구하고, 여호와께서 직접 역사 속에 개입하사 각 시기마다 구원자를 보내주심으로 이스라엘과의 언약을 보존하셨던 것이다. 그러므로 사사기의 중요한 저술 목적 중 하나는 어떤 시대이건 간에 이스라엘이 그 존립을 의존하였던 것은 인간적 고안의 산물인 정치적 조직이 아니었음을 밝히는 데 있었다. 실제로 훗날 하나의 정치체제였던 왕정(王政) 또한 그 폐단으로 인해 노골적으로 비난받았다. 이스라엘은 언약상의 의무를 결코 어기지 않으시는 언약 당사자이신 하나님의 신실하심에 그 존립을 의존하고 있었던 것이다. 이와 같은 제반 사실로 미루어 구약의 이스라엘을 지리적 내지는 정치적 개념에 의해 규정하려는 것은 무리라 하겠다. 즉, 이스라엘이 단순히 동일한 언어를 사용하는 동일한 인종으로 구성된 정치적 결합체로 간주되기는 힘들다는 것이다. 사사기 기록에 의거해 볼 때 구약의 이스라엘은 하나님의 백성이라고 하는 하나의 언약공동체로서 시내산에서 정치적 골격을 시사받은 바 있다. 그리고 무엇보다도 이스라엘은 조상들의 경험이 뿌리박은 바, 곧 하나님의 선택적 부르심에 존립근거를 두고 있었다.

B. 사무엘과 왕정의 도래

1. 과도기적 위기(삼상 1-6장)

사사시대 말기에 두드러지게 나타났던 사회적 압박요인들로 말미암아 결국 왕권이 강력히 요청되었으며, 이제 이스라엘은 족장시대의 사회유형으로부터 군주정치 체제로 변화되기에 이르렀다. 우리는 사무엘서를 통해 이스라엘이 정치적, 사회적인 면에서 대대적인 변화를 보이는 모습과 접하게 되는데, 이 변화의 과정 속에서 언약관계 또한 수정 보완되어야 했다. 사무엘상의 앞 부분은 실로에서의 불경스러운 예배에 관한 상세한 설명으로 시작한다. 이러한 상황은 대제사장 엘리가 그의 두 아들 홉니와 비느하스를 잘 다스리지 못한데서 비롯되었다. 실로 성소에 관한 언급은 사사기 마지막 장에 나오는데 사무엘상 첫 부분에 나타난 실로 성소의 모습은 매우 당당한 인상을 준다. 비록 성전의 외형을 갖추진 못했지만 반영구적인 성소였던 실로에는 법궤가 안치되어 있었다. 사무엘상 4장에 기록되어 있는 블레셋의 침공으로 말미암아 성소가 유린당하고 법궤가 빼앗긴 사실은 이스라엘에게 중대한 위기로 받아들여졌다. 특히 법궤를 탈취당한 사건은 이스라엘로 하여금 그처럼 서글픈 곤경에 빠지게 만든 부패한 지도자에 대한 심판으로 파악된다.

이와 같은 상황 가운데 사무엘은 이스라엘을 점점 심화되는 위기로부터 구원할 자로 택함받게 되었다. 사무엘상 1-3장은 사무엘의 사역이 준비되어가는 과정을 보여주며, 4-6장에 기록된 블레셋의 압제에 이어 7장에서는 사무엘의 영도하에 승리를 거두는 내용이 나온다. 특히 이스라엘의 언약적 상징인 언약궤를 탈취당한 사건이 이스라엘 역사에 있어서 한 시대의 종국을 맞게한 것으로 강조되고 있다(4:22). 과연 여호와께서 당신의 백성을 진정 버리셨으며 결국 언약은 이제 끝나버리고 말았던 것인가? 하지만 사무엘상 5장에서 나타나는 바와 같이 새로운 시작이 펼쳐지고 있었다. 즉, 다곤 신상이 여호와의 궤 앞에 엎드러지는 등 일련의 사건들을 통해 블레셋의 교만이 꺾이게 되었으며, 여호와께서 이스라엘과의 언약을 파기하신 것이 아니라 다만 이스라엘을 연단하셨을 뿐이라는 사실이 확연해졌던 것이다.

사무엘상 4-6장에서는 출애굽을 연상케 하는 이미저리가 사용되었다. 예컨대 4:8은 출애굽 당시에 관한 직접적 언급이며, 5:6의 독종 재앙과 이에 대한 블레셋인들의 반응 또한 출애굽시의 상황과 유사하다.[2] 이처럼 출애굽을 떠올리게 하는 표현은 출애굽 당시 필사적인 상황에서처럼 이제 여호와께서 다시 이스라엘을 새롭게 하실 것임을 시사한다. 이러한 사실은 블레셋인들이 법궤를 되돌려 보내기로 결심하는 장면(삼상 6장)에서 잘 나타난다. 한편 언약궤가 약 20년동안 당시 이스라엘의 지배를 벗어난 지역에 머물러 있어야 했던 것(삼상 7:1)은 당시로서는 감지하기 어려웠던 하나님의 계획에 따른 것이다. 그 언약궤가 다윗에 의해 예루살렘에 안치됨으로써(삼하 6장), 비로소 이스라엘의 정치상의 역사는 안정을 되찾게 되었으며, 그 어간에는 사사시대로부터 확고한 기틀을 갖춘 왕정시대로 이행되는 과정에서 야기되는 과도기적 불안이 그칠 날이 없었다.

2. 백성들의 왕권 요구와 사울의 등장

이러한 불확실한 시대에 이스라엘의 장로들이 왕을 요구하며

---

2) A. F. Campbell, *The Ark Narrative* (Missoula, Montana : Scholars Press, 1975), pp.203-5는 출애굽기의 평행구절들을 충분히 이끌어내고 있다. Campbell은 이들 q som 의 전반부의 장 (章)들에서 언약궤의 신학적 기능을 명백하게 지적하였다.

사무엘에게로 나아갔다(삼상 8장). 그들의 요청은 사무엘의 아들들에 대한 실망 및 사무엘의 직권이 그들에게 물려지게 되리라는 생각에서 비롯되었다. 1-5절에서, 비록 사무엘이 자신의 통치방식을 제도화한 역설적 내용이 암시되어 있지만, 사무엘의 직권 자체에 대한 거부나 비난은 보이지 않는다. 장로들은 8 : 5에서 "보소서, 당신은 늙고 당신의 아들들은 당신의 행위를 따르지 아니하니 열방과 같이 우리에게 왕을 세워 우리를 다스리게 하소서"라고 요구하였다. 물론 그러한 요구는 신명기 17 : 14에서 이미 나타나며, 따라서 주의깊게 되새겨 보아야 할 사항이다. 그러나 여기서는 사무엘이 왕정제도의 위험성을 경고한 연후에도 백성들이 그 경고에 귀를 기울이지 않고 반복해서 왕을 요청하기만 했다는 점에서(삼상 8 : 19-20) 암울한 그림자가 드리워져 있다.

사무엘에 의해 행사되었던 이스라엘을 다스리는 지도력의 특성에 관하여 장로들은 혼란스러워 했던 것 같다. 사사의 직분은 세습되지 않았으며 사사의 후계자가 지명될 수도 없었다. 다만 어떤 위기상황 가운데서 필요에 따라 여호와께서 사사를 지명하실 뿐이었다. 그리고 통치상에 있어 최종적인 결정권은 하나님께 있었고 사사는 단지 하나님의 결정을 대행하는 대리자였다. 결국 누가 다음 사사가 될지는 하나님 외에는 아무도 알 수 없었음은 물론이고, 통치의 중심지가 어디가 될 것인지도 예측할 수 없었다. 반면에 왕권의 계승은 충분히 미리 알 수 있었다. 가나안 도시국가들의 경우에서와 마찬가지로, 사무엘이 사무엘상 8 : 10-18에서 언급한 바에 따르면 왕권은 왕조에 의해 계승되며 중앙집권적이다. 그리고 그것은 절대성을 갖게 되므로 남용될시에는 8 : 18에서 경고한 바와 같은 권력의 폭압이 초래될 가능성을 갖고 있었다. 하나님의 간섭하심을 무시한 왕들이 정권을 탈취하는 등 훗날 이스라엘의 역사를 통해 입증된 것과 같이 왕을 요구한 백성들의 불순한 동기는 결국 언약관계에 유해한 것이었다. 왜냐하면 그러한 요구는 신정(神政)의 통치방식을 더욱 약화시키는 결과를 낳았기 때문이다.

따라서 왕을 요구한 것은 외형상 신정왕국을 기대한 것이긴 하지만 절대왕권의 세속적 전제왕국을 자초한 경솔하고 분별없는 요청이었다. 다시 말해서 이는 세계 열방 가운데 이스라엘에게 부여되었던 특별한 위치(출 19:3-6)를 스스로 저버리는 행위였다. 이스라엘은 그러한 특별한 위치를 잘 지키고 있을 때에만 세상 열방으로부터 성별되고 정치적 번영 또한 구가할 수 있었다. 결국 왕정에 대한 요청은 하나님의 통치를 명백히 거부한 행위였고, 이스라엘 스스로 세상 열방과 동일시한 태도였으며, 하나님의 은혜로우신 보호와 간섭을 위한 언약적 기초(출 19:3-6)를 파기한 것이었다.

사무엘상 9-12장은 이스라엘 왕권의 특성을 좀 더 소상히 보여준다. 사울이 왕으로 택하심을 받는 과정을 통해 우리는 사사시대와 왕정시대의 절충을 보게 된다. 그가 온 이스라엘 백성들의 인정을 받게 된 것은 암몬 족속과의 전투에서 세운 공적때문이었는데(삼상 11장), 그 당시 사울의 활약은 사사시대 초기에 사사들이 수행한 사역을 곧바로 연상시킨다. 그 이전에 이미 사울은 여호와의 택하심을 받았고 사무엘에게서 기름부음을 받았었다. 사울의 승리 이후에 백성들이 사울을 공적으로 인정하는 장면에서 드러나듯이(삼상 11장), 앞으로 도래할 왕정은 이스라엘의 기존 사회체제를 가급적 변화시키지 않도록 기대되었던 것 같다. 사울의 승리 후에 백성들은 그와 함께 길갈로 나아갔다. 거기서 행해진 일의 순서는 매우 흥미롭다. 먼저 사무엘의 제의에 따라 '나라를 새롭게'(14절)하였고, 다음에 사울로 왕을 삼았다(15절). '나라를 새롭게' 한다는 말의 의미는 사울에게 맡겨진 직분이 획기적인 변화의 산물이라는 것이 아니라, 이스라엘이라고 하는 나라의 구조를 새롭게 한다는 뜻이다. 예컨대 길갈에서 다시 한번 하나님의 통치를 뚜렷이 인식하고 각성한다는 정도의 의미이다.[3]

---

3) J. R. Vannoy 는 *Covenant Renewal at Gilgal* 에서 이 문제를 조심스럽게 논의하고 있다. A. Study of Isa. 11:14-12:25 (Cherry Hill, N. J.: Mack Publishing Co., 1978), pp.61-91 참조. 우리는 그가 내린 주요 결론들에 동의하고 있으며 그것들을 받아 들여왔다.

왜냐하면 11:14에서는 물론이고, 10:16, 25에서 '나라'라는 말은 매우 폭넓은 뜻으로 사용될 수 있어서 여호와의 통치가 미치는 영역이라는 의미를 뜻하기도 하기 때문이다. 따라서 사무엘상 10장에서 사울에게 수여된 권한은 아주 조심스럽게 이해되어야 한다. 물론 사울은 공적으로 왕으로써 추대되었지만(24절), 10장의 전후 문맥을 고려해 볼 때 사무엘이 사울을 지칭한 칭호는 '지도자'라는 뜻의 히브리어인 나기드(נגיד)일 뿐이다. 이처럼 사울은 주의 백성의 지도자로 세우심을 입었으므로(삼상 10:1) 그가 맡은 직분의 특성은 처음부터 명백해진 셈이다. 그리고 25절의 '나라의 제도'란 이제 막 시작되는 정치적 변화 속에서 이스라엘 백성들이 하나님 나라의 시민들로서 감당해야 할 책임에 관한 규정이라 보아도 무난하다. 왕정체제 내에서 왕이 할 수 있는 것과 해서는 안될 일에 관하여는 사무엘이 모든 이스라엘 백성들에게 밝힌 바 있다(삼상 8장). 더욱이 왕의 권리와 의무에 관한 사항은 이미 신명기 17:14-20에서 다소 상세하게 언급되었다. 이제 부가적으로 필요한 사항은 이스라엘이 왕정체제하에서 어떻게 행해야 할 것인지에 대한 지침이었던 것이다. 이 점에 관하여 사무엘은 12장에서 다시 당부하고 있다.

그러므로 길갈에서 나라를 새롭게 한 것은 사실상 언약갱신의 의미를 지니며, 사울을 왕으로 임명한 것은 베노이(Vannoy)의 견해처럼, 안에서 나라를 새롭게 한데 대한 형식적 절차로서의 뜻을 다분히 내포한다. 이러한 상황하에서 행해진 사무엘의 고별연설(12장)은 11:14에 간접적으로 언급된 바, 나라를 새로이 함으로써 언약관계를 지속시키려는 대의(大意)를 시사한다. 사무엘상 12장의 고별연설이 어디서 행해졌는지 밝혀져 있지는 않지만 우리는 그 장소를 길갈이라고 추측할 수 있다. 그리고 비록 12장에서 베리트(언약)라는 단어가 나타나지는 않지만 언약갱신의 형식을 갖추고 있음이 확실하다.[4]

먼저 사무엘은 자신의 사사 직무를 회고하며 변호하였다(1-5

---

4) 이에 대해서는 K. Baltzer, *The Covenant Formulary*, pp. 66-68이 다루고 있다.

절). 그리고 이스라엘의 기원이 족장시대에서 비롯되었음을 시사하면서(8절) 그 역사를 출애굽 시절로부터 돌아보았다. 이어 사사시대동안 보여주셨던 여호와의 신실하심을 강조하는 내용이 뒤따른다(6-13절). 또한 사무엘은 여호와의 그처럼 신실하신 통치를 불신한 채 왕을 요구한 백성들의 어리석음을 지적하면서, 이스라엘 백성이나 그 왕들의 불순종으로 말미암을 재난을 경고하였다(14-15절). 그리고 하나님의 초자연적 표적이 나타난 후 백성들은 그들의 어리석음을 시인하게 되었다(19절). 백성들의 고백을 듣고서 사무엘은 다만 여호와께 충성할 것을 요청하였으며 (20-21절) 하나님께서는 마침내 그의 언약을 지키실 것이라고 응답하였다. 하지만 12장의 마지막 절은 이스라엘과 그 왕이 불순종 가운데 빠지고 말 것이라는 암울한 예고로 끝맺고 있다.

3. 선지직의 출현

사무엘상 12장에 기록된 바와 같은 언약갱신에 의해 이스라엘의 왕정제도가 언약공동체에 접목되기에 이르렀다. 신명기에 수록된 모세의 연설이나 여호수아서 24장에 기록된 여호수아의 연설에서처럼 사무엘상 12장의 연설에서도 역사적으로 중대한 전환점을 맞은 이스라엘이 장래의 밝은 비전을 고대하는 내용이 나온다. 다시 한번 언약이 공고하게 되었으며, 이제 이스라엘은 정치적 진보를 향해 나아가는 새로운 시대의 문턱에 서게 되었다. 그러한 진보는 종교적 측면에서의 중요한 변화 및 그 변화에의 적응과 결부되어 있는데, 이제 사무엘상에 나타난 새로운 움직임에 관해 살펴보기로 하자. 이러한 고찰은 이스라엘 왕정의 역사뿐만 아니라 이스라엘 자체의 역사를 이해하는데 있어 결정적 실마리를 제공하게 될 것이다.

여기서 고찰할 사항은 선지직이 공적으로 보다 중요한 위치에 이르게 되었다는 점이다. 이스라엘의 선지자 직분은 모세로부터 유래하며, 선지자로서의 역할은 아브라함에게까지 그 기원이 거슬러 올라가게 된다(창 20:7). 사무엘의 소망을 수록한 기사(삼상 1-3장) 가운데 강조점은 그가 수행해야만 했던 선지자 직무에 주어졌다(삼상 3 : 20). 그러나 사무엘에게 맡겨진 선지자직 과업에 관한 자세한 사항들은 사무엘상 9장에 가서야 비로소 우리의 주의를 집중시킨다. 이스라엘의 선지직이 시내산 언약에 그 토대를 두고 있을만큼 그 언약과 직접적 관련이 있음은 신명기에서 이미 자명한 것으로 지적된 바이다. 이러한 사실은 신명기 18 : 15 이하에서 잘 입증되어 있는데, 모세의 뒤를 이어 세우심 받을 이스라엘의 선지자에게는 시내산 언약의 의미를 후세대들에게 전하고 해석할 책임이 맡겨졌다고 되어 있다.

신명기 본문은 모세의 직분이 계속 이어질 것임을 시사하는데, 우리는 비록 선지자 직분은 아니더라도 선지자의 역할이 사사시대동안 나타남을 볼 수 있다. 이스라엘에게 언약상의 의무를 상기시킨 사사들의 역할은 실제로 선지자의 그것과 동일했다. 특히 드보라는 사사이면서 동시에 여선지라 호칭되었다. 아마도 드보라는 선지자적 역할을 수행하는 것을 사사로서의 기본적 권한과 책임으로 여긴 것 같다. 왜냐하면 당시 이스라엘을 이방인들의 물리적 압제로부터 구원한 것은 바락을 통해서였기 때문이다.

사무엘서에서 우리는 선지직이 하나의 직분으로서 견고하게 자리를 잡아가며 또한 제도화되어 이스라엘 정치무대의 중요한 한 부분을 맡게 되었음을 목도한다. 선지직의 이와 같은 변화는 "지금 선지자라 하는 자를 옛적에는 선견자라 일컬었더라"(삼상 9 : 9)는 말 속에서 잘 드러난다. 이 구절의 의의에 대해서는 여러 가지로 논의된 바가 많다. 그 중에서도 이 구절이 당시 사무엘 개인의 직분상의 변화를 뜻한다고 보는 해석이 가장 단순 명쾌하다. 물론 이 구절은 선지직의 기원이 모세시대에 있으며 선지직이 사무엘시대에 돌연히 나타난 것이 아니라는 사실을 당연히 시사한다. 특히 우리는 이러한 변화와 이스라엘 왕정의 시작과 연관성을 간과할 수 없다. 선지자 직분이 중요한 정치적 실체로 등장한 것은 사울의 피택사건과 직접적으로 연관된다(삼상 9장). 결국, 기존의 한 직분(선지직)에 대한 새로운 강조는 새로 생겨난 정치적 직분(왕직)을 견제하기 위함이었던 것으로 보인다.

사무엘상 19 : 19-24에는 사무엘이 선지자 무리의 수령으로 나타난다. 이 일단의 선지자들이 후에는 흔히 등장하지만 본문에서 최초로 언급되고 있다. 당시 선지자의 역할이 무엇이었는지에 관하여 우리는 추측(특히, 사무엘과 사울 간에 빚어진 정책상의 충돌에서 유추해 볼 수 있는 추측)에 의해 짐작함이 마땅하다. 그러한 변화의 와중에서도 사무엘이 사사로서 행사했던 영향력에는 아무런 감소의 흔적이 보이지 않는다. 하지만 정치적 영역에 있어서는 그의 이전의 권한이 축소되었고 도전받았다. 예전에는 사사의 관할하에 있었던 전쟁에서의 통솔권은 이제 왕에게로 넘어갔으며(삼상 8장), 나라를 다스리기 위해 날마다 내리는 정치적 결단에 대한 책임 또한 왕에게 넘겨졌다(삼상 8:20; 삼하 15:2). 결국 중요한 역할 분담이 이루어졌으며, 모세의 통합적 영도력은 소위 '속사(俗事)'를 맡은 왕직과 영적인 방향으로 인도하는 선지직으로 뚜렷이 분할되기에 이르렀다. 그리고 선지자는 영적인 사람인 반면, 왕직은 속성상 행정적 직분이므로 이스라엘에 있어 선지직은 왕직보다 우위에 있어야 마땅했다.

이스라엘에 잠재해 있는 불충(不忠)을 제재하기 위한 목적에서 선지직이 요청되었다는 점에서 그것은 언약직분이었다 하겠다. 그리고 왕권이 대두하자 선지직에 대한 배려가 강화되었다는 사실은 왕직에는 언약관계의 지속을 방해하는 위협요소가 내재해 있었음을 시사한다.[5] 이와 같은 위협요소는 뒤이은 이스라엘의 왕정사(王政史)를 통해 충분히 현실화되어 나타났다. 왕직에 내재하였던 위험은 사사시대에 만연했던 개인주의로 말미암은 것과는 정반대의 양상을 띠었다. 즉, 왕정시대에는 무모한 중앙집권 내지는 지나치게 까다로운 규칙에 의해 일을 처리하는 관료정치의 폐단이 나타났던 것이다. 나아가 더욱 곤란한 점은 왕들이 치밀한 외교관계 구축을 통해 외부적 역경들을 물리치려는 경향을 보였던 사실이다. 이러한 친선 외교관계는 종교적 타협을 수반하

---

5) 예언과 왕권 간의 관계 그리고 이들 직무들의 상호연관성에 관한 전반적인 문제에 대해서는 F. M. Cross, *Consonite Myth and Hebrew Epic* (Cambridge, Mass : Harvard Univ. Press, 1973), pp. 223-229 참조. 그의 분석은 설득력 있는 것으로서 채택되었다.

기 일쑤였으며, 그것은 곧 오직 하나님만 믿고 의뢰하라는 첫 계명에 대한 직접적 거역이었다.

이 모든 이유로 인하여 왕직과 선지직은 서로 충돌하지 않을 수 없게끔 되어 있었고, 특히 선지직 강화의 추세는 왕권을 견제하는데 있어 중요한 의미를 지녔다. 한편 선지직 자체는 종교적 직분일 뿐만 아니라 궁극적으로 정치적 직분이기도 했으므로, 정치와 종교의 역할 분담이 문자 그대로 이루어질 수는 없었다. 선지직은 궁극적으로 하나님의 왕권이 행사되는 나라에서 가장 으뜸가는 위치에 있는 직분이었다. 따라서 그것은 모든 영역에 있어 왕직보다 우월한 위치를 나타내고자 했으며, 왕권의 남용을 계속적으로 꾸짖는 입장을 취하고자 하였다. 왕정시대동안 왕직과 선지직이 어떻게 상호 작용을 하였는지에 관해 우리가 여기서 언급할 수는 없다. 다만 우리는 이미 언급한 두 직분의 차이점에 착안하여 사울과 사무엘의 충돌의 면모를 알아보고자 한다. 특별히 사무엘과 사울의 불편한 만남을 기록한 사무엘상 13장에 촛점을 맞춰보기로 하자.

사울은 사무엘이 정한 기한을 지켰음에도 불구하고 사무엘이 나타나지 않자 다급한 마음에서 자의적으로 번제를 드렸고, 이로 인해 사무엘로부터 심각한 경고의 예언을 들었다. 여기서 사무엘의 모습은 독단적으로 비치기까지 하는데, 이는 이스라엘의 장래를 결정짓는 궁극적 결단에 있어서 선지직의 역할이 절대적으로 중요하다는 주장을 반영한다. 사무엘의 주장에 의하면, 이스라엘은 하나님의 사자(使者)인 선지자에 의해 관장되고 통할되는 나라이므로 사울은 다만 이차적 권한을 행사할 수 있을 뿐이었다.

4. 메시야니즘-왕권의 신학

왕권의 도래와 더불어 시내산 언약의 골격 내에서 그 왕권 존립의 근거를 마련할 수 있도록 하는 신학의 정립이 요청되었다. 제사장직이나 선지자직과 같은 다른 언약직분이 세워질 때에도 그들의 존립근거를 뒷받침할 신학적 설명이 제시되었다. 더구나 왕정제도는 당시 주변 나라들에서도 두루 채택되었던 바, 왕정으로의 변천과 관련하여 백성들의 마음 속에는 갖가지 생각들이 자리잡고 있었다. 그 생각들 중에는 이스라엘의 언약관계에 비추어 제재되어야 할 사항도 많았다. 따라서 우리는 사무엘상에서 왕권의 신학을 다루고 있으리라는 기대를 가지기 마련이며 사실 또한 그러하다. 이 신학을 구성하는 요소들을 하나하나 살펴보기로 하자.

첫째로, 이스라엘의 왕은 하나님께로부터 선택되었다. 사울과 다윗의 경우에서 그 사실은 자명해지는데, 이때 하나님의 택하심은 사무엘을 통해 중재되었다. 그들 두 사람이 피택되는 과정에서 발견되는 차이점은 사울은 사무엘에게 인도되었던 반면에 다윗의 경우에는 사무엘이 다윗을 찾아가야 했던 점이라 하겠다.

둘째로, 사울과 다윗은 모두 사무엘에 의해 기름부음을 받았다. 그리고 양자의 경우에 있어 기름부음 받는 행위는 공적으로 하기 보다는 사적으로 행하여졌다. 이러한 사실은 도유식이 전체 이스라엘 백성에게라기 보다는 다윗이나 사울 두 당사자에게 어떤 메시지를 전달하기 위해 행해졌음을 시사한다. 결국 기름부음은 이미 선택받은 사실을 확증하는 역할을 했다고 생각된다. 다시말해서 그것은 왕과 백성들 간의 관계를 공고히 하기 위해서가 아니라 이미 택하심을 통해 이루어진 하나님과 왕과의 관계를 확증하기 위해 행해졌던 것으로 보인다. 결과적으로 왕은 여호와의 기름부으심을 받은 자로 간주될 수 있었으며, 이러한 사실에 대한 공적 선포는 왕권이 궁극적으로 정치적 성격을 띠기 보다는 종교적 성격을 띤다는 점을 시사한다. 그러나 사울의 경우에서 드러나듯이, 택하심을 받아 왕으로 세워졌다 하더라도 하나님과의 관계를 망각하면 버려짐을 당할 수 밖에 없었다.

기름부음의 목적이 무엇이었는지를 엄밀하게 밝혀내기란 쉽지 않다. 최근의 한 주장에 따르면 쌍방간의 계약관계를 확립하기 위해 기름부음의식이 행해졌다고 한다.[6] 과연 이 주장도 그럴듯하다. 하지만 고대 근동의 자료로부터 파악되는 기름부음의 역할

---

6) 이 문제는 T. D. Mettinger, *King and Messiah* (Gleerup : CWK, 1976), pp. 210-211에서 제안되고 있다.

또한 간과되어서는 안된다. 그 자료에 따르면 어떤 직무를 수행할 권세를 부여하기 위해 기름부음이 행해졌다 한다. 애굽의 경우에 왕은 기름부음 받을 필요가 없었다. 왜냐하면 왕은 신성하며 그 위에는 어떠한 권세도 없다고 여겨졌기 때문이다. 그래서 다만 바로로부터 권세를 수여받는 고위 관리들이 왕에게서 기름부음을 받았을 뿐이다. 힛타이트 지역에서는 귀족들이 그들의 동료들 중 한 사람에게 왕의 권한을 부여하면서 기름을 부었다. 다윗의 경우에는 거듭 기름부음을 받았다. 사무엘상 16장에서는 다윗의 피택과 기름부음 받음에 관한 기사에 상당한 양의 지면이 할애되었다. 그리고 사무엘하 5:3에도 그가 백성들에게서 기름부음 받는 내용이 나오는데 그 의미와 목적이 무엇이었는지에 대해서는 밝혀져 있지 않다. 다만 그 질로 미루어 그것은 하나님께로부터 이미 택하심 받은 사실을 공적으로 시인한 것으로 보인다 (삼하 2:4 참조).

셋째로, 사울과 다윗의 경우에 있어 피택과 기름부음 및 성령의 은사 간에는 긴밀한 관련이 있었다. 사사시대동안 이스라엘의 지도력에 개입하신 성령의 역사에 관해서는 우리가 앞에서 살펴본 바 있다. 하나님의 나라 안에서 성령의 은사와 지도력의 행사 간의 그와 같은 연관성이 나타나는 것은 너무도 성경적이다. 사울과 다윗이 성령을 받았을 때(삼상 10:6, 16:3) 하나님의 권능으로 말미암아 그들의 권위는 더욱 공고해졌다. 사무엘상 16:13-14에 의하면 다윗이 성령충만해졌을 무렵에 사울에게서는 성령이 떠나버렸다. 달리 표현하자면 다윗이 하나님의 백성들 가운데 지도자로 택하심받았을 때 사울은 파직당했던 셈이다.

넷째로,[7] 피택된 왕은 자신의 무용(武勇)을 공적으로 떨쳐보임으로써 백성들의 찬사를 받았다. 사울의 경우에는 사무엘상 11장에 기록된 바 암몬족을 무찌른 사건이 그러하다. 그리고 다윗의

---

7) 사무엘상의 메시야론에 대한 주제를 두고 여기서 관찰한 내용과 이 문제에 대해 나는 R. Knierim, "The Messianic Concept in the First Book of Samuel", in *Jesus and the Historian Written in honor of E. C. Colwell* ed. F. T. Trotter(Philadelphia : Westerminster Press, 1968), pp. 32 이하에서 도움받고 있다.

경우에는 블레셋 장수 골리앗을 넘어뜨림으로써(삼상 17장) 피택, 기름부음, 성령충만에 이어 자신의 힘을 만방에 떨쳐보였다. 익히 아는 바처럼, 그후의 이스라엘 왕들에게서는 그러한 요소들이 발견되어지지 않는다. 여기서는 다만 왕직이 처음 대두하는 시점에 즈음하여 이상적인 모델을 제시해 보이고 있는 것이다. 이사야서 11장 혹은 42:1-4에 나오는 메시야에 관한 메시지를 제외하고 구약성경에서는 상술한 바, 이상적인 유형의 왕에 대한 기록을 찾아볼 수 없다. 그러나 나사렛 예수의 사역이 계시되는 때에 다윗의 경우와 마찬가지의 이상적인 과정이 나타났는데, 예수의 사역이란 하나님의 나라를 도래케 하는 것에 다름 아니었다.

그렇듯 이상적인 왕의 모습을 통해 출애굽기 19:3-6에 수록되어 있는 바와 같은 언약의 특징이 표현되었다고도 말할 수 있다. 이스라엘 왕의 직분에 있어서 왕권과 언약의 경우와는 달리, 다윗은 그 왕권이 영원하리라는 보증을 하나님께로부터 받았던 것이다.

이런 연결은 좀 더 주의깊게 다듬어져서 사무엘하 6-7장에서 설명되고 있음을 볼 수 있으며, 사울 개인에게서 이 직무의 일시적 시험단계가 경험되면서 나타난 문제들을 고려함과 동시에 이 왕권신학의 운동은 보다 진전된다. 사울은 사사와 왕을 잇는 가교로서 대단히 일시적인 인물이었던 것으로 보이며 옛 직무의 형태에 새 직무의 요구사항들을 순응시키려는 시도이기도 한 것 같다. 사울은 자기 직무 내에 담겨있는 한정된 사항들을 제대로 인식하지 못했던 자로서 이런 가교적 위치를 경험하면서 불가피하게 긴장과 불화 그리고 최종적으로는 배제당하고 말았다.

사무엘과 사울의 불화는 사무엘상 13장에서 나타나며 15장에 가서는 결정적인 지경에 이르게 된다. 크니림(Knierim)이 견해를 피력한 바와 같이 사울의 실패와 다윗의 성공이라는 차이점은 결코 성격의 좋고 나쁨이나 카리스마적 자질의 유무에서 비롯되는 것이 아니다.[8] 실제로 우리는 다윗왕의 통치 후반기를 그토록

---

8) Knierim, *Messianic Concept*, pp. 36-37.

재난에 허덕이게 만들었던 그의 엄청난 과오와 인격적 결함을 오히려 사울에게서는 찾아보기 어렵다. 요컨대, 다윗과 사울의 본질적 차이점은 개인적 특성에서가 아니라 신학적인 면에서 간파되어야 한다. 사울의 경우와는 달리 다윗은 그 왕권이 영원하리라는 보증을 하나님께로부터 받았던 것이다.

C. 다윗과 하나님의 나라

1. 성소와 왕권(삼하 6-7장)

다윗이 권좌에 오르고 모든 이스라엘 백성들의 공인을 받는 과정 등에 관한 상세한 역사적 사실들은 생략하고, 사무엘하 6-7장의 기사로 논의의 촛점을 맞추기로 한다. 6-7장의 본문은 장차 성전을 건립할 장소로서 예루살렘이 선택되는 경위 및 다윗왕조의 확립에 관한 기사를 다루고 있다. 이들 본문에 관한 세부사항을 살펴보기 전에 6-7장이 놓인 순서를 주목해 보아야 한다. 즉, 가장 먼저 고려되어야 했던 사항은 장래에 성전이 설립될 장소이며 여호와의 통치가 비롯될 장소인 예루살렘이 선택되는 일이었던 것이다. 물론 성전부지의 정확한 지점은 아라우나의 타작마당을 구입함으로써 확정되었지만(삼하 24:18-25), 그 대략적인 장소는 이미 6장에서 선택되어졌음을 알 수 있다. 그리고 정확히 말해서 7장은 성전 준비에 관한 내용이 아니라 다윗왕조의 확립 내지는 이스라엘 왕권의 신학을 다루는 내용이다. 따라서 6-7장의 순서를 통해 우리는 이스라엘 왕권의 문제 이전에 여호와의 왕권이 먼저 고려되어야 했던 점을 파악할 수 있다. 여호와의 통치에 관한 충분한 인식이 이루어진 다음에야 비로소 이스라엘 왕권의 견고한 확립에 대한 가능성이 논의될 수 있었기 때문이다.

이스라엘에 대한 여호와의 통치에 대한 인식은 정해진 부지 위에 세워진 성전건립의 문제를 당연히 수반하기 때문에, 여기서 지상의 왕권과 하나님의 성전과의 연관성에 대해 살펴볼 필요가 있다. 초기 메소포타미아 도시국가의 왕권의 발달과정을 살펴볼 때 도시국가의 정부는 그 배후에 우주적 규모의 실체로 존재하는 신의 통치의 반영으로 여겨졌을 따름이다. 따라서 왕직을 정점으로 하는 도시국가의 계급 조직은 주신(主神) 휘하에 여러 하급 신들로 구성된 조직에 상응한다고 간주되었다. 그와 같은 유사점은 도시국가의 신전과 왕의 궁전과의 상관성을 통해서도 잘 설명된다. 즉, 신전은 해당 도시국가 신의 지상 거주지로 여겨졌으며, 왕궁은 그 왕의 청지기가 거주하는 곳으로 여겨졌다. 이러한 맥락하에서 신전은 최상의 장소로 간주되었다. 왜냐하면 그곳은 도시국가와 그 배후에 존재하는 우주적 국가 등 두 세계의 접촉점이었기 때문이다.

이스라엘의 정치 내지는 종교 상황과 가장 유사성을 보이는 메소포타미아에 있어서, 도시국가(혹은 훗날의 제국)는 신(神)의 소유로서 그 통제하에 있는 것으로 인식되었다. 따라서 신전부지의 택정은 우연에 의한 것일 수 없었다. 즉, 어떤 형태의 발현이나 신적 의사표시에 의해 지정된 바로 그 지점에 신전이 건립되었던 것이다. 그러므로 신전건립이 해당 도시국가의 정치적 종교적 삶을 신이 통제한다는 사실에 대한 확정이라 여겨졌음은 당연하다. 그와 같은 견해가 고대 세계의 신학적 개념의 핵심 가운데 하나라는 사실은 바벨론의 '에누마 엘리쉬(Enuma Elish)'나 우가릿어로 기록된 바알 서사시 등과 같은 초기의 창조 서사시의 요지에서 명확히 드러난다. 이러한 고문서들에 의하면, 질서와 조화의 체계가 확립된 후에는 곧바로 해당 신의 왕권이 선포되었으며 또한 이어서 그 신의 거주지인 신전이 건립되었다. 예컨대 바알 서사시에서 바알은 혼돈의 세력(얌)을 무찌른 후 그의 왕권에 걸맞는 궁전(혹은 신전)의 건립을 요구하였다.

2. 법궤(언약궤)의 역할(삼하 6장)

사무엘하 6장과 7장의 관계를 이제 더 분명히 밝혀보기로 하자. 6장에서 여호와의 궤가 예루살렘에 안치됨으로써 여호와의 거주지가 예루살렘으로 옮겨졌다. 다윗은 이 예루살렘을 여부스 족으로부터 빼앗아 새 도읍으로 삼았으며 곧이어 블레셋의 침략을 무찌름으로써 팔레스틴의 지배권을 장악하기에 이르렀다(삼하 5장). 한편 법궤의 예루살렘 안치과정을 통해 그 성읍을 지정하신 분이 바로 하나님이셨음이 더욱 자명하게 드러난다. 여기서 우리는 법궤 안에는 언약의 두 돌판이 담겨있었음을 상기할 필요가 있다(출 25 : 10-22, 37 : 1-9; 신 10 : 1-5). 법궤는 시내산 언약의 가시적 상징물이었기 때문에 그것의 안치는 곧 이스라엘에 대한 하나님의 통치를 의미하였다.

금으로 만든 언약궤의 덮개는 덮개 윗 부분에 닿는 그룹들의 펼쳐진 날개들과 더불어 하나님의 특별한 임재장소로 여겨졌다(삼상 4 : 4). 당연히 언약궤는 권좌에 앉아계신 하나님을 상징하는 장소가 되었으며, 하나님은 언약궤 위로 드리워진 그룹들 위에 좌정하신 분으로 간주되었다(시 18 : 10; 삼상 4 : 4). 하나님의 임재와 언약궤와의 관련성은 종종 언약궤를 하나님의 보좌의 발등상이라고 언급한데서 명백해진다(시 99 : 5, 132 : 7-8; 대상 28 : 2). 언약용어상으로 이러한 개념은 이집트와 힛타이트 왕국의 증거들을 통해서도 뒷받침된다. 즉, 위의 두 왕국에서는 중요한 문서, 기록된 맹세사항들 그리고 정치적 협약사실 등을 신전 가운데 세워진 신상(神像) 아래에 파묻음으로써[9] 그 기록물들의 권위를 절대화시켰던 것이다.

언약궤와 여호와의 왕권 간의 긴밀한 관계는 기정 사실로 전제되었거니와 언약궤와 그 속에 담긴 내용물들은 여호와의 왕권이 어떻게 시행될 것인지를 시사한다. 말하자면 이스라엘에 대한 여호와의 왕권을 인정한다는 것은 곧 선포된 하나님의 말씀에 순응함을 의미한다는 것이다. 따라서 계시된 십계명은 항상 최종적이고도 으뜸가는 원리로 인정되어야 했으며 이스라엘의 국가적 삶(그리고 결과적으로 이스라엘 백성 개개인의 삶)을 규제하는 본질적 지침으로 받아들여져야 했다. 하나님의 말씀이 있는 곳에 하나님의 임재하심이 있었다. 그리고 구약성경은 하나님의 말씀을 통해 중재된 당신의 임재에 뿐만 아니라 그 말씀을 통해 표현

---

9) M. Haran, "The Ark and the Cherubim", *IEJ* 9(1959), p. 89 참조.

된 당신의 권능에 큰 강조점을 두고 있다. 그래서 언약궤와 성소(곧, 왕권이 요구하는 바와 하나님의 통치에 대한 상징 그 자체) 간의 긴밀한 연관성이 항상 강조되었다. 이러한 연관성은 언약궤를 빼앗김으로 말미암아 깨뜨려지고 말았으나(삼상 4장), 언약궤를 되찾아옴으로 인해(삼하 6장), 여호와께서 다시금 이스라엘 백성의 삶의 중심에 모셔지게끔 되었다. 언약궤의 상실로 말미암아 초래되었던 이스라엘 역사에 있어서의 신학적인 막간(幕間)은 (삼상 7:1과 삼하 6:1을 참조하라) 이제 종료된 셈이다. 여호와께서는 다시 한번 이스라엘 백성의 삶 가운데 기꺼이 개입하고자 하셨다. 그러므로 예루살렘 함락은 이스라엘 역사에 있어 또다른 새 시대의 시작을 의미한다 하겠다.

　사무엘하 6장에 수록된 이야기의 순서에서 드러나듯이, 언약궤를 되찾아 온 일은 분명 하나님의 계획에 따른 것이었다. 언약궤를 빼앗기게 하신 분이 하나님이시듯이(삼상 4장), 사실상 하나님만이 언약궤를 되찾아오게끔 하실 수 있었다. 다윗이 자의로 언약궤를 되찾아오려 했던 시도는 실패하였으며, 언약궤 운반에 참여했던 웃사의 죽음을 초래하는 결과에 이르고 말았다(삼하 6:7). 이 사건은 블레셋 사람들에 의해 이스라엘 땅의 경계지역에 운반되어온 언약궤를 들여다본 벧세메스 사람들이 극심한 형벌을 받았던 사건과 병행을 이루고 있다(삼상 6:19). 오직 하나님의 기뻐하시는 뜻이 나타난 연후에야 비로소 다윗은 재차 언약궤 운반을 시도할 수 있었다. 그 이전까지는 언약궤가 가드 사람 오벧에돔의 집에 석달간 있었는데, 그 일로 인해 하나님께서는 오벧에돔과 그 온 집에 복을 주셨다(삼하 6:11-12). 사무엘하 6:12의 다윗의 왕권에 관한 언급은(6장에서 처음 언급됨), 언약궤 운반을 위한 두번째 시도가 이번에는 성공하리라는 암시이다.

　법궤를 들여올 때 온 이스라엘 족속이 마치 예배의식에 참석하듯이 경건하고도 즐겁게 맞이했다는 사실은(15절) 법궤의 운반이 하나님의 허락하심에 따른 것이었음을 시사한다. 법궤의 돌아옴이 다윗과 그 집안의 운명에 있어 새로운 시작을 예고한다는 점은 6장을 마감하는 기사에서 명백히 드러난다. 즉, 사울의 딸 미갈은 죽는 날까지 자식을 낳지 못했는데, 이는 사울 집안의 출생은 다윗가를 잇는 일에 아무도 참여하지 못했음을 가리키는 것이다. 결국, 언약궤와 긴밀히 결합되지 못하였던 사울가의 미약한 왕권은 형식상으로도 끝을 보고 말았다. 이는 사울의 왕권이 하나님의 뜻을 벗어나 남용되었음을 입증하는 충분한 증거가 된다.

우리는 사무엘상 22:11 이하에서 사울의 제사장 학살사건을 목도하게 되는데, 이 사건은 사울 자신이 여호와 신앙을 의도적으로 무시하였음을 보여준다. 반면에 다윗의 왕권은 항상 하나님의 보호와 섭리에 그 토대를 두었다고 할 수 있다. 사울이 다윗을 추적해가는 이야기를 수록한 사무엘상 후반부에서는, 비록 사울이 든든한 정치적 기반과 백성들의 지지를 확보하고 있었음에도 불구하고 하나님의 보호를 받았던 다윗을 처치할 수는 없었음을 보여주고 있다. 다윗의 대권(大權)장악의 의미는 사울의 그것과 종류가 달랐기 때문에 다윗의 왕권 또한 다른 각도에서 이해하는 것이다. 다윗의 왕권의 그러한 독특성은 아비가일의 선지적 통찰력을 통해서도 잘 드러난 바 있다(삼상 25:23-35). 즉, 다윗이 마침내 권좌에 오르게 되며, 그것은 다윗의 정치적 기민성이나 그의 군사적 재능, 용병 혹은 당대의 상황을 조정하는 능력 등 때문이 아니라 오직 하나님의 도우심 때문이라는 것이다. 이스라엘은 하나님이 다윗을 특별히 택하셨음을 분명히 인식하게 될 것이었다.

3. 사무엘하 7장 1-16절 ; 다윗왕조를 위한 강령(綱領)

a) 사무엘하 7장의 주제

사무엘하 7장에서 우리는 다윗왕권의 특성에 관한 설명과 다윗 혈통의 연속성에 관한 문제를 접하게 된다. 본장은 다윗왕조를 위한 한 강령을 마련하는 구실을 한다고 볼 수 있다. 왜냐하면 본장에 수록된 약속들에 의해 다윗과 그 왕조를 위한 영원한 왕권이 확립되기 때문이다. 법궤를 예루살렘에 운반한 후(6장), 다윗은 이제 법궤를 안치할 최적의 장소를 물색하기에 이른다(7:1 -2). 말하자면 이스라엘 왕으로서의 정치적 권력을 확립한 시점에 이르러 다윗은 성전건축의 필요성을 강렬하게 인식하게 되었던 것이다. 자신의 왕권이 확립되었음에 비해 하나님의 궤가 초라한 휘장 가운데 머물러 있다는 사실은 다윗에게 심각한 불균형으로 보였을 것이다. 사무엘하 7:2에 나오는 두 핵심 낱말인 '거하거늘'과 '궁(宮)'은 7장 전반부를 지배하고 있다. 왜냐하면 7장 전반부의 주제는 하나님의 임재로 말미암아 예루살렘에서 다윗왕권이 영구히 지속된다는 것이기 때문이다. 2절에서 다윗이 깨달은 바는 매우 궁극적인 사항이었다. 말하자면, 만일 이스라엘이 하나님의 통치를 진심으로 받아들이지 못하면 다윗왕국이 확립되지 않을 것임은 물론이고 다윗의 가계 또한 지속되지 못하리라는 깨달음이었다. 그와 같은 깨달음이 커다란 정치적 성공 직후에 생겨났다는 사실은 더욱 의미심장하다. 따라서 신명기에서 거듭 경고된 죄악, 곧 하나님의 은총에 대한 망각이 이스라엘에서 발생해서는 안된다는 점을 2절은 시사하고 있다 하겠다.

b) '안식'을 마련한 다윗

다윗에 의해 전개되어 나갈 새로운 운동의 조짐은 여호와께서 사방의 모든 대적을 파하사 다윗에게 안식을 허락하셨다는 사실 (1절)에서 발견된다. 다윗이 팔레스틴을 완전히 장악하는데 있어 위협을 가했던 세력의 원형은 바로 블레셋인들이었는데, 이들은 하나님의 섭리가 개입된 전투에서(삼하 5:17-25) 패퇴당하였다. 이로 말미암아 다윗은 이스라엘의 모든 종교적 전통들을 새 수도인 예루살렘으로 집중시킬 수 있게 되었다. 사무엘하 7:1에 나오는 '평안(혹은 안식)'이라고 하는 눈에 익은 말은 신명기 12:10의 내용을 상기시킨다. 신명기 12장에서는, 사방의 대적을 정복함으로써 획득되며 또한 약속의 땅에 들어간 이스라엘의 이상적 상황을 특징지워주는 가장 커다란 물질적 축복이 바로 평안히 거하게끔 하는 '안식'이라고 규정되어 있다. 물론 신명기 12:10은 장차 성취될 사실에 대한 약속이다. 그리고 신명기 12장은 중앙성소의 확립에 관한 내용을 다루고 있다는 점에서 사무엘하 6장 및 7장과 평행을 이룬다.

안식과 관련된 이러한 언급은 정복기사와 결부되어 있다. 따라서 회막이 실로에 건립됨으로써(수 18:1) 신명기 12장에서 고대되었던 성소가 마련되었을 때,[10] '안식'은 여호수아에 의해 쟁취된 승리의 결실들 중 하나였던 셈이다. 왜냐하면 이스라엘은 사방 모든 대적을 없앤 다음에야 비로소 가나안 땅에 평안히 거할 수 있었기 때문이다. 실제로 여호수아서는 마침내 획득된 안식에 관한 언급으로써 끝을 맺고 있다(여호와께서 이스라엘의 사방 대적을 다 멸하시고 안식을 이스라엘에게 주셨다고 한 여호수아의 고백에 유의해 보라. 23:1). 그리고 이어서 안식을 계속 잘 유지하기 위해서는 하나님께 신실해야 한다는 당부가 기록되었다(수 23-24장).

사무엘하 7:1에서 시사하듯, 이스라엘에게 안식이 허락되었을 때 다윗은 신명기 8:12-14의 명령을 성취하고 있는 셈이었다. 그 명령이란 "이스라엘이 아름다운 집을 짓고 거하게 되며 또 그 우양이 번성하며 소유가 풍부하게 될 때에 그들을 애굽의 종살이로부터 구출해 내신 여호와를 잊지 말라"는 것이다. 결국 사무엘하 7:1에서 명백히 시사되듯이, 블레셋 정복으로 말미암아 가나안 정복과 점유사업이 완성되었다 하겠다. 여호수아에 의해 일단락된 가나안 정복을 완성시킬 책임이 있었던 사사들이 당대 백성들의 불순종으로 말미암아 이행할 수 없었던 책무를(삼하 7:11) 마침내 다윗은 이룩해 내었던 것이다. 사무엘하 7장의 계속 이어지는 내용을 통해 우리는 다윗이 이상적으로 묘사되고 있음을 보게 된다.

이미 사무엘하 5:2에서 그는 이스라엘의 이상적인 목자로서 백성들로부터 신망을 얻었으며 이스라엘을 이끌어감에 있어 여호와의 대리자 역할을 수행하였다(한편 구약에서는 여호와를 목자

---

10) R. A. Carlson은 *David the Chosen King* (Uppsala : Almqvist and Wiksell, 1964), pp.100-102에서 '남은 자'와 성소중심에 대한 신명기 요구의 연결점을 지적한다. 우리는 Som 7에 대한 Carlson의 통관적인 논술에 힘입은 바 크다는 점을 인정한다.

에 비유한 예가 종종 나타난다. 시 80:1 등). 사무엘하 7장에서 묘사되듯이 다윗은 안식의 축복과 관련된 인물로서, 이스라엘의 이전 역사에서 경험하지 못했던 바 곧 사사들이 실패한 바를 이룩해 내었다. 여호와께서 당신의 '종' 모세와 더불어 가지셨던 친밀한 교제를 이제 그의 '종 다윗'과 더불어 나누셨으며(5절), 모세 당시 이스라엘에게 주어졌던 물질적 축복의 약속이 다윗을 통해 완성되었다.

C) 성전건축 허가를 받지 못함

하고자 하는 사업의 필요성이 충분히 주지된 상태에서 다윗은 선지자 나단에게 성전건축의 계획을 정중하게 털어놓았다(2절). 3절에 기록된 바와 같이 나단도 처음에는 그 계획에 적극 찬동하며 격려하는 것 같았다.[11] 그러나 여호와의 반대 말씀이 이어지는 것으로 미루어 보아, 3절에서 나단은 다만 왕 앞에서 격식상 대답하였던 것으로 짐작된다. 5절 이하에는 나단에게 주어진 신탁의 내용이 전개된다. 사무엘하 7:5은 하나님의 대답을 세 가지 각도에서 요약하고 있다. 먼저 요청자에 대한 언급('내 종 다윗')이 나오며, 다음으로 요청사항의 내용(성전건축) 및 건축계획의 목적(여호와의 거하실 곳을 마련하기 위함)이 언급된다. 이 세 가지 요점이 8-17절에 포함된 내용을 압축 요약하고 있다.

5절이 다윗의 건축계획에 대한 거절이라는 것은 확실하다. 그러나 다윗이 왜 거절당하였는가에 대해서는 의견이 분분하다. 혹자는 이 거절을 이스라엘의 정복 신앙을 확인하기 위한 것으로 본다. 기존의 유목민적 신앙은 하나님의 성소를 고정화하려는 제안을 수용할 수 없었다는 것이다. 여호와는 당신의 백성들과 더불어 항상 이리저리 이동하셨으며(6절), 법궤의 이동과 함께 온 팔레스틴 땅은 성소로 여겨지게 되었다. 순례의 처소는 일시적으로 어디에 머무르느냐에 따라 결정되었던 셈이다. 하나님의 임재 장소가 그처럼 이동 가능했기 때문에 당신의 임재를 한정된 처소

---

11) M. Noth, *The Laws in the Pentateuch and Other Studies* (London : Oliver and Boyd, 1967), p. 257에서 제안되고 있다.

에 제한시키려는 시도는 즉각 거부반응을 야기시켰다.

실제로 이스라엘이 실로에다 반영구적인 성소를 건립하였을 때 (삼상 1-3장) 제사장직의 타락과 경직된 제도화의 폐단이 드러난 바 있다. 사실상 이로 말미암아 법궤는 무려 20년의 기간동안 이스라엘에게서 떠나고 말았다. 더구나 여호와께서는 고정된 거소(居所)를 요구하신 적도 없었다. 당시 주변 국가들에서는 왕권을 튼튼하게 수호받고자 하는 열망에서 신(神)에게 신전건립을 맹세하는 사례가 빈번했다. 그러나 다윗의 경우에는 다소 다른 의도에서 성전건립을 계획하였다는 것이다. 즉, 성전건립으로 말미암아 왕권을 더욱 공고하게 확립하고 선지자의 반대의견을 쉽게 위압하기 위함이었다는 것이다. 상술(上述)한 견해는 큰 호소력을 갖고 있기는 하지만 본장의 내용을 왜곡시키는 결과를 초래한다. 확실히 본장에는 하나님의 초월적 성품이 언급되어 있으며, 하나님이 어떤 특정 장소에 제한받으실 수 없음은 의심의 여지가 없는 사실이다. 그리고 성전건축이 주요한 신학적 변화를 초래한 것도 사실이다. 그러나 이 모든 사항들은 다윗왕권과 시내산 언약과의 연관성을 보여주는 이후의 내용에 근거하여 해석되어야 한다. 진정한 난점은 후에 논의될 것이다. 5절에 대한 여러 그릇된 해석들은 솔로몬이 동양적 전제왕권을 먼저 확립한 후 예루살렘 성전을 왕실 예배당으로 활용했던 훗날의 역사적 사실에 근거하여 대두한 듯하다.

d) 솔로몬을 성전건축자로 선택한 이유

나단에게 내려진 신탁이 원칙상으로는 성전건축을 인정하고 있다는 사실은 강조되어져야 한다. 다만 다윗의 건축계획이 거절되었을 뿐이다. 다윗의 요청에 대한 거부가 절대적 섭리에 기인한 것이며 7장이 솔로몬의 왕권을 드높이기 위해 후에 기록된 것이라고 보는 자들은 7:11을 다윗의 요청에 대한 하나님의 역반응으로 간주한다. 다윗이 여호와께 성전을 지어드리는 것이 아니라 여호와께서 다윗에게 한 '집'을 세워 주실 것이었다(본장에서 '집'이라는 낱말은 성전 혹은 왕조 등 두 가지 의미로서 두루 사용되고 있음).

이미 언급한 바 대로,[12] 사무엘하 7:13 상반절은 5절의 **평행구절**이다. 11절에서 주목되는 말은 '집'이라는 명사와 **여호와께서** 집을 '이루신다'는 동사이다(5절의 '건축하다'와 비교해 보라). 5절과 13절은 모두 인칭대명사를 강조하며 '건축하다'라는 동사를 사용한다. 따라서 대조사항은 건축하지 못할 '너(다윗)'와 건축을 허락받은 '그(솔로몬)'이다. 그러므로 5절 말씀은 단순히 다윗에 대한 거부의 표현이 아니며, 대조적인 대명사를 강조함으로써 다윗시대와 솔로몬시대를 대조시키기 위한 의도를 함축하고 있다. 물론 완곡하게나마 5절에는 질책의 뜻이 내포되어 있다. 이스라엘에서 성전건축과 같은 중요한 사업에 관한 주도권은 오직 하나님께 있었다(6절). 동시에 5절은 여호와께서 어떤 특정한 장소에 제한받으시는 분이 아님을 주지시키는 의미도 내포한다. 여호와께서 그러한 주도권을 쥐고 계신다는 사실은, 예루살렘이 다윗의 손에 장악된 것이 여호와의 도우심 덕분이었으며 하나님의 허락 후에야 비로소 다윗이 법궤를 예루살렘으로 이송시킬 수 있었다는 점에서 잘 드러난다. 다시 말해서 특정한 성지(聖地)를 설정하고 법궤를 운반하는 일 모두가 하나님의 결정에 따른 것이었다. 따라서 성전건축의 시기나 건축자 또한 하나님의 결정에 따라 정해져야 했다. 하지만 이러한 점이 하나님의 독단성을 의미하지는 않는다.

솔로몬을 성전건축자로 선택하신 데에는 그럴만한 이유가 충분히 있었는데 이에 대해서는 후에 살펴볼 것이다. 다윗은 성전부지를 준비하고 성전재료를 확보하였지만 건축에 들어가지는 않았다. 다윗이 성전을 건축할 수 없게 된 원인을 역대상 22:8은 다윗이 전쟁에서 피를 많이 흘렸기 때문이라고 밝힌다(대상 28:3 참조). 그리고 열왕기상 5:3은 다윗이 틈을 얻지 못하여 성전건축을 연기하지 않을 수 없었다고 한다. 이러한 두 가지 이유들은 열왕기상 5장의 계속 이어지는 내용과 서로 통한다. 즉, 거기서 솔로몬은 선왕 다윗이 사방 대적들을 굴복시켜 제국을 견실하게

---

12) Noth, *Laws*, p. 251 에서 이 문제가 강조된다.

확립시키는 사업에 전념하였었음을 두로 왕 히람에게 주지시키고 있는 것이다. 다시 사무엘하 7장으로 돌아가면 이스라엘의 경계선을 확정시킨 다윗의 전쟁에 관한 설명이 8-10장에 뒤따라 수록되어 있다. 이 기사들은 연대기적으로 묶여있다고 여겨진다. 이들은 제국의 설립자로서의 다윗을 소개하기 위해 수록되었던 셈이다(대상 28 : 1; 왕상 5 : 3을 참조하라).

성전건축 지연에 대한 연대기적 이유는 이후 책들에서 밝혀지게 될 것이지만, 그렇게 지연될 수 밖에 없었던 신학적 이유가 사무엘하 7장에 암시되어 있다. 한편으로 안식이 다윗에게 이미 주어졌으나(7 : 1), 다른 한편으로 안식은 도래해야 할 미래사항이었다(7 : 11). 칼슨(Carlson)이 지적한 바와 같이 9 하반절-11 상반절을 한 단락으로 묶을 수 있다(한편 7 : 6-9 상반절은 이미 이루어진 사실에 대한 개요라 할 수 있다).[13] 이 부분에서는 세 가지 중요한 요소가 발견된다. 여호와께서 다윗의 이름을 존귀케 하실 것이며(9 하반절), 이스라엘을 위해 한 곳을 정하실 것이며(10절) 그리고 여호와께서 '안식'을 주실 것이었다. 그리고 나서야 비로소 다윗왕조가 견고해질 것이었다(11 하반절). 요컨대, 먼저 다윗의 위대성이 확립되고 이스라엘의 삶의 터전이 확정되며 또한 안식의 축복이 주어진 다음에 다윗왕조에 대한 튼튼한 보장이 주어지게 된 것이다.

이 모든 사실에 있어서, 사무엘하 기자가 아브라함 언약의 기초가 되는 신학을 이해하고 적용하였다는 사실은 자명하다. 확실히 사무엘하 7 : 9 하반절은 아브라함에게 약속된 이스라엘의 이상적 지경(地境)을 반영하고 있다(7 : 10의 '곳'이란 말은 신 11 : 24 이하에서 아브라함에게 약속된 땅의 경계를 재언급하면서 사용되고 있기도 하다). 이 과업을 완수함으로써 다윗의 이름은 존귀하고 크게 여김을 받을 것이었다(삼하 7 : 9; 창 12 : 2). 그리고 이스라엘 백성은 예정된 지리적 경계 내에서 이상적인 통치를 받게 됨으로써 안식의 약속이 성취됨을 경험할 것이었다. 7장의 논리적 흐름에 의하면 이와같이 제반 여건이 이상적으로 갖추어

---

13) *David the chosen King*, pp. 111-114.

진 다음에 성소가 건립되어야 했던 것이다. 그러할 때 약속의 땅은 '거룩한 곳'으로 여겨질 것이었고 다윗 언약의 핵심적 사항인 하나님의 왕권이 확실하게 수납되어질 것이었다. 9 하반절—11 상반절에 함축된 내용은 바로 이러한 것들이다. 이 구절들에서 또한 강조된 사항은 그와 같은 이상적 결과가 하나님의 직접적 도우심에 의해 성취될 것이라는 점이다. 왜냐하면 이 구절들에서는 '내가'가 강조되었는데, 이 일인칭 대명사는 약속된 결과를 초래케 하실 하나님을 지칭하기 때문이다. 결론적으로 말하자면, 먼저 다윗이 아브라함에게 약속된 땅의 영역에로까지 확장시키는 과업을 완수하고, 다윗의 메시야적 계보가 보장된 연후에(12장의 '자식'과 창 15:3-4의 '씨'를 비교해 보라), 여호와의 이름을 위하여(13절) 성전이 솔로몬에 의해 건축될 것이었다.

e) 하나님의 임재의 성격

앞 단락에서 언급된 바와 같은 이상(理想)이 어떻게 실재적으로 현실화되는가에 관한 문제의 설명에 들어가기 전에 '내 이름을' 위하여(13절)라는 공식적 문구가 하나님의 임재의 개념을 약화시키고 있다는 사실에 주의할 필요가 있다. 5절에서는 하나님의 직접적 임재에 대한 거부의 뜻이 부정의 의문문으로 표출되었거니와 13절에서는 하나님의 임재의 개념을 의식적으로 조절하고 있다. 새로이 건축될 성전에는 여호와께서 친히 보좌에 앉으실 것이 아니라 당신을 반영하는 소위 '이름'이 거기에 거하게 될 것이었다(흔히 13절은 '신명기적' 첨가구절로 간주되며 이 첨가구절로 인해 하나님의 임재에 관한 개념이 단순한 '이름'의 거주라는 정도의 뜻으로 약화되었다. 이는 신명기신학의 한 특성을 보여주는 단면이기도 하다). 한편 신명기의 내용과 관련하여 '내 이름을 위하여'라는 공식적 문구를 논의하면서 우리는 이미 이 문제를 제기한 바 있다. 거기서 우리는 그 문구가 성전 및 나아가 가나안 땅에 대한 하나님의 소유권을 시사하기 위한 용도로 사용되었음을 지적하였다. 따라서 13절에 사용된 '이름'이라는 말은 이스라엘을 다스리시는 여호와의 왕권을 확언한다. 이처럼 하나님의 주권에 대한 계속적 순종이 있는 상황에서만 다윗의 가계가 영구히 확립될 것이었다. 13절에 시사된 두 왕권(곧 하나님의 왕권과 다윗의 왕권) 간의 밀접한 관련성은 간과되어서는 아니되며 다음에 이어지는 내용에서도 계속 염두에 두어져야 할 사항이다.

f) 영원한 다윗왕권

13 하반절에는 다윗왕권의 영원성이 절대적 어조로 언급되고 있다. 비록 다윗가계가 징책을 받을 수는 있다 할지라도(14절) 이 새 언약의 약속들(참조, 15절의 '헤세드')은 철회되지 않을 것이다. 다윗의 집(16절)은 영원히 견고할 것이다. 하나님의 이러한 약속이 역사적 실재와는 뚜렷이 대조되는 것으로 보인다. 왜냐하면 솔로몬통치 말기에 이르러 이미 다윗의 제국은 분열의 기미를 보였기 때문이다. 그러나 다윗에게 주어진 약속의 무조건성은 사무엘하 7장에서만 발견되는 것이 아니다(예컨대 23:5에는 7:13과 관련하여 "하나님이 나로 더불어 영원한 언약을 세우사"라는 말씀이 기록되어 있는데, 이는 시편 89:33-37에도 시사되었듯이 다윗 언약의 불변성을 강조한다). 그 반면에 다윗 언약은 종종 조건적인 것으로도 여겨진다(89:29-32, 132:12; 왕상 2:4, 8:25, 9:4-5). 이렇듯 대조되는 두 가지 언급사항은 다윗에게 주어진 약속의 총체성과 개별성의 차이를 시사한다. 총체적인(혹은 거시적인) 의미에서 다윗가계는 쇠멸하지 않을 것이었다. 그러나 개별적 의미에서 축복의 약속은 특정한 개인들로부터 철회될 수도 있었다. 물리적 의미에서 다윗가계의 실제적 파멸은 BC 587년에 발생하였다. 그러나 영적 의미에서 우리는 사무엘하 7:13을 신약의 기독론의 관점에서 이해하지 않을 수 없다.

g) 요 약

지금까지 우리는 주로 사무엘하 7장에 내포된 왕권의 의미에 관해 살펴보았다. 그리고 궁극적으로 다윗의 계보가 어떻게 하나님의 왕권을 반영하고 있는지를 고찰하였다. 한편 7장 전반부는 언약과 관련된 문제를 다루고 있는 바, 이제 우리는 이 문제를 거론해 보고자 한다. 7장에는 하나님이 다윗에게 주신 일련의 약속들이 발견된다. 이 다윗은 이스라엘을 대표하는 자로 전면에 부각되고 있으며, 다윗의 운명이 이스라엘 역사의 전개와 밀접하게 결부되어 있음은 6-16절에서 자명하다. 더구나 다윗은 그를 통해 출애굽의 구원(약속의 땅에서의 안식)이 마침내 성취되는 하나의 대리인으로 묘사된다. 하나님의 자녀로서의 신분이 이스라엘에게 허락되었거니와(출 4:22) 이제 그것이 다윗에게 적용되고 있다(삼하 7:14). 따라서 다윗과의 언약은 이스라엘과의 시내산 언약의 골격 안에서 이루어진 것이 자명하다('언약'에 해당하는 히브리어 **베리트**가 삼하 7장에서 직접 사용되지는 않았지만 7장을 설명하는 부분인 삼하 23:5에서 사용되고 있다. 그리고 삼하 6장과 7장에 대한 주석의 역할도 하는 시 89:34, 132:12 등에도 **베리트**라는 용어가 사용되었음에 유의하라). 한편 7장은 아브라함 언약과도 연관을 맺고 있다. 이제 약속의 땅은 애굽의 강으로부터 유프라테스에까지 이르는 아브라함에게 약속된 지경이 확보되었다. 더구나 백성들 가운데 거하시는 하나님이 그들에게 '안식'의 축복을 보장해 주실 것이었다. 특히 신명기는 이러한 안식을 중요 주제로 다루고 있는데, 이 안식으로 말미암아 약속의 땅은 제 2의 에덴 동산이 될 수 있을 것이었다.

4. 사무엘하 7장 18-29절; 인간을 위한 강령

사무엘하 7:18-29에 수록된 다윗의 기도의 취지로 미루어 보건대, 다윗은 하나님의 약속들의 언약적 의의를 잘 이해하고 있었으며 그 약속들이 모든 인류에게 미칠 영향 또한 잘 이해하고 있었다고 하겠다. 여기서 이 기도의 내용을 세부적으로 취급할 수는 없다. 다윗의 기도는 18절에서 소개되며 19절에서 요약되어 있다. 19절은 매우 중요하고도 난해한 구절인데, **웨조트 토라 하아담**(문자적으로 '그리고 이는 사람의 규례이다'란 뜻임)이라는 히브리어 구절이 실로 난해하다(한편 우리는 히브리어 **토라**의 폭 넓은 용례에 관해 논의한 바 있다). 먼저 19 하반절이 서술형인지

의문형인지에 관해서도 의문의 여지가 있으며, 영어성경에도 이러한 불확실성이 노출되어 있다.

'웨조트 토라+소유격'으로 구성된 히브리어 구절을 주의깊게 분석한 결과, 카이저(W. C. Kaiser)[14]는 19 하반절이 확실히 서술문으로 간주되어야 한다고 밝혔으며 이 구절을 하나님의 지침사항을 소개하거나 요약한 것으로 간주하였다. 19절의 '이들'이란 7장 전반부에 수록된 약속들을 지칭하며 '인간의 규례'란 말 속에는 그 약속들에 대한 다윗의 이해가 포함되어 있다. 애매모호한 히브리어 표현인 '인간의 규례'와 유사한 악카드어 표현으로, '테리트 니쉐'라는 어구가 있다. 이 악카드어 어구는 '인간을 위한 매우 중요한 신탁'[15]의 뜻으로서 인간의 운명을 좌우할만한 하나님의 신탁을 지칭한다. 그러한 개념은 사무엘서 본문의 문맥과도 부합한다. 그리고 카이저는 상당한 근거를 가지고 사무엘하 7 : 19 하반절을 "이것이 인류의 지침이 되어야 할 강령이다"로 바꾸어 번역해 보였다.[16] 말하자면, 자신에게 주어진 신탁을 통해 다윗은 인류 전체의 미래와 운명을 통찰하기에 이르렀다는 것이다. 다윗에게 주어진 약속들은 창조 이래로 진전되어온 장구한 언약의 역사에 기초하고 있었으며 그 속에는 인류사의 진전에 대한 하나님의 뜻이 내포되어 있었다. 그리고 다윗은 나단에 의해 제공된 신탁을 통해 그와 같은 연관성을 통찰하였다고 할 수 있다.

5. 멜기세덱의 반차를 좇은 제사장

본장에 기록된 언약에 관한 설명에 비추어 다윗왕권의 역할이 무엇이었는지를 살펴보기로 한다. 이와 관련하여 시편 110편은[17]

---

14) W. C. Kaiser, "The Blessing of David, The Charter for Humanity", in *the Law and the Prophets Old Testament Studies in Honor of O.T. Allis*, ed. John H. Skilton, (Nutley, N. J. : Presbyterian and Reformed, 1974), p. 311.
15) Carlson이 인용한 *David the Chosen King*, p. 125, n. 4 의 언급을 참조할 것.
16) Kaiser, *The Blessing of David*, p. 314.
17) F. L. Horton은 *The Melchizedek Tradition* (London : C. U. P.,

다윗왕권에 대한 해석의 성격을 띤다. 이 시편은 다윗왕권의 제사장적 성격을 지적하고 있다. 다윗왕권이 제사장적 특성을 갖고 있기는 하되 엄밀한 의미에서 예배의식을 직접 담당한 것은 아니었다. 이러한 측면에서 다윗의 왕권은 멜기세덱의 왕권과 비교된다(창 14:18). 제사장적 왕권을 지닌(시 110:4) 그 왕의 인격 속에, 출애굽기 19:3 하반절-6에서 모든 이스라엘에게 요구되었던 사항들이 구현되어 있었다. 이 시편의 후반부에 시사되어 있듯이 오직 그와 같은 특성을 지닌 왕권만이 예루살렘 왕권의 정치적 확충을 기대치만큼 보장할 수 있었다(시 110:5-7). 결국 이스라엘의 왕권을 대대로 계승할 다윗의 가계는 시내산 언약이 요구하는 바를 잘 충족시킬 수 있어야 했다. 따라서 다윗은 우리가 앞에서 이미 명백히 지적한 바 있는 일반적인 언약상의 연관성에서 밝혀졌듯이, 여호와의 대리인 자격으로 통수권을 행사하게 되었다. 연관성이 빈약한 이야기이며 또한 이토록 간략한 언급에서보다는 더욱 심층적으로 논의되어야만 할 사항이기는 하지만, '인간의 강령'으로서의 다윗 언약은 정치적 의미에서 볼 때 인간의 중재를 통해 하나님의 통치를 확립한 것에 다름아니라 하겠다. 그리하여 창세기 1-2장에 기록된 바와 같은, 인류를 위한 하나님의 거룩하신 목적과 의도가 마침내 충분하게 성취될 수 있게끔 되었던 것이다. 왕, 하나님의 아들, 하나님의 형상 등의 연관성에 관한 구약성경의 가르침들에 관해서는 여기서 논의할 수 없다. 그 연관성은 다른 무엇에서 보다도 다윗이 후손으로서 아브라함의 후손이자 또한 하나님의 아들이셨던 나사렛 예수의 인격 중에서 가장 확실하게 파악될 수 있을 것이다.

1976)에서 시 110편의 연대에 관해 제기된 견해들을 요약한 다음 그것이 다윗시대에 속한 것이라는(p. 32 참조) 결론을 내린다.

D. 다윗종말론의 진전

1. 제국의 정치적 분열과 예루살렘(시온)의 상징적 의의

사무엘하 7장에서 묘사된 이상적 상태를 실현시켜 주었던 다윗의 정복전쟁(삼하 8-10장)으로 말미암아 인상깊은 다윗의 제국이 확립되었다. 하지만 아브라함에게 약속되었던 지경(地境)이 문자 그대로 확보되었다고는 볼 수 없다.[18] 이러한 사실로 미루어, 7장에 제시된 정치적 형태는 여전히 소망으로 남아 있었으며 '하나님의 백성을 위한 안식'이 아직 남아 있었던 셈이다. 앞에서 지적해왔던 바와 같이 구약성경은 이스라엘을 위해 계획되어진 것과 실현된 것 사이의 긴장을 보여준다. 솔로몬의 통치하에 이스라엘은 정치적 번영을 구가했으며, 아브라함에게 약속된 번성의 축복을 지칭하는 용어로써 솔로몬 당시의 상황이 묘사되었다(백성들의 번성과 행복을 시사하는 왕상 4:20은 통일왕국의 번영을 아브라함에게 약속된 바와 같은 어투로 묘사한 것이며, 또한 왕상 5:4에는 '안식'의 실현에 관한 언급이 나온다).

열왕기상 8장에서 성전이 봉헌됨으로써 마침내 하나님을 중심으로 하는 신정왕국의 틀이 갖추어지게 되었다. 결국 어떤 의미에서 출애굽 이후 역사기록의 촛점은 예루살렘 성전에로 맞추어져 왔다고 볼 수 있으며 사무엘하는 성전부지를 소개하는 내용으로 끝을 맺는다(삼하 24:18-25; 대상 22:1; 대하 3:1). 당시의 백성들 가운데에 보이지 않게 내주하셨던 여호와께서 이제 더 이상 팔레스틴 각처로 이동하실 수 없었다. 이제 하나님의 임재처소는 거룩한 시온산에 고정되어야 했다(시온은 예루살렘의 언덕에 위치하였고 거기 성전이 건축되었다. 그리고 시온은 영적 의미까지 내포하는 이름이 되었다). 사무엘하 6장과 7장에서 기대되었던 바가 이제 열왕기상 8장에서 가시적으로 구체화되었던

---

18) Y. Kaufmann 은 *The biblical Account of the Conquest of Palestine* (Jerusalem, Magnes Press, 1953), p. 54에서 다윗제국이 두로와 시돈을 포함한 바가 전혀 없었던 반면, 약속된 땅에 들어 있지 않았던 동쪽 요르단 지역은 포함했었다는 점을 지적한다.

것이다. 향후로 시온은 하늘과 땅을 연결시켜 주는 접합장소가 될 것이었으며, 거기에 시내산 전통이 응집될 것이었다(왕상 8:21은 이 사실을 의도적으로 지적하고 있다).

  그러나 열왕기상에 드러나 있는 바와 같이 솔로몬의 통치는 동양의 전제군주제를 방불케 하며, 이와 같은 사실로 미루어 이스라엘의 정치적 이상은 솔로몬의 통치를 통해 온전히 실현되지는 않았으며 '약속의 땅'의 이상적 사회구조도 확립되지 않았음을 알 수 있다. 뿐만 아니라 사무엘하 7장에서 제시된 바와 같은 의미에서의 하나님의 나라는 아직도 하나의 약속으로 남아 있었을 뿐이었다. 여기서 우리는 다만 솔로몬의 왕권이 어떻게 진전되어 갔는가를 간략히 언급해 보고자 한다. 솔로몬은 적대자들을 무자비하게 없앰으로써 왕위에 올랐으며, 왕국의 분열과 더불어 그의 왕권도 끝이 났다. 솔로몬왕국의 시작과 더불어 저속 정치형태와 유사한 새로운 사회적 변화가 생겨났는데, 이는 이스라엘의 민주적 이상을 훼손시키는 변화였다(예컨대, 왕상 4:7-19에 수록된 열두 행정구역의 설정은 기존의 지파 체제를 무너뜨리는 결정적 침해사업으로 간주될 수 있었다).

  구약성경에서는 이렇듯 불완전하고 미흡한 특성을 보여 준다. 그나마 솔로몬시대는 높은 수준의 성취가 이루어졌다고 할 수 있다. 즉, 솔로몬시대에 이르러 이스라엘은 세상에서 두드러지는 위치에 오르게 되었던 것이다. 그러나 솔로몬시대는 하나님의 백성의 정치체제가 심각한 퇴락국면에로 접어드는 시점이기도 했다. 우리는 이후에, 실제로 열왕기서가 다윗제국의 쇠퇴와 멸망을 다루고 있음을 고찰하게 될 것이며, 솔로몬 당시의 영화는 덧없을 따름이라는 사실을 보게 될 것이다. 여기서 우리는 다윗가계에 속한 왕들의 운명에 관해 간략하게 개괄해 보고자 한다.

  예상한 바대로, 열왕기상 8장 이후에는 더 이상 법궤에 관한 이야기가 나오지 않는다. 예루살렘의 위치와 다윗가계의 역할이 이제 견고하게 확립되었으며, 남북왕국의 분열 이후에는 예루살렘과 다윗의 가계는 북왕국의 합법성을 부인하게끔 하는 시금석이 되었다. 왕정시대를 통해 거룩한 중앙성소로서의 시온의 개념과 다윗가계를 이은 왕권의 개념은 중요한 논점이었으며, 특히 선지자 그룹에 의해 각별히 강조되었다. 최초의 문서선지자(BC 750년경) 아모스는 이방 나라들과 유다 및 이스라엘에 대한 하나님의 심판을 선고하는 첫머리를 하나님이 '시온에서부터' 부르짖으신다는 말로 시작하고 있다(암 1:2). 시온으로부터 비롯되는 이와 같은 심판의 대상이었던 여러 나라들은 한 가지 공통되는 요소를 가지고 있는 바, 그들 모두가 한때는 다윗제국의 속국이었다(암 1-2장에 언급된 내용은 상당히 오랜 기간을 시간적 배경으로 삼고 있다). 또한 아모스서는 다윗왕조의 회복을 선포하는 내용으로 끝맺고 있다(9:11, "그날에 내가 다윗의 무너진 천막을 일으키고").[19]

다윗왕국과 관련된 기대사항들은 여러 선지자들에 의해 종말론적 의의를 지닌 비전으로 바뀌어 나타났다. 특히 이사야 1-39장에서는 다윗 언약의 개념이 시온산과 연관된 신학적 주제와 결부되어 두드러지게 강조되어 있다. 이사야 2:2-4(미 4:1-4과 평행되는 구절임)에서 다윗종말론(Davidic eschatology)에 관한 충분한 개념이 최초로 나타난다. 여기서 시온은 마지막 날 모든 축복이 퍼져나갈 중심지로 소개된다. 마지막 날, 택함받은 도성 예루살렘이 온 세계의 구속의 중심지가 되리라는 것이다. 이 이사야 본문은 이사야 당시 예루살렘의 암담한 역사적 상황을 배경으로 하며(BC 8세기 후반), 그러한 상황이 반전되어 예루살렘이 마침내 온 세계로부터 순례자들이 몰려드는 중심지가 될 것을 고대하는 내용이다. 실제로는 매우 자그마한 언덕에 불과한 시온이 마지막 날에는 세상의 모든 산 위에 우뚝서게 될 것인데, 이렇듯 엄청난 반전(反轉)은 새 시대의 도래와 함께 필수적으로 수반될 사실이며 이사야 11장에서도 발견되는 내용이다.

그 때에는 온 세계로부터 사람들이 예루살렘으로 몰려와서 그들의 삶 속에 뿌리내려져야 할 하나님의 뜻을 구하게 될 것이며 개인적이거나 혹은 국가적인 모든 중대사를 처리하기 위한 지

---

19) G. F. Hasel, *The Remnant* (Berrien Springs, U.S.A.: Andrews Univ. Press, 1974), p. 211 참조.

혜를 구하게 될 것이다. 그리고 영원한 평화가 확립될 것이다. 왜냐하면 모든 나라들이 마음을 새로이 하여 그들의 무기들을 평화의 도구들로 바꿀 것이기 때문이다. 또한 율법('**토라**')이 시온으로부터 생명의 강처럼 흘러내릴 것인데, 이 율법은 하나의 규범적인 법전으로서 뿐만 아니라 보다 일반화된 개념인 '여호와의 말씀'(사 2:3), 다시말해서 가장 넓은 의미에서는 하나님의 지침사항으로서의 율법을 가리킨다. 비록 이사야 2:2-4에 시내산에 관한 명백한 언급은 나타나지 않지만, 시내산 언약과 관련된 전통들이 예루살렘에 집중되었다는 사실을(왕상 8장) 우리는 기억해야만 한다.

어떤 경우에서건, 일반적 의미에서 하나님의 뜻으로 간주되는 율법이 가르치는 사상은 십계명이 지시하는 범위를 거의 넘어서지 않는다. 이 이사야 본문에서는 시온신학(Zion theology)이 너무 두드러지게 나타나기 때문에 다윗신학(Davidic theology)과 왕권 또한 여기에 나타나지 않을 수 없게 되어 있다. 더욱이 다윗왕권의 미래는 이사야서 초반부의 특별한 관심사이기 때문에 더욱 그러하다. 하지만 이사야 본문에는 메시야의 왕권과 같은 중보적 성격을 띤 왕권에 관한 언급이 나타나지는 않는다. 왜냐하면 여기서 판단하는 왕으로서 소개되는 분은 여호와 당신이시기 때문이다(사 2:4). 2:2-4에는(비록 이를 장막절과 연관된 구절로 해석하는 주석가들도 있지만) 순례의 상황과 연관된 내용이 나타나지는 않는다. 그보다도 2절은 마지막 날, 역사의 완성과 관련된 구절이라 할 수 있는 바, 마지막 심판을 위해 만방이 모여들 것이며 마침내 평화의 시대가 열릴 것이라는 내용이다.

이와 같은 종말론적 개념을 야기시킨 것이 무엇인지에 관해 살펴보려면, 선지자들의 사고 속에 남아있었던 다윗제국에 관한 개념을 알아볼 필요가 있다. 이 제국은 솔로몬통치 때에 가장 번성하였으며, 이 제국의 위대성에 대한 주변 세상의 자각은 스바 여왕의 솔로몬왕궁 방문을 통해 잘 드러난다(왕상 10장). 스바 여왕은 당시 무역 경제에 있어 주도적 역할을 담당했던 자였던 것으로 짐작되는데, 그녀의 방문의 중요성은 열왕기상(대하 9장에서도 마찬가지임)에서 솔로몬의 통치와 그 방문에 대한 소개로 끝맺고 있다는 사실에서 뚜렷이 나타난다. 스바 여왕의 방문을 통해, 하나님이 솔로몬에게 약속하셨던(왕상 3:10-13) 모든 부귀와 지혜와 영예가 온 세상에 두루 알려지게 되었으며, 스바 여왕의 교역상대국이었던 모든 나라들이 솔로몬왕궁의 영광과 영향력을 소상히 알게 되었다(왕상 10:4-9). 물론 그녀의 방문은 솔로몬왕국의 번영에 관한 소문을 들은 '세상'의 전형적인 방문사례에 속한다. 왜냐하면 예루살렘 왕국의 영광이 하도 출중하였으므로, "천하가 다 하나님께서 솔로몬의 마음에 주신 지혜를 들으며 그 얼굴을 보기 원하였기" 때문이다(왕상 10:24).

이사야 2:2-4은 솔로몬 당시 경제적 동기에서 시도한 열방들의 예루살렘여행을 순전히 종교적 순례여행이란 차원으로 재해석하고 있지만, 이 두 가지 동기들 모두 간과될 수 없다 하겠다. 이사야 2:2-4을 더 확장한 내용인 60장에서 예루살렘은 온 세상 가운데 탁월한 곳으로 뿐만 아니라 온갖 부귀와 아름다운 것들로 가득찬 순례지로 묘사되었다. 또한 우리는 이사야 2:2-4에서 시온산이 세상의 모든 산들 가운데 탁월한 산으로 묘사된 사실에 유의해야 한다. 특히 3절은 시온에서부터 율법이 나올 것이라고 언급하고 있는데, 이 점에서 시온은 시내산과 언약적으로 결부되어 있다 하겠다. 요컨대 시온으로 상징된, 마지막 날 구원받는 성도공동체는 온 세상에 미칠 하나님의 축복을 가져오는 기폭제 역할을 하게 될 것이다.

이사야 2:2-4에 내포된 메시지는 60-62장 혹은 더 넓게는 56-66장에서 시사된 새 창조(New Creation)의 비젼을 통해 더욱 폭넓게 제시되고 있다. 이 새 창조로 말미암아 만물이 새롭게 될 것이다. 시온의 이와 같은 상징성은 계시록 20-22장에서 더욱 확연히 부각되는 바, 거기서 새 예루살렘은 새 창조의 시작으로서 등장한다. 하나님의 임재장소인 새 예루살렘의 도래와 더불어 모든 언약상의 약속들이 성취단계에 들어서게 될 것이다. 구약성경을 통해 살펴보건대 예루살렘의 상징적 의의는 점진적 진전을 이루어왔으며 포로기를 전후하여 특별히 부각되었다. 특히 에스겔

40-48장에서는 새 성전의 모습이 소개되고 있다. 이러한 본문들은 다윗가계에 대한 관심이 줄어든 듯한 인상을 주는 바, 그 이유 중 하나는 국가적 소망이 점점 영적인 사항으로 바뀌어져 갔기 때문이다.

2. '하나님의 백성' 개념의 등장

이사야 1-12장, 특히 이사야의 소명기사에 해당하는 6장은 이스라엘의 민족적 소망이 영적 기대감으로 바뀌는 **상황**을 보여준다. 유다 왕 웃시야의 죽던 해에(6:1) 이사야가 본 환상은 여호와께서 왕으로 좌정하신 모습이었으며, 그 장소는 예루살렘 성전이었음이 분명하다(4절의 '집'이란 말은 하늘에 있는 여호와의 처소를 가리키는 말로는 결코 사용되지 않는다). 유다의 국운(國運)을 회복시킨 인물인 웃시야왕의 죽음에 관한 언급은 그 예언의 시간적 배경(BC 740년경)을 알려줄 뿐만 아니라, 유다의 장래가 왕위계승자에 달려있지 않고 오직 여호와의 주권적 결단에 달려있음을 선지자에게 상기시키는 역할을 한다. 심판이 진행되고 있는 가운데 여호와께서 권좌에 앉아계시는 장면은 구약성경에 종종 나타나며(시 45:6 이하; 왕상 22:19; 단 7:9 이하 등), 이사야 본문의 경우는 특히 열왕기상 22:19과 매우 유사한 내용인데, 이는 왕의 직무 중 중요한 것이 백성들의 범죄에 대한 징계라는 사실을 시사한다. 물론 이와 같이 왕의 징계권은 여호와께로부터 말미암았다.

이미 지적된 바와 같이[20] 천사들의 경외하며 두려워하는 모습은 선포된 무서운 심판의 메시지와 좋은 호응을 이루고 있다. 이사야가 자신을 입술이 부정한 사람이요 입술이 부정한 백성 중에 거하는 자라고 말한 것은 스스로 범죄한 유다와 동일시한 것이며 또한 하나님의 말씀을 대언하는 자로서 갖추어야 할 정결한 마음 자세를 시사한다. 뿐만 아니라 그것은 '입술'이라는 뜻에서 시사되듯, 이사야를 포함한 유다 백성들의 예배모습과 이 성전 **환상**

---

20) Rolf Knierim, "The Vocation of Isaiah", *VT* 18(1968), p. 54.

에서 나타난 외경스러운 모습을 대조하려는 의도를 드러내는 말이다. 이 환상 속에서 이사야는 여호와의 크신 왕권을 목도하였으며, 유다의 외교정책에서 주로 드러난 바와 같은 여호와의 통치를 무시하는 그릇된 자세에 대해 책임을 통감하였다. 사실상 이사야의 초기 예언들은 유다의 잘못된 정책을 고발하는 내용이 압도적이다. 그리고나서 이사야는 심판의 메시지를 전달할 사명을 수납하게 된다(8-10절). 이 심판의 내용은 구체적으로 상세히 주어진 것이 아니라 마치 어쩌다 귓결에 들리는 것처럼 간략하게 전해졌다. 그리고 이 심판은 기간과 정도의 면에서 분명한 한계를 보여주고 있지만, 그 결과는 정화된 신앙공동체의 탄생으로 나타날 것이다. 그러한 신앙공동체는 단순히 재난으로부터 생존한 무리들과 동일시되지는 않을 것이다. 유다를 나무에 비유했을 때, 오직 그 그루터기만 남을 것이며(13절), 그 그루터기를 통해 믿음의 공동체 곧 거룩한 씨가 보존될 것이다.

이사야 6장 내용을 통해, 구약성경에서는 처음으로 유다와 특정한 믿음의 공동체 간에 분명한 구분이 나타난다. 간략히 말하자면, 새로운 신학적 주제로서[21] 경건한 남은 자에 관한 사상이 이제 대두하고 있는 것이다. 우리는 앞에서도 구약성경에 내포된 남은 자 사상, 곧 한 시대를 격동으로 몰아넣었던 큰 재난으로부터 살아남은 자들에 관한 언급을 살펴본 바 있다. 하지만 극히 일부의 몇몇 경우(이스라엘에는 아직 바알에게 무릎꿇지 않은 자가 7,000명이나 남아있다고 한 왕상 19:18의 엘리야기사, 요셉 족속 중 남은 자를 여호와께서 긍휼히 여기시리라고 하는 암 5:15의 언급 등)를 제외하고는 이사야서에서 비로소 유다 나라와 특정한 믿음의 공동체 간에 뚜렷한 구분이 나타난다(사 1:27-31, 4:2-3, 7:3, 10:20 등).

이처럼 이사야서에서 남은 자 사상이, 발전된 양상으로 나타나는 것은 국가적 차원의 불신이 팽배하였음을 반영한다. 우리는

---

21) Hasel 은 *The Remnant* p.394 이하에서 이 문제를 설득력있게 논증한다. 우리 또한 다음에 가서 이사야 7장에 관한 그의 결론의 요지를 뒤따르게 된다.

이러한 사실을 특별히 이사야 7-11장 중 다윗왕가를 다루는 부분에서 발견할 수 있다. 이사야 7장은 BC 734-733년 무렵 수리아와 동맹한 북왕국 이스라엘이 유다를 침공한 사건을 역사적 배경으로 하고 있다. 앗수르의 서진(西進)정책에 위협을 느낀 수리아와 이스라엘은 유다도 함께 동맹체결에 응해주도록 강요했다. 그때 이사야는 예루살렘 방어에 골몰하고 있던 유다 왕 아하스를 방문하여, 스스로 마련한 정책을 포기하고 오직 하나님의 보호하심에 맡기도록 당부하였다. 하나님은 아하스를 방문하는 이사야에게 그 아들 '스알야숩'('남은 자는 돌아오리라'는 의미)을 함께 데려가도록 지시하셨다. 스알야숩이라는 히브리어의 구조는 매우 중요한 의미를 시사한다. 대개 히브리어는 술어+주어의 구조로 되어 있으나, 이 히브리어에서는 강조를 위해 주어와 술어의 순서가 바뀌어 있다. 여기서는 명사(곧 주어)에 강세가 주어진 바, 스알야숩의 뜻을 다시 풀이해 보면 '오직 남은 자만이 돌아오리라'가 된다. 이와 더불어 우리는 이 히브리어 이름의 동사의 의미가 애매하다는 사실에 대해서도 유의해야 할 필요가 있다. 구약성경에서 이 동사는 문자적 의미로써 뿐만 아니라 여러 가지 상징적 의미로 사용되었다.

11절에서 아하스는 선지자의 예언이 확실히 성취될 것인지 아닐 것인지를 증거해 줄 징조를 구하도록 명령받았다. "네 하나님 여호와께 한 징조를 구하라"라는 말씀에 대해 그는 여호와를 감히 시험해서는 안된다는 이유로 경건하게 거절했다. 아하스의 거절에 대한 이사야의 대답 중에 사용된 인칭대명사가 매우 의미심장하다. 이사야는 아하스가 사람을 괴롭게 할 뿐만 아니라 '나의 하나님'까지 괴로우시게 하였다고 말했는데, 여기서 소유격대명사 '나의'는 아하스를 새로이 등장하는 신앙공동체로부터 배제시키고 있다. 주께로부터 받은 징조는 임마누엘('하나님이 우리와 함께 하신다'는 뜻)이라 불리울 아이에 관한 징조이다. 이 징조는 앗수르의 유다 침공(8:5-8) 사건과 결부되어 있으며, 여기 내포된 의미는 양면적이다. 즉, 일반 유다 백성들에게는 심판의 의미로 나타나며(심판을 통해 '하나님이 그들과 함께 하심'), 남은 자들에게는 구원의 의미로 나타나는 것이다(구원을 통해 '하나님이 우리와 함께 하심'—사 8:16에는 이사야 주변에 선지자 생도 그룹이 형성되어 있는 것으로 묘사됨).

이사야 7-8장에서 정치적 지도력의 이미지가 실추된 것과 때를 같이 하여, 9:1-6과 11장에서는 다윗가계로 말미암아 번창한 미래가 도래하리라는 희망의 메시지가 주어졌다. 이사야 9:1-6의 놀라운 약속과 6절에 나타나는 바, 보좌에 앉은 이(곧 메시야)에 관한 4중적 명칭(한편 애굽 왕에 관한 5중적 명칭은 그 왕권의 신성을 나타내었다), 그리고 7절에 수록된 바와 같은 온 세상에 대한 통치의 약속 등은 현재적 정치상황을 초월하는 내용이다. 따라서 이사야 9:1-6의 내용이, BC 701년에 예루살렘을 구원했던 아하스의 아들 히스기야의 탄생에 관한 예언이라는 견해는 지지될 수 없다. 11:1-9에서 다윗가계와 연관되는 약속이 계속 나타난다. 하나님은 언젠가 '이새의 줄기에서 한 싹'(이는 처음 다윗을 택하신 사실에 대한 언급이라 할 수 있음)이 나오게 함으로써 다윗의 집을 새로 일으켜 세울 것이다. 그리하여 성령의 역사로 말미암은 통치가 이루어지고 낙원의 평화가 도래할 것이다(2-5절). 그리고 모든 피조물들 간에 조화가 이루어지고 창조의 목적이 마침내 성취될 것이다(6-9절).

3. 바벨론 포로 이전까지의 언약갱신의 시도들

다윗왕조는 바벨론 포로 때까지 이어져 내려갔다. 요시야의 혁신적 개혁(BC 622/621년)조차도 (그 개혁이 피상적으로만 받아들여졌기 때문에) 다윗왕조의 종말을 막을 수 없었으며, 마침내 BC 587년의 예루살렘 함락과 더불어 유다는 멸망하였다. 바벨론의 침공으로 말미암아 예루살렘 성읍은 황폐화되었고, 시온이 영원하리라는 기대는 무산되고 말았으며, 또한 백성들은 포로로 잡혀가서 마치 목자없는 양과도 같이 뿔뿔이 흩어지는 신세가 되었다. 열왕기하 23:1-3에 의하면, 요시야는 온 백성이 모인 가운데 성전에서 언약을 재확인하였다. 이러한 언약갱신 광경은 시내산에서의 언약갱신을 연상시킨다. 그리고 요시야의 언약갱신을 뒷받침했던 문서는 '언약책의 말씀'으로 묘사되어 있는데(왕하 23:2), 이 또한 모세의 율법과 연관된다. 그 '언약책'의 내용이 보다 정확히 어떠한가 하는 문제는 여전히 논쟁 중에 있다. 그러나 요시야가[22] 취한 조치가 신명기적 특성을 반영한다는 점에서 그 책은 신명기와 동일시되기도 한다.

왕정시대를 통털어 언약갱신은 드물게 나타난다. 가장 유명한 것은, 아합 당시의 종교적 혼합주의에 대항한 엘리야의 이적의 결과로써 나타난 언약갱신이다(왕상 17-19장). 포로시대에 태동한 새 언약에 관한 비젼을 논의하면서 우리는 왕정시대를 통해 나타난 언약개념 및 이에 대한 선지자들의 반응을 고찰하게 될 것이다. 그러나 여기서는 이스라엘의 정치사와 결부된 언약의 역사에 관해 간략히 살펴보기로 하자.

히스기야의 개혁은, 뒷받침할만한 뚜렷한 문서에 근거하지 않았다는 점을 제외하고는 요시야의 종교개혁과 매우 유사하다. 이 외에 우리의 흥미를 끄는 유일한 개혁은 포학한 아달랴여왕의 짧은 통치 후에 남왕국에서 진행되었던 종교개혁이다. 이 때에도 개혁진행과정에 있어 성전이 중심적 위치를 담당했다. 왜냐하면 '하나님의 전에서' 언약이 갱신되었기 때문이다(대하 23:3). 요시야의 개혁 때와 같이, 이 때에도 이방 신당이 제거되었고 성전 제사가 새로이 정비되었다. 또한 이 경우에는 언약을 '자른다' (개역성경에는 '세워'로 번역됨-역자 주)라고 표현되었으며, 이러한 표현은 옛것을 과감하게 청산하고 새로이 시작한다는 의미를 시사한다. 아래에서 살펴보겠거니와 이러한 의미를 보장하는 내용이 주어져 있다. 다만 유다가 여호와의 백성답게 행할 때 시내산 언약에서 제시된 축복 가운데 계속 거할 수 있을 것이었다

---

22) 역대기의 기록(대하 34장)이 요시야의 개혁에 촛점을 맞추게 된다면 요시야의 개혁의 정도는 율법책이 발견되기 전에 실제로 구체적 형태를 띠었을 것으로 이해할 필요가 있다. 따라서 발견된 그 책은 개혁과 본래적 연결점을 갖추지 못했을 가능성이 있다. 어떤 이들은 그것이 유대의 왕궁 언약문서나 또는 그와 비슷한 것이었을 것이라고 제안한 바대로 그것은 그러했을지도 모른다. 이 문제에 대해서는 J. R. Lundbom, "The Law Book of the Josianic Reform", *CBQ* 38 (1976), pp. 293-302 참조.

(대하 23 : 16).

　남왕국 유다에서 일어났던 세번에 걸친 언약갱신(히스기야 당시의 경우에는 **베리트**라는 말이 나타나지는 않지만 여기 포함될 수 있을 것이다) 직전의 공통적인 현상은 언약파기 및 성전무시 행위가 함께 자행되었다는 점이다. 말하자면, 정책적 차원에서 언약을 폐기하는 지경에까지 이르게 되었으며, 백성들은 통치자에게 다윗왕권의 계승자로서의 신임과 존경을 전혀 표하지 않게 되는 상황에 이르렀던 것이다. 반면 아달랴시대에 행해졌던 언약갱신으로 말미암아 요시야는 백성들로부터 다윗왕가에 합당한 신임을 받았다. 아달랴의 7년 통치는 남왕국에서 다윗왕조를 근절시키고자 하는 시도로 일관되었다. 이러한 상황 가운데 요아스에게 기름을 붓고 '율법책'을 준 것은 사실상 다윗 언약의 약속들을 재확립하고자 한 시도였다(왕하 11 : 12 ; 대하 23 : 11).

　'율법책'에 해당하는 히브리어 **'에두트'**는 구약성경 앞부분에서 십계명, 특히 언약궤 속에 보관된 두 돌판을 지칭하므로(출 31 : 18 ; 수 4 : 16), 요시야왕의 손에 입수된 책은 아마도 언약 법규였던 것 같다. 이어지는 열왕기서와 역대기서의 내용에서 아달랴가 처단된 후 하나님과 왕과 백성 사이에 언약이 체결되었다는 내용을 강조한 사실은 전혀 놀라운 일이 아니다. 열왕기하 11 : 17 하반절이 하나님과 왕과 백성들 사이에 체결된 첫번째 언약 이후 왕과 백성들 사이에 체결된 두번째 언약인지 아니면 17 상반절의 언약을 강조하는 내용인지에 관해서는 정확한 확답을 내릴 수 없다. 그러나 분명한 사실은 '율법책'에 관한 언급이나 기름붓는 의식 등이 시내산 언약의 전통을 계승한 다윗왕조를 인정한다는 의미를 시사한다는 것이다. 한편 여기서는 언약갱신과 성전개혁이 밀접한 연관성을 맺고 있다는 증거에 관해 언급되어져야 마땅하리라 본다. 이러한 사실은 유다왕 아사의 통치기간 중에 행해졌던 언약갱신 과정에서 잘 드러난다(대하 15 : 12). 역대하 15 : 12에는 언약갱신을 지칭하는 표현으로서 '열조의 하나님 여호와를 찾기로'라는 구절이 사용되었다. 여기서 '찾기로'에 해당하는 히브리어 **다라쉬**는 여호와에 대한 예배를 지칭한다.

성전과 언약갱신 및 다윗왕권의 지속성 간의 이렇듯 긴밀한 연관성은 BC 587년의 바벨론 포로 사건으로 말미암아 다윗왕권이 정치적으로 단절되었을 때 성전 또한 파괴당하고 말았던 사실을 잘 설명해 준다. 성전이 그렇게 파괴당한 것은 왕정(王政)제도를 더이상 존속시키지 않으시리라는 하나님의 뜻을 시사하는 명확한 증거라 하겠다. 예레미야가 그의 유명한 성전설교(7장)에서 명시하였듯이, 성전의 존속이 유다 국가와 예루살렘에 대한 하나님의 보호하심을 나타내는 표시라면 그 반대의 경우 역시 당연하게 간주될 수 있는 것이다. 유다 백성들은 성전을 수호하며 그들의 행실로써 하나님과의 돈독한 관계를 드러내 보여야 했다. 그러나 그들은 그렇게 하지 않았기 때문에 예루살렘은 함락되고 성전은 파괴되었다. 그리하여 결국 다윗왕권과 성전은 몰락하게 되었고 왕정시대는 그 종말을 고하고 말았던 것이다.

4. 열왕기상하에 근거한 왕조기간의 평가

이스라엘과 유다왕조의 마지막 시점은 어느 때로 보아야 하는가? 새 언약에 관한 암시로 가득찬 포로기시대의 자료들은 우리가 이 질문에 대답하는 일에 많은 도움을 준다. 하지만 우리는 열왕기의 기자를 통해 직접적 대답을 구해볼 수 있다. 열왕기하는 BC 562년 바벨론 왕 에윌므로닥에 의해 여호야긴이 옥에서 놓여나게 되는 내용으로 끝난다. 또한 계속해서 그가 종신토록 바벨론 왕의 앞에서 먹는 신분으로 대접받았으며, 그 신분에 걸맞는 의복을 입었다는 내용이 이어진다. 많은 신학자들은 이 내용을 유다왕조에 대한 희망을 지속시키게 하는 것으로 파악한다. 다윗왕가 내의 분열의 결과가 처음 논의된 이후로부터 계속하여 열왕기상하에 등장하고 있다. 이러한 견지에서 열왕기는 사무엘하 7장에 주어진 약속에 대한 확증으로 끝나는 셈이다. 다시말해서, 열왕기는 포로기 이후 회복될 공동체 및 다윗왕가의 존속에 대한 약속으로 끝맺는다 하겠다. 여호야긴왕의 죽음과 더불어 그러한 희망의 약속이 사라지지는 않으며, 다윗가계의 기초 위에 포로귀환민들에 의해 세워질 새로운 공동체가 형성될 것이다. 포로 이후 선지자들의 예언에서 다윗가계를 계승할 자의 귀환에 큰 강조점을 두고 있는 것 또한 이러한 소망과의 연관하에 이해될 수 있다.

하지만 우리는 열왕기하의 결론구절들을 과연 이런 식으로 해석할 수 있을지에 대해 의구심을 갖는다. 이 결론구절들을 그러한 소망의 근거로 보기에는 다소 무리라고 생각하는 사람들이 보다 합리적인 것처럼 느껴진다. 포로민들에게 그들이 처한 현재의 곤경에 대한 이유를 설명해 주려는 의도에서 열왕기가 기록되었다는 점에 대해 우리는 동의한다. 열왕기상에 기록되어 있듯이, 솔로몬치하의 통일왕국 당시에 이미 다윗에게 약속된 이상적 상태로부터 심각하게 동떨어진 현상이 발생하였으며, 열왕기의 내용이 전개되어감에 따라 이스라엘과 유다의 퇴락 및 멸망의 기운이 점점 고조되어 간다.

여호야긴이 포로의 처지에서 특권을 누릴 수 있었던 사실과 유사하게 다니엘은 왕가 출신이 아니었음에도 불구하고 포로지에서 탁월한 신분을 얻게 되었다. 다니엘서의 첫장은 다니엘의 경건한 신앙을 소개하고 있는데, 이러한 경건은 포로로 잡혀간 유대인들의 전형적 모습이었을 것으로 짐작된다. 다니엘 1장에는 현저하게 상반되는 두 세계 간의 반목이 나타난다. 그리고 이 성경 본문은 하나님 나라의 가치들이 전체주의적 세상 세력과 직면하여 어떻게 존속될 수 있는가를 주의깊게 나타내어 보인다. 그 가치들이 존속될 수 있었던 이유는 하나님 나라를 대변하는 자들이 원칙상의 타협을 거부하고 그들의 소망을 예루살렘 성전에 대한 이상에다 고정시키며, 또한 인간의 생사화복이 오직 하늘의 하나님께 달려있다는 확신을 확고히 붙잡았기 때문이다. 다니엘 1장은 "다니엘은 고레스 왕 원년까지 있으니라"는 간략한 설명으로 끝나는데(21절), 이는 다니엘이 포로귀환이라고 하는 역사적 사건을 목격할 때까지 살아있었다는 말이다. 우리는 이 다니엘의 일생을 상고해 봄으로써 이스라엘의 이상이 어떻게 존속되고 있었는가를 시사받을 수 있다.

마치 다윗시대에 사울가의 므비보셋이 왕의 상(床)에서 먹었던 것처럼 다윗왕가의 여호야긴이 바벨론 왕에게 전적으로 의존하며 꼭둑각시 노릇을 하는 모습을 보여주는 열왕기하의 결어 부분을 통해, 우리는 다윗왕가의 마지막 역사를 보는 것 같은 느낌을 떨쳐버릴 수 없다. 그와 동시대 인물이었던 다니엘과는 달리 여호야긴에 관한 묘사는 소망없는 종말의 인상을 주고 있는 것이다.

요컨대, 유다 열왕들의 통치하에서 진행된 언약의 역사는 성공적이지 못했다. 물론 다윗 언약의 개념은 포로기시대를 지나는 동안 수정되고 발전되었다. 그리고 실제로 다윗왕권이 포로기 이후에 회복되지도 않았으며 그러한 회복이 그다지 기대되지도 않았다. 이러한 사실에 대한 이유는 포로기시대의 책들에서 묘사되었듯 이스라엘의 정치형태에 대한 관념의 변화와 결부되어 있으며, 더욱이 새 언약과 관련된 종말론적 희망과 깊이 결부되어 있다. 우리는 이제 이 새 언약에 관한 개념을 살펴보게 될 것이다.

요 약

사사기에서 강조된 바와 같은 이스라엘의 영적, 정치적 퇴락은 그 백성들로 왕을 요구하게끔 하도록 영향을 미쳤는데, 그 영향은 왕을 요구한 시기 뿐만 아니라 그 요구의 성격에까지 미쳐졌다. 그들의 요구가 부당하였던 점은 사무엘상에서 세 가지 각도에서 밝혀진다. 첫째로, 이스라엘을 다스리시는 분은 바로 하나님이시라는 사실(삼상 11:14), 둘째로, 선지자 직분이 크게 강화되었다는 사실 그리고 세번째로는 사울과 다윗이 왕으로 택하심 받는 과정에서 왕권에 관한 신학이 마련된 사실 등이다.

사무엘하 6장과 7장을 보다 구체적으로 고찰하면서 우리는 이 두 장(章)의 순서가 매우 중요하다는 사실을 상고하였다. 즉, 하나님의 거소를 마련하는 일이 다윗가계를 세우는 일보다 더 우선적으로 요청되었던 것이다. 성전을 건축하려는 다윗의 의도가 거절당한 이유는 다윗에게는 아브라함에게 약속된 땅을 확보하는 사명이 선결과업으로 남아 있었기 때문이다. 사실상 다윗의 통치기간은 이 과업을 수행하는 일로 일관되어 있다. 다윗가계에 속한 왕들의 행태가 하나님 보시기에 악하다고 하여 다윗 언약의 절대성과 영원성이 파기되는 것은 아니다. 다윗 언약을 '인간의 규례'라는 개념으로 파악한 내용을 비롯하여 사무엘하 7:18-29은, 다윗가계를 통해 아브라함에게 약속된 사항들이 모두 성취되리라는 미래의 비젼을 제시하고 있다.

다윗왕조의 쇠퇴와 더불어 예루살렘을 말세의 온 땅의 중심지로 보는 사상이 자리잡아 가기 시작했다(특히 이사야서에 이러한 사상이 잘 표현되어 있다). 이와 함께 '남은 자' 사상이 대두하였다.

이와 같은 국가적 쇠퇴기조를 돌이켜보기 위해 포로기에 이르기 전까지 언약을 갱신하는 등의 갖가지 정치적, 선지자적 시도가 있었음 또한 살펴보았다. 그리고 끝으로 우리는 열왕기서는 다윗왕조가 현세적 차원에서는 퇴락하고 멸망당할 수 밖에 없었던 사실을 밝히 드러내고 있다는 점을 살펴보았다.

5

새 언약과 성경적 종말론의 형성

A. 바벨론 포로의 영향

본 장은 바벨론 포로가 언약신학의 형성에 미친 영향들을 평가하고, 특별히 예레미야, 에스겔서 및 이사야 40-55장에서 새 언약신학을 제시하는 방법을 고찰하고자 하는 것이다. 다윗 언약과 다윗 언약에 부가된 시내산 언약이 이스라엘을 위한 정치적 기반을 제공한 이래 포로와 함께 이 기반이 사라지게 되고 또 그렇게 됨으로써 언약신학이 새로운 방향으로 진전된다. 본 장에서 제시하고자 하는 바와 같이, 신학적 사상들로서의 언약과 종말론과의 밀접한 통합이 대두되었다. 언약과 종말론이라는 이 두 주제의 결합은 예레미야, 에스겔, 이사야서에서 언급된 바와 같이 시내산에서 최초로 대두된 그 정치형태들이, 새 시대에는 실현될 것이라는 기대와 함께 새 언약의 신학을 낳게 되었다. 그와 동시에 세상 축복의 중심으로서의 이스라엘의 개념은 사라지지 않았으며 따라서 우리는 언약과 새 창조론 사이에 강력한 연관이 있다는 점을 발견함(특히 에스겔과 이사야서에서)을 이상하게 여기지 않는다.

바벨론 포로를 야기시켰던 일련의 사건들을 고려할 때, 여호야긴 및 그의 정부관리들의 포로잡혀감은 BC 587년의 성전 파괴와 예루살렘 멸망과 함께 유다 국가의 종말을 예고하는 것이었다. 그리고 유다와 이스라엘의 앞으로의 정치적 상황에 대한 질문이 제기된다. 그리고 포로잡혀가게 됨으로서 제국 이스라엘을 상징해 주던 효과적 기구 일체가 사라지게 되는 것이다. 그리고 언약과 특별히 연관지어져 이해되어왔던 다윗의 왕권이 사라졌다. 예레미야애가에는 제사장직이 계속 존속되었으며 또 포로잡혀가기 전까지 제사장들이 성전에 머물러 있었고 이러한 체제가 지속되었다고 기록하고 있으나, 포로 후기 저작들을 통해 볼 때 제사장직의 본질 및 제사장직의 계속은 예루살렘의 멸망과 함께 사라질 것임이 분명하다. 이스라엘 예배의 중심지요 여호와의 임재라는 사상이 실제적으로 또한 신학적으로 연결되어 있었던 하나님의 성전은 완전하게 파괴되었다. 이 사실은 아마도 예레미야의 말씀선포의 대상이 되었으며, 에스겔이 사역했던 포로공동체 유대인들로서는 인정하기 어려웠을 것이다.

성전과 시온은 신성불가침의 영역이란 사상이 등장하였다. 이러한 사상은 BC 701년 앗수르의 침공당시에 예루살렘이 기적적으로 보존될 수 있었던 사건에서부터 생겨난 것은 아니었다. 이 사상은 오히려 사무엘하 6-7장이 기록하고 있는 대로 선택의 기로에서 생겨났을 것이다. 성전의 거룩성에 관한 사상은 이사야서 전반부와 시편 특히 46편 및 48편에 나타난다. 예레미야 7장이나 26장과 같은 성전설교들이 암시해 주고 있듯이 그와 같은 사상은 왕조 마지막 시기의 유대인들에게 대단한 호소력이 있었을 것이다. 그 당시에는 성전건축은 하나님의 선택이라는 사실로 인해 계속 견지되어 왔던 예루살렘의 안전에 관한 맹목적이고 위험한 신뢰가 있어왔다. 그러나 에스겔(8-11장)은 예루살렘에서 제사를 드려야 하는 이유, 즉 여호와가 성전에 계신다고 하는 생각이 성전의 몰락 이전에 이미 철회된 것임을 분명히 하였다. 사실 성전의 파괴는 여호와에 의하여 진행되었던 것이다. 그러나 예루살렘 성지에 대한 팔레스틴의 관심은 계속되었는데, 예루살렘을 향한 순례를 암시해주고 있는 예레미야 41:5을 보면 그 사실을 분명하게 알 수 있다.

이 모든 일의 결과는 아브라함 언약의 구조가 기초하고 있던 최종 근거, 즉 약속의 땅 자체가 사라져버린 것이다. 우리는 앞에서 구약에서의 이스라엘의 정치적 건강을 재는 영적인 지표란 땅의 소유였음을 살펴보았다. 이스라엘에게 있어서의 궁극적인 축복은 약속의 땅에서의 민족적인 참된 삶, 그러한 민족적 삶과 연관된 하나님의 임재를 누림과 땅이 산출하는 물질적 축복이라는 측면에서 이해되어져 왔다. 우리는 구약의 대부분의 내용에서 영적인 측면에서의 성장도를 측정하게 되는 민족적 실체를 다루고 있기 때문에, 땅의 소유와 같은 그러한 지표가 사용되고 있음을 이해할 수 있다. 언약의 순종은 땅의 보유를 의미하며 언약의 불순종은 은사들을 일시적으로 거두어가심 및 영원한 상실을 의미함을 이스라엘은 알고 있었다.

BC 587년에 경험 세계의 이스라엘을 보여주는 표지들은 모두 사라졌으며, 포로잡혀감으로서 참된 이스라엘은 무엇이며, 참된 이스라엘이라는 것이 필요한 정치형태와 결부되어 있어야 하는 것인가에 관한 질문이 대두되었다. 이스라엘은 BC 587년에 사라졌는가? 성전의 파괴는 아브라함 선택의 종말을 의미하는 것이었는가? 물론 그렇지 않았다. 왜냐하면, BC 587년에 잃어버린 그 모든 것들은 민족으로서의 이스라엘이 확인되고 또 나타내어지는 수단에 불과했기 때문이다. 이 모든 것들이 이스라엘로 하여금 하나님의 선택된 백성이 되도록 만드는 것은 아니었다. 이스라엘로 하여금 이스라엘이 되도록 만드는 것은 유업으로 물려지던 땅이 아니었다. 땅은 이스라엘로서의 이스라엘에 이미 주어졌던 것이기 때문이다. 바벨론 포로로 인해 상실된 것은 시내산에서 제정되었으며 왕권제정으로 확대되기에 이르렀던 정치적 틀이었다. 그러나 이스라엘은 시내산 언약보다 훨씬 이전에 독립된 사회적 단위로 존재해 왔다. 따라서 포로잡혀감으로써 이스라엘을 덮고 있던 장식품들이 떨어져 나가고 참된 이스라엘이 어떤 것인지 들여다 볼 수 있게 되었던 것이다.

위에서 살펴본 바 대로, 이와 같은 성격의 상실들은 언약을 재평가하도록 만들었을 것이다. 일반 이스라엘 백성의 마음에는 교회와 국가는 분리될 수 없는 개념으로 들어있었을 것이다. 어떤 의미에 있어서 이것은 사실이었다. 왜냐하면 시내산 언약이 제시했던 내용이 바로 이것이었기 때문이다. 다른 한편으로는 시내산 언약에 대한 일반 대중의 이해가 점차적으로 왜곡되었고 BC 587년 이전의 이스라엘의 민족적 삶과 밀접하게 연계되었던 이스라엘의 정치적 제도들 등이 시내산 언약 전승들을 담고 있는 것으로 되었다고 보는 것이다. 따라서 BC 587 년의 사건들은 이스라엘의 신앙이 서있는 근거에 대해 일반 대중들의 재인식을 요구했을 것이다. 만일 이스라엘이 공통의 언어를 가지고 있고, 또 공통의 지리적 경계를 정하여 있고, 공통의 역사적 체험으로 묶여져 있는 한 민족으로 계속하여 정의될 수 있으려면, 그러한 성격의 이스라엘은 백성들의 포로기간 중의 소망, 즉 BC 587년 이전에 하나님께서 허락하셨던 상황으로 되돌아감에 의해서만 다시 회복될 수 있었다.

그러나 이스라엘은 그러한 방식으로 정의될 수 없었다. 포로기 이전의 상황들이 회복된다 하여도 포로기 이전의 상태로 이스라엘이 되돌아갈 수는 없었는데, 그것은 눈에 보이는 이스라엘이 멸망을 당했기 때문이었다. 포로귀환이 마침내 일어났을 때, 포로귀환자들 가운데 일부는 이스라엘의 변화를 받아들였음에 분명하다. 포로기 이후의 이스라엘 공동체가, 왕권이 상실된 상황에 잘 적응하였음은 이스라엘 공동체가 혹은 공동체 내의 중요한 사람들이 이스라엘의 생존을 확보하는 길이 정치적 형태로서가 아니라 여호와에 대한 궁극적 책임에 있다는 것임을 이제는 깨달았음을 보여준다. 이스라엘의 특별한 지위는 여호와의 선택 목적에 달려 있다. 이것을 선포하는 것이 포로시대의 선지자들, 특별히 에스겔의 짐이었다. 과거와 마찬가지로 이스라엘의 장래는 하나님의 활동에 의해 결정되는 것이었으며 결국은 믿는 자들의 마음에 거룩한 법을 두실 하나님의 활동과 떨어질 수 없는 관계에 있는 것이었다.

종종 주장되었던 것이며 앞의 논의와도 밀접한 관계가 있는 것으로서 이스라엘의 바벨론 포로는 개인주의를 가져왔다는 주장이 있는데, 이는 언약의 기대들에 대한 변화를 상당히 잘 설명해 준다. 우리는 에스겔을 살펴볼 때, 이 문제를 좀 더 자세히 다루어 볼 필요가 있을 것이다. 그러나 우리는 다소 요약적으로 포로 시기를 다음과 같이 설명할 수 있을 것이다. 즉, 개인이 더욱 중시되는 경향이 대두된 것은 분명한 사실이지만 그것은 단지 **변화된**

시대의 속성에 따른 이전의 집단적이고 민족적인 개념들의 상실에 있기 때문이라는 점이다. 바벨론 포로와 함께 우리는 신약시대의 문턱에 이스라엘이 위치하고 있음을 보게 된다. 우리가 지금 살펴보고 있는 개인적 반응에 대한 강조점은 신약의 선포들과 일치한다. 그 내용은 하나님 자신의 임재만이 시내산 언약에서 시작된 유형의 사회, 즉 이스라엘 백성들이 수세기동안 생각해 왔었던 그러한 유형의 사회를 만들수 있다는 사실이다.

B. 포로기 전 선지서의 언약해설

1. 열왕기상 17-19장과 엘리야

예레미야의 새 언약 해설에 곧장 넘어가기 전에 우리는 우선 주요한 의미를 지닌 남북 선지자들 중에 몇사람의 활동을 간략히 살펴보고 넘어가지 않을 수 없는데 이는 그들의 사역이 언약신학의 전개과정에 놓여있기 때문이다. 여기서 우리는 공통적으로 작용되는 요인을 발견할 수 있는데, 그것은 바로 예언자들의 활동이 모두 언약을 목적으로 진행되었고 또 언제나 언약에 근거하여 발전되었다는 점이다. 우리는 후기 구약성경 기자들과 신약성경 기자들이 선지자의 전형적 모델로 삼아 그 활동을 주목한 바 있는 북쪽 선지자 엘리야에서부터 시작함이 좋을 것 같다. 열왕기상 18장과 19장의 이야기에서 엘리야는 모세의 외형과 대단히 흡사하게 묘사되고 있으며 그리고 그는 오므리왕가의 정치적 기회주의에 맞서 언약의 가치체계를 다시 수립하려고 애쓰고 있음을 볼 수 있다. 갈멜산 회집(왕상 18:20 이하)에서 엘리야는 이스라엘이 섬겨야 할 참신이 어떤 신인지, 즉 여호와인지 아니면 바알인지를 선택할 것을 촉구하고 또 무조건적인 선택을 요구함으로써 이스라엘 사람들 앞에 첫째되고 지배적인 율법의 구체적 형태인 십계명의 시내산 처방을 실제적으로 제시하였던 것이다. 그 당시 갈멜산에서 역사가 일어날 때 그는 열두 돌단을 쌓았는데, 이 열두 돌단은 그 옛날 열두 지파의 동맹을 뒷받침했던 신학에 그가 호소하고 있음을 대단히 분명하게 보여준다(왕상 18:31).

시내산 사상은 19장에 그가 남쪽으로 도피하여 호렙산에 이르렀을 때 더욱 강조되어 나타나며(왕상 19:8), 아마도 이 사실은 그가 모세의 경험에서 사용된 굴(9절, 히브리어로는 '그 굴', 출 33:17-23 참조)에 실제적으로 들어간 점에서 추론되어질 수 있을 것이다. 그가 이 당시 십계명에 근거하여 온 이스라엘의 전적 배교를 역설했던 것으로 보아 그는 거기서 자신이 새 이스라엘의 창건자인 제 2의 모세임을 인식했던 것으로 보인다. 물론 거기서 그는 자신이 홀로 서있지 않고 아직 이스라엘 중에 언약을 배반하지 않은 자 7천명이 있다는 사실과(18절) 당대의 정치적 상황이 밝아질 전망이 보이지 않았음에도 불구하고 이 언약이 여전히 계속되리라는 점을 하나님으로부터 깨우침 받는다. 호렙에서 엘리야에게 계시된 것은 반복될 수 없는 시내산 조항이 아니었고 또 여호와는 시내산에서와는 달리 지진 후의 바람과 불에 자신을 계시하지 아니하였으며 자연적 징후에도 있지 않다(왕상 19:9-12). 그의 주의를 환기시킨 것은 인지할 수 없는 음성('세미한 소리', 12절)이었으며 그것은 하나님이 시내산 계시에 더 이상 아무 것도 덧붙이지 않는다는 사실을 강조하는 역설적 표현으로서 적절하다. 이렇게 해서 그는 마음을 정화시키며, 그후 이스라엘에 대한 일련의 정치적 심판을 순차적으로 진행하기 위한 세 가지 명령을 가지고 돌아오며, 남은 자 사상으로 깨우침 받아 18절에서는 언약을 뒷받침하는 일이 오직 하나님께만 속해 있음을 알리는 개념이 도입된다.

2. 아모스

엘리야시대가 지난지 약 1세기정도 되는 BC 8세기 중엽, 문서 예언의 진행과정을 살펴보면, 언약에 대한 예언적 태도가 남쪽의 고전(문서)선지자들 중의 첫번째 위치에 있는 아모스 선지로부터 시작되고 있음을 분명히 볼 수 있다. 그의 설교의 핵심이 언약이긴 하지만 아모스서에는 **베리트란** 말이 원래 의미로는 한 번도 등장하지 않는다. 어떤 학자는 이 개념이 아직 형성되어 있지 않았으며, 또 **베리트**는 후기 '신명기학파'의 설교에서 이끌어

낸 개념이었을 것이라고 제안하였다. 이런 주장은 극단적인 견해이며 이 용어가 한번도 쓰이지 않는 문제에 대한 해답은 다른 분야에서 찾을 수 있을 것이다. 언약이 하나의 사상이란 점은 너무나 자명한 사실이며, 또 아모스와 그의 예언적 설교는 이를 근본으로 하여 출발하였기 때문에 아마 이 말이 언급되지 않은 것으로 보인다. 어쨌든 그가 북쪽에 특별한 주의를 돌렸을 때 그는 그것이 출애굽에서부터 계속 가동되어 나온 하나님의 선택이었으며 또한 이스라엘의 현 상태의 원인이었고, 그래서 자신이 이러한 무대를 초래한 것에 대해 말하지 않을 수 없는 책임이 있음을 그들에게 상기시키는 것이다.

사실인즉 아모스의 책은 사회적 불화 이상의 것을 말하고 있다. 아모스가 지적하고 있는 계층간의 착취와 조작된 정의, 경제적 병폐 등은 모두 언약의 불이행으로 생겨난 결과이다. 따라서 그가 그 근거에 대한 전통을 잘 알고 있었지만 언약에다 직접적으로 호소하지 않았다고 하더라도 그것은 언약의무의 거부가 이스라엘로 하여금 주변 민족들 중의 하나같이 되도록 만든 사회적 행위로 표현되었으며(암 9 : 7), 그 결과 이스라엘의 선택된 신분의 상실과 위험한 국외추방의 형태로 신적 처벌이 초래될 것임을 지적한 것이었다. 그는 언약관계에 대한 적극적인 논증을 강조하고 있는데 이는 원칙적으로 의에 대한 요구의 형태로 제시된다. 의가 구약에 주어져 있는 이상 우리는 의에 대한 요구를 언약에 근거한 것으로 당연히 볼 수 있으며 이러한 요구란 것은 원래 교제관계에 쓰이는 용어였고 단지 2차적 의미에서만 법정용어였다. 따라서 우리는 아모스가 비록 언약이란 말을 명시적으로 언급하고 있진 않지만 그의 접근방식에는 전적으로 이 말이 전제되어 있다고 결론지을 수 있을 것이다.[1]

---

1) 언약이란 특정 용어가 전혀 언급되어 있지 않긴 하지만 아모스서는 전체적으로 언약을 중심으로 하고 있다. 아모스는 언약구조와 관계 있는 보편적 용어(야다, 토라, 페샤, 호크 등)를 자유롭게 구가하였으며 그가 지적한 범죄의 양상들은 아모스가 사용한 저주문의 형식이 언약파기로 인한 북의 재앙의 임박함을 암시하는 것이긴 하지만 언약 규정에 등장했던 유형들이었다. F. H. Seilhamer, "The

3. 호세아

호세아는 아모스보다 훨씬 더 분명히 언약을 지적하고 있으며, 이 사실은 첫눈에 그렇게 보인다. 이 책에서 **베리트**란 용어는 명시적으로 등장한다(약 5번). 그러나 보다 더 중요시해야 할 것은 그가 비유적 결혼생활을 시작하고 또 그 비유적 결혼이 첫 3장까지 지속되어 이 책 전체에 걸쳐 그러한 색조를 깔고 있다는 점인데, 이를 바탕으로 하여 불성실을 묻는 이스라엘에 대한 심문과정이 전개된다. 첫 3장에서 이 은유가 결혼관계의 일시적 붕괴와 이제부터 수립될 그 관계의 본질적 영속성을 모두 명확히 하고 있는 이상, 역사적 전망과 종말론적 전망 모두는 이 비유의 범위 내에 포함된다(호 1장의 이같은 결합내용을 주목할 것). 이스라엘을 거부하는 1:9의 내용 다음에는 아브라함의 약속, 즉 약속의 땅에서 다시 이스라엘의 수가 셀 수 없이 많으리라는 그 약속에 호소하는 내용이 뒤따른다(1:10). 특히 2:2-13은 이스라엘이 언약을 위반했다는 고소내용과 함께 신명기 28장의 전형적인 저주 언약이 가동될 것임을 염두에 둔 비난을 담고 있다. 14-15절은 회복의 가능성과 출애굽의 재입법을 가리키고 있는 반면에, 16-23절은 포로기의 새 언약에 대한 교훈을 예상하고 있는 그 어떤 사항을 제공한다. 특히 18절은 미래의 언약(**베리트**)이, 창조된 세계 질서의 조화와 우주적 평화 그리고 안전한 땅의 차지 등으로 연결될 것임을 지적하고 있다. 그와 더불어(19-20절) 완전해진 관계 그래서 손상받지 않을 결혼관계가 있을 것이다. 이런 새 창조에 대한 축복은 21-23절에 열거되어 있다.

호세아가 갱신을 대단히 포괄적으로 생각했다는 사실은 그가 이스라엘(그리고 유다)의 옛 전승들을 언급하기 좋아했다는 점

Role of Covenant in the Mission and Message of Amos", in *A Light to My Path : Old Testament Studies in Honor of Jacob M. Myers* (Philadelphia : Temple Univ. Press, 1974), pp.435-451 참조. 암 1:11의 **베리트**란 말은 설명하기 난해하다. 문맥상 이 말은 솔로몬과 두로 사이의 협정(왕상 5:12 참조)이나 다윗제국의 한 지체로서의 두로를 지칭하는 것 같다.

에서 전혀 놀라운 것이 못된다(2:3, 9:10, 11:8, 12:4 참조). 그가 **베리트**란 용어를 분명하게 사용하고 있다는 사실은 당연히 중요한 의미를 갖는다. 우리가 앞에서 주목해 본 바와 같이 이스라엘의 시내산 언약의 파기는 6:7에서 이와 유사한 성격의 파기, 즉 아담의 파기에 비겨진다. 앞에서 우리는 개연성이 없는 것은 아니지만 호세아가 창세기 3장의 파기를 염두에 두었을 가능성이 있다고 제안하였다. 호세아 8:1에서 '내 언약'과 '내 율법'이 연결되고 있는데, 이는 그가 시내산 언약을 잘 알고 있었음을 보여주는 것이다(회의의 여지가 없는 것은 아니지만). 호세아 10:4과 12:1에 기록되어 있는 **베리트**는 언약적인 특수 의미로 쓰이고 있지 않다. 이것들은 단지 외국 군대들과의 협정을 뜻한다(앗수르 군대와의 협정, 12:1 참조).

호세아서에는 교제관계가 언약의 원인임을 나타내는 어투로 이 언약이란 말이 사용되고 있다는 점이 또한 중요하다. 여기서 호세아는 **헤세드**란 말을 비교적 자주 사용하고 있으며, 이 점 역시 주목할만하다. 이 말은 우리가 이미 언급한 바와 같이 언약과 밀접히 연계되어 있는 주요한 의미의 언약적 언어이다. 그는 **헤세드**와 '지식' 사이에 긴밀한 평행관계를 배치한다. 후자의 용어는 이스라엘 역사 형성기에 여호와가 수행하신 구원의 본질적 행위를 가리키는데 사용되었으며 이와 더불어 이러한 취지에서 약속이란 말도 함께 사용되었던 것 같다. 전체적으로 호세아서는 언약에 철저히 근거한 책이며 이스라엘에 대한 하나님의 사랑에 바탕을 두고 호소하면서 이 사랑이 무수한 방법으로 표현되어 왔음을 지적하고 있지만, 또한 이스라엘은 그에 상응하는 응답을 보이지 않았음을 주목시킨다. 은유적 결혼은 이 책의 기조가 무엇인지 분명히 설정하고 있으며 깨어진 관계를 강조한다. 14장은 2장에서 지적한 바 있는 재수립된 이스라엘과 조화의 달성으로 끝맺는다. 그러므로 사상은 언약의 파기에서 언약의 갱신으로 나아간다.

C. 예레미야

1. 당대에 대한 선지자의 반발

예레미야서로 곧장 진행하기에 앞서 우리는 언약파기를 맹렬히 비난하는 장황한 독설로 시작(사 1 : 2-20)되는 이사야 1-39장의 내용만은 반드시 주목해야 할 것이다. 이 장황한 독설은 문서선지자들이 언약위반을 상세히 보도할 때 기꺼이 사용해왔던 것으로 보이는 전형적인 재판상의 논고형태를 취하고 있다.[2] 예상치 않았던 바는 아니지만, 이사야 39장은 다윗가문의 국외추방에 대한 예언으로 끝나는데 이는 마치 1장이 예루살렘의 멸망에 대한 예언으로 시작되었던 것과 같다. 이 양자의 문제를 더 확대시키고 있는 것이 바로 예레미야서이다. 예레미야 1 : 2이 그의 사역의 시작에 관한 언급임을 우리가 받아들인다면(개연성이 없는 것은 아니지만 그 내용은 그의 출생에 관한 것은 아닌 것으로 보인다), 예레미야는 BC 627년 그의 출생지인 종교중심지 아나돗에서 설교하기 시작하였다. 이곳은 엘리가문의 마지막 생존자인 아비아달이 솔로몬의 치하에서 추방되어 살던 곳이다(왕상 2 : 26).

예레미야가 활동하기 시작한 시기를 이즈음으로 잡는다면 이것은 요시야의 개혁이 시작되기 약 5년전쯤 되던 시기이다. 그러나 그는 요시야의 개혁에 대해 이렇다할 언급을 하지 않고 있는 것으로 보인다. 예레미야 44 : 19에는 '우리 조상'(한글개역성경은 '우리 남편')들이 하늘 여신에게 제사드린 적이 있다는 사실이 생생한 기억 속에 남아있다는 내용이 언급되고 있으며 또 그런 관행이 중단되지 않고 요시야의 개혁 때까지 연결되는 것이 거의 분명한 듯이 보인다. 예레미야의 사역이 유다의 외교정책에 관한 법령을 대상으로 하여 주로 강조하고 있던 당시에 요시야의 개혁은 이미 폐지상태에 들어가 있었는데 이는 예레미야서 내에 정부

---

2) 우리는 여기서 지금까지 예언의 소송양식(the prophetic Lawsuit) 또는 립으로 알려져왔던 내용을 다루고 있다. Kirsten Nielsen 은 *Yahweh as Prosecutor and Judge* (Sheffield : Univ of Sheffield Press, 1978)에서 립과 관계된 문헌을 재검토하고 나서 pp. 27-29에서 이사야 1장을 설명한다.

의 공식 정책들이 개혁정신과 정면으로 대치되고 있음을 입중하는 증거들이 풍부한 점으로 보아서 알 수 있다(렘 7:8 이하, 22:20 이하).

아마도 예레미야는 개혁운동에 비교적 관심을 적게 가진 것으로 보이는데 이는 그가 이 운동들을 그저 방관하는 것 이상의 자세를 취하지 않았다는 사실에서 추론해 볼 수 있을 것이다. 그의 판단에는 이러한 것들이 피상적이고 정치적 산물에 지나지 않아 민족의 가슴을 찌르는 실제적인 해결책을 다루는 데 실패했다고 여겼던 것 같다. 부정적인 입장에서 보면 그 개혁은 보다 더 교묘한 우상숭배를 야기시켰던 것으로 보이며 성전을 부적과 같은 미신적 역할을 가진 대상으로 하락시켜, 성전이 있는 한 예루살렘의 멸망은 막을 수 있다고 믿어 성전에다 더 큰 무게를 실었던 것이다. 예레미야가 보았을 때 이러한 행위는 이제는 더 이상 옛 길로 되돌아 올 수 없는 지경에까지 이르렀던 것이다(렘 7:21 이하 참조).

예레미야의 초기 설교에는 그가 배교의 팽배함을 보고 그것에 대해 통분한 자세를 가졌다는 사실이 엿보인다. 예레미야는 과거의 구원받은 사실을 잊은 배은망덕한 세태를 보고 그것을 세상 열방 중에서도 그 유례가 없는 것으로 여겼다(2:4-13). 여호야김 치세(BC 609-598년)하에서 그 상황은 급속도로 악화되었다. 여호와를 무시한 제사는 배나 증가되었던 것으로 보이며 또 이러한 제사에는 다윗왕통의 존속과 시온에 대한 미신적인 믿음이 수반되었다. 이러한 상황하에 예레미야는 여호야김 초기 그의 유명한 성전설교에서(7장과 26장) 외국의 침략에 대한 충분한 요새로서 그들의 현 제도를 유지하는 것에 자긍심을 갖고 있었던 무감각한 야웨주의자들을 격렬하게 비난하였다. 열왕기상 8장에 분명히 언급되어 있다시피[3] 성전은 시내산 전통과 다윗언약 전승의

---

3) 왕상 8장은 신명기학파의 수정의 산물인 것으로 간주되고 있다. 이 기사를 뒷받침하고 있는 자료에 대한 우리의 견해가 어떠한 것이든 간에 시내산 언약과 다윗 언약 사이에 분명한 연결점이 있다는 점은 바로 이 기사에서부터 출발한다.

촛점이었다. 성전은 그 땅의 중심이었고, 또 이스라엘 백성에게 계속적으로 누적되어 온 계시의 상징이었기 때문에 예레미야가 논증했던 바와 같이 백성들은 성전을 방어할 책임을 지고 있었다 (따라서 성전이 그곳의 중심으로 자리잡고 있는 그 땅에 대해서도 그들은 방어책임을 갖고 있었다). 이같은 사실에 비추어 그들이 자기네들의 길을 수정하지 않는 한 성전의 파괴는 임박하였다. 이 성전설교에서 언약에 대한 안이한 태도가 단죄받는다. 실로의 종교체제가 사무엘의 등장과 함께 배교로 무너졌던 것과 같이 언약에 대한 적절한 반응이 있어야 했던 당시의 예루살렘 성전도 그와 꼭같은 운명을 당하게 될 것이었다(렘 7:12-15). 예레미야가 외쳤다시피 그들의 행위가 성전에 대한 보호적인 태도가 아닌 한 그들은 성전이 자기들을 방어해 줄 것이라는 기대를 할 수는 없었던 것이다.

그러나 성전과 땅만이 연루되어 있는 것은 아니다. 이스라엘의 종교적 전승은 모두 주의깊은 평가의 산물이다. 예레미야 7:21 이하에서는 민족적 응답을 수단으로 하여 결집된, 제도화된 예배의 전 체계, 이른바 제의라고 하는 것이 비난받는다. 그러나 제사에 대한 이같은 예언자의 항의는 제사가 고대 이스라엘의 응답체계의 일부가 아니었다는 것을 뜻한다는 압력을 받을 수는 없다. 아마 이 선지자는 제사 자체가 비난받아야 함은 아니란 점을 강조했던 것으로 보이는데(7:21), 그러나 그는 제사가 원초적인 것은 아니었음을 말하고 있는 것이 분명하다. 즉, 제사는 십계명에 대한 보충적이고 응답적인 것이지 그것에 대한 본질적인 요소는 아닌 것이다.

그리고 3:16에서 선지자는 여기서 한걸음 더 나아간다. 가장 엄숙하고 가장 오래된 것의 상징, 언약제사의 심장부에 위치한 법궤는 미래의 왕국에서는 불필요한 것이 될 것이다. 이 상징을 향한 순례의 행진, 즉 성전과 법궤를 중심으로 이루어졌던 민족적 축제들은 앞으로는 예루살렘의 신적 장소를 향한 국제적 순례 여행으로 대치될 것이다(17절). 다시말해서 새로운 시대에 성전은 하나님의 세계적 통치를 보여주는 것으로 여겨질 것이다. 이

제 5 장 / 새 언약과 성경적 종말론의 형성 263

러한 상황하에서 예배는 단순히 민족적 대상만으로 인정될 여지는 없게 될 것이다. 그때 이스라엘은 민족 열방과 함께 총체적 예배를 드리는 한 구성원이 될 것이다.

극히 신성시되어 온 다윗왕권에 대한 예레미야의 태도는 또한 주목해 보아야 할 대상이다. 예레미야 22장에서는 요시야의 아들들이 행사한 왕권에 대한 설명이 도입된다. 그것은 전체적으로 실패로 끝맺는다. 이즈음 악명높은 여호야김의 아들, 소년 왕 여호야긴에 대한 언급도 등장하는데, 그는 머지않아 포로로 잡혀가며 또한 그가 여호와의 손의 인장반지라고 하더라도 여호와는 그를 뽑아내어 추방시키겠다는 말씀이 있다. 그는 무자(無子)로서 족보에 기록될 것이다(렘 22 : 30, 그러나 이 시대에 출토된 자료에 의하면 여호야긴이 포로 중에 다섯 아들의 아비였음을 시사하는 기록이 있다). 미래의 불확실한 때에(23 : 5), 하나님이 비록 다윗의 위를 보존할 예정이었다 하더라도 그것은 결코 직접적인 계통의 방법에 의한 것은 아닌 것이다. 왜냐하면 하나님은 홀로 의로운 가지, 즉 그 이전 이사야 11 : 1의 메시야 예언에 언급된 이와 유사한 용어 외에도 이미 다른 상황하에서 지적되어 온 바 있는 형태의 신적 가지를 세우실 것이기 때문이다. 미래의 통치자로서 메시야에게 주어지게 될 이름(여호와 우리의 의, 6절)이 당시의 왕인 시드기야란 이름(여호와는 나의 의)의 뜻을 직접적으로 가리키고 있긴 하지만 이런 형태의 왕권은 시드기야 당대의 왕권(그는 여호야긴을 계승하여 BC 597-587년 보위에 있었음)과는 정반대로 대립된 위치에 있다.

이런 과정을 거쳐 메시야의 통치는 이스라엘에 다시 수립될 것이다. 그러나 그것은 역사적인 다윗왕통과는 직접적으로 연결되지는 않는다. 오직 이런 방식을 통해 그날에(6-8절) 구원이 임할 것이다. 그러나 예레미야가 다윗 언약을 저버렸다는 뜻은 결코 아니다. 예레미야 33 : 14 이하에서는 23 : 5 이하의 예언이 확대되어 반복되고 있는 것 같다. 대단히 흥미롭게도 메시야가 가지게 될 의의 속성(23 : 5 이하)은 메시야의 개입과 함께 야기될 그 의가 유다와 예루살렘에게로 전가된다는 데서 잘 나타나고 있다(같은 어구의 묘사적 표현인 '여호와 우리의 의'란 말이 등장하고 있다). 33:20 이하에서는 다윗 언약의 불가피성이 장황하게 다루어진다. 이것은 제국의 왕권에 대한 예레미야의 비난이 엄격하고 신랄할 수 밖에 없었던 정치적 상황에서 그가 사무엘하 7장의 기본적인 강령에 동의하고 있음을 보여주는 주목할만한 대목이다.

2. 예레미야 31장 31-34절의 새 언약

a) 예레미야 30-31장의 문맥

예레미야가 이스라엘의 제도들을 회고하며 논술하는 중에 최고의 위치로 부상한 잘 알려진 제도는 시내산 언약이다. 이것을 자세히 다루기에 앞서 우리는 반드시 예레미야가 왜 이스라엘의 제도들을 그와 같이 종합적으로 논술해야 했던가 하는 문제를 각별히 자문해 보아야 한다. 우리가 앞에서 이미 지적한 바 있지만 우리는 이것을 요시야 개혁의 실패와 전체 개혁운동에 대한 예레미야의 깨우침과 연결시켜 보아야 겠다. 이 점을 살펴보는 것이 정당한 것이긴 하지만 우리는 예레미야 1장에서 예레미야의 소명받는 기사에 의해 제시된 보다 근본적인 이유들을 무시해서는 안된다. 따라서 우리는 여기서 그의 부르심의 성격과 또 구약의 예언사에서 그의 부르심에서 형성되는 전환점을 지적하는 것 이상은 할 수 없다. 그는 독특하게도 열방의 선지자로 부름받는다(1:5, 10). 이것은 이 책의 첫장이 강조하는 내용이다. 그러므로 예레미야의 사역의 목적을 규정하려는 어떠한 시도도 그를 부르신 목적을 염두에 두고 있지 않으면 안된다.

이 책의 메시지는 바벨론의 주도권과 함께 이방인의 때가 이제 사실상 임했음을 전달하는 것이다. 이렇게 해서 이스라엘의 정치사는 사실 종말에 이르렀다. 이스라엘의 추방이 이것을 실행으로 옮길 것이다. 언약에 의해 수립된 이스라엘과의 정치적 연결은 이 당시 신학적 해석이 뒤따르면서 딜렘마에 처해 있었다. 무엇보다도 이같은 정치적 연결이 시내산에서의 만남에 연유하고 있고 또 선택교리에 부과되어 있었던 정치적 연결에 의해 이제 재해석되어야 한다는 점에서 시내산 언약의 주요 내용은 반드시 인식되어야 했다. 따라서 예레미야의 새 언약신학은 하나의 민족으로서의 이스라엘에서부터 신학적 이상으로서의 이스라엘로 변천할 수 밖에 없다는 점을 나타내 보이려고 의도되어 있었다.

물론, 이스라엘은 언제나 민족으로서 존속해 왔지만, 포로시에 민족성을 상실함으로 해서 포로기의 선지자들은 이를 여호와와 이스라엘 간의 연결의 근본적인 특성이 무엇인지 보다 더 분명히 하는데 사용하게 될 것이다. 포로기 동안 그리고 포로기 이후부터 이스라엘의 신학적 목적과 하나님의 경영방식상 세계의 중심으로서의 예루살렘이 갖는 기능이 강조된다. 에스겔서과 이사야 40-66장에서 우리는 이 새로운 신학적 국제주의의 양상들을 이끌어낼 수 있는데 예레미야의 책은 이를 우리에게 위임한다. 예레미야의 새 언약에 대한 상세한 토론에 들어서면서 우리는 이 단계에서 그것의 등장을 야기시킨 일련의 역사적 사건들을 주목해야 한다.

예레미야 31:31-34에는 새 언약의 출범에 관한 선지자의 서술이 담겨 있는데 이 단락은 30-31장의 구조 내에 설정되어 있다. 이 두 개의 장들은 분단된 민족이 포로에서 돌아오는 사건과 돌아온 결과 야기될 결말을 다루고 있다.

예레미야 30:1-3은 귀환의 확실성을 단언하고 있고, 30:4-11은 메시야의 지도권하에서의 회복을 약속하고 있으며, 12-17절은 포로잡혀갔던 자들이 받았던 처벌의 교훈적 성격을 지적하고, 18-22절은 예루살렘 즉 시온의 회복을 다룬다. 31:1-6은 첫번째 출애굽에서 예기치 않았던 은혜가 이스라엘에게 베풀어졌던 사실에 의거해 귀환이 계획되어 있었다는 점에 대한 근거를 이끌어내며, 7-22절은 특히 북왕국의 귀환을 언급하고, 23-26절은 남왕국의 회복을 다루며, 새 언약의 단락으로 인도하고 있는 27-30절은 전 민족의 회복을 염두에 두고 이를 설명하고 있다. 그리고 31:31-34은 새 언약을 다루고 있으며, 35-37절은 창조의 원래의 목적 안에 그같은 갱신된 언약이 분명히 포함되어 있었음을 설명하고(그리고 그 원래의 목적은 결코 좌절될 수 없음을 아울러 설명한다), 한편으로 38-40절은 논리상 새 예루살렘의 건설을 언급함으로써 하나님의 새로와진 백성이란 주제로 결론지어 지는데 이 모든 장들은 바로 이 주제를 다루어 온 것이다.

새 언약의 단락은 예레미야의 사역기간 내에서 그 상대적 연대가 어느 때에 속하든 간에 이스라엘의 과거와 미래가 이 예언자의 생각 속에는 이미 연결되어 있었음을 시사한다. 그것은 이스라엘과 새 이스라엘 사이의 그리고 정치적 이스라엘과 하나님의 백성으로서의 이스라엘 사이의 연결에 영향을 미쳤다. 예레미야 31:31-34에서 놀랍고도 또 빠뜨릴 수 없는 내용은 새 언약의 신 중심적 특성인데 우리는 이 구절들에서 하나님이 1인칭화법으로 말씀하시는 일련의 전달방식에 안내받아 그것에 주의를 기울이게 된다.

b) 예레미야 31장 31-34절

1) 가까운 미래를 내다본 것인가 먼 미래를 내다본 것인가?

그러나 보다 더 중요한 사실은 새 언약의 출범에 관한 질문이다. 그것이 언제 시작된 것인가? 그 출발점은 어떤 것이 될 것인가? 이 단락은 예레미야서에서 흔히 볼 수 있는 '보라 날이 이르리니'란 어구(약 14번정도 등장함)에 의해 아무런 특징없이 도입되고 있는 것으로 보이긴 하지만, 이 어구는 그 이후의 구약의 나머지 부분에서는 거의 쓰이지 않는다. 예레미야서 이외에서 이 어구는(삼상 2:31; 왕하 20:17; 암 4:2, 8:11, 9:13) 한정된 미래를 가리킬 때 쓰인다. 예레미야서에서 이 어구는 불확실한 미래, 즉 가깝거나 먼 미래를 가리킨다.

이 어구를 해석함에 있어서 우리는 예레미야의 새 언약에서 얻게 될 문제들이 이사야와 에스겔에 의해서도 실제로 다루어진다는 점을 상기해야 한다(특히 37:15-28을 참조할 것—거기에는 분열되지 않은 옛 왕국의 두 계층의 통일이 주의깊게 관찰되어 있으며 본토로 귀환하는 내용이 언급된다).

이들 예언들과 관련해서 야기되는 문제는 어떤 것이 가까운 미래에 대한 언급이며 또 어떤 것이 종말론적인 것인지 그리고 우리가 그것을 어떻게 식별할 수 있는지 하는 것을 결정지어야 한다는 점이다. 그러나 포로기의 예언자들의 견지에서 보면(그들의 열광적 태도는 마치 초대 신약성경의 기자들과 같았다), 종말은 하나님에 의한 새로운 운동이 이스라엘 역사의 새 국면을 출범시키면서부터 이미 임박해 있었다. 이러한 이유로 해서 이제 곧 발생할 사건에 대한 기대, 특히나 바벨론 포로에서의 귀환문제와 관련한 그 기대는 임박한 사건의 도래를 알리거나 또는 종말의 전형적 예를 들거나 하는 찬란한 수식어구로 포로기의 예언자들에 의해 전달된다. 따라서 31:31-34에서 예레미야가 동시대인들에게 현재 예상되고 있는 사건들에 대해 이야기한다는 것은 정당하다. 그러나 그는 동시에 이 상황에 대한 연설을 통해서 하나의 이상으로서의 새 언약교리를 선포하고 있는 것이다. 이 이상이 현 상황에서 실제적으로 실현되지 않는다 하더라도 현재의 그러한 비실현은 예레미야가 지적한 바 최종 목적의 의미를 망가뜨리지는 못할 것이다. 예레미야는 포로에서의 예상된 귀환에서 종말의 시작을 보았다. 실제적 귀환이 이 이상과 대응하지 않는다 하더라도 이것은 종말에 대한 예언의 개념을 그릇된 것으로 만들지 않았다. 더군다나 그것이 종말의 성격을 바꾸어 놓지도 않았다. 다만 그것은 종말을 연기시켰을 뿐이다.

이렇게 볼 때 예레미야가 먼 미래에 대해 말하고 있는지 아니면 가까운 미래에 대해 말하고 있는지 하는 문제를 다룬다는 것은 별 효과가 없다. 포로에서의 귀환이 이스라엘에게 가능성을, 즉 예레미야가 31:31-34에서 주의를 환기시키고 있는 그 가능성을 회복시킨다는 의미에서 양자가 모두 옳은 것이다.

2) 새 언약은 어떤 의미에서 새로운가?

이 단락에서 **베리트**의 의미를 이해한다는 것은 어렵지 않다. 그것은 일방적인 약속의 의미이며 그 내용은 여호와가 부과할 것이다. 이들 약속에는 상호성에 대한 기미가 전혀 포함되어 있지 않다. 사람들은 이를 언약의 결론부에 위치한 새로운 강조점으로 여기고 있으며, 그 중에 어떤 이들은 이같은 상호성의 결핍을 '새로움'의 구성요소로 보아왔다. 그러나 우리는 여기 이 형식에 잘 드러나있는 그같은 사실이 구약성경의 모든 신적 언약에 포함되어 있다는 점을 이미 주목한 바 있다. 따라서 우리는 이 새 약정 속에 담겨있는 새로움의 내용을 다른 곳에서 찾지 않으면 안된다. 주지하다시피 새 언약의 일방적 특성은 이 기사 전체에 걸쳐 나타나는 하나님의 계속적인 1인칭화법에 의해 강조된다(31절 "내가……세우리니", 33절 "내가……두며", "내가……기록하며", "나는 그들의 하나님이 되고" 등을 참조할 것. 그리고 34절의 주요한 결어인 "내가……사하고, 내가 다시는……기억지 아니하리라"를 주목할 것).

새 언약의 '새로움'이란 문제를 대하면서 우리는 앞에서 면밀하게 검토한 내용이 절대적으로 새로운 것인지 아니면 그것이 이스라엘 역사상의 여러 주요한 사건들에서 이미 반복된 바 있지만 그래도 언약체결의 새로운 제도나 법령으로 인정되는 것인지 하는 점들을 자문해 보아야 할 것 같다. '새'란 말에 해당하는 히브리어 하다쉬는 '새로와진(renewed)'이란 의미(애 3:22-23)와 '새로운 상표(brand new)'란 의미(출 1:8; 신 32:17; 삼상 6:7)를 모두 가질 수 있는데, 그렇다면 과연 이 단락에서 '새'란 낱말의 정확한 의미는 무엇인가? 이 장의 인접 문맥에서 동일한 형용사가 22절에 등장하는데, 거기서 이 말은 완전히 새로운 환경의 설정을 가리키는 '창조하다(בָּרָא, 바라)'란 동사와 결부되어 쓰인다(사실 우리는 경험상 한번도 겪어보지 않은, 즉 선례가 없는 경험상의 창조적 새로움을 가리킬 때 언제나 쓰이는 이 히브리어 동사가 여기서 사용되었다는 점에서 어느 정도 이 점을 예상할 수 있을 것이다).

이 환경은 포로에서의 귀환에 영향을 미치는 하나님의 개입에 의해 야기되어 왔다. 이제 혁명적인 새 시대가 도래할 것임을 알리면서 예레미야는 인간의 근본적인 성향이 뒤집어질 것임을 우리에게 말하는데, 이는 "여호와가 새 일을 세상에 창조하였나니 곧 여자가 남자를 안으리라"(22절)는 데서 볼 수 있다. 따라서 우리는 과거와의 근본적인 단절이 예레미야 31 : 31의 이 형용사에 달라붙어 있음을 짐작할 수 있을 것이다. 그런데 헬라어 구약성경은 여기서 히브리어 **하다쉬**를 헬라어 **카이노스**로 옮기고 있는데, 이 단어는 현세적 성격을 띤 과거를 언급할 때는 쓰일 수 없고, 전적으로 새로운 신적 주도권을 말할 때 적절하지 않은 말이며, 다만 언약에 대해 경험상 얻을 수 있는 지식에 적용될 수 있는 형용사로서 사용된 것이다. 그렇다면 우리는 '새롭다'는 말에서 옛 약정에다 어떤 창조적이고 질적인 것을 부가하게 될 문제들을 찾아야 하는지 질문받게 된다. 여기서 창조적이고 질적이란 것은 연속적 요소뿐만 아니라 근본적인 불연속적인 요인도 포함되어 있는 언약의 새로운 체계를 말한다. 여호와와 이스라엘 간의 유대가 계속되는 한 약정상의 연속성은 고려되며, 반면에 이스라엘이 경험한 바가 없는 새로운 요소가 도입되고 있는 이상 근본적인 불연속도 역시 존재한다. 새 언약의 이 두 요소의 상대적 균형이 이제 평가되어야 한다.

3) 새 언약은 누구와 세워졌는가?

이 새 언약은 '이스라엘 집'과 '유다 집'이 맺어지도록 예정되어 있다(31절). 33절에는 '이스라엘 집'만 등장하기 때문에 '유다 집'(31절)은 편집자가 삽입한 것이라고 여겨진다. 그러나 이러한 견해를 취하게 되면 여기서 상세히 다루어지고 있는 토론의 성격을 오해하게 된다.

이스라엘과 유다의 지리적 분단이 현존해 있음을 가리키는 31절의 대칭적 어구는 민족의 현실적 상황을 인정하고 있으며 이같은 상황은 솔로몬 사후, 통일왕국이 두 개의 독립적 존재로 분단된 이후 계속되어 왔다. 새 언약은 이러한 장벽을 허물게 될 것이다. 여기서 우리는 이 내용이 에스겔의 견해와 평행을 이루고 있음을 보게 되는데(겔 37 : 15-28), 그의 견해에 따르면 새 시대에 유다와 에브라임(이스라엘)의 두 집은 그들을 하나로 만들 하나님의 접붙임수술에 의해 함께 결합될 것이다. 여기서 예레미야가 강조하고 있는 것은 보편적인 포로기에 관한 것이다. 하나님의 백성은 단지 하나만 있을 수 있는 바, 이 개념은 현재의 지리적 분단을 초월하게 될 내적 조화로 전시될 것이다.

따라서 예레미야가 유다와 이스라엘이란 용어를 사용했을 때 이것은 이 단락 전체에 걸쳐 완전한 일관성을 띠고 있다. 그는 33절에서 이 새 시대를 묘사함과 동시에(33절의 '그 날 후에'란 어구에 주의할 것) 결론적으로 언약의 내용을 언급하고 있는데, 이런 상황에서는 거기서 '이스라엘의 집'이란 말만이 쓰인 것이 당연한 것이다. 예레미야는 용어를 이런 방식으로 선택해 사용하면서도 그의 작품 어디서나 찾아볼 수 있는 일관성을 유지하고 있다.

예레미야서에서 이스라엘이란 용어가 각별히 옛 북쪽 왕국을 가리키고 있지만, 문맥은 언제나 이러한 언급의 의미를 더욱 분명히 해준다. 예레미야서에는 '이스라엘'이란 용어가 약 120번정도 언급되고 있는데 그중에서 3분의 2는 하나님의 통일된 백성을 예상하고 쓰인다. 이러한 용법의 전형적 예는 예레미야 19:3로서 거기에는 "너희 유다 왕들과 예루살렘 거민아 여호와의 말씀을 들으라 만군의 여호와 이스라엘의 하나님이 이같이 말씀하시되……"라고 기록되어 있다. 예레미야 18:1에는 이스라엘 민족의 새로운 출발에 대한 가능성이 토기장이 집을 찾는 비유의 형태로 돌출되고 있으며, 여기서 분명히 언급되는 것은 이스라엘 족속(18:6)임에도 불구하고, 이 선지자가 이 비유를 설명하고 또 그 의미를 해설해 주라는 명령을 받아 보냄받은 곳은 유다 사람들과 예루살렘 주민들에게였던 것이다. 예레미야 50:17에는 분단되지 않은 하나님의 백성을 염두에 둔 선지자의 설명이 또렷이 제시된다. "이스라엘은 흩어진 양이라 사자들이 그를 따르도다 처음에는 앗수르 왕이 먹었고 다음에는 바벨론 왕 느부갓네살이 그 뼈를 꺾도다."

더 나아가 예레미야 30-31장의 전체적인 문맥을 살펴보면 통일된 하나님의 백성의 재건에 관한 사실이 강조되고 있으며, 이렇게 됨으로서 사실상 군주시대의 분단은 무시된다.

따라서 예레미야 30:1-11은 이스라엘의 회복을 전체적으로 내다본 것으로 이해할 수 있다. 이같은 사실은 단지 4절에만 분단에 대한 언급이 나타난다는 점에 의해서 분명해지며(이스라엘과 유다), 4절 이후부터는 다윗왕권에 관한 더 포괄적인 사상이 계속해서 다루어지고 있는데 다윗왕권(9절)이란 것은 통일된 백성 위에 군림했던 왕권이었다. 이러한 문맥적 상황하에서 야곱과 이스라엘에 대한 언급(10절)은 지리학적인 관점에서가 아니라 신학적인 관점에서 분단되지 않은 백성으로의 복구에 적용되는 것이 틀림없으며 또한 그러한 복구를 가리킨 것임에 틀림없다. 12-17절에는 이와 동일한 종말론적인 장면이 고려되고 있는 것 같다(17절의 시온에 대한 언급 참조).

18-22절은 예루살렘의 재건을 두드러지게 지적하면서 동일한 사상을 계속 전개시킨다(그리고 19절은 이 민족의 수적 팽창과 영광을 암시하면서 아브라함 약속에 포함된 내용을 언급한다). 예레미야 31:1-6은 신학적인 사상(1, 2, 4)과 지리학적인 문제(5, 6절)가 번갈아 등장하면서 이 두 가지 문제가 서로 얼마나 긴밀하게 결속되어 있는가 하는 문제를 보여준다. 7-22절은 북쪽의 귀환문제를 다루고 있으며, 23-26절은 남쪽의 귀환문제를 언급하고, 27-30절은 회복 이후의 합병에 강조점이 두어지고 있다(지리적인 용어가 계속 사용되고 있는 것도 사실이다). 이러한 문맥적 상황에서 새 언약의 이스라엘과 유다의 정치적 독립왕국이 옛 언약과 결합될 것임이 예상되고 있으며(31-34절), 계속해서 이 장의 남은 부분(35-40절)은 앞에서 우리가 지적한 바 있듯이 회복에 의한 결과들, 즉 종말론적인 새 예루살렘에서 하나님의 통일된 백성이 드릴 예배를 다룬다.

4) 새 언약의 연속성과 단절을 야기시키는 요인은 무엇인가?
32절에서 예레미야는 새 언약의 출발점이 되는 시내산 협정, 특히 옛 언약을 언급한다. 여기서 하나님의 주도로 시작된 이 내용들은 구속과 거기서 시작되어 나온 교제관계('나는 그들의 남편이라')에 근거하고 있다. 이러한 평행관계가 새 언약을 비유적으로 설명하는데 사용되고 있는 것으로 보아 새 **협정**은 예레미야가 장황하게 설명해 온 것과 동일한 성격의 구속사적 **흐름**, 즉 포로기 선지자들이 제 2의 **출애굽**의 형태로 지적하고 있는 것과 동일한 형태의 구속사적 흐름에 뒤따르게 될 것이다. 시내산 언약이 그 당시에 이스라엘 역사로 들어온 신적 개입에 뒤따랐던 것과 꼭같이 포로기시대에도 마찬가지로 예레미야가 지적한 바 있듯이 동일한 형태의 평행을 살펴볼 수 있을 것이다. 연속성의 요소가 바로 여기에 표현되고 있는 것이며, 여기에 근거해서 신적 은총이 새롭게 드러날 것이다. 이러한 신적 은총의 성질은 이스라엘의 정치적 입지를 공고히 해주었던 최초의 신적 개입을 인식하는 과정과 유사하게 이해되어져야 할 것이다.

그렇지만 32절에는 이와 동시에 불연속적인 요소가 옛 언약을 지적하는 중에 강조되고 있는데, 이 옛 언약은 이미 깨어진 바 있는 상태였다. 언약의 준수란 면에서와 마찬가지로 그 언약의 위반 역시 일방적인 것이었다. 여호와께서 부과하셨던 그 언약을 그들은 파괴하였다(32절, "그들이 내 언약을 파하였음이니라"). 게다가 32절에는 신적 관점에서 출발한 언약의 특성이 혼인에 쓰이는 용어로 묘사되면서 지적된다. 여호와는 '그들의 남편'이었다. 이와 같이 결혼을 이미지로 한 장면은 예레미야의 책에서 이스라엘의 배교에 대한 묘사만큼이나 광범위하게 등장하고 있으므로 우리는 이 새 언약을 포함한 단락에서 이 문제를 주의깊게 관찰해야 할 것이다.

언약협정이란 것은 그 성질상 단절될 수 없다고들 한다. 즉, 하나님 편에서의 이혼이란 상상할 수도 없는 것이다. 구약성경을 보면 인간적인 상황에 따라 결혼관계에서의 이혼이 가능하였던 것으로 보이는데, 이는 사람이 심적인 부담을 느껴 그러한 이혼의 상황을 필요로 할 때인 것이다(신 24:1-4). 그러나 이러한 상황에서도 이혼은 어쩔 수 없이 승인된 것이지 결코 하나님의 뜻의 구현은 아닌 것이다(말 2:16의 이혼에 대한 하나님의 자세를 참조하라. 거기에는 난해한 구절과 문맥이 있긴 하나 이혼을 고려한 내용이 기록되고 있는 것 같다). 따라서 이미 시내산 **협**

정에서 적용된 바 있듯이, **혼인관계를 나타내는 용어는 혼인의 영속성을 강조하고 있으며**, '그들이 파한 나의 언약'(32절)의 불연속성을 고려한 것이다. 간단히 말해서 새 언약의 특징을 이루며 그래서 그 언약을 '새롭게' 만드는 그 요소는 이제는 다시는 부정될 수 없는 확고한 것이 될 것이다. 이 언약은 여호와께서 거기에 부가하신 새로운 조건들 때문에 새로운 것이 되는 것은 아닌 것으로 보이며, 또한 그것이 새로운 역사적 시대의 산물이란 점 때문인 것도 아니고, 더 나아가 그 안에 다른 약속들이 담겨있기 때문만도 아닐 것이다.

말하자면 시내산 언약에 부착되어 있는 약속들이 실제로 보다 더 포괄적인 것이 될 수 없었기 때문인 것으로서 이는 이 언약을 새롭게 만드는 것이 새 시대에는 양 당사자들 모두가 지켜야 할 것이기 때문이다. 그 시대가 되면 일방에 의해서 그 새 협정이 파괴되는 일은 없어질 것이다. 따라서 연속성과 불연속성에 대한 이 서술에서 우리가 말할 수 있는 것은 인간이 옛 시내산 협정을 유지하기가 불가능하다는 점에서 불연속성이란 인간의 근본적인 문제에서 야기된다는 것이다. 내적이고 그 양상이 바뀌는 협정에서는 부족한 것이 없을 것이고, 예레미야는 이제 바로 이 문제를 33-34절에서 지적하게 되며 더 나아가 이러한 부족함 없는 협정은 새 협정 내에서 인간의 계속적인 신실성을 보장할 것이다. 하나님의 영속성은 계속될 것이고 아브라함과 이스라엘 그리고 다윗과의 계속적인 협정에서도 이미 표현되어 왔듯이 하나님의 일관성은 새 시대에 새 언약의 형태로 표현될 것이며, 이에 대한 모델은 시내산 언약의 그것과 외형적으로 동일한 것이 될 것이다.

예레미야의 언약이 약속에 의한 의무를 대체하고 있다는 점에서 그것을 새 언약으로 이해하고자 하는 경향이 있으며, 이러한 경향은 약속과 율법을 결합하는 의미로 진행된다. 이를 나누는 것은 시내산 언약과 같은 이전의 구약의 언약들 내에 포함된 약속과 율법의 관계와 일치하지 않는 것이다. 언약과 약속은 우리가 일관되게 이미 살펴왔듯이 본질상 분리할 수가 없는 것이다.

언약은 그저 약속을 강화해 주고 또 약속과 의무에 부착되어 있는 관계의 실체를 인식시킨다.

5) 새 언약의 구조 내에서 '율법'의 위치는 무엇인가?

이상에서 살펴본 바에 따라 새 언약의 새로움과 거기에 의무가 또한 부가되어 있다는 점에서, 새 시대의 약속으로 해석되는 언약에 있는 것이 아니라고 한다면 이 언약의 새로움은 이 언약의 의무가 시행되는 방법으로 발견될 수가 있겠는가?

여기서 우리는 율법문제나 또는 33절에서 제기되고 있는 **토라**의 문제를 지적하게 된다. 외형상 이것은 시내산 법전을 가리키고 있으며 더 나아가 어떤 이들이 추측하듯이 그렇게 시내산 언약의 원래적 요소라 할 수 있는 십계명을 가리키고 있고, 이 시내산 법전과의 보다 진전된 접촉점을 이 문제가 제공한다. 우리는 이제 새 시대에는 율법이 마음에 새겨질 것이란 사실을 접하게 된다. 그렇다면 이같은 내용은 율법이 두 돌판 위에 외형적으로 새겨졌던 옛 시대와는 대립되고 있는 것인가(출 24:12 참조)? 아니면 이것은 '율법책'에 호소하며 또 이를 더욱 진척시켰던 바 있는 요시야의 개혁과 같은 언약의 재천명과 대립되는가? 그렇다면 새 시대에 **토라**는 내면화되었고 개인화되어 비민족화된 개체의 마음에 기록될 것인가? 여기서 우리는 인간의 모든 내적 상태를 포괄하는 것으로 이해되는 구약시대의 심리학상의 '마음'이란 단어의 위치를 간략히 더듬어보고 넘어가야 한다. 거의 언제나 이 마음이란 것은 인간의 전적인 태도와 행위들을 총괄하는 사고과정으로 쓰인다. 이것은 또한 양심이나 더 나아가 개체가 결정한 문제들에 대한 책임 그리고 그것들을 시행하는 것에 대한 책임이란 의미에서 도덕적 인식을 가리키는 말로도 쓰일 수 있다.

이 문제에 근거해서 구약의 초창기에 율법이 **내면화되어 있었**는지 하는 것을 토론해야 할 것이다. 신명기에서 보다 광범위하게 쓰이는 **토라**는 이스라엘을 그 땅으로 인도하신 구속의 사건이 어떻게 진행되었는지를 이스라엘에게 바르게 알리기 위한 하나님의 명령으로 제시된다. **토라**는 또한 구속받은 공동체가 **토라**를 보여줄 공동체로 될 것임을 가리키는데도 쓰였다. 따라서 어떤 이들이 암시적으로 주장하듯이 **토라**가 하나님이 요구하신 최고의 조건들을 담고 있는 것이 아니라 단지 그 당시에만 실천적으로 달성되어야 할 최소한의 것들만 담았다고 하는 것은 잘못이다.

율법은 실천적인 관계를 표현하였다. 그것은 그러한 관계에 대한 전제 이외의 다른 어떤 의미는 사실상 아닌 것이다. 이러한 상황하에서 율법이란 단순히 외적인 것에 지나지 않을 수 있다고 제안하기란 쉽지 않다. 그리고 구원을 단순한 외적 행위로써 생각할 수도 없었을 것이다. 인간의 업적으로는 이스라엘의 실존을 제시할 수 없었을 뿐만 아니라 그것을 보장할 수도 없었다. 일단 율법이 외양화되면서 구원의 사상은 구원의 경험, 즉 해방과 함께가 아니라 구원의 축복, 즉 그 땅과 결부되면서 양적, 물리적, 정치적 용어로 표현된다. 이 두 측면 모두에서 이 민족은 외적인 실패를 거두게 되었다는 사실, 말하자면 율법이 외양화되었던 것과 같이 구원도 외양화되었다는 사실은 대단히 그럴듯하게 논의될 수 있는 문제이다.

그러나 우리가 이 문제를 연역해 보면 이런 현상은 신명기가 지적하고 있는 민족적 취지도 아니고 개인적 취지도 아닌 것으로 보인다. 신명기에는 2인칭복수와 2인칭단수가 교차적으로 언급되고 있으며, 이는 이 책의 구성 성격이 어떠한 것인가를 밝혀주는 증거라고 흔히 제안되고 있는데, 이러한 교차적 언급은 저자가 민족을 상대로 했을 뿐만 아니라 각 개체들도 상대해서 말하였다는 점을 잘 반영하고 있는 것이다. 그러나 신명기에서 저자의 연설이 어떤 측면에 근거해 있었든지 간에 율법은 마음에 거주되도록, 추측컨대 민족의 마음뿐만 아니라 개체의 마음에 두어지도록 (신 6:4-6, 11:18 참조) 요구되었다는 사실이 여전히 존재하는 것이다. 이러한 언급들이 명령법들로 구성되어 있다는 점을 인정한다고 하더라도 이것들은 이상적인 국가를 겨냥하고 있다.

순종을 전후한 문맥에서 마음의 할례가 요구되고 있긴 하지만 (신 10:16) 30:1-14의 문맥을 보면(이 단락은 배교의 결과 발생한 포로잡혀가는 사건을 상기시켜 주는 듯하다), 마음의 할례는 영적으로 생성되는 그 어떤 것이며(30:6), 이 결과에 따라 사랑이 마음에서 솟아날 것이다. 따라서 이 후자의 단락은 처음부터 존재해왔던 이상을 지적한 것이며 내면화된 하나님의 일은 신약의 중생설화에 한정되지 않는 요소인 것이다. 구약에서 원래 촛점을 두었던 것이 민족적인 차원이었다시피 이같은 하나님의 사역은 충분하고 반복적으로 개체화되지는 않았지만 하나님의 내적 사역은 사실상의 구약관계의 전제인 것이다.

더 나아가 마음을 정화시켜 청결한 마음을 창조하고 마음을 연단시켜 통회할 것에 대한 요구는 구약성경 전체에 걸쳐 요구되고 있는 사항이다(시 51:10-17, 73:1-13; 잠 22:11; 사 57:15). 여호와께로 돌아서는 것은 마음이 변화된 결과 나타나는 것이다(렘 3:10을 참조할 것. 그리고 마음의 할례의 필요성에 관한 그 이전의 회화적 영상이 사용되었던 내용에 대해서는 렘 4:4을 그리고 그외 9:25과 겔 44:7, 9 참조). 시편 37:31에서 분명히 암시되고 있는 바와 같이 마음의 율법은 언약경험의 가능성에 필수적인 것이고 이와 유사한 것으로서 우리는 시편 40:8을 들 수 있는데, 거기서는 하나님의 뜻을 올바르게 시행할 수 있느냐의 여부가 곧바로 마음의 상태와 결부되고 있다. 포로잡혀갈 자들을 대상으로 하고 또 귀환을 전망하고 있는 이사야 51:7에 의하면, 의를 안다는 것, 즉 언약관계의 참다운 특성을 이해한다는 것은 마음에 율법을 소유하는 것을 가리키는 것으로 여겨진다. 에스겔이 말하고 있는 새 언약의 단락들을 고려하게 되면 이같은 마음의 관계와 관련된 문제는 보다 더 진전되고 있긴 하지만 행위율법의 전제조건으로서의 마음의 율법은 분명히 구약적인 것이며, 이와 함께 성경 전체적인 내용이기도 하다.

물론, 구약은 율법이 마음에 두어져야 할 것임을 각 개체들에게 강력히 요구하고 있다. 그러나 이는 각 개체가 율법을 마음에 두고 있다는 뜻은 아니며 오히려 이 반대의 방향으로 논의되고 있음을 우리는 충분히 살펴볼 수 있다. 마음에 율법을 거주케 하라는 요구와 하나님만이 마음에 율법을 둘 수 있다고 하는 주장 사이에 어떠한 긴장이 놓여져 있다고 하더라도 우리가 잘 알고 있다시피 이러한 긴장들은 구약의 구원의 경험에만 국한되는 것은 아니다. 이같은 상황하에서 "나는 그들의 하나님이 되고 그들은 내 백성이 될 것이라"는 전통적인 언약공식으로 결론지어지고 있는 예레미야 31 : 33은 지금까지 구약의 양식들을 통해 우리가 인식하고 있는 바와 같이 언약의 가동을 요약하고 있는 것으로 보일 뿐이다. 물론 하나님이 새 시대에는 자신의 율법을 각자의 마음 속에 두시기로 작정하고 계신다는 사실이 이상적인 것임을 우리는 상기할 수 있다. 우리는 이 문제와 구약시대의 이스라엘의 종교적 특성으로 점차 자리잡아 온 이 외양화 문제를 대조시켜 볼 수 있을 것이지만, 우리가 그렇게 시도해 본 결과 31 : 33은 예정된 사항을 시행하시는 문제 외에 별다른 사실을 언급하지 않는 것으로 보이며, 나아가 하나님은 시내산 언약의 본래적 의도로 되돌아 오고 있음을 알 수 있다.

33절에 시사되고 있는 영속성과 같은 문제는 또한 유대인 주석의 취지에 의해서도 뒷받침되고 있다. 이 취지는 전통적으로 여호와가 언약을 주도하고 유지하고 계신다고 여겼다. 이스라엘의 순종이 뒤따르지 않을 경우 하나님이 그 언약을 취소할 수 있긴 하지만 언약의 유지문제는 이스라엘의 순종에 조건적으로 종속되어 있지 않았다. 랍비들의 신학에 의하면 한 개인이 그 언약에서 물러날 수 있긴 하지만 그래도 그에 따르는 책임을 취소할 수는 없다고 믿었던 것 같다. 민족 전체의 불순종에 당면하였을 때도 하나님은 자신이 세운 언약의 약속에 충실해야 했다. 민족의 당면과제를 지시할 수 있는 하나님의 권한에 대한 의도적 부인은 언약의 부인을 수반하였긴 하지만 이스라엘과 맺으신 하나님의 언약은 최종적으로는 이스라엘의 순종여하에 달려 있는 것이 아니었다.[4]

이런 이유로 해서 새 언약은 옛 언약과 마찬가지로 하나님의 선물인 것이다. 31 : 33은 이 점을 분명히 하고 있다. 율법적인 요

---

4) E. P. Sanders는 *Paul and Palestinian Judaism* (London : S. C. M., 1977), cf. pp.95-96에서 랍비문학의 증거를 다루고 또 이를 평가하고 있다.

소는 옛 언약과 마찬가지로 새 언약과도 필수불가결하게 연결되어 있다. 신적 은총이 개입되어야만 언약의 요구사항이 충족될 수 있을 것이라는 예언적 선포는 그 이전 출애굽기 20 : 2 이하에서 명확하게 계시된 바 있는 언약과 율법 사이의 연결을 보존하는 것에 지나지 않는다. 예레미야가 지적하고 있는 문제는 이스라엘이 언약을 지키기 불가능하다는 점이었다. 이렇게 해서 율법이 마음에 두어질 것이라는 33절에 삽입되었던 동일한 율법이 새 시대에도 동일한 방식으로 다시 규정, 적용될 것이라고 추측되는 것이다.

6) 34절의 '다시는 … 아니하리니'의 의미

우리가 여태까지 논의해 왔듯이 33절에 묘사되어 있는 영적 경험에 대한 요건들은 영적 경험에 대한 근거를 제공하고 있다. 그러나 이러한 요건들은 34절의 내용에 의해 새로운 의미를 부여받고 있으며, 신적 의지를 내면화하려는 의도(33절)가 34절의 변형으로 나타나고 있음을 거기서 보게 된다. 그러나 이 문제는 우리가 이미 지적한 바 있듯이 율법이 마음에만 기록되는 사건에 좌우되지 않고 34절에서 다루어진 다른 요소의 결과로 나타난다. 이러한 이유로 해서 34절은 33절의 내용을 보강하고 또 그것의 계속성을 히브리어 웨('그리고')란 접속사에 의해 나타내는 히브리어 웨로 … 오드(그리고 더이상 … 하지 않다)로 시작된다. 그러나 이 구절의 '다시는 … 아니하리니'란 말을 통해서 우리는 새로운 상황의 출현을 짐작할 수 있다. 34절은 새 관계의 긴박함에 강조점이 두어진다. 앞으로는 제사장이나 특별한 임무를 맡은 선지자 등과 같은 중재자들이 옛 언약하에서 작동시켜왔던 교육적인 제도들을 유지할 필요가 없을 것이다. 새로운 상황에서는 모든 이들이 하나님을 알 것이고 그 지식은 직접적인 것이 될 것이며 또한 완전히 개인적인 것이 될 것이다. 옛 언약의 특성을 이루었던 (신 6 : 7 ; 수 1 : 8 ; 시 1 : 2 등) 교육제도들의 필요성에 대한 강조는 옛 관계의 불완전한 특성을 가리킨 것이며, 이것은 또한 개체적이면서도 민족적으로 사실상 파악되어 왔었다.

구약에서는 율법이 이상적으로 마음에 있었다는 개념과 교육에 의해 율법이 그곳에 두어져야 할 필요가 있었다는 개념 간의 긴장을 우리가 현재 인식하고 있다시피 신약의 기자들도 당면한 문제인 것이다. 신약성경에서 우리가 지적하고 있는 이같은 평행은 성령의 영역에 놓여있는 신자들의 문제이기도 하지만 신자란 이와 동시에 그가 부딪치고 있는 육신적인 문제에 대항하여 싸워야 할 필요성을 인식하고 있지 않으면 안된다. 그러나 34절이 우리에게 제시하고 있는 새로운 상황에 대한 긴박감으로 인해 우리는 성경에서 말하는 모든 개인적인 경험 너머로 눈을 돌려야 할 것 같다. 즉, 순수한 인간적 상황이 빚어내는 여러 한계요소들이 초월되어 왔다는 것이다. 여기서 예레미야가 지적하는 시대와, 인간적 교육체제의 필요성이 부재하는 그 시대의 특성은 변화된 성품, 즉 참으로 완전해진 인간의 성품에 대한 개념을 수반한다. 사실상 모든 이들이 선지자가 되어왔다는 개념의 대중적인 접근방식이 신약시대의 개념이며 그래서 성령의 은사란 대중적인 것이 되지나 않을까 라고 생각지 않도록 하기 위해 34절의 남은 부분은 정교하고도 분명한 내용을 덧붙인다.

예레미야가 우리에게 말하는 바 신약시대를 통제하는 결정적으로 중요한 요소는 그 시대가 죄 용서의 시대란 것이다. 하나님이 우리에게 말씀하시듯이 하나님은 이 새로운 시대에는 '그들의 죄악을 사하고 다시는 그 죄를 기억지 아니'하실 것이다. 우리가 살펴보았듯이 구약시대의 죄 용서는 예외적인 경우가 없는 것은 아니지만 제사를 통한 제도화된 접근체제와 한데 묶여 있었다. 하나님은 회개를 조건으로 하여서 죄를 용서하였으며 이같은 조건이 죄 용서함의 근본이었다. 그렇지만 34절에는 새 시대에서의 그와 같은 어떤 전제조건이 전혀 언급되어 있지 않다. 즉, 여기에는 죄가 한번에 그리고 완전히 다루어지는 상황이 고려되고 있는 것으로 보이고 있는 것이다. 새 시대에는 죄를 상쇄하는 어떤 다른 행위가 요구되지 않을 것이며 이는 예레미야가 지적하다시피 하나님이 "그들의 죄악을 사하고 다시는 그 죄를 기억지 아니하리라"고 말씀하셨기 때문이다. 이같은 평행어구는 예언적 과장법의 어구가 아닐뿐만 아니라 새 시대의 하나님에 대한 심리적 태도를 가리키는 어구도 아닌 것으로서 이는 말 그대로 하나님이 '잊으심으로 죄를 용서'하실 것임을 뜻하는 것이다. 이는 또한 새 시대를, 죄를 상쇄시키는 어떤 행위도 필요치 않은 시대(기억한다는 성경적 개념에서의 행위)로 표현한 것으로 이해할 수 있다.

34절의 대조는 새 시대의 신적 은총의 광범위한 적용범위와 옛 시대의 한정된 전시범위 사이의 대조가 아니며 새 언약하에서 펼쳐지게 될 자비는 대단히 광범위하여 그 스스로가 새로운 상황을 창조하여 옛 시대에는 볼 수 없었던 죄가 전적으로 간과되어 버릴 수 있게 된다는 의미인 것이다. 즉, 여기서 의도되고 있는 것은 새 시대에서 죄는 전혀 다루어질 필요를 요구받지 않을 것이란 사실이다. 이것은 하나님과 인간 사이에 족쇄가 풀린 상호 교제관계가 있을 것이라는 하나의 가정이 될 수도 있으며, 공동체의 창조와 함께 교육에 대한 필요성이 없을 뿐만 아니라 교제관계의 파기 또한 발생하지 않을 것이며 새 공동체 내에서의 분열도 전혀 예상되지 않는다. 이 모든 것은 새로운 교제관계를 위협하는 어떠한 종류의 긴장을 방어하면서 새로운 사회내에 존속해야 할 화합의 정도를 전제한다.

7) 새 언약의 특징인 종말론적인 관점

우리가 지금까지 살펴본 내용은 단지 신약시대만을 바라본 것이 아니었다. 신약시대에는 성령을 받은 자들, 구속함을 얻은 자들 그리고 부활 이후시대의 교회 등 모두가 우리가 지금까지 언급했던 그러한 유형의 긴장들에 묶여 있기 때문인 것이다. 그리스도의 죽음과 함께 믿는 자들을 위해 세워진 새로운 언약관계 안에서 범해진 죄악에 대한 용서를 구하라는 명령들이 신약성경에 많이 기록되어 있으나 여기서는 자세하게 다룰 필요가 없다. 그리스도의 십자가와 부활의 사건으로 새로운 시대가 도래된 것은 분명한 사실이지만 예레미야가 바라본 것은 십자가와 부활만이 아니었다. 여기에서 제시하고자 하는 바는, 새로운 언약관계를 도래케 한 예수의 죽음으로 해결될 두 언약 사이의 일련의 대조점들에 특별히 관심을 두는 기독론적인 관점이 아니다. 예레미야서에서 우리는 신약시대를 넘어 종말의 공동체, 즉 하나님의 나라가 최종적으로 도래하고 하나님이 직접 통치하시는 상황을 예견하고 있는 것이다. 그러한 종말적 상황에서 예레미야서의 새 언약의 축복들이 성취될 것이다. 새 시대에서 죄는 더 이상 전가되지도 않으며 아무런 역할도 하지못할 것이다.

회복된 이스라엘의 집에 관하여 언급함에 있어서 예레미야는 모형적으로 구속받은 하나님의 백성에 관해 말했을 것이다. 새 언약의 시대는 예레미야가 직접적으로 언급했던 포로로부터의 귀환이라는 상황만을 의미한 것이 아니라 신약시대를 넘어선 상황에 대한 언급도 성립된다. 여기에서 우리는 히브리서 기자의 새 언약에 대한 매우 중요한 해석을 간단하게 살펴볼 필요가 있다. 히브리서 기자가 말하고 있듯이 제도상으로 옛 언약은 낡아질 수 밖에 없는 것이다(히 8:13). 히브리서 8-10장 사이에서 히브리서 기자가 지적하고 있는 옛 언약의 불완전함은 모든 면에서 (반복되는 제사 등과 같이) 명백하다. 구름같이 둘러싼 허다한 증인들이 있음에 고무받아(히 11-12장) 히브리서 기자는 독자들로 하여금 새로운 상황으로 '나아갈 것', 즉 그들의 현재 위치를 깨달을 것을 권면하고 있다. 시내산 상황과 유추되어 설명되고 있으나(히 12:18-24) 독자들은 이미 예수를 중보자로 하는 새 언약의 틀 안에 들어와 있다. 옛 언약의 시대는 마감되었으며, 이런 결과를 야기시킨 희생제물의 피는 아벨의 피보다 더 낫다. 이 피는 화해를 가져오나 아벨의 피는 타락으로 말미암아 야기되는 불화를 상징하는 분열에 대해 말하고 있다.

종말론적인 언급이 히브리서의 이 부분에서 더 이상 진행되고 있지 않다는 점을 주목해 보아야 할 필요가 있다. 믿는 자들은 시내산에 해당하는 천상의 시온산에 이르렀다. 그들은 구속함을 얻었으며 온전케 되었다. 즉, 가까이 갈 수 있으며 실제로 가까이 갔다. 새 언약은 세워졌으나 히브리서 12:18-24에서 우리는 시내산과 대치되는 내용들만 언급되어 있음을 본다. 이와 같은 대조적인 어구에 있어서 아직 약속의 땅, 즉 가나안까지는 진행되지 않았다. 히브리서 3장부터 계속해서 제시되고 있는 논점인

바, 남은 것은 새 언약의 충만한 경험이 가져올 '나머지 부분들'
에 대한 언급이다.
  간단히 말해서 새 언약의 상부구조는 구축되었고 새 언약이 놓
여져 작용될 토대, 즉 그리스도의 대속적이며 대표적인 죽음은
든든히 서 있다. 하나님의 존전에 나아갈 수 있는 방법이 이제는
확보되었고 성전의 휘장이 찢어졌다. 그러나 히브리서가 강조하
고 있는 내용은 신약적인 것이며 이는 새 시대의 완전한 도래가
아직 우리를 부르고 있다는 것을 뜻한다. 히브리서 및 신약성경
이 우리에게 제시해 주고 있는 내용은 '아직도 계속되는' 상황에
대한 것이다. 신약시대는 따라서 '지금'과 '아직'의 긴장관계 속
에 있는 것이다. 예레미야는 이러한 신약시대의 상황을 넘어서고
있다. 예레미야는 포로 이후의 새 언약의 예언을 바라봄과 동시
에 역사적 상황의 완성을 바라보고 있다. 다락방에서 예수는 그
의 제자들과 함께 자신의 죽음으로 도래하게 될 새 언약의 개념
을 알려주셨다. 새 언약의 미래적 성격은 바울에 의하여 강조되
었는데, 그는 최후의 만찬의 새 언약적 특성들을 지적하면서 만
찬은 '주님께서 다시 오실 때까지' 기념해야 할 주의 죽음에 대
한 선포로 보고 있다(고전 11 : 25-27).

 8) '실현된' 예언적 종말론의 문제
  새 언약의 완성시기가 '언제인가' 하는 질문은 포로시기의 예
언자들에게는 제기되지 않았던 질문이다. 그러나 예레미야가 미
래 상황을 내다보았다는 사실은 에스겔과 이사야의 내용을 살펴
보면 분명해질 것이다. 그들은 통일된 이스라엘이 그들의 땅으로
돌아올 것이라는 관점에서의 임박한 성취를 말했으며 또한 그들
이 곧 경험하게 될 시대에서의 완성된 하나님의 백성에 대해 언
급하였다. 그러나 그들의 그러한 예언적 서술에 있어서 그들은
초대교회가 그리스도의 재림을 대망하는 그러한 역할을 했던 것
은 아니었다. 초대교회에 있어서 그리스도의 재림은 실로 대단히
급박한 문제였던 것이다. 초대교회의 교인들은 종말의 징조들을
자기들의 시대에서 보았으며 또한 그러한 징조들이 신약성경의
종말론적인 내용인 인류의 종말론적 신학을 대변하고 있다고 이

해한 것은 정당한 것이다.

그들은 종말을 천지창조 때의 본래의 상황으로 되돌아가는 것으로 보았는데, 이 점에 있어서도 그들의 견해는 또한 정확하였다. 이같은 방식과 같이 포로후기 선지자들은 다가올 엄청난 사건, 즉 포로로부터의 귀환과 하나님의 백성의 회복이라는 사건을 통해서 종말이 굴절되어 나타나는 것으로 보았다. 이 포로귀환이라는 사건에 그들은 종말의 언약신학을 적용했던 것이다. 그들이 그와 같이 했던 이유는 그들 이전의 선지자들이 출애굽의 구속사건을 그들의 민족적 체험 안에서 이상화시키려 했던 것과 마찬가지로 정당한 일이었다. 우리는 예레미야, 에스겔 및 이사야의 새 언약에 관한 예언들이 아직 성취될 부분이 남아 있음을 볼 수 있다. 그러나 그들에게 있어서 시내산의 언약은 언제나 약속의 땅에서의 이상적인 삶을 의미했었던 것이다. 그들은 이스라엘, 즉 하나님의 백성이 하나님께서 그들에게 주신 땅에서 전 세계에 영향을 미치면서 안전하게 거할 처소를 찾았다. 그 이상으로 그들은 하나님께서 그러한 목적을 이루시고자 이스라엘 가운데 기거하실 것을 바랐다. 따라서 시내산 언약은 언제나 역설적 의미들을 담고 있다. 만일 이러한 일들이 구약에서 점진적으로 실현되어가지 않는다 할지라도 이것은 예언이 새 언약적 관점에서 최종적으로는 성취될 것으로 기대되지 않는다는 의미는 아니다.

여기에서 우리는 구약 내에서의 이스라엘의 체험 속에서 실현되지 않았던 구약의 약속들을 신약의 하나님의 백성들에게 이전시킴으로서 영적 해석을 시도하려는 것이 아니다. 포로기 선지자들은 특별히 이스라엘이란 나라와 공동체의 믿음과의 사이에 있는 차이들에 주의를 기울였는데, 그러한 차이는 우리가 살펴본 바대로 언제나 존재해왔던 것이었다. 따라서 포로기 선지자들이 이스라엘의 귀환을 예언했을 때, 그들의 예언은 이상적 이스라엘을 대상으로 한 것이었다. 그들은 이상이라는 틀 안에서 예언을 한 것이었기 때문에, 우리는 그들의 예언을 이스라엘의 국가적 차원에서 좁게 해석할 수가 없는 것이다. 그러한 이유로 인하여 우리가 에스겔이나 이사야서에 나타난 새 언약의 개념들을 살펴보게 될 때, 우리는 새 언약의 개념이 두 곳 모두에서 땅의 회복 뿐만 아니라 창조질서 자체, 즉 새 하늘과 새 땅의 회복과도 밀접하게 연결되어 있음을 보게 된다. 이것이 우리가 기대하는 바인데, 이는 새 언약이 이스라엘의 신앙체험 속에서 완성된 바 있는 시내산 언약을 의미하는 것으로서, 달리 표현하자면 이스라엘의 체험 안에서 실현된 아브라함의 약속들을 말하는 것이다.

D. 에스겔과 새 언약

1. 이스라엘의 귀환에 관한 에스겔의 청사진(겔 33:21 -39:29)

언뜻 보면 에스겔서에서는 언약의 개념이 그다지 중요한 위치를 점하고 있지 않은 듯이 보인다. 이는 이스라엘의 귀환을 기술하고 있는 중요한 부분들에서 언약(베리트)이라는 용어가 자주 발견되고 있지 않기 때문이다(에스겔서 전체로는 약 18회정도 나온다). 그러나 에스겔서의 전체 예언은 새 언약적 관점에서 발원한다고 주장함은 결코 지나친 말이 아닐 것이다. 에스겔의 예언이 시작되는 에스겔 1장의 대관식환상은 비유적 표현과 그 언어를 담고 있으며(이사야 6장의 부르심에 관한 서술과 함께)[5] 이는 명백하게 예루살렘 성전을 연상시키는 것이다.

에스겔 1-3장은 24장까지의 성격을 결정해 주는 부분으로서 24장까지는 예루살렘과 그 선택의 표현이었고 또 상징이었던 대상, 즉 성전을 향해 선포된 심판에 관한 내용이다. 이방 나라들에 대한 선포(25-32장)들은 이스라엘의 귀환에 대한 정치적 장애요소들이 이 장들에서 지적되고 있는 옛적의 대적들에게서부터 이제 제거되리라는 내용을 논리적으로 전개시키고 있는 것 같다. 에스겔 33:1-20에 나타난 에스겔의 파수꾼으로의 부르심은 원래 3장에서 있었던 것인데 여기에 반복됨으로써 에스겔의 사역의 새로운 국면을 강조해주고 있다. 33:21-39:29은 예루살렘의 멸망에

---

5) W. Zimmerli, *Ezekel I* (Philadelphia : Fortress Press, 1979), p. 119 이하가 이 점을 지적한다.

관한 말씀이 그에게 임했던 전날 밤 동안에 에스겔선지에게 전달된 일련의 여섯 메시지들이다. 이 메시지들은 이스라엘의 최종적인 미래의 모습을 말해주고 있다.[6]

에스겔에게 임한 첫번째 말씀은(33:23-33) 아브라함 약속들의 유효성, 즉 예루살렘 함락의 결과 일어나는 수많은 포로들에 대한 문제를 주관심사로 삼고 있다(24절 참조). 선지자에 의해 주어진 답변은, 이스라엘에게 있어서 그 땅의 물리적 향유란 조건적으로 순종에 의존해 있었다는 점이다. 34장에서는 이스라엘을 포로잡혀가게 만든 거짓 목자에 관한 문제가 다루어지고 있다(1-6절). 이 새 질서 내에서 다윗계 인물이 '방백'(나시-'왕'이란 뜻의 멜렉이 아님)으로서 하위 목자(under - shepherd)일 가능성이 없는 것은 아니긴 하지만, 미래에는 야웨께서 친히 이스라엘을 인도(다스릴)할 것이다. 그 후로 놀라운 화평의 상태가 뒤따르게 되며(25-29절) 천국의 상태가 회복된다. 그러나 30-31절에서 그와 같은 새로운 상태는 하나님의 다스림의 결과로서만 얻어질 수 있는 것임을 선언하고 있다. 이 새로운 상태에서의 다윗 혹은 다윗왕가의 위상은 분명히 하나님의 종으로서의 위상이며 이것은 포로 이후 예언들에서 다윗 언약이 시내산 언약의 배경과 더욱 밀접하게 연결되어 나타나고 있음을 잘 설명해준다. 에스겔 35장은 에돔이라는 형태로 표현된 이스라엘의 대적들의 제거에 관하여 다루고 있는데, 여기에서의 에돔은 이스라엘의 귀환을 위협하는 것으로 보여지고 있다. 위협의 가능성에 대한 논의는 보다 일반적인 형태로 36:1-15의 말씀에서 계속되고 있다.

에스겔 36:16 이하에서는 이스라엘 민족 앞에 설정된 이상들이 어떻게 실현될 수 있겠는가 하는 문제를 다루고 있다. 약속의 땅을 상실하게 되었던 요인들이 회고되고 있으나(16-20절) 언약의 저주조항이 가동됨으로 해서 포로된 이스라엘이 회개하게 되리라는 신명기 30:1-10의 상황이 암시된 흔적은 전혀 없다. 21

---

6) Ralph H. Alexander는 "A Fresh Look at Ezekiel 38-39", *JEvTSoc* 17(1974), pp. 157-169에서 이들 여섯 개의 어구에 담긴 세부사항을 면밀히 검토한다.

—23절에 나타나있는 이스라엘의 회복은 그 강조점에 있어서 예레미야적이다. 즉, 언약의 회복 및 갱신은 이스라엘의 행위에 기인하는 것이 결코 아니요 다만 하나님의 신실하심 때문인 것으로 강조되고 있다. 이 구절들에서 하나님께서 이스라엘을 위하여 행동하시는 근거가 세 가지로 설명되어 있다.

이스라엘에게 주신 약속을 존중하려는 신적 의도와 조화를 이루며 계속되는 하나님의 신실한 행위에 의해 '자신의 거룩한 이름'(21절-그분의 성품을 나타냄)이 영화롭게 되어야 한다는 것이 하나님의 첫번째 관심이다. 둘째, 이스라엘의 회복은 이스라엘 민족의 자랑이라기 보다는 단지 하나님의 이름을 위한 것(22절)이다. 셋째, 이방 민족들이 보는 가운데 일어날 일들은 열방으로 하여금 이 세상을 향하신 하나님의 목적을 보게 하고 그로 인하여 하나님의 거룩하심이 열국에서도 인정되도록 하시기 위함(23절)이다. 24절 이하에서는 이스라엘의 회복이 구체화될 수 있게 만드는 개개의 행동들이 열거되어 있다. 민족과 땅이 출애굽(24절)에 의해 다시 하나로 합하여지고 모든 더럽게 만드는 요소들은(이스라엘의 회복된 성전 상태에 적합하게) 의식적인 정결케 함을 통해 제거하고(25절), 그로 인해 이스라엘과 그 주변 환경이 공식적으로 분리되어야 할 것임을 천명해야 한다. 이러한 점들이 새 언약의 특징들인데, 이러한 특징들은 이스라엘의 언약 출범을 야기시키도록 고안되어 있었던 시내산 언약의 피뿌림과 이곳의 정화를 비교하면 더욱 두드러진다.

과거로부터의 단순한 분리만으로는 미래의 모습을 충분히 설명할 수 없다. 따라서 26절에서는 새 언약관계가 미래에 유효하게 될 내적인 관계로 설명되어 있다. 예레미야 31장과는 달리 새 시대의 새로운 삶을 위하여 이스라엘에게 새로운(갱신된) 마음이 주어지긴 하였으나 율법이 마음에 새겨졌다는 말씀은 주어져 있지 않다. 하나님의 뜻에 대한 순종의 문제가 대두되어 있기 때문에 에스겔은 옛 시대나 새 시대 모두에 있어서 율법은 마음의 문제로 여기고 있다.

예레미야 31 : 31-34의 설명보다 좀 더 자세한 설명이 이어진다. 27절은 사람들 속에 주어질 새로운 영에 의해 지켜질 규례들에 대해 언급함으로서 26절에서 의미한 내용이 무엇이었는지 자세히 설명하고 있다. 구약에 있어서 사람의 영(spirit)은 하나님과 만나는 접촉점이다. 달리 말하면 영으로 간주되는 인간은 신적 가망의 견지에서 본 인간을 말할 때 쓰는 표현으로 이것은 죽음에 내던져질 수 밖에 없는 혼(soul)으로 간주된 인간과 정반대의 개념이다. 이러한 견해는 바울 서신들에서의 '영'과 '육체'와의 대조와 매우 긴밀한 상관관계에 있다. 이 새로운 시대에 있어서 강조되는 점은 인간의 마음 속에서 응답을 유발시키는 하나님의 인도하심이다. 영적인 차원에 있어서의 인간의 갱신이 아니라 인간 속으로의 거룩한 신적 속성의 주입이 여기에서 강조되고 있는 것처럼 보인다. 구약성경 안에서 에스겔 36장 이전에는 성령의 선물은 산발적이요 이스라엘의 통치와[7] 연관되어 나타나나 에스겔서에서는 하나님의 백성 전체를 인도하는 내적인 요인으로 확대되어 나타나고 있다. 이것은 하나님의 통치의 민주화요, 베드로의 사도행전 2장의 오순절 설교에서 나타나고 있는 만인제사장의 왕국을 세우심을 의미하는 것이다.

이 새로운 순종의 관계를 설정하신 이가 하나님 자신이심을 언급하면서, 에스겔은 예레미야의 새 언약의 개념을 확대하고 더 명확하게 설명한 것이다. 그러나 에스겔이나 예레미야가 목적하는 바는 동일한 것이다. 36장에서는 또한 에덴적인 회복된 땅에서의 새로운 삶에 대한 말씀(35절)이 주어져 있다. 따라서 우리는 28-38절에서 시내산에서 이스라엘에게 약속하셨던 거룩한 약속의 실제적인 성취와 그 땅에서의 안식의 성취를 보게 된다. 이 구절들에서 강조되고 있는 내용은 그들의 환경이 새로와지기에 앞서서 하나님의 백성들이 먼저 변화되어야 한다는 점이다. 이스라엘의 피조물로서의 회복은 결국 점진적으로 창조세계의 회복으로 이어짐을 알 수 있다. 37:1-14은 이 창조의 회복에 관하여 말씀하고 있다.

---

7) 필자의 논문 "Spirit and Kingdom of God in the Old Testament", *RefTR* 33(1974). pp.1-10 참조.

37장 앞부분에서 선지자는 '골짜기'로 인도되어 간다. 즉, 에스겔이 선지자로 위임을 받을 때 주어졌던 이스라엘에 대한 심판이 선포되었던 장소였다. 37장에서 민족은 단지 생명없는 뼈들로 묘사되고 있다. 뼈들이 능히 살겠느냐는 하나님의 질문에 대한 선지자의 답변은 그와 같은 질문에 대해 인간의 판단이 부적합함을 인정하는 것이다. 그러나 이는 또한 하나님의 능력이 나타나기 시작했음에 대한 선지적 인식을 보여주는 것이기도 하다. 창세기 2:7에 대한 분명한 암시와 함께 새 창조가 두 단계로 이어진다. 즉, 형태를 갖출뿐만 아니라 민족에게 생기가 주어지는 것이다. 정치적 측면에서의 이것의 중요성이 다음의 말씀(겔 37:15-28)에서 나타난다. 이 구절들에서 유다와 이스라엘의 연합, 즉 약속의 땅에 전 민족이 다시 모이는 연합이 이루어짐을(22절) 선포하고 있다. 다윗 위의 새로운 시대에서의 대표적 위치가 언급되고 있다(24절).

이 새로운 상황에서 화평의 언약, 영원한 언약이 이스라엘과 맺어지게 된다(26절). 26절의 아브라함의 약속, 혹은 창조의 약속들, 즉 축복받고 번성함의 약속이 다시 선포되며 이스라엘에 거처를 정하시는 하나님의 임재하심의 성소적 성격(에덴의 회복)이 이어진다(27절). 그 결과 열국이 하나님을 알게 되며 이스라엘의 선택의 넓은 차원의 결과(28절)가 서술된다. 마지막으로 여섯번째의 말씀이 38-39장에 나타나는데 평안히 거하는 하나님의 백성에 대항한 곡과 마곡의 침공이다. 에스겔 38-39장과 40-48장 사이의 연대적인 관계는 불확실하다. 38-39장은 아마도 메시야 시대로 이어지고 새 언약이 최종적으로 완성되기 이전 사이의 기간의 갈등(계 20:4-15)에 대한 언급으로 보이지만 이 문제는 계속 논의가 요청된다.

2. 에스겔 40-48장; 새 창조

일련의 여섯 말씀들에 이어서 종말의 청사진이 에스겔 40-48장에서 예언되어 있다. 에스겔이 본 환상의 우주적 성격은 40:2에서 영적으로 옮기워갔던 지극히 높은 산에 대한 선지자 에스겔의 암시에서 강조되고 있으며, 그 지극히 높은 산으로부터 그는 변화된 땅과 새로운 거룩한 성을 바라보고 있다. 따라서 우리에게 주어진 환상은 세계의 성소, 즉 종말의 시온(40:2 참조)임이 분명하다. 40-42장은 주위로부터 조심스럽게 보호되고 있는 성전을 보여준다. 성전의 전체적인 구도는 솔로몬 성전의 구도에 기존하고 있으나 이상적 관계를 보여주는 환상적 첨가물들이 있다.

솔로몬 성전 양식과 정확하게 일치하고 있지 않은 점, 새로운 성전의 흠없고 완벽한 조화 및 새 시대에 있어서의 성전구조의 중앙집중식 등 모두가 묵시적 암시들을 제공하고 있다. 과거와의 불연속적인 측면들을 보여줌으로써 역사적 제도들이 의미했었던 바들의 성취를 예언적으로 지적해주고 있다. 다음 장들에서 성전 성화와 제사과정 및 의식들에 대해 자세하게 주목하고 있음은 예배의 중요성, 즉 새 시대에 있어서의 하나님의 왕권에 대한 강조를 보여준다. 43-46장에서 이스라엘의 왕에 대한 언급이 전혀 나타나 있지 않은 점은 그냥 지나칠 수 없는 문제이지만 우리는, 제시하고 있는 새 시대의 제도적 장치들에 대해 자세히 설명하지 않으려고 한다. 특별히 우리는 여기에서 학개와 스가랴와 종종 연관되는 메시야 대망에 관하여 살펴보고자 한다. 메시야 대망사상은 에스겔 40-48장에 나타난 성전에 관한 예언에 거인한다고 말해진다. 그러나 마지막 때의 하나님의 통치문제를 다루고 있는 40-48장에서 메시야사상을 기대함은 무리인 것 같이 보여진다. 다윗왕권에 대한 강조가 없는 사실은 이 부분과 유사하게, 종말을 예언한 포로기 이후 선지자들에게 있어서의 회복에 대한 예언에서 발견되는 내용들과 연관됨을 나중에 살펴보고자 한다.

언약을 고찰함에 있어서 우리가 관심을 기울여야 할 문제는 에스겔 47:1-12에 나타나 있는 성전으로부터 흘러나온 생수에 관한 환상이다. 우리는 다시 창세기 2장의 상징적인 틀로 되돌아가는 것임이 분명하며, 따라서 이 점에 있어 새 창조의 문제에 직면하는 것이다. 계시록 22장에서 이와 유사한 이미지를 사용하고 있음은 새 창조에 관한 언급임을 명백하게 보여준다. 또 하나 중요한 점은 47:13 이하에 나타난 땅의 새로운 분할이다. 여기에서 민수기(2장 참조)에 하나님의 임재를 상징하는 것들 주위로 각 지파가 전투대형으로 나누어 섰던 것과 매우 유사한 지파의 순서대로 12지파가 성소를 둘러 사방으로 3지파씩 나누어지고 있다. 지파들 한가운데 놓이게 되는 거룩한 성은 어떤 지파의 지경에도 속하지 않게 되었다.

지상 예루살렘에 대한 강조나 다윗왕가가 이스라엘의 궁극적 회복자라는 시온신학은 여기에서 배제되고 있다. 반면에 성소 주위로 열두 지파들 순서대로 배치한 것은 구약에 예가 없는 것이었다. 따라서 우리는 이스라엘이 시내산 및 거기에 바로 이어진 광야생활의 상황으로 되돌아감과 함께 정복의 시대의 문턱을 넘어서고 있음을 보는 것이다. 40-48장 사이에 다윗 및 시온에 평행하는 내용이 없다는 점으로 미루어 에스겔은 정복전승 및 이스라엘의 후기역사 특히 군주시대의 이스라엘의 역사는 본래의 하나님의 의도를 왜곡한 것이라고 보고 있는 것이다. 다윗왕권의 회복 및 시온 이미지의 배격은 에스겔서에 강하게 나타나고 있는데, 에스겔서 마지막 부분에서 새 시대에서의 하나님의 직접적인 통치에 대한 예언으로 끝맺음해서 다시 한번 강조되고 있다(겔 48:35). 그와 같이 12지파에 의해 다시 들리워질 성읍의 이름이 다윗적 예루살렘이 아니고 "여호와 삼마" 즉, "여호와께서 거기 계시다"이기 때문이다(겔 48:35).

3. 에스겔과 다윗왕가-새 언약과 하나님의 왕권

이 에스겔 40-48장에는 군주전승 설화가 배제되고 있는데, 이는 이 책 다른 부분에서 에스겔이 제공하고 있는 이스라엘 역사에 대한 해석을 재강조하는 것으로 이해된다. 에스겔 20장은 본래 그때까지의 이스라엘의 역사를 개관한 것이었다. 이미 살펴본 대로 20장에서는 이스라엘의 역사가 세 단계로 구분되어 있다. 즉, 애굽에서 머무는 기간 및 첫째, 둘째 광야세대 기간(20:5-

---

8) W. Zimmerli, "The Word of God in the Book of Ezekiel", *Journal for Theology and the Church* 4(1967), pp.1-13.

10, 11-17, 18-26)이다. 이스라엘 역사에 있어서 거대한 사건들, 즉 정복과 정착, 통일 왕국의 세움, 분열왕국의 문제 등에 관해 에스겔선지가 그냥 지나치고 있음은 의미심장한 일이다. 47-48장에서와 같이 이스라엘은 다시 광야생활이 가능성에 직면해 있는 상태로 나타나는, 약속의 땅에서의 이스라엘의 삶이 에스겔 20장에서 일련의 민족적 타락과 배신으로 언급되고 있기 때문이다(27-31절 참조).

포로로 잡혀가 있는 동안 이스라엘 백성은 자신들을 멸망시킨 나라들 틈에서 그들과 동화되는 것을 민족적 목표로 삼았을 수가 있다. 그렇게 함으로써 그들은 하나님께서 세우신 이스라엘이라는 개념을 말살할 것을 고려할 수도 있었다. 그러나 에스겔 20장에서 하나님께서 개입하시며, 이방 민족들로부터 이스라엘을 구분하시고 또 34절의 출애굽 장면이 지적하는 바와 같이, 시내산 상황과 유사한 상황에서 구출해 내시겠다고 선언하심으로써 하나님께서는 이스라엘의 왕되심을 확인하실 것이다(33절). 여호와께서 정화된 남은 자들이 약속의 땅에 들어갈 때까지 포로라는 광야의 시련을 이스라엘 민족으로 하여금 겪도록 인도하실 것이다. 여기에는 새 언약에 대한 분명한 언급은 없으나 암시적으로 들어 있음이 명백하다.

그러나 에스겔 16장에 나타난대로 새 언약에 대한 암시는 이스라엘의 과거를 개관하는 가운데 명백하게 들어 있다. 1-52절에서 이스라엘의 최초의 부르심 및 분열왕국의 운명에 관해 기술되어 있다. 이 모든 사항은 59절이 언급하고 있는 바와 같이 궁극적으로 언약파기로 인도되었다. 여호와께서는 60-63절에서 '그들이 어렸을 때에' 그들과 세웠던 언약을 영원한 언약으로 세움으로써 그것을 기억하실 것이라고 맹세하셨다. 과거에 제멋대로 행하던 딸들을 받아들일 것에 대해 언급하고 있는 61절은 다소 혼동스럽게도 언약에 의한 것이 아님을 덧붙여 말하고 있다. 이것은 아마도 예레미야가 지적했던 새 언약의 상황을 본질적으로 가정하고 있는 것 같다. 즉, 언약의 갱신은 이전의 잘 알려진 유대 관계를 초월하는 것이기 때문에 언약관계의 자동적인 계속이나 연장으로 간주될 수가 없다는 점이다.

에스겔의 강조는 따라서 여호와의 왕권에 대한 것이었다. 이 책은 심판으로 시작되었고 또 새 창조라는 용어를 빌려 구속으로 끝나고 있는데, 이같은 하나님의 왕권은 바로 이 둘 사이에 제시되어 온 것이다. 그러나 왕권과 언약은 상호 연관되어 있으며, 34-37장에 나타난 회복에 관한 말씀들이 40-48장의 새 성전 예언에서 적절하게 결론맺어지고 있음을 본다. 이 장들은 이스라엘의 특별한 역할에 대한 허락 내용과 함께 창조 자체의 회복을 주로 다루었다. 따라서 여호와가 왕되시며, 세상의 중심이 되는 거룩한 성이 세상의 종말의 시작됨과 함께 존재하게 되는 것이다.

E. 이사야 40-66장의 새 언약신학

1. 여호와의 말씀을 통한 재창조-언약의 갱신

에스겔서와 같은 새 언약신약이 이사야 40-66장에서도 명백하게 나타난다. 이사야서에서도 여호와의 왕권이 상대적으로 강조되고 있으며, 다윗계통의 메시야사상은 사실상 배제되어 있다. 40-55장에서의 주제는 여호와의 말씀을 통한 이스라엘의 재창조요, 이것은 영원한 언약을 세우는 목적이 되고 있다(55:3). 말씀의 창조능력에 대한 이러한 강조와 구약적 틀 안에서의 이스라엘에 대한 위안의 메시지는 특별히 40-66장 전체의 도입부분인 40:1-11에 기록된 말씀의 능력에 대한 언급과 그 말씀이 다시 명백하게 나타나는 55:6-13에서 볼 수 있다. 40:1이 언급하고 있는 바벨론으로부터의 구원은 제 2의 출애굽의 성격으로 결정지워질 수 있으며(40:3-5), 따라서 언약의 재제정 및 이사야의 예언이 항상 염두에 두고 있는 내용인 땅에 대한 이상적 점령을 의미하게 된다(이사야서에서의 제 2의 출애굽 모티브는 40-66장 여러 부분에 나타난다. 즉, 42:16, 43:16, 19, 49:9, 11, 51:10 등). 이스라엘의 귀환은 인간의 업적에 의해 이루어지는 것이 아닌데(사 40:6-8) 모든 육체는 '풀'이기 때문이다. 그것은 여호와의 말씀의 능력에 의한 것이며 말씀의 선포 자체가 여호와의 친히 임재하심을 의미함(사 40:9-11)이다. 따라서 호소의 근거로서 창조신학에 대한 언급에서(사 40:12-31, 41:20, 42:5, 45:12 등) 새 창조의 능력, 즉 언약갱신을 표상으로 보여주는 바벨론으로부터의 귀환으로 예언이 쉽게 옮기워진다.

40-55장에서는 하나님이 이제 곧 취하실 새 행위에 대한 확신에 강조점을 두고, 이스라엘의 언약전승들의 연속성 문제를 다루고 있다. 이 새로운 출애굽은 암시적으로 시내산에 대해 언급하고 있으며, 족장 약속을 언급하는 선택된 자료는(사 41:8, 51:1) 자기 백성을 대신한 하나님의 개입의 취지가 어떤 것이 될 것인지를 강조하는데 쓰인다. 한때는 자식이나 땅에 관하여 소망이 없었던 아브라함이 현재 포로들이 실제 머물고 있는 그 지역에서 부르심받아, 그 결과 약속된 땅에서 마침내 존재하는 거대한 민족의 아비가 되었다(사 51:2). 따라서 선지자는 이스라엘로 하여금 여호와의 친구였던 아브라함의 자손임을 상기시켜주고 있다(41:8). 이스라엘은 큰 민족이 될 것이요(49:20 이하, 54:3 참조), 약속의 땅에서 거할 것이며(49:19 이하, 49:8), 축복이 될 것이다(49:5-6 참조). 그러나 우리는 이사야 51:1 이하에 나타나는 이스라엘이 신실한 이스라엘, 즉 구원을 찾으며 주를 찾는 이스라엘임을 주목할 필요가 있다. 이 예언에서는 야곱과 이스라엘이라는 이중 명칭이 사용되었는데(48:1 참조), 이는 이전의 선택이 아직 유효하며, 따라서 BC 587년의 멸망이 있다 하여도 옛 약속의 말씀을 무효화시킨 것이 아니었다는 믿음이 분명히 제시된다. 이사야 51:1-11의 예언적 추론은 주목할 필요가 있다. 여호와는 시온을 위로하고 에덴 같이 만들며 세상 축복의 중심지로 만드실 것이기 때문에 구원받은 백성은 반석인 아브라함을 바라보아야 한다. 즉, 이사야에게 있어서 시온의 회복은 아브라함 언약의 직접적인 연속을 의미하는 것이다.

이것은 4-6절에서 나타난대로 열국을 구원의 새로운 영역으로 편입함을 보여주고 있다. 이러한 방법으로 아브라함 언약의 두번째 팔, 즉 세상을 향한 이스라엘의 역할이 언급되고 있는 것이다. 어떤 의미에 있어서 이 구절들은 이사야 2:2-4의 종말론과 대단히 유사하다는 점에서 예루살렘으로부터 나오는 여호와의 활동을 언급하는 것이며 따라서 3절이 제기한 사상을 계속하여 전개하는 것이다. 구원받은 자들에 대한 확신의 말씀이 7-8절에 주어진 후에, 9-11절에서는 창조, 출애굽 및 제 2의 출애굽 사이의 직접적인 연결이 이루어져 있다. 즉 창조, 시내산 언약 및 다윗 언약 사이의 암시적인 연결도 주어지고 있다. 이 모든 내용은 51장의 출발점인 아브라함 언약의 틀 안에서 일어나는 것이다. 이사야 51:9의 '라합을 저미시고', '여호와의 팔'이라는 표현에서 우리는 혼동의 용을 죽이고 우주를 창조하게 되는 천지창조 행위 자체를 설명하는 고대 근동 신화를 연상하게 된다. 10절은 출애굽기 15장을 연상케 하는 언어로 출애굽 구속역사에 대해 언급하며, 11절에서 구속받은 백성들의 시온으로의 귀환은 이전에 언급되었던 제 2의 출애굽 예언의 성취를 예고하는 것이다.

이 예언에는 창조모티브들이 많이 사용되는데(약 50회정도 창조에 대한 암시가 있으며, 그 가운데 11회는 세상의 창조에 대해 말하며 나머지 40회는 포로로부터의 구원에 대해 말하고 있다),[9] 이는 이 예언에 있어서의 여호와의 절대주권을 강조할 뿐만 아니라 여호와의 언약목적의 일관성 역시 보여주는 것이다. 선지자는 언약의 연속성을 강조하기 위하여 옛 전승들을 자주 언급하고 있다. 따라서 이스라엘의 창조주(43:15), 구원자(49:26) 및 **야곱의 왕**(41:21)과 같은 구절들이 풍부하게 실려 있다.

2. 종과 언약

언약과 선택의 동기들 그리고 이스라엘의 소명에 대한 목적 등은 이 예언에서 '종'이라는 개념이 사용됨으로써 가장 강조적으로 전달되고 있는 것 같다. 특히 이사야 42:1-4, 49:1-6, 50:4-9, 52:13-53:12 등의 구절들에서 그렇다. 종과 이스라엘의 연관은 이사야 49:3에 의해 직접적으로 언급되었고 종과 언

---

9) 필자는 여기서 F. Holmgren, *With Wings as Eagles Isaiah 40-55, an Interpretation* (New York : Biblical Scholars Press, 1973), p. 25 의 분석에 의존하고 있다.

약과의 연결은 49 : 6에 의한 것이다. 이 성구들에서의 종의 역할은 많은 논쟁을 담고 있다. 주지되고 있는 바와 같이[10] 42 : 1-4의 언어는 왕적인 특성 및 예언적 특징들을 담고 있으며 따라서 종은 신약의 예수의 사역에서 성경적 설명을 최종적으로 발견할 수 있는 이상적인 인물이다. 42 : 1-4의 문맥에서 볼 때 그 종은 공의를 베풀고 공의를 세우는 임무가 주어져 있다. 이러한 언어는 40 : 12-42 : 4의 전체 논지에 비추어 볼 때, 창조와 구속에 이르는 역사적 전 과정에 대한 여호와의 인도하심을 의미하는 것이다.[11] 이러한 목적은 피상적인 인상을 담고 있지 않을 어떤 사역에 의해 이루어질 것으로 생각되고 있으며(42 : 2), 이 점은 52 : 13-53 : 12의 종에 대한 자세한 설명부분에서 충실하게 다루어져 있고, 거기서는 보다 넓은 범위의 이스라엘 백성의 구원[12]을 가져오는 종의 공동체의 고난이 고려되고 있다.

우리의 목적에 더 적절한 논점은 종과 언약 사이의 연관문제이며 따라서 49 : 6과 매우 밀접하게 연결되어 있는 42 : 6을 살펴보고자 한다. '백성의 언약, 이방의 빛'이라는 난해한 이 구절은 계속 논의의 여지를 남긴다.

이 어구 중에는 구약의 독특한 표현인 **베리트 캄**이 있는데, 이는 통상 4가지로 설명되어지고 있다. 가장 일반적으로 받아들여지고 있는 설명은 종의 공동체를 '언약 백성'으로 보는 것이다. 그러나 이 해석은 문법적으로 타당성이 없는데, 왜냐하면 만일 종의 공동체가 언약전승을 유지하는 것으로 묘사할 의

---

10) 사 42 : 1-4의 종의 묘사에는 왕권의 특성이 주류를 이루고 있긴 하지만 예언적 특징들이 결여된 것도 아니다. W. A. M. Beuken, "Mispat The First Servant Song and its Context", *VT* 22(1972), pp. 2-4 참조.
11) 이 문제는 H. C. Spykerboer, *The Structure and Composition of Deutero-Isaiah* (Groningen : Univ. Groningen Dissertation, 1976), p. 88에서도 지적되고 있다.
12) 사 52 : 13-53 : 12의 어투는 전통적으로 해석하기 어려운 것이다. 특히 종이 이스라엘과 동일시되고 있기 때문에(사 49 : 3), 개인적인 의미로 이해될 수 있는 사 53장의 고난받는 내용은 거의 언제나 집단적인 의미로 해석되고 있다.

도였다면 히브리어 표현의 순서를 바꾸었어야 했을 것이다. 즉, '캄 베리트'가 되어야 한다. 둘째, 백성의 언약에서 종은 이스라엘 백성 전체를 말하는 것으로 보며, 이는 매우 타당한 설명이다. 셋째, 백성의 언약에서 이스라엘을 전 세계로 보는 것(42:6의 '이방의 빛'과 대등관계에 있음을 참조)이다. 네번째 설명은, 베리트를 언약으로 보지 않고 히브리어의 다른 어근으로부터 온 용어로 이해하여 웅장함' 혹은 '밝음' 등을 지칭하는 것으로 보는 견해이다. 이것은 '이방의 빛'과 연결되어 그럴듯하게 보여진다. 그러나 이러한 설명은 1-4절에서 이방을 염두에 두고 율법과 연결되어 있는 종의 역할을 강조하는 42:1-9의 문맥에 전혀 맞지 않는다. 또한 4-9절에서 종이 완성할 구속의 성격이 강조되고 있음과도 연결이 되지 않고 있다. 이사야선지가 이 중요한 용어를 사용함에 있어서 40-55장 전체에 걸쳐 언약관계를 강조하고 있음에도 불구하고 언약이 아닌 다른 것을 마음에 품고 있었을 가능성은 거의 없는 것이다.

세상을 향한 언약선언으로서의 종의 개념은 42:6의 '이방'과 '백성'을 구분하는데에서 시작된 것처럼 보인다. 따라서 위의 설명 가운데 세번째 설명이 문맥에 가장 적합한 설명이다. 따라서 종은 언약을 구현하고 있으며 참된 '이스라엘'을 위하여 언약을 완성한다. 그러나 종의 사역을 인하여 이스라엘 국가가 회복되는 것은 그 자체로 결코 목적일 수 없으며 단지 세상을 향하신 여호와의 의도가 최종적으로 성취될 것이라는 보증에 불과한 것이다.

그러나 종의 사역에 관하여 주목하여야 할 사항은 종의 사역과 예루살렘 귀환 사이의 밀접한 연관성이다. 이 문제는 여기에서 다룰 내용은 아니다. 여호와의 시온으로 돌아옴을 다루고 있는 이사야 52:7-12의 내용에 뒤이어 종의 역할에 대한 자세한 평가가 기술되어 있음은 주목할만하다. 그러한 설명이 주어진 다음에야 이사야 54-55장에서 종의 사역의 언약적 의미들이 시온적 관점에서 서술되고 있다. 따라서 시온은 열국이 순례로 찾아올 세상의 중심으로 서 있게 된다. 이 첫번째 종의 단락은(사 42:1-

4) '섬들이 앙망'할 **토라**(교훈, 42:4)란 말과 함께 쓰이고 있는데, 이상의 내용이 바로 이 단락이 암시해온 전망인 것이다(사 2:2-4 참조).

3. 이사야 54-55장 ; 언약 신학의 재고

이사야 53장에서 종의 활동에 대한 자세한 언급이 주로 나타난다. 종의 활동에 의하여 민족의 구원이 이루어지게 되었다. 뒤이어 나오는 54:1-55:5의 언약을 다루는 내용은 논리적으로 그와 같은 사항을 담고 있다. 그 구절들은 이스라엘 민족의 구원을 그 구원으로부터 야기하는 새로운 관계라는 측면에서 묘사하고 있다. 결혼관계라는 관점에서 54:1은 반어법적 언어를 사용하고 있는데 54장 전체에서 이 주제를 자세히 다루고 있다. 1-3절에 나타난대로 잉태치 못하는 여인에게서 난 자식들-이 자식들이 후에 열국을 소유하게 될 것인데-개념은 성격상 명백히 아브라함적이나, 이 구절들에 나타나 있는 여인 이미지는 4-6절에서 과부요, 버림받은 여인의 이미지로 바뀌고 있다. 이 과부요 버림받은 아내는 7-8절에서 구원의 확증이 주어진다. 이것은 특징적인 결혼비유 때문만이 아니라 8절에 나타나 있는 '영원한 자비'라는 표현이 반복되어 있기 때문에 시내산 언약의 이미지임에 분명하다고 보여진다. 헤세드라는 용어는 시내산 언약에서 확고하게 들어있는 것임을 보았으며, 시내산 언약에 대한 언급과 함께 이해되어야 함도 살펴보았다.

일견하면, 1-3절의 이미지(여인-자녀)는 4-8절의 이미지(남편-버림받은 아내)와 명백하게 구별되고 언약에 관한 연관도 혼동되고 있는 것처럼 보인다. 1-3절은 분명하게 아브라함 언약적인데, 3절에 나타난 황폐한 성읍들은 열국과 백성을 소유하게 될 것이라는 후손의 약속과 함께 창세기 22:17을 기억나게 함이 명백하다. 사라는 창세기의 '씨'의 약속(창 18:9)을 그녀의 장막에서 들었는데, 2절의 장막을 넓히라는 말씀은 특별히 적절한 말씀으로 주어졌다. 4-8절 역시 명백하게 시내산 언약을 언급하고 있다('너의 소시의 아내'라는 6절의 표현 참조). 그러나 4-8절의 남편은 5절에서 이스라엘의 창조자로 확인되고 있는데, 이는 우리를 다시금 아브라함 언약으로 이끌어 가는 것이다. 반면에 5절에 '만군의 여호와', '이스라엘의 거룩한 자', '구속자'라는 시내산 언약적인 용어들이 사용되고 있기도 하다. 이와 같은 언약의 기본적인 주제들은 쉽게 혼합되어 나타나고 있는데, 이는 그 당시의 선지자들의 사상 속에 명백하게 들어있었던 이스라엘의 언약/선택의 개념들 사이의 관계가 강조되고 있음을 지적하려는 것이다.

9절에서 시작되는 노아홍수와의 비교는 언약의 상호 영향의 복잡성을 더해준다. 그와 같은 비교에 의해서 포로기는 노아가 홍수사건 이후에 다시 언약관계로 되돌아 갔다는 사실에 근거하여 영원한 언약 내에서의 막간에 불과한 홍수기의 상황에 비유되고 있다. 10절에 나타나 있는 옮길 수 없는 화평의 영원한 언약은 포로기사상적 틀 안에 속하며, 또 이는 포로상황으로부터 출현할 새 언약에 대한 호소임에 틀림없다. 2절은 여호와의 신실하심에 대한 자증의 형식을 취하면서 또한 동시에 언약의 계속성을 확증해준다. 이스라엘이 다시는 포로의 위협에 놓이지 않을 것이며 새로운 질서 속에서 이스라엘의 위치는 고정된 자연질서 속의 가장 확고한 기초와도 같이 흔들림이 없을 것이다(10절).

홍수 이미지는 이스라엘을 '광풍에 요동하는' 것으로 기록되어 있는 11절에서, 계속되고 있는 것처럼 보인다. 그러나 54장 서두에서 사용된 운명의 반전에 대한 주제가 11-12절에서 다시 나타나는데, 거기서는 찬란한 새 시온의 기초들이 언급되고 있다. 1-3절에 나타났던 어머니 이미지가 13절에서 반복되고 있는데, 이번에는 4-8절의 남편/아내의 상징과 함께 나타난다. 그것은 여기에서 언급된 자식들이 시온의 아내에게 드려질 자식들이기 때문이다. 1-3절, 4-8절에서 있었던 것과 같은 언약 상호간의 유사한 연결이 11-13절에 나타나며, 시온의 모든 자녀들이 '여호와의 교훈을 받을 것'이라고 언급됨(13절)으로써 우리는 13절에서 철저히 새 언약의 틀 안에 들어와 있게 된다.

또한 11-13절이 종말론적인 내용을 담고 있음은 분명하다. 그 새 성읍의 건설자는 하나님이요 그 기초들은 하나님께서 두신 것이다. 그 성읍의 휘황찬란함(11-12절)과 시온의 자녀들의 번성함은 이 구절들이 새 예루살렘을 지칭하고 있음을 확실하게 해준다. 이 새 예루살렘은 온 세상이 의지할 성읍이요, 방랑자 아브라함이 바라던 성읍(히 11 : 10 참조)이다. 새 협정에 의한 나타난 결과(축복)들은 14-17절에서 이끌어지며, 이는 뷰켄(W. A. M. Beuken)[13]이 지적했던 바와 같이 새 시대의 특징인 '의'(14, 17절)의 개념에 의해 둘러싸인다. 새 언약의 개념에 의라는 개념을 첨가시키는 것은 논리적으로 당연히 기대될 수 있는 것이다. 그러나 이 의는 새 언약의 관계에 대한 이스라엘의 반응이 아니다. 그것은 오히려 옛 언약들을 신실하게 다시 확인하시는 하나님의 신실하심의 결과이며 새 시대에서 이스라엘의 지속을 보장하시는 의인 것이다(14, 17절 참조).

17절은 11-17절에서 이스라엘의 기업으로 설명된 것들의 성취이다. 이 '기업(나할라, נחלה)'이라는 용어를 사용함으로서ㅡ이 용어는 신명기를 특징지우는 땅의 이상적 소유라는 사상의 가장 중심되는 개념임을 이미 살펴보았다ㅡ이사야 54장은 회복된 이스라엘의 유업이 될 '안식'의 정도를 암시적으로 결론내리고 있다. 따라서 54장은 옛적의 약속들이라는 구조 위에 세워지게 될 새 언약이라는 건축물을 지적함으로 끝맺고 있다. 54장 중간 부분에서 홍수에 대한 말씀이 실린 것은 옛 언약이 끝나게 되고 새 언약이 시작될 것이라는 연속/불연속의 관점을 가지고 있는 것이다. 따라서 아브라함/시내산 언약을 다루고 있는 부분(1-8절) 및 새 예루살렘을 다루고 있는 부분(11-17절), 모두 옛 언약의 약속들 아래에 놓여 있던 이스라엘의 완성을 가리키고 있는 것이다.

이사야 54장의 후반부가 다루고 있는 시온신학의 틀 안에서 우

---

13) W. A. M. Beuken, "Isaiah liv : the Multiple Identity of the Person Addressed", OTS 19(1974), p. 61 참조. 그는 우리가 이미 지적한 바 있는 사 54장의 언약의 회화적 상에 대한 결합을 총 괄적으로 다루었다.

리는 새 시대에서의 다윗 언약의 역할이라는 대단히 중요한 주제를 기대했을 수도 있는데, 이는 새 언약의 종말론이 시온중심적이기 때문이다. 그러나 다윗 언약의 역할은 사실상 55장에서 다루어지고 있다. 새 l루살렘에서 흘러나올 새 생명에 참여하도록, 신실한 이스라엘을 초대하시는 말씀이 1-3절에 기록되어 있다. 물과 포도주와 젖의 풍성함은 새로운 낙원적 시대의 축복들을 예고해준다. 이 모든 것은 다윗을 통해 예언된 영원한 언약의 시행에 의존하여서만(3-5절) 이루어지게 된다.

다윗에게와 또한 그를 통해 온 이스라엘에게 주어진 그 약속들은 이스라엘에게 영으로 감동된 지도자를 보내시기 위하여 주어졌던 것이다. 그러나 새 시대에 있어서 '' 다윗왕권은 온 이스라엘에게 골고루 분포되게 되었는데 그것은 다윗왕권에게 부여되었던 축복들이 신실한 이스라엘에게 부여되기 때문이다. 이러한 질서에 의해 다윗 약속들은 모든 정치적 의미를 상실했으며 구속받은 하나님의 백성 전체에게로 그 약속들이 이전되었다. 새 시대에는 제국시대의 다윗왕권의 정치적 영향력에 해당하던 것이(4절) 신 기원의 이스라엘의 지도적 역할로 대치되는데 이 지도적 역할은 세계 전체가 시온으로 순례를 옴으로써 인정되게 될 것이다(5절 참조).

이사야 55장의 나머지 부분은 똑같은 확신의 어조를 계속하고 있다. 6-9절은 열거된 약속들에 의지하여 하나님의 백성들에게 여호와께 돌아올 것을 호소하고 있다. 10-11절은 여호와의 말씀이 의뢰할만한 것임을 확증함으로써 하나님의 계획의 신실성을 확인하고 있다. 12-13절은 회복된 시대의 낙원적 특성을 재강조함으로써 55장을 마감하며 창조된 질서들 사이의 조화를 말하고 있다. 전 피조물은 새 시대로 인도됨에 따라 포로로부터의 귀환에서 영향받게 될 구속에 화답할 것이다. 따라서 이사야 40:1 이하에서 선포된 포로의 저주가 55장 마지막 부분에서 회복의 축복들로 바뀐 것이다.

4. 이사야 40-55장의 언약적 강조에 있어서의 보편주의와 특수주의

이사야 40-55장에는 '민족주의'와 '보편주의'가 나란히 나타난다. 민족주의라 함은 물론 이스라엘의 위치에 관한 선지적 관심을 말한다. 언약적 의미에서 이것은 54-55장의 내용에서 특히 분명해지고 있다. 보편주의적인 노아홍수와 아브라함의 약속이 이보다 좁은 의미의 시온신학의 관점에서 도입되었다. 이것은 구속받은 이스라엘에게 세상에 대한 지도권의 증거(55:4)를 차례로 제공하기 위해 계획된 것이었다. 그와 같은 지도권은 40-55장에서 제시하고 있는 강력한 민족주의적인 구도 안에서 행사되어야 하는 것이었다. 40-48장에서 민족주의는 이스라엘에 대한 태도로 인하여 재판에 회부된 일단의 선지적 소송에서 잘 드러나고 있다. 다른 한편 이사야 49-55장의 어조는 정치적이라기 보다는 훨씬 더 국제적인 성격을 띠고 있다. 이 부분에서 소위 이사야 예언의 선교적 차원이 잘 나타나고 있는데 우리는 포로귀환 이후에 엄격한 민족주의가 훨씬 완화된 국제주의로 탈바꿈한 것처럼 생각할 수도 있다. 그러나 위에서 간단하게 살펴보았던 종에 관한 구절들은 일차적으로 이스라엘의 구속을 다루고 있으며, 49-55장이 그 성격에 있어서 훨씬 더 국제적이지만, 이스라엘과 시온을 이 세상의 중심으로 보는 것은 국제주의이다.[14] 그와 같은 국제주의는 이스라엘의 언약의 목표가 이루어진 것으로 보는데 그 이유는 종의 메시지가 전달된 이스라엘에 대해 민족들이 그에 합당한 자세를 보일 때, 오직 그때만이 민족들이 마지막 시대에 그 수혜자들이 될 것이라고 인식되고 있기 때문이다. 40-55장이 언급하고 있는 일반적인 이 세계의 외형에 대해 말하자면, 54-55

---

14) 이스라엘을 "종"으로 지칭한 것은 그것이 선택의 특권을 가진 용어인 때문이다. 실제적으로 이 용어 속에는 선교에 대한 의미가 함축적으로 내포되어 있는 것으로 이해할 수는 없다. D. H. Odendaal 은 *The Eschatological Expectation of Isa. 40-66 with Special Reference to Israel and the Nations* (Nutley, N. J. : Presbyterian and Reformed Publishing Co., 1970), p. 126 에서 사 40-66장의 개체주의와 보편주의를 아주 균형있게 다루고 있다.

장이 제공한 바 있는 수용할만한 언약 논쟁점들은 회고와 전망 간의 필수불가결한 연결점들을 다듬어왔다는 것이다.

5. 이사야 56-66장의 개관

이사야서의 나머지 부분(56-66장)은 구속받은 이스라엘과 이 세상과의 관계의 성격에 대하여 말씀하고 있다. 여기에서는 이 부분의 사상들을 간략하게만 제시하고자 한다. 이 장들은 이스라엘 공동체가 포로로부터 귀환한 이후에 생겨나게 된 어려움들에 대해서 논하고 있다. 이것은 종종 웅장한 그림을 그리고 있는 이사야 40-55장과 현저하게 대조가 되며, 또 이스라엘 국내문제를 제시하고 있는 것처럼 보인다. 그러나 이 부분에서도 역시 이스라엘이 세상의 중심이라는 주제가 두드러지게 나타나고 있다.

이것은 특히 이사야 60-62장에서 분명하며, 거기서는 제 2의 출애굽의 주가 오셔서 새 시온을 영화롭게 하리라는 사상이 포함되어 있다. 세상의 공물이 시온으로 오며(60:11), 약속의 땅을 영원히 차지하게 되며(60:21), 이 모든 것은 60:22에 언급된 아브라함 언약의 성취임이 분명하다. 폴 핸슨이 지적한 대로[15] 40-55장의 중요한 특징은 56-66장에서 설명되어 있다. 따라서 구원은 이스라엘 전체를 위한 것이 아니요 믿음의 공동체를 위한 것이다. 56-66장에서는 다윗왕가에 대한 언급이 전혀 없으며, 모든 강조는 새 시대를 도래케한 하나님의 간섭과 새 새대에서 행사될 하나님의 왕권에 두고 있다. 따라서 40-66장에 나타나 있는 이스라엘의 회복은 민족적 회복이라는 관점에서 제시된 것이 아니고 아브라함 언약들의 성취라는 측면에서이다. 결국 이스라엘의 회복은 세계 구원의 보증으로 작용하는 것이며 새 창조의 전망에 근거를 두고 있는 것이다(사 65:17-25 참조).

F. 포로기 선지자 예언의 성취문제

종종 40-66장에 나타나 있는 현란한 약속들, 그러한 약속들이

---

15) 그의 저서 *The Dawn of Apocalyptic* (Philadelphia : Fortress Press, 1975), pp. 32-46.

제 5장 / 새 언약과 성경서 종말론의 형성   303

야기하는 기대들 및 예견되고 있는 종말 등이 포로로부터의 이스라엘의 귀환이 있었음에도 성취되지 않았다는 점이 지적되어 왔다. 그러나 40-66장에 나타난 언급들이 이스라엘의 포로귀환만을 배타적으로 의미하고 있는 것은 결코 아니다. 포로귀환이라는 주제 이외에 두 가지가 첨부되어 이해되어야 할 것이다. 첫째, 이스라엘의 옛적의 전승들(창조신학, 아브라함 언약, 출애굽, 다윗, 노아와 에덴 등)을 자주 사용하고 있음은 기본적인 이스라엘의 신학적 방향이 고수되고 있음을 명백하게 보여주는 것이다. 마음 속에는 민족주의의 굴레를 벗어난 하나님의 회복된 백성들이라는 보다 넓은 개념이 들어 있었던 것이다. 이사야 40-66장에서 이스라엘의 포로귀환은 새 시대의 도래[16]에 의해 영적으로 해석되고 있으며 따라서 새 언약의 도래, 즉 새 창조의 실현과 연관되어 있다.

40-66장에서 예언된 말씀들은 이스라엘과 세상에서의 신정적 통치의 회복과 확대라는 관점이다. 40-66장의 목표는 66장이 결론내리고 있듯이 창조질서의 회복과 창조세계의 하나님의 통치에의 순종이다. 열국의 복종은 이스라엘 민족주의의 승리라는 차원에서 제시되고 있지 않으며 그것은 여호와께서 회복된 중심지인 시온에서 친히 다스리시는 하나님의 나라가 설립된 결과로 나타나는 현상일 뿐이다.

물론 바벨론으로부터의 귀환이라는 역사적 사건이 예언자 이사야의 마음 속에 있었던 것은 사실이다. 포로된 이스라엘 민족의 눈 앞에서 펼쳐지고 있는 이 역사적 사건은 그 자체로는 구원받은 이스라엘의 미래 모습의 전조가 된다. 사실상 포로로부터의 귀환은 찬란하고 일관되게 제시되고 있는데(변화된 광야, 산들이 평지가 됨 등), 이는 문자적인 역사의 차원을 넘어서고 있음을 우리에게 보여주고 있는 것이다. 귀환 이후에 약속된 땅에서의 천국적 모습은 선지자의 마음 속에 물리적인 민족의 귀환 이상의 어떤 것이 담겨 있었음을 암시해준다.

이것은 이스라엘이 포함되는 새 언약의 구도가 역사적 과정 가

---
16) Odendaal, *Eschatological Expectation* p. 126.

운데 역사적 이스라엘과 연관되어 진행되어 왔던 내용들을 초월하는 것임을 보여준다. 이사야 40-66장이 언약적 성격을 강하게 띠고 있음은 두드러진 사실이나 특별하게 주목할만한 사항은 40-50장 시작과 마지막의, 언약에 포함되는 내용에 대한 언급이다. 그것은 40장에서는 먼저 '그들의 하나님'에 의한 '자기 백성'에 대한 위안이 기록되어 있으며, 54-55장은 언약의 이미지들의 광범위한 범위를 보여주고 있기 때문이다.

예레미야의 새 언약신학은 따라서 에스겔과 이사야의 손에 의해 정교하게 다듬어지고 확증되었다. 이 신학은 결코 민족적인 것이 아니었다. 따라서 세 선지자들 모두에게 있어서 새 언약의 구도에 다윗왕권이 중요하지 않게 취급되어 있다. 새 언약은 예레미야에게 있어서는 시내산 언약의 성취였으며 에스겔이나 이사야는 새 언약의 내용을 더욱 진전시켰다. 포로잡혀가는 사건에 대해 선지자들이 그 당시에 기대했었던 바는, 이스라엘이 처해있던 혼란한 세상질서를 바로잡을 유일한 정치적 해결방안이 하나님의 통치의 개입이었기 때문에, 선지자들 모두, 새 언약에 새 창조의 두드러진 특성들에 대한 연결이었다. 우리가 잘 알고 있듯이 이것은 신약의 종말론과 철저하게 일치하는 견해이다.

구약에 있어서의 언약신학은 그 해석과 기대에 있어서 새 언약론의 한계를 벗어나지 못하고 거기에 머물렀다. 잠시 후에 살펴보게 되겠지만 포로후기 저작들 역시 새 언약의 개념을 넘어서지 못하고 있음을 보게 된다. 그러나 포로후기에 나타난 저작들은 예레미야, 에스겔, 이사야가 언급했던 내용들을 포로귀환 이후시대에서 실제로 실현하려고 노력했음을 보여주고 있다. 메시야사상은 이 시대에는 배경으로 깔려 있어서 표면에 부각되지 않는다. 메시야사상은 페르시아시대의 산물인 다니엘서로부터 시작하여 하나님의 왕권에 엄청난 무게를 싣고 계속된다. 학개와 스가랴는 에스겔사상의 발전된 모습이요 역대기, 에스라, 느헤미야 등은 그 나름대로 새 언약신학의 기대를 실현하기 위한 노력들이었다.

요 약

BC 587년의 이스라엘 멸망은 이스라엘이라는 개념을 뒷받침해 왔던 제도들로부터 이스라엘 자체에 대한 사상으로 관심을 바꾸게 만들었으며 또한 하나님의 백성의 유지는 오직 하나님의 언약적 은혜에만 의존한다는 점을 명백하게 해주었다. 예레미야서에서의 새 언약의 문제를 고찰하기 전에 우리는 포로기 이전시대의 선지자들이 언약의 개념, 언약의 파기 및 회복 등을 어떻게 다루었는가 하는 점을 약간의 지면을 할애하여 살펴보았다.

예레미야 31:31-34은 유다와 이스라엘의 회복, 제 2의 출애굽의 개념 및 땅의 재점령 등을 다루고 있는 두 장의 문맥 안에 위치하고 있다. 예레미야 31:31-34에서 연속 및 불연속의 요소들이 들어있음을 살펴보았다. '새' 언약은 시내산 언약의 새로운 시대 혹은 더 나은 측면으로 시내산 언약을 개인의 마음에 새기는 것을 염두에 두고 있는 것처럼 보인다. 새 언약의 '새로움'의 요소를 찾으려 할 때 우리는 새 언약이 새로운 것이 아님을 발견하게 된다. 그 이유는 하나님께서 새로운 상황에서 율법을 마음에 두시기 때문이 아니라 새 언약이 약속뿐만 아니라 의무의 요소도 포함하고 있기 때문이다. 새 언약에 있어서 새로운 요소는 죄의 용서―너무나 철저하여 다시는 기억되지 않는―인 것처럼 보인다. 구약의 어조로 달리 표현한다면 새 시대에서는 죄란 고려의 대상이 되지 않는다는 것이다. 이것은 우리들로 하여금 새 언약은 마지막 시대, 즉 종말에 가서야만 완전하게 시행될 것이라는 결론을 내리게끔 만든다. 또한 우리는 하나님의 편에서는 시내산 언약도 움직일 수 없는 것임을 보았다. 하나님은 시내산 언약을 파기하신 것이 아니다. 오히려 결혼관계의 이미지를 보면 사실상 하나님께서는 시내산 언약을 파기하실 수 없으심을 보여준다. 새 시대에 있어서 언약의 양 당사자 모두 그 언약을 지키게 될 것이다.

에스겔 및 이사야선지가 한결같이 '제 2의 출애굽'이라는 용어를 사용한 데에서 알 수 있듯이 선지자들은 자신의 시대에 새 언약의 구도가 시행될 것으로 보았었다. 성취의 측면에 있어서 현재와 미래를 오가는 것은 성경 전체적으로 제시하는 특징이다. 에스겔은 새 언약 신학을 '내 마음'과 함께, 한단계 더 진전시켰는데, 옛 언약하에서 이스라엘이 어떠하였어야만 했는가 하는 점과 새 언약하에서 일어날 일들을 제시하고 있다. 새 시대에 성령의 은사가 개인에게 주어진다는 에스겔의 개념은 새 시대의 지도력의 민주화를 보여주며, 이 주제는 오순절에서 다시 나타나게 된다. 하나님께서 새로운 복종을 도입하신 주체라고 함으로써 에스겔은 예레미야보다 한단계 더 나아갔다. 에스겔 40-48장의 종말론은 마지막 날에 있어서의 하나님의 나라 개념을 강조하고 있다. 에스겔서에서는 메시야권 사상에 대한 강조가 거의 주어지지 않는다.

이사야 40-55장은 언약전승들에 관한 내용들이 상당히 많이 나타나 있다. 이 부분에 있어서의 제 2의 출애굽에 대한 강조는 새로운 시내산 언약과 새로운 정복을 전제로 하고 있다. 이사야 51:1-11에서는 시내산 언약 및 창조 언약 전승과 함께 아브라함 전승들이 기록되어 있다. 언약의 주제들은 이스라엘의 이상이 마침내 세상의 축복과 함께 지속되리라는 서약과 더불어 등장한 종과 특별하게 연결되어 있다. 종의 대속적 고난을 기초로 이사야 54-55장에서는 언약의 풍성한 내용들이 기록되어 있다. 54장은 아브라함, 노아 언약 및 시내산 언약이 혼합되어 나타나고 있으며, 이 모든 언약들은 서로 연관되어 있으며, 54장 마지막의 새 언약의 개념으로 이끄는 것들로서 제시되고 있다. 55장은 새 시대에 이스라엘의 지도력(다윗 언약하에서의 이미지)의 민주화를 언급하고 있다. 55장은 56-66장의 이스라엘의 회복과 관계되는 내용들을 계속하여 제공하고 있음을 지적하는 간략한 개관과 40-55장의 종말론적인 설명을 확장하여 묘사하고 있는 부분들에 나타난 창조의 회복에 대한 언급으로 결론맺고 있다.

에필로그

포로기 이후의 발전들

포로기시대의 중요한 선지자들에 의해 발전된 새 언약의 신학이 포로기 이후에는 별다른 진전을 보지 못하였다. 그러나 포로기 이후에 나타난 문헌들을 보면 이런 선지자들의 가르침에 대해 어느정도 반응을 보였음을 알 수 있으며 또한 어떤 경우에는 새 언약신학을 보충하려는 노력들도 엿보인다. 다음에 이어지는 내용은 본서의 주된 내용과는 그다지 연관이 없다. 그러나 새 언약 신학이 대단히 중요한 위치를 점하고 있는 신약시대의 준비기로서, 포로기 이후 신앙공동체의 공동체 내에서 새 언약신학이 어떻게 발달해 왔는가 하는 내용을 살펴보기에 유익할 것이다.

1. 다니엘

본서의 서두에서 하나님의 왕국과 언약이라는 두 개념은 서로 떼어놓을 수 없음을 지적한 바 있으나, 다니엘서는 언약보다는 왕국의 개념이 두드러지게 나타나고 있는 책이다. 책의 서두에 아브라함 언약을 회상하는 내용이 기록되어 있는 점이 다니엘서의 두드러진 특징이다. 우리는 여기에서 저자가 창세기 11 : 1-9에 나타난 바벨의 정신을 바벨론이 다시 재현하고 있음을 지적하고자 하고 있음을 살펴보고자 한다. 다니엘서의 시작은 예루살렘 침략, 다윗왕가의 자손들의 바벨론 포로 및 성전기구들의 탈취에 대한 기록으로 비롯된다. 그 당시의 언어로 표현하면 이 사건은 예루살렘/시온, 그리고 그곳의 하나님에 대해, 이방 세력이 지배권을 주장한 것으로 볼 수 있다. 주목할만한 사항은 하나님의 전의 성구(聖具) 얼마를 옮겨간 장소가 '시날 땅'이라고 기록한 다니엘 1 : 2의 말씀이다. 이 지명은 구약 다른 부분에서

단지 세번만 나타나는데, 그 가운데 두 언급이 대단히 중요하다.[1]

스가랴 5:11에서 시날은 '악한 자들'을 위해 집(신전)을 지을 장소로 나타나는 반면 다니엘서에는 바벨사건을 중요한 내용으로 기록하고 있는 창세기 11:2의 지명으로 사용되고 있음은 의미심장하다. 다니엘 1장에서 느부갓네살 왕은 자신의 제국을 한 언어, 하나의 공통문화 및 하나의 교육적 기반 등을 가진 나라로 만들려는 정책을 펴나가는데, 이는 이 모든 내용들이 '시날 땅'에서 발원하는 바, 창세기 11장을 생생하게 기억나게 만든다. 우리가 전에 살펴본대로 다니엘서는 두 제국, 즉 여러 형태의 세상 권력구조들과 하나님의 나라 사이의 충돌을 적고 있다. 다니엘 1장의 간결한 결론—"다니엘은 고레스 왕 원년까지 있으니라" 즉, 다니엘은 포로 전 기간동안 살았으며 바벨론의 멸망을 목격했다—은 어느 세력이 결국 승리할 것임을 보여준다. 따라서 '압제아래 있는 교회'로부터 시작하는 다니엘서가 '승리하는 교회'(단 12장)로 끝나고 있음은 전혀 놀라운 일이 아니다. 다니엘서는 주로 하나님의 나라가 역사 속에 어떻게 개입하며 인간의 역사를 어떻게 끝맺게 할 것인가 하는 방법에 관해 말씀한 책이지만, 앞에서 살펴본 왕국과 언약의 관계에 있어서 다니엘서는 새 언약의 시대가 도래하기 전에 인간역사 과정 안에서 발생하게 되는 마찰에 대해 우리에게 깊은 이해를 제공한다.

2. 학개 및 스가랴

학개와 스가랴는 에스겔의 신학 특히 에스겔 40-48장에 나타난 신학을 전제로 하고 있다. 두 책 모두 성전재건의 필요성에 상당한 비중을 가지고 강조하고 있는 점에서 성전중심적이다. 죄와 언약의 저주라는 주제(학 1:4-11) 및 백성의 회개와 이러한 반응을 하나님께서 받아들이심(12-14절) 등을 담고 있는 학개 1장은 언약갱신의 각도에서 접근을 하고 있다.[2] 2장에서는 종말론

---

1) 이 어구는 순수 지리적 의미에서 창 10:10에서도 발견된다.
2) W. A. M. Beuken 은 *Haggai-Sacharja* 1-8 (Assen : Van Gor-

적인 모습이 그려지고 있는데 그 그림의 중앙에는 왕이 머무는 중심지로서 '정결한 약속의 땅'을 바라며(2:10-19), 온 세상을 그리로 모을(2:1-9) 성전이 있다. 이와 관련하여 다윗 언약의 물리적 대리자로서 스룹바벨이라는 형태가 다윗 언약의 성취로 기대되게 되었다. 우리는 여기에서 스룹바벨을 선택할 때 사용된 용어들(학 2:20-23)이 다윗왕가의 마지막 왕인 여호야긴이 의식없이 버림받을 때 사용된 언어와 대조를 이루고 있음을 주목하여야 한다.

스가랴서에서는 성전재건이 돌아온 자들의 제일되는 관심으로 제기되어 있다(1장). 8장 마지막에(슥 8:20-23) 즉, 스가랴 전반부의 결론에서 성전재건이 학개서에서와 같이 세상의 순례의 중심지로서의 역할을 갖게 될 예루살렘과 연결되어 강조되고 있다. 이 부분에서 특별한 관심을 끄는 것으로서 이방인이 유대인의 옷자락을 붙잡고 단언하는 말("하나님이 너희와 함께 하심을 들었나니 우리가 너희와 함께 가려 하노라")은 아비멜렉의 말을 (창 21:22) 명확하게 재현하고 있다. 아비멜렉은 아브라함과 정규적으로 연결되었던 최초의 이방인이었다. 아브라함 언약에 대한 여호와의 신실하심이 그 약속들의 내용을 완성하는데, 스가랴 1-8장은 이 내용을 다루고 있다. 또한 스가랴서가 시작되는 최초의 구절들인 스가랴 1:1-6의 어조는 학개서에서와 마찬가지로 언약갱신을 담고 있다.

구약에서 '회개하다'란 의미로 전용된, 언약관계를 설명할 때 자주 사용되던 동사인 **슈브**('돌아오다'-슥 1:3, 4, 6)가 계속 사용되고 있음이 그것을 잘 말해주고 있다. 선지자들이 언약과 관련하여 **슈브**라는 동사를 사용할 때 그것은 언제나 돌아옴을 의미하며, 돌아옴의 목적은 여호와요 돌아오도록 부르심은 언약의 갱신이 그 목적이다.[3] 언약의 갱신에 뒤이어, 처음 6장의 환상

---

    cum, 1967), pp. 42 이하에서 학개와 구약의 언약갱신 단락들 간의 평행을 이끌어내고 있다.

  3) 이 견해들은 A. Petitjean의 *Les Oracles du Proto-Zacharie* (Paris : Gabalda, 1969), pp. 29-37에서 제시된다.

가운데서 본 내용이 기록되어 있다. 이 부분 역시 성전의 재건뿐만 아니라 하나님께서 예루살렘/시온으로 돌아오심과 에스겔이 예언했던 바 새로운 시대에서의 제사장(여호수아)과 왕(스룹바벨)의 분할된 정치적 통치 또한 말씀하고 있다.

스가랴서의 두번째 부분(9-14장)도 첫 부분과 같은 내용으로 시작하고 마친다. 폴 핸슨의[4] 설명에 의하면, 스가랴 9장은 왕권이 옛적 다윗제국의 북방 경계들에서부터 성전으로 진행되고 있는 것으로 이해될 수 있으며, 그러는 가운데 언약백성들의 전통적인 대적들 위에 점진적인 심판이 임하고 있다. 스가랴 14장은 8:20-23과 같은 방식으로 둘째 부분을 결론내리고 있다. 예루살렘이 다시 위협을 당하나(14:1-2) 여호와의 개입은 새 시대의 도래를 예고하며 옛 창조를 구분하던 그러한 분할이 더 이상 존재하지 않는(6-7절) 새 창조가 시작되고 있다. 생수라는 용어를 사용한 에스겔의 에덴 상징이 다시 사용되고 있고(8절), 예루살렘은 기대하는대로 열방이 순례하러 올라오는 장소가 된다(16-19절). 이 순례는 여호와의 왕권에 대한 반응이다(17절). 이스라엘을 매개로 이 세상에 복을 가져올 아브라함 언약의 목표는 다시 한번 실현되는 것이다.

스가랴의 후반부는 전반부에 대한 신학적 주석을 형성한다. 구약성경에 있어서의 성전의 기능은 언약의 축복들이 세상으로 흘러나가는 하나님의 거처였다. 따라서 스가랴는 언약의 실현, 즉 새 언약의 시대에 하나님의 통치가 시행됨에 관하여 다루고 있다. 그러한 하나님의 직접적인 통치는 새 창조를 가져올 것이며 따라서 성경적 목표들의 최종 형태들을 완성할 것이다. 그러나 우리는 학개와 스가랴의 확고한 확신이 실현되지 않았음을 안다. 그러나 이것은 우리가 이사야 40-66장에서 살펴보았던 것처럼 그러한 그들의 기대가 실현되기에는 조정이 필요했음을 의미하는 것은 결코 아니었다. 그들이 자신의 시대에 임박했다고 선포한 내용들은 분명코 실현되는 것이었다. 포로귀환에는 가능성이 담

---

4) *The Dawn of Apocalyptic*, pp. 290-401 참조.

겨 있다고 본 그들의 견해는 잘못된 것이 아니었다. 포로로부터 의 귀환은 적어도 마지막 때의 시작이요 반드시 일어날 종말의 서곡으로 본 그들의 견해는 옳은 것이었다. 학개와 스가랴서 모두에서 예언이 소문이 되어 사라지리란 내용을 볼 수 없다. 예언의 말씀은 대단히 부각되어 있는데 특히 스가랴는 9-14장에 나타난 그의 역사해석에 대한 상징적 재해석으로 인해 구약주석가로 하여금 구약역사에서 그다지 큰 중요성을 갖고 있지 않던 구약언약들에 대한 민족적 해석이 앞으로는 아무런 의미도 없게 될 것임을 인지하도록 만들었다.

3. 말라기-에스라-느헤미야

에스라, 느헤미야서는 그들이 귀환하기 직전인 5세기에 쓰여진 말라기의 개혁구도들을 보완해주고 있는 것으로 보는 것이 가장 좋을 것이다. 말라기는 당시의 사회악의 제 문제들을 다루고 있으며, 12지파의 언약을 회복할 엘리야가 마지막에 나타날 것을 기대하면서 마지막 날이 이르기 전에 이루어질 언약갱신에 대한 언급으로 마치고 있다. 제사장직의 문란, 혼합결혼의 문제들, 레위기의 십일조에 해당하는 것에 대한 거부 등의 내용들이 언급되고 있다. 엘리야가 다시 옴으로써 최종적으로 이루어질 것으로 기대되었던 말라기 3:1의 언약의 사자는 가깝게는 당시의 에스라라는 인물에게서 성취된 것으로 기대되었을 수도 있다. 에스라의 활동은 성전중심적이었고 말라기가 언급했던 불의한 행위들을 폐기시키는 것이 그의 목표였다.

바사의 허락으로 에스라는 BC 458년에 이스라엘로 되돌아왔다. 전통적으로 에스라는 바벨론으로부터 새로 완성된 모세오경을 가져온 '유대교의 아버지'로 간주되어 왔으나 이는 부정확한 것이다. 그의 사역의 내용은 다른 각도에서 이해되어진다. 물론 에스라의 사역은 그의 사역을 마감하는 느헤미야 8-10장의 내용과도 같이 언약에 기반을 둔 것이었다. 그러나 우리는 에스라가 최초로 율법을 시행한 사람이었다고 볼 수가 없는데, 그것은 그의 사역임명을 기록하고 있는 에스라 7장이, 에스라가 포로귀환시 가져온 율법의 오랜 역사성을 대단히 강조하고 있음을 보아 알 수 있다(에 7:6, 10, 25 참조). 클라우스 코흐[5]가 지적한대로 에스라 7장의 강조점은 성전규례들의 제정자로서의 에스라이다. 에스라에게 부여된 사명과 일세기 전에 스룹바벨에게 부여되었던 사명과의 사이에 있는 유사성은 매우 두드러진다. 에스라서가 강조하고 있는 의식의 순결함과 정결한 백성을 고려해 볼 때, 에스라의 귀환으로 이스라엘 민족이 새로운 출발을 한 것으로 볼 수 있다. BC 535년, 포로로부터의 귀환으로 말미암아 가능해졌던 것으로 보이는 제 2의 출애굽 신학의 이행을 막는 요인들은 이제 제거되었다.

평신도였던 느헤미야는 에스라의 사역에 기초를 두고 에스라의 사역의 결실을 가져오게 한 사람이었다. 언약의 갱신의식을 기록하고 있는 느헤미야 8-10장을 보면 제사장들이 아니라 평신도들의 역할이 두드러지게 나타나고 있음을 보게 된다. 물론 대제사장은 언급되고 있지 않다. 9장에는 언약관계의 측면에서 본 이스라엘 역사의 개관이 실려있다. 9장의 후반부에 나타난 새로운 자비에 대한 호소(32절 참조)는 하나님이 언약을 지키시는 분이심에 기초하고 있다. 9장에는 언약백성의 고통들을 자세히 기록하고 있으며, 마지막 부분에는 이스라엘의 축복이 발원하는 아브라함 언약의 기초로 다시 되돌아가고 있다. 그들이 간구한 것은 자기들의 열조에게 주어진 약속의 땅에서 종들로 지내고 있는 현재의 상황을 역전시켜 주시는 것인데(36절), 이것은 이스라엘에게 약속되었던 땅에서 이스라엘의 영향력을 회복하는 것을 의미한다.

에스라와 느헤미야는 당시 자신의 공동체 이스라엘에게 깊은 통찰을 제공했다는 점에서 두드러진다. 역대기와 그들의 관계는 논란의 소지가 있으며 강조점에 있어서의 차이점들도 발견된다. 그러나 역대기에서와 마찬가지로 에스라, 느헤미야 역시 정화된 하나님의 백성이 이상적 개념의 예루살렘에 살게된다는 실현된

---

5) Klaus Koch, "Ezra and the Origins of Judaism" *JSS* 19(1974), pp. 173-197.

종말론의 형태를 띠고 있다. 물론 역대기는 이 점을 훨씬 더 강조하고 있으며, 이 모든 개혁노력들에도 불구하고 400년 이후 이스라엘공동체가 메시야의 도래 때까지 철저한 제사장 통제하에 놓이게 된다면 이는 구약 전체에 걸쳐 이스라엘 역사가 논증해왔던 바 그 실패의 역사에서 충분히 단정지을 수 있는 내용이었을 것이다.

4. 지혜문학

지혜문학의 대부분은 포로기보다 앞서지만 여기에서 지혜문학에 관해 언급하는 것이 편리할 것이다. 구약신학을 규정하는 요인으로서의 언약의 문제를 심층있게 다루는 것은 본서의 범위를 뛰어넘는 작업이다. 그러나 본서에서는 간략하게 전통적 언약신학자들이 지혜문학을 구약의 구속목적과는 관계가 없는 것으로 간주해왔던 경향이 있었음을 살펴보려고 한다. 언약이 창조 자체에 근거한 것이라는 견해와 함께 구약의 보다 넓은 주제들이 다루어질 경우 지혜문학은 우리에게 하등의 어려움도 제공하지 않는다.

출애굽, 시내산, 메시야사상 등과 연관된 좁은 차원의 구속적 주제들은 지혜문학에서 발견할 수 없음이 사실이다. 우리는 이 점에 대한 인정을 반대하지 않는 바, 이는 지혜서들이 창조된 세계 내의 생활에서 제공된 풍부한 체험의 세계에 속하며 그리고 하나님의 백성의 일상생활에 관한 것이기 때문이다. 사실, 지혜문학의 사상은 창조사실에 기초를 둔 신학을 반영하고 있다.[6] 이러한 보다 넓은 차원에서, 기존관계에 근거를 둔 것으로서의 행위의 속성을 주목하지 않을 수 없다. 지혜의 근본은 '하나님을 경외함'이다(잠 1 : 7, 9 : 10, 15 : 33 ; 시 111 : 10 ; 욥 28 : 28 참조). 이 여호와 경외는 여호와에 대한 심리적 혹은 감정적 반응

---

6) 성경신학(Biblical theology) 내의 지혜(Wisdom)를 통합해 보려는 시도들에 대한 최근의 요약을 살펴보려면 J. Goldingay, "the 'Salvation History' Perspective and the 'Wisdom' Perspective within the context of Biblical theology" *Ev. Q* 51(1979), pp. 194-207 참조.

과 동일한 것으로 받아들일 수 없는 것이며, 이스라엘이 이미 알고 있었던 바 하나님과 이스라엘 사이에 세위신 언약관계라는 틀 안에서의 온전한 헌신을 의미한다. 그러한 경외의 반응은 **토라** (율법)에 대한 반응이요 율법을 반영하는 것으로 볼 때, 성경시대 마지막까지 밝히 드러내지지 않았으나, '율법'과 '지혜'를 동일시 함은 처음부터 암시적으로 성경에서 말하고 있는 바였다(신 4 : 6).

5. 왕국과 언약

우리는 이 장을 다니엘에 대한 언급으로 시작하였으며 특히 다니엘서가 보여주는 세계통치의 철학을 살펴보았다. 우리는 다니엘서에서 주된 관심을 보여주고 있는 왕국개념이 종말의 새 언약의 공동체의 전조가 된다고 제시하였다. 언약과 왕국과의 관계는 본서에서 간략하고 때로는 암시적으로 언급되었으나, 왕국과 언약은 상호 영향을 미치고 있음을 보았다. 물론 하나님의 왕국이라는 주제는 또 다른 자세한 연구를 요구한다. 그러나 우리는 언약을 연구할 때 언약관계가 미치는 범위에 대해 우리의 시야를 놓쳐서는 안될 것임을 강조해왔다. 이 간략한 에필로그에서 포로기 이후 믿음의 공동체가 발전해 나온 전반적인 상황을 추적하도록 자극을 준 것은 언약과 왕국 사이에 밀접한 관련이 있다는 점이었다. 이 두 개념에 관한 결론은 신약의 계시에서 찾아야 할 것이지만 우리의 논의는 여기서 일단 마치고자 한다. 신약은 주로 하나님의 왕국과 관련되어 있으나 신약이 왕국에 대해 내리고 있는 일반적인 결론도 사실상 창세기 1-2장으로 되돌아가고 있으며 계시록의 결론도 그와 같이 되어 있다.

구약은 민족적 실패의 기록이다. 구약은 영적인 관습들을 제도화하려는 시도라는 위험 앞에서 이스라엘이 어떻게 굴복했는가라는 사실을 보여준다. 언약구조 안에서 구약은 온전한 하나님의 백성을 향한 이상적인 구도를 제시하였다. 그러나 옛 시대는 그러한 목표에 도달하지 못하였다. 이제 새 시대가 도래했다. 우리 시대는 그 어떤 것도 소유하지 못하고 있다. 하나님의 왕권은 연속적인 언약들 모두가 하나님의 백성과 그들의 세계를 향해 지적했었고 또 그 너머에서 행사해 온 언약관계의 모든 것들이 전체에 걸쳐 표현되어 왔다. 그러나 이 왕권은 역사 안에서 역사의 출발점으로 되돌아 감을 전제하였다. 우리가 여러번 살펴본 바와 같이 새 창조-또한 새 언약-만이 이 목적을 달성할 수 있다. 그러한 의미에서 성경적 사상 전체를 꿰뚫고 있는 하나님의 나라라는 개념은 언제나 또 다른 미래적 실체-즉, 새 언약-를 지향하는 하나의 신학적 주장이었다.

인명(저자)색인

Alexander, R. H., 285
Anderson, F. I., 32

Baltzer, K., 159, 212
Barr, J., 122
Barth, K., 54, 65
Beuken, W. A. M., 295, 299, 309
Bird, P., 52, 53
Brekelmans, C., 186

Campbell, A. F., 209
Carlson, R. A., 226, 230, 234
Cazelles, H., 83
Child, B. S., 31, 47, 139, 171
Clark, W. M., 59
Clements, R. E., 80, 81, 84, 107
Clifford, R. J., 168
Clines, D. J., 19, 101
Cody, A., 145
Collins, J. J., 166
Cross, F. M., 204, 215

Dalton, W. J., 63, 64
DeBoer, P. A. H., 45
Dumbrell, W. J., 287

Eichrodt, W., 49, 95, 155, 162
Eliot, J. H., 147

Fiorenza, E., 142, 144
Fox, M. V., 47
Freeman, H. E., 180
Frick, F. S., 98

Gemser, B., 81
Goldingay, J., 313

Hanson, P., 302, 310
Haran, M., 171, 222
Hasel, G. F., 77, 78, 238, 242
Hill, D., 65
Hodge, C., 70
Hoeksema, H., 71, 72
Holgrem, F., 294
Horton, F. L., 234
Hyatt, J. P., 186

Jenni, E., 18

Kaiser, W. C., 234
Kaufmann, Y., 236
Kline, M., 154, 185
Knierim, R., 218, 219, 241
Koch, K., 312
Kooy, V. H., 196
Kutsch, E., 22, 42, 49

Lambdin, T. O., 126
Levine, B., 179
Lewis, J. P., 62
Lohfink, N., 168
Lundbom, J. R., 245

McBride, D., 194
McCarthy, D. J., 24, 26, 27, 158
McEvenue, S., 33, 34, 35, 123 127
Malamat, A., 204
Mettinger, T. D., 217
Milgrom, J., 180
Miller, P, D., 190, 204
Mitchell, J. J., 88
Moran, W. L., 144, 147

Mosis, R., 149
Motyer, J. A., 120, 138
Nacpil, E. P., 94
Nielsen, K., 260
Noth, M., 227, 229
Odendaal, D. H., 301, 303
Oostendorp, D. W., 175
Petitjean, A., 309
Von Rad, G., 62
Rainey, A., 181
Rendtorff, R., 102
Rogers, C. L., 126
Rowley, H. H., 93

Sakenfeld, K. D., 172
Sanders, E. P., 277
Sarna, N. M., 17, 121
Segal, M., 90
Seilhamer, F. H., 257
Selman, M. J., 85
van Selms, A., 81, 82
Spykerboer, H. C., 295
Steck, O. H., 103
Stoebe, H. J., 18

Thompson, J. A., 186
Thompson, T. L., 85
Toombs, L. E., 196

Vannoy, J. R., 211
de Vaux, R., 91, 135
Vogels, W., 73

von Waldow, H. E., 190

Walsh, J. T., 60
Wehmeier, G., 111
Weinfeld, M., 28, 36, 77
Wenham, G. J., 32, 138, 185, 194
Westermann, C., 18, 52, 55, 62, 99, 124
Wijngaards, J., 188
Wiseman, D. J., 82
Wolff, H. W., 112, 114, 117

Ziesler, J. A., 86
Zenger, E., 106
Zimmerli, W., 119, 284, 290

⊠ 역자 / 최 우 성
  부산대학교 卒 / 총신대 신학대학원 卒
  역서 – "하나님의 나라와 예수 그리스도"
        "당신이 믿고 있는 교리"

언약과 창조

2009년 9월 5일 초판 6쇄 발행

지은이 W.J. 둠브렐
펴낸이 임 만 호
펴낸곳 크리스챤서적

등 록   제10-22호(1979. 9. 13)
주 소   135-092 서울 강남구 삼성2동 38-13
전 화   02)544-3468~9
FAX   02)511-3920
       http://www.holybooks.co.kr
       e-mail:holybooks@thrunet.com
ⓒ 크리스챤서적, 2009

Printed in korea
ISBN 89-478-0020-1   03230

정가 12,000원